HANS CHRISTIAN ANDERSEN

EL SOLDADITO DE PLOMO Y OTROS CUENTOS MARAVILLOSOS

EL SOLDADITO DE PLOMO Y OTROS CUENTOS MARAVILLOSOS
Hans Christian Andersen

Diseño de portada: Andrea Rodríguez—Mariana Turcios
Supervisión Editorial: Óscar Flores López
Administración: Tesla Rodas y Jessica Cordero
Director Ejecutivo: José Azcona Bocock

Primera edición
Tegucigalpa, Honduras—Marzo de 2025

EL PATITO FEO

¡Qué lindos eran los días de verano! ¡Qué agradable resultaba pasear por el campo y ver el trigo amarillo, la verde avena y las parvas de heno apilado en las llanuras! Sobre sus largas patas rojas iba la cigüeña junto a algunos flamencos, que se detenían un rato sobre cada pata. Sí, era realmente encantador estar en el campo.

Bañada de sol se alzaba allí una vieja mansión solariega, rodeada por un profundo foso; desde sus paredes hasta el borde del agua crecían unas plantas de hojas gigantescas, las mayores de las cuales eran lo suficientemente grandes para que un niño pequeño pudiera pararse debajo de ellas. Aquel lugar resultaba tan enmarañado y agreste como el más denso de los bosques, y era allí donde cierta pata había hecho su nido. Ya era tiempo de sobra para que nacieran los patitos, pero se demoraban tanto, que la mamá comenzaba a perder la paciencia, pues casi nadie venía a visitarla.

Al fin los huevos se abrieron uno tras otro. "¡Pip, pip!", decían los patitos conforme iban asomando sus cabezas a través del cascarón.

—¡Cuac, cuac! —dijo la mamá pata, y todos los patitos se apresuraron a salir tan rápido como pudieron, dedicándose enseguida a escudriñar entre las verdes hojas. La mamá los dejó hacer, pues el verde es muy bueno para los ojos.

—¡Oh, qué grande es el mundo! —dijeron los patitos. Y ciertamente disponían de un espacio mayor que el que tenían dentro del huevo.

—¿Creen acaso que esto es el mundo entero? —preguntó la pata—. Pues sepan que se extiende mucho más allá del jardín, hasta el prado mismo del pastor, aunque yo nunca me he alejado tanto. Bueno, espero que ya estén todos —agregó, levantándose del nido—. ¡Ah, pero si todavía falta el más grande! ¿Cuánto tardará aún? No puedo entretenerme con él mucho tiempo.

Y fue a sentarse de nuevo en su sitio.

—¡Vaya, vaya! ¿Cómo anda eso? —preguntó una pata vieja que venía de visita.

—Ya no queda más que este huevo, pero tarda tanto… —dijo la pata echada—. No hay forma de que rompa. Pero fíjate en los otros, y dime si no son los patitos más lindos que se hayan visto nunca. Todos se parecen a su padre, el muy bandido. ¿Por qué no vendrá a verme?

—Déjame echar un vistazo a ese huevo que no acaba de romper —dijo la anciana—. Te apuesto a que es un huevo de pava. Así fue como me engañaron cierta vez a mí. ¡El trabajo que me dieron aquellos pavitos! ¡Imagínate! Le tenían miedo al agua y no había forma de hacerlos entrar en ella. Yo graznaba y los picoteaba, pero de nada me servía… Pero, vamos a ver ese huevo…

—Creo que me quedaré sobre él un ratito más —dijo la pata—. He estado tanto tiempo aquí sentada, que un poco más no me hará daño.

—Como quieras —dijo la pata vieja, y se alejó contoneándose.

Por fin se rompió el huevo.

—¡Pip, pip! —dijo el pequeño, volcándose del cascarón. La pata vio lo grande y feo que era, y exclamó:

—¡Dios mío, qué patito tan enorme! No se parece a ninguno de los otros. Y, sin embargo, me atrevo a asegurar que no es ningún crío de pava.

Al otro día hizo un tiempo maravilloso. El sol resplandecía en las verdes hojas gigantescas. La mamá pata se acercó al foso con toda su familia y, ¡plaf!, saltó al agua.

—¡Cuac, cuac! —llamaba. Y uno tras otro los patitos se fueron abalanzando tras ella. El agua se cerraba sobre sus cabezas, pero enseguida resurgían flotando magníficamente. Movían sus patas sin el menor esfuerzo, y pronto estuvieron todos en el agua. Hasta el patito feo y gris nadaba con los otros.

—No es una pava, por cierto —dijo la pata—. Fíjense en la elegancia con que nada, y en lo derecho que se mantiene. Sin duda que es uno de mis pequeñitos. Y si uno lo mira bien, se da cuenta enseguida de que es realmente muy guapo. ¡Cuac, cuac! Vamos, vengan conmigo y déjenme enseñarles el mundo y presentarlos al corral entero. Pero no se separen mucho de mí, no sea que los pisoteen. Y anden con los ojos muy abiertos, por si viene el gato.

Y con esto se encaminaron al corral. Había allí un escándalo espantoso, pues dos familias se estaban peleando por una cabeza de anguila, que, a fin de cuentas, fue a parar al estómago del gato.

—¡Vean! ¡Así anda el mundo! —dijo la mamá relamiéndose el pico, pues también a ella le entusiasmaban las cabezas de anguila—. ¡A ver! ¿Qué pasa con esas piernas? Anden ligeros y no dejen de hacerle una bonita reverencia a esa anciana pata que está allí. Es la más fina de todos nosotros. Tiene en las venas sangre española; por eso es tan regordeta. Fíjense, además, en que lleva una cinta roja atada a una pierna: es la más alta distinción que se puede alcanzar. Es tanto como decir que nadie piensa en deshacerse de ella, y que deben respetarla todos, los animales y los humanos. ¡Anímense y no metan los dedos hacia adentro! Los patitos bien educados los sacan hacia afuera, como mamá y papá… Eso es. Ahora hagan una reverencia y digan ¡cuac!

Todos obedecieron, pero los otros patos que estaban allí los miraron con desprecio y exclamaron en alta voz:

—¡Vaya! ¡Como si ya no fuéramos bastantes! Ahora tendremos que rozarnos también con esa gentuza. ¡Uf!… ¡Qué patito tan feo! No podemos soportarlo.

Y uno de los patos salió enseguida corriendo y le dio un picotazo en el cuello.

—¡Déjenlo tranquilo! —dijo la mamá—. No le está haciendo daño a nadie.

—Sí, pero es tan desgarbado y extraño —dijo el que lo había picado—, que no quedará más remedio que despachurrarlo.

—¡Qué lindos niños tienes, muchacha! —dijo la vieja pata de la cinta roja—. Todos son muy hermosos, excepto uno, al que le noto algo raro. Me gustaría que pudieras hacerlo de nuevo.

—Eso no se puede, señora —dijo la mamá de los patitos—. No es hermoso, pero tiene muy buen carácter y nada tan bien como los otros, y me atrevería a decir que hasta un poco mejor. Espero que tome mejor aspecto cuando crezca y que, con el tiempo, no se le vea tan grande. Estuvo dentro del cascarón más de lo necesario, por eso no salió tan bello como los demás.

Y con el pico le acarició el cuello y le alisó las plumas.

—De todos modos, es macho y no importa tanto —añadió—. Estoy segura de que será muy fuerte y se abrirá camino en la vida.

—Estos otros patitos son encantadores —dijo la vieja pata—. Quiero que se sientan como en su casa. Y si por casualidad encuentran algo así como una cabeza de anguila, pueden traérmela sin pena.

Con esta invitación, todos se sintieron allí a sus anchas. Pero el pobre patito que había salido el último del cascarón, y que tan feo les parecía a todos, no recibió más que picotazos, empujones y burlas, lo mismo de los patos que de las gallinas.

—¡Qué feo es! —decían.

Y el pavo, que había nacido con las espuelas puestas y que se consideraba por eso casi un emperador, infló sus plumas como un barco a toda vela y se le fue encima con un cacareo tan estrepitoso que toda la cara se le puso roja. El pobre patito no sabía dónde meterse. Se sentía terriblemente abatido, por ser tan feo y porque todo el mundo se burlaba de él en el corral.

Así pasó el primer día. En los días siguientes, las cosas fueron de mal en peor. El pobre patito se vio acosado por todos. Incluso sus hermanos y hermanas lo maltrataban de vez en cuando y le decían:

—¡Ojalá te atrape el gato, grandulón!

Hasta su propia mamá deseaba que estuviese lejos del corral. Los patos lo pellizcaban, las gallinas lo picoteaban y, un día, la muchacha que traía la comida a las aves le dio un puntapié.

Entonces el patito huyó del corral. De un salto pasó por encima de la cerca, con gran susto de los pajaritos que estaban en los arbustos, que se echaron a volar por los aires.

"¡Es porque soy tan feo!" —pensó el patito, cerrando los ojos. Pero así y todo, siguió corriendo hasta que, por fin, llegó a los grandes pantanos donde viven los patos salvajes, y allí se pasó toda la noche abrumado de cansancio y tristeza.

A la mañana siguiente, los patos salvajes levantaron el vuelo y miraron a su nuevo compañero.

—¿Y tú qué cosa eres? —le preguntaron, mientras el patito les hacía reverencias en todas direcciones, lo mejor que sabía.

—¡Eres más feo que un espantapájaros! —dijeron los patos salvajes—. Pero eso no importa, con tal que no quieras casarte con una de nuestras hermanas.

¡Pobre patito! Ni siquiera pensaba en el matrimonio. Solo quería que lo dejaran tranquilo entre los juncos y poder tomar un poco de agua del pantano.

Unos días más tarde, aparecieron por allí dos gansos salvajes. No hacía mucho que habían salido del nido: por eso eran tan atrevidos.

—Mira, muchacho —comenzaron diciéndole—, eres tan feo que nos caes simpático. ¿Quieres venir con nosotros? No muy lejos, en otro pantano, viven unas gansitas salvajes muy bonitas, todas solteras, que saben graznar de maravilla. Es la oportunidad de tu vida, feo y todo como eres.

—¡Bang, bang! —se escuchó en ese instante por encima de ellos, y los dos gansos cayeron muertos entre los juncos, tiñendo el agua con su sangre. Al eco de nuevos disparos, se alzaron del pantano bandadas de gansos salvajes, y comenzaron a tronar más tiros. Se había organizado una gran cacería y los cazadores rodeaban los pantanos; algunos hasta se habían trepado a las ramas de los árboles que se extendían sobre los juncos. Nubes de humo azul se esparcieron por el oscuro boscaje y fueron a perderse lejos, sobre el agua.

Los perros de caza aparecieron chapoteando entre el agua, y, a su avance, se doblaban aquí y allá las cañas y los juncos. Aquello aterrorizó al pobre patito feo, que ya se disponía a ocultar la cabeza bajo el ala cuando apareció junto a él un enorme y espantoso perro: la lengua le colgaba fuera de la boca y sus ojos brillaban con aspecto temible. Le acercó el hocico, le enseñó sus agudos dientes y de pronto… ¡plaf!… ¡allá se fue otra vez sin tocarlo!

El patito dio un suspiro de alivio.

—Por suerte soy tan feo que ni los perros tienen ganas de comerme —se dijo. Y se quedó allí muy quieto, mientras los perdigones repiqueteaban sobre los juncos y las descargas, una tras otra, sacudían el aire.

Era muy tarde cuando las cosas se calmaron, y aun entonces el pobre no se atrevía a moverse. Esperó varias horas más antes de arriesgarse a mirar, y en cuanto lo hizo, enseguida se escapó de los pantanos tan rápido como pudo. Corrió por campos y praderas; pero hacía tanto viento que le costaba mantenerse en pie.

Hacia el atardecer llegó a una pobre cabaña campesina. Se sentía tan mal que no sabía de qué lado caerse, y en la duda permanecía de pie. El viento soplaba tan fuerte alrededor del patito que tuvo que sentarse sobre su propia cola para no ser arrastrado. Entonces notó que una de las bisagras de la puerta se había roto, y que la hoja colgaba de modo que le sería fácil entrar por la rendija. Y así lo hizo.

En la cabaña vivía una anciana con su gato y su gallina. El gato, a quien la anciana llamaba "Hijito", sabía arquear el lomo y ronronear; hasta era capaz de soltar chispas si lo frotaban al revés. La gallina tenía unas patas tan cortas que le habían puesto por nombre "Chiquitita Piernascortas". Era una gran ponedora y la anciana la quería como a una hija.

Cuando llegó la mañana, el gato y la gallina no tardaron en descubrir al extraño patito. El gato lo saludó ronroneando y la gallina con su cacareo.

—Pero, ¿qué pasa? —preguntó la anciana, mirando a su alrededor. No veía muy bien, así que creyó que el patito feo era una pata regordeta que se había perdido—. ¡Qué suerte! —dijo—. Ahora tendremos huevos de pata. ¡Con tal que no sea macho! Le daremos unos días de prueba.

Así que al patito le dieron tres semanas de plazo para poner huevos, al término de las cuales, por supuesto, no había ni rastro de uno. Ahora bien, en aquella casa el gato era el dueño y la gallina la dueña, y siempre que hablaban de sí mismos solían decir: "nosotros y el mundo", porque opinaban que ellos solos formaban la mitad del mundo, y lo que es más, la mitad más importante. Al patito le parecía que sobre esto podía haber otras opiniones, pero la gallina ni siquiera quiso escucharlo.

—¿Puedes poner huevos? —le preguntó.

—No.

—Pues entonces, ¡cállate!

Y el gato le preguntó:

—¿Puedes arquear el lomo, o ronronear, o echar chispas?

—No.

—Entonces, mejor guardate tus opiniones cuando hablan personas sensatas.

Con eso, el patito fue a sentarse en un rincón, muy desanimado. Pero de pronto recordó el aire fresco y el sol, y sintió una nostalgia tan grande de nadar en el agua que —¡no pudo evitarlo!— fue y se lo contó a la gallina.

—¡Vamos! ¿Qué te pasa? —le dijo ella—. Bien se ve que no tienes nada que hacer; por eso pensás tantas tonterías. Se te pasarían muy pronto si te dedicaras a poner huevos o a ronronear.

—¡Pero es tan sabroso nadar en el agua! —dijo el patito feo—. ¡Tan sabroso zambullir la cabeza y bucear hasta el fondo!

—Sí, muy agradable —dijo la gallina—. Me parece que te estás volviendo loco. Preguntale al gato, ¡no hay nadie tan listo como él! Preguntale a nuestra vieja ama, la mujer más sabia del mundo. ¿Creés que a ella le gusta nadar y zambullirse?

—No me comprenden —dijo el patito.

—Pues si yo no te comprendo, me gustaría saber quién podría hacerlo. Seguro no pretenderás ser más sabio que el gato y la señora, sin hablar de mí. ¡No seas tonto, muchacho! ¿No encontraste un cuarto cálido y cómodo, donde te hacen compañía quienes pueden enseñarte? Pero no sos más que un tonto, y a nadie le agrada tenerte aquí. Te doy mi palabra de que si te digo cosas desagradables es por tu bien: sólo los buenos amigos nos dicen la verdad. Ahora hacé tu parte y aprendé a poner huevos o a ronronear y echar chispas.

—Creo que me voy a recorrer el mundo —dijo el patito.

—Sí, andate —dijo la gallina.

Y así fue como el patito se marchó. Nadó y se zambulló; pero ningún ser viviente quería acercarse a él por lo feo que era.

Pronto llegó el otoño. Las hojas en el bosque se tornaron amarillas o pardas; el viento las arrancó y las hizo girar en remolinos, y el cielo se volvió gris y frío. Las nubes colgaban bajas, cargadas de granizo y nieve, y el cuervo, que solía posarse en la cerca, graznaba "¡cau, cau!" del frío que tenía. Sólo de pensarlo daban escalofríos. Sí, el pobre patito feo no lo estaba pasando nada bien.

Cierta tarde, mientras el sol se ocultaba en un maravilloso crepúsculo, emergió de entre los arbustos una bandada de grandes y hermosas aves. El patito no había visto nunca unos animales tan espléndidos. Eran de una blancura resplandeciente y tenían cuellos largos y esbeltos. Eran cisnes. A la vez que lanzaban un fantástico grito, extendieron sus magníficas alas y remontaron el vuelo, alejándose de aquel frío hacia los lagos abiertos y las tierras cálidas.

Se elevaron muy alto, muy alto, allá en el cielo, y el patito feo se sintió lleno de una extraña inquietud. Comenzó a dar vueltas y vueltas en el agua como una rueda, estirando el cuello en la dirección en que ellos volaban, y él mismo se asustó al oír su propio graznido. ¡Ah, jamás podría olvidar a aquellas hermosas y afortunadas aves! En cuanto las perdió de vista, se sumergió hasta el fondo, y se hallaba como fuera de sí cuando regresó a la superficie. No tenía idea de cómo se llamaban aquellas aves ni a dónde se dirigían, pero sentía que eran más importantes para él que todas las criaturas que había conocido. No las envidiaba en absoluto: ¿cómo atreverse siquiera a soñar que ese esplendor pudiera pertenecerle? Ya se daría por satisfecho con que los patos lo toleraran, ¡pobre criatura tan rara!

¡Qué frío fue ese invierno! El patito se veía forzado a nadar sin parar para evitar que el agua se congelara a su alrededor. Pero cada noche el hueco en que nadaba se hacía más y más pequeño. Vino luego una helada tan fuerte que el patito, para que el agua no se cerrara por completo, tenía que mover las patas todo el tiempo sobre el hielo que crujía. Por fin, agotado por el esfuerzo, se quedó muy quieto y empezó a congelarse sobre el hielo.

A la mañana siguiente, muy temprano, lo encontró un campesino. Rompió el hielo con uno de sus zapatos de madera, lo levantó y lo llevó a su casa, donde su esposa se encargó de reanimarlo.

Los niños querían jugar con él, pero el patito feo tenía miedo de sus travesuras y, del susto, fue a parar a una olla con leche, que se derramó por todo el piso. Gritó la mujer y dio manotazos al aire, y él, más asustado aún, saltó al barril de la manteca, y de ahí se lanzó de cabeza al cajón de la harina, de donde salió hecho un desastre. ¡Había que verlo! La mujer gritaba y quería pegarle con la escoba, y los niños tropezaban entre ellos tratando de atraparlo. ¡Cómo gritaban y se reían! Fue una suerte que la puerta estuviera abierta. El patito salió disparado, se perdió entre los arbustos y se hundió en la nieve recién caída.

Pero sería demasiado cruel describir todas las miserias y trabajos que el patito tuvo que soportar durante aquel crudo invierno. Había buscado refugio entre los juncos cuando las alondras comenzaron a cantar y el sol a calentar de nuevo: llegaba la hermosa primavera.

Entonces, de repente, probó sus alas: el zumbido que hicieron fue mucho más fuerte que otras veces, y lo levantaron rápidamente hacia lo alto. Casi sin darse cuenta, se halló en un amplio jardín con manzanos en flor y fragantes lilas, que colgaban de las verdes ramas sobre un arroyo serpenteante. ¡Oh, qué agradable era estar allí, en la frescura de la primavera! Y en eso surgieron frente a él, desde la espesura, tres hermosos cisnes blancos, rizando sus plumas y dejándose llevar suavemente por la corriente. El patito feo reconoció a aquellas espléndidas criaturas que una vez había visto levantar el vuelo, y se sintió sobrecogido por un extraño sentimiento de melancolía.

—¡Volaré hasta esas regias aves! —se dijo—. Me darán de picotazos hasta matarme, por haberme atrevido, feo como soy, a acercarme a ellas. Pero, ¡qué importa! Mejor es que ellas me maten, que seguir sufriendo los pellizcos de los patos, los picotazos de las gallinas, los golpes de la muchacha que cuida las aves y los rigores del invierno.

Y así, voló hasta el agua y nadó hacia los hermosos cisnes. En cuanto lo vieron, se le acercaron con las plumas erizadas.

—¡Sí, mátenme, mátenme! —gritó la desventurada criatura, inclinando la cabeza hacia el agua en espera de la muerte. Pero, ¿qué fue lo que vio allí, en la corriente cristalina? ¡Era un reflejo de sí mismo, pero no el de un pájaro torpe y gris, feo y repulsivo, sino el de un cisne!

Poco importa haber nacido en un corral de patos, cuando se ha salido de un huevo de cisne. Se sentía verdaderamente feliz de haber pasado tantas penas y desgracias, porque eso le permitía ahora valorar mejor la alegría y la belleza que le rodeaban. Y los tres cisnes nadaban a su alrededor, acariciándolo con sus picos.

Al jardín habían entrado unos niños que lanzaban al agua pedacitos de pan y semillas. El más pequeño exclamó:

—¡Ahí va un nuevo cisne!

Y los otros niños gritaron de alegría:

—¡Sí, hay un cisne nuevo!

Y aplaudieron, bailaron y corrieron a buscar a sus padres. En el agua caían trocitos de pan y pastel, y todos decían:

—¡El nuevo es el más hermoso! ¡Qué joven y esbelto es!

Y los cisnes mayores se inclinaron ante él. Esto lo llenó de timidez, y escondió la cabeza bajo el ala sin saber por qué. Era muy, muy feliz, aunque no había en él ni una pizca de orgullo, pues este no cabe en los corazones bondadosos. Y mientras recordaba las humillaciones del pasado, oía cómo todos decían ahora que era el más hermoso de los cisnes. Las lilas inclinaron sus ramas hacia él, tocando casi el agua, y los rayos del sol eran cálidos y amables. Rizó entonces sus alas, alzó el cuello esbelto y se alegró desde lo más hondo de su corazón:

—Jamás imaginé que podría haber tanta felicidad... allá en los tiempos en que era solo un patito feo.

LA SIRENITA

En el fondo del más azul de los océanos había un maravilloso palacio en el cual habitaba el Rey del Mar, un viejo y sabio tritón que tenía una abundante barba blanca. Vivía en esta espléndida mansión de coral multicolor y de conchas preciosas, junto a sus hijas, cinco bellísimas sirenas.

La Sirenita, la más joven, además de ser la más bella, poseía una voz maravillosa; cuando cantaba acompañándose con el arpa, los peces acudían de todas partes para escucharla, las conchas se abrían, mostrando sus perlas, y las medusas, al oírla, dejaban de flotar.

La pequeña sirena casi siempre estaba cantando, y cada vez que lo hacía levantaba la vista buscando la débil luz del sol, que a duras penas se filtraba a través de las aguas profundas.

—¡Oh! ¡Cuánto me gustaría salir a la superficie para ver por fin el cielo que todos dicen que es tan bonito, y escuchar la voz de los hombres y oler el perfume de las flores!

—Todavía eres demasiado joven —respondió la abuela—. Dentro de unos años, cuando tengas quince, el rey te dará permiso para subir a la superficie, como a tus hermanas.

La Sirenita soñaba con el mundo de los hombres, el cual conocía a través de los relatos de sus hermanas, a quienes interrogaba durante horas para satisfacer su inagotable curiosidad cada vez que volvían de la superficie. Mientras esperaba salir a conocer ese universo desconocido, se ocupaba de su maravilloso jardín adornado con flores marítimas. Los caballitos de mar le hacían compañía, y los delfines se le acercaban para jugar con ella; únicamente las estrellas de mar, quisquillosas, no respondían a su llamado.

Por fin llegó el cumpleaños tan esperado y, durante toda la noche anterior, no consiguió dormir. A la mañana siguiente, el padre la llamó y, al acariciarle sus largos y rubios cabellos, vio esculpida en su hombro una hermosísima flor.

—¡Bien, ya puedes salir a respirar el aire y ver el cielo! Pero recuerda que el mundo de arriba no es el nuestro, solo podemos admirarlo. Somos hijos del mar y no tenemos alma como los hombres. Sé prudente y no te acerques a ellos. ¡Solo te traerían desgracias!

Apenas su padre terminó de hablar, La Sirenita le dio un beso y se dirigió hacia la superficie, deslizándose ligera. Se sentía tan veloz que ni siquiera los peces conseguían alcanzarla. De repente emergió del agua. ¡Qué fascinante! Veía por primera vez el cielo azul y las primeras estrellas centelleantes al anochecer. El sol, que ya se había puesto en el horizonte, había dejado sobre las olas un reflejo dorado que se diluía lentamente. Las gaviotas revoloteaban por encima de La Sirenita y dejaban oír sus alegres graznidos de bienvenida.

—¡Qué hermoso es todo! —exclamó feliz, dando palmadas.

Pero su asombro y admiración aumentaron todavía más: una nave se acercaba despacio al escollo donde estaba La Sirenita. Los marinos echaron el ancla, y la nave, así amarrada, se balanceó sobre la superficie del mar en calma. La Sirenita escuchaba sus voces y comentarios. "¡Cómo me gustaría hablar con ellos!", pensó. Pero al decirlo, miró su larga cola cimbreante, que tenía en lugar de piernas, y se sintió acongojada: "¡Jamás seré como ellos!"

A bordo parecía que todos estuvieran poseídos por una extraña animación y, al cabo de poco, la noche se llenó de vítores:

—¡Viva nuestro capitán! ¡Vivan sus veinte años!

La pequeña sirena, atónita y extasiada, había descubierto mientras tanto al joven al que iba dirigido todo aquel alborozo. Alto, moreno, de porte real, sonreía feliz. La Sirenita no podía dejar de mirarlo y una extraña sensación de alegría y sufrimiento al mismo tiempo, que nunca había sentido con anterioridad, le oprimió el corazón.

La fiesta seguía a bordo, pero el mar se encrespaba cada vez más. La Sirenita se dio cuenta enseguida del peligro que corrían aquellos hombres: un viento helado y repentino agitó las olas, el cielo entintado de negro se desgarró con relámpagos amenazantes y una terrible borrasca sorprendió a la nave desprevenida.

—¡Cuidado! ¡El mar...! —en vano la Sirenita gritaba y gritaba.

Pero sus gritos, silenciados por el rumor del viento, no fueron oídos, y las olas, cada vez más altas, sacudieron con fuerza la nave. Después, bajo los gritos desesperados de los marineros, la arboladura y las velas se abatieron sobre cubierta, y con un siniestro fragor el barco se hundió. La Sirenita, que momentos antes había visto cómo el joven capitán caía al mar, se puso a nadar para socorrerlo. Lo buscó inútilmente durante mucho rato entre las olas gigantescas. Había casi renunciado, cuando de improviso, milagrosamente, lo vio sobre la cresta blanca de una ola cercana y, de golpe, lo tuvo en sus brazos.

El joven estaba inconsciente, mientras la Sirenita, nadando con todas sus fuerzas, lo sostenía para rescatarlo de una muerte segura. Lo sostuvo hasta que la tempestad amainó. Al alba, que despuntaba sobre un mar todavía lívido, la Sirenita se sintió feliz al acercarse a tierra y poder depositar el cuerpo del joven sobre la arena de la playa. Al no poder andar, permaneció mucho tiempo a su lado, con la cola lamiendo el agua, frotando las manos del joven y dándole calor con su cuerpo.

Hasta que un murmullo de voces que se aproximaban la obligó a buscar refugio en el mar.

—¡Corran! ¡Corran! —gritaba una dama de forma atolondrada—. ¡Hay un hombre en la playa! ¡Está vivo! ¡Pobrecito...! ¡Ha sido la tormenta...! ¡Llevémoslo al castillo! ¡No! ¡No! Es mejor pedir ayuda...

La primera cosa que vio el joven al recobrar el conocimiento fue el hermoso semblante de la más joven de las tres damas.

—¡Gracias por haberme salvado! —le susurró a la bella desconocida.

La Sirenita, desde el agua, vio que el hombre al que había salvado se dirigía hacia el castillo, ignorante de que fuese ella, y no la otra, quien lo había salvado.

Pausadamente nadó hacia el mar abierto; sabía que, en aquella playa, detrás suyo, había dejado algo de lo que nunca hubiera querido separarse. ¡Oh! ¡Qué maravillosas habían sido las horas transcurridas durante la tormenta teniendo al joven entre sus brazos!

Cuando llegó a la mansión paterna, la Sirenita empezó su relato, pero de pronto sintió un nudo en la garganta y, echándose a llorar, se refugió en su habitación. Días y más días permaneció encerrada sin querer ver a nadie, rehusando incluso los alimentos. Sabía que su amor por el joven capitán era un amor sin esperanza, porque ella, la Sirenita, nunca podría casarse con un hombre.

Solo la Hechicera de los Abismos podía socorrerla. Pero, ¿a qué precio? A pesar de todo decidió consultarla.

—¡...por consiguiente, quieres deshacerte de tu cola de pez! Y supongo que querrás dos piernas. ¡De acuerdo! Pero deberás sufrir atrozmente y, cada vez que pongas los pies en el suelo, sentirás un terrible dolor.

—¡No me importa —respondió la Sirenita con muchas lágrimas en los ojos—, a condición de que pueda volver con él!

—¡No he terminado todavía! —dijo la vieja—. ¡Deberás darme tu hermosa voz y te quedarás muda para siempre! Pero recuerda: si el hombre que amas se casa con otra, tu cuerpo desaparecerá en el agua como la espuma de una ola.

—¡Acepto! —dijo por último la Sirenita y, sin dudar un instante, le pidió el frasco que contenía la poción prodigiosa.

Se dirigió a la playa y, en las proximidades de su mansión, emergió a la superficie; se arrastró a duras penas por la orilla y se bebió la pócima de la hechicera.

Inmediatamente, un fuerte dolor le hizo perder el conocimiento, y cuando volvió en sí, vio a su lado, como entre brumas, aquel semblante tan querido sonriéndole. El príncipe allí la encontró y, recordando que también él fue un náufrago, cubrió tiernamente con su capa aquel cuerpo que el mar había traído.

—No temas —le dijo de repente—. Estás a salvo. ¿De dónde vienes?

Pero la Sirenita, a la que la bruja dejó muda, no pudo responderle.

—Te llevaré al castillo y te curaré.

Durante los días siguientes, para la Sirenita empezó una nueva vida: llevaba maravillosos vestidos y acompañaba al príncipe en sus paseos. Una noche fue invitada al baile que daba la corte, pero tal y como había predicho la bruja, cada paso, cada movimiento de las piernas le producía atroces dolores como precio de poder vivir junto a su amado. Aunque no pudiera responder con palabras a las atenciones del príncipe, éste le tenía afecto y la colmaba de gentilezas. Sin embargo, el joven tenía en su corazón a la desconocida dama que había visto cuando fue rescatado después del naufragio.

Desde entonces no la había visto más porque, después de ser salvado, la desconocida dama tuvo que partir de inmediato a su país. Cuando estaba con la Sirenita, el príncipe le profesaba a ésta un sincero afecto, pero no desaparecía la otra de su pensamiento. Y la pequeña sirena, que se daba cuenta de que no era ella la predilecta del joven, sufría aún más. Por las noches, la Sirenita dejaba a escondidas el castillo para ir a llorar junto a la playa.

Pero el destino le reservaba otra sorpresa. Un día, desde lo alto del torreón del castillo, fue avistada una gran nave que se acercaba al puerto, y el príncipe decidió ir a recibirla acompañado de la Sirenita.

La desconocida que el príncipe llevaba en el corazón bajó del barco y, al verla, el joven corrió feliz a su encuentro. La Sirenita, petrificada, sintió un agudo dolor en el corazón. En aquel momento supo que perdería a su príncipe para siempre. La desconocida dama fue pedida en matrimonio por el príncipe enamorado, y la dama lo aceptó con agrado, pues también estaba enamorada. Al cabo de unos días de celebrarse la boda, los esposos fueron invitados a hacer un viaje por mar en la gran nave que estaba amarrada todavía en el puerto. La Sirenita también subió a bordo con ellos, y el viaje dio comienzo.

Al caer la noche, la Sirenita, angustiada por haber perdido para siempre a su amado, subió a cubierta. Recordando la profecía de la hechicera, estaba dispuesta a sacrificar su vida y a desaparecer en el mar. Procedente del mar, escuchó la llamada de sus hermanas:

—¡Sirenita! ¡Sirenita! ¡Somos nosotras, tus hermanas! ¡Mira! ¿Ves este puñal? Es un puñal mágico que hemos obtenido de la bruja a cambio de nuestros cabellos. ¡Tómalo y, antes de que amanezca, mata al príncipe! Si lo haces, podrás volver a ser una sirenita como antes y olvidarás todas tus penas.

Como en un sueño, la Sirenita, sujetando el puñal, se dirigió hacia el camarote de los esposos. Mas cuando vio el semblante del príncipe durmiendo, le dio un beso furtivo y subió de nuevo a cubierta. Cuando ya amanecía, arrojó el arma al mar, dirigió una última mirada al mundo que dejaba y se lanzó entre las olas, dispuesta a desaparecer y volverse espuma.

Cuando el sol despuntaba en el horizonte, lanzó un rayo amarillento sobre el mar y, la Sirenita, desde las aguas heladas, se volvió para ver la luz por última vez. Pero, de improviso, como por encanto, una fuerza misteriosa la arrancó del agua y la transportó hacia lo más alto del cielo. Las nubes se teñían de rosa y el mar rugía con la primera brisa de la mañana, cuando la pequeña sirena oyó cuchichear en medio de un sonido de campanillas:

—¡Sirenita! ¡Sirenita! ¡Ven con nosotras!

—¿Quiénes son? —murmuró la muchacha, dándose cuenta de que había recobrado la voz—. ¿Dónde están?

—Estás con nosotras en el cielo. Somos las hadas del viento. No tenemos alma como los hombres, pero es nuestro deber ayudar a quienes hayan demostrado buena voluntad hacia ellos.

La Sirenita, conmovida, miró hacia abajo, hacia el mar en el que navegaba el barco del príncipe, y notó que los ojos se le llenaban de lágrimas, mientras las hadas le susurraban:

—¡Fíjate! Las flores de la tierra esperan que nuestras lágrimas se transformen en rocío de la mañana. ¡Ven con nosotras! Volemos hacia los países cálidos, donde el aire mata a los hombres, para llevar ahí un viento fresco. Por donde pasemos llevaremos socorros y consuelos, y cuando hayamos hecho el bien durante trescientos años, recibiremos un alma inmortal y podremos participar de la eterna felicidad de los hombres.

—¡Tú has hecho con tu corazón los mismos esfuerzos que nosotras, has sufrido y salido victoriosa de tus pruebas y te has elevado hasta el mundo de los espíritus del aire, donde no depende más que de ti conquistar un alma inmortal por tus buenas acciones! —le dijeron.

Y la Sirenita, levantando los brazos al cielo, lloró por primera vez.

Oyéronse de nuevo en el buque los cantos de alegría: vio al príncipe y a su linda esposa mirar con melancolía la espuma juguetona de las olas. La Sirenita, en estado invisible, abrazó a la esposa del príncipe, envió una sonrisa al esposo y enseguida subió con las demás hijas del viento, envuelta en una nube color de rosa que se elevó hasta el cielo.

PULGARCITA

Érase una mujer que anhelaba tener un niño, pero no sabía dónde buscar uno. Al fin se decidió a acudir a una vieja bruja y le dijo:

—Me gustaría mucho tener un niño; decime cómo puedo lograrlo.

—Sí, será muy fácil —respondió la bruja—. Aquí tienes un grano de cebada; no es como el que crece en los campos de los labriegos, ni como el que comen los pollos. Plántalo en una maceta y verás maravillas.

—Muchas gracias —dijo la mujer; le dio doce monedas a la vieja y se volvió a casa. Sembró el grano de cebada, y enseguida brotó una flor grande y espléndida, parecida a un tulipán, aunque con los pétalos apretadamente cerrados, como si aún fuera un capullo.

—¡Qué flor tan bonita! —exclamó la mujer, y besó aquellos pétalos rojos y amarillos. En ese mismo instante, al tocarlos con los labios, la flor se abrió con un suave chasquido. Era, en efecto, un tulipán por su aspecto, pero en el centro del cáliz, sentada sobre los verdes estambres, había una niña pequeñísima, linda y delicada, no más larga que un dedo pulgar; por eso la llamaron Pulgarcita.

Le dio por cuna una preciosa cáscara de nuez, muy bien barnizada; como colchón usó hojitas azules de violeta, y un pétalo de rosa le servía de cobija. Allí dormía de noche, y de día jugaba sobre la mesa, donde la mujer había puesto un plato rodeado por una gran corona de flores, cuyos tallos estaban sumergidos en agua. Una hoja de tulipán flotaba como barquita, en la que Pulgarcita podía navegar de un lado al otro del plato, usando como remos dos crines blancas de caballo. Era una maravilla. Además, sabía cantar con una voz tan dulce y suave como jamás se haya oído.

Una noche, mientras la pequeñita dormía en su camita, se presentó un sapo, que saltó por un vidrio roto de la ventana. Era feo, gordo y viscoso, y cayó sobre la mesa donde Pulgarcita dormía bajo su pétalo de rosa rojo.

"¡Sería una linda esposa para mi hijo!", pensó el sapo, y, tomando la cáscara de nuez en la que dormía la niña, saltó al jardín por el mismo cristal roto.

Cruzaba el jardín un arroyo de orillas pantanosas, un verdadero lodazal, y allí vivía el sapo con su hijo. ¡Uf!, ¡y qué feo y repugnante era el bicho! ¡igualito a su padre!

—Croak, croak, brekkerekekex —fue todo lo que supo decir al ver a la niñita en la cáscara de nuez.

—Habla más bajo, no vayas a despertarla —le advirtió entonces el viejo sapo—. Podría escaparse, es ligera como un plumón de cisne. Vamos a ponerla sobre una hoja de nenúfar en medio del arroyo; allí estará como en una isla, y tan pequeña como es, no podrá huir mientras nosotros preparamos la habitación que será su nuevo hogar bajo el lodo.

Crecían en el arroyo muchos nenúfares, con anchas hojas verdes que flotaban sobre la superficie del agua; la más grande de todas era también la más alejada, y fue esa la que eligió el viejo sapo para depositar encima la cáscara de nuez con Pulgarcita.

Cuando amaneció, la pequeña despertó, y al ver dónde estaba se echó a llorar amargamente, pues el agua rodeaba la gran hoja verde por todos lados y no había forma de llegar a tierra firme.

Mientras tanto, el viejo sapo, allá en el fondo del pantano, decoraba su casa con juncos y flores amarillas; debía dejarla bien linda para su futura nuera. Cuando terminó, nadó con su feo hijo hacia la hoja donde se encontraba Pulgarcita. Querían llevarse su hermosa camita antes de que la novia llegara a su nueva habitación. El viejo sapo, asomándose desde el agua, dijo:

—Aquí te presento a mi hijo; será tu esposo, y vivirán muy felices en el pantano.

—¡Coax, coax, brekkerekekex! —fue todo lo que dijo el hijo. Tomaron la pequeña cama y se alejaron nadando con ella, dejando a Pulgarcita sola en la hoja, llorando, pues no podía resignarse a vivir con aquel sapo repugnante ni aceptar por marido a su feo hijo.

Los pececillos que nadaban por allí habían visto al sapo y escuchado lo que decía. Se asomaban curiosos a la superficie para conocer a la pequeña, y al verla tan hermosa, sintieron lástima. Les dolía que tuviera que vivir en el lodo, junto a aquellas horribles criaturas. ¡Había que evitarlo! Se reunieron todos en el agua, alrededor del tallo que sostenía la hoja, y lo mordieron hasta cortarlo. La hoja se soltó y comenzó a flotar río abajo, alejando a Pulgarcita del alcance del sapo.

En su barquita de hoja, Pulgarcita pasó frente a muchas ciudades, y los pajaritos, al verla desde sus zarzas, cantaban: "¡Qué niña tan preciosa!". Y la hoja seguía su curso sin detenerse, así fue como Pulgarcita salió de las fronteras del país.

Una bonita mariposa blanca, que revoloteaba por los alrededores, vino a posarse sobre la hoja, pues le había gustado Pulgarcita. Ella se sentía ahora muy feliz, libre ya del sapo; además, ¡el paisaje era tan hermoso! El sol enviaba sus rayos al río, cuyas aguas brillaban como oro puro. La niña se desató el cinturón, ató un extremo a la mariposa y el otro a la hoja; así, la barquita avanzaba mucho más rápido.

Pero entonces pasó volando un gran abejorro, y al verla, envolvió su esbelto cuerpecito con sus patas y la llevó a un árbol, mientras la hoja de nenúfar seguía flotando a merced de la corriente, arrastrada por la mariposa, que no podía soltarse.

¡Qué susto se llevó la pobre Pulgarcita cuando el abejorro la levantó y la llevó volando hasta el árbol! Lo que más le dolía era la linda mariposa blanca, atada a la hoja, pues si no lograba liberarse, moriría de hambre. Pero al abejorro no le importaba. Se posó con su carga sobre una gran hoja verde del árbol, le ofreció a la niña el dulce néctar de las flores y le dijo que era muy bonita, aunque no se parecía en nada a un abejorro. Más tarde llegaron sus compañeros del árbol; todos querían verla. La contemplaron un buen rato, y las damas abejorras exclamaron, arrugando las antenas:

—¡Sólo tiene dos piernas, qué miseria!

—¡Y no tiene antenas! —añadió otra.

—¡Es tan delgada! ¡Parece un humano! ¡Uf, qué fea! —dijeron todas.

Y sin embargo, Pulgarcita era lindísima. Así lo pensaba también el abejorro que la había raptado; pero, al ver que todos los demás decían que era fea, acabó por creérselo, y ya no la quiso más. La bajó del árbol y la dejó sobre una margarita. La pobre se quedó llorando, pensando que era tan fea que ni los abejorros querían estar con ella. Pero la verdad es que no había criatura más bella, delicada y limpia, como un pétalo de rosa.

Todo el verano lo pasó completamente sola en el inmenso bosque. Se hizo una cama trenzando tallos de hierba, que colgó bajo una hoja de acedera para protegerse de la lluvia. Comía néctar de las flores y bebía el rocío de las hojas por las mañanas. Así pasaron el verano y el otoño; pero luego llegó el invierno, largo y frío. Los pájaros, que cantaban tan alegremente, se marcharon. Los árboles y las flores se marchitaron. La hoja de acedera que le servía de techo se secó y encogió, dejando solo un tallo amarillo y reseco. Pulgarcita tenía frío. Su ropa estaba toda rota, y era tan frágil y pequeña, que estaba condenada a congelarse. Comenzó a nevar, y cada copo de nieve que le caía encima era como si a nosotros nos echaran una palada entera, porque somos grandes, y ella apenas medía una pulgada. Se envolvió en una hoja seca, pero no lograba calentarse; tiritaba de frío.

Junto al bosque se extendía un campo de trigo; lo habían segado hacía tiempo, y de la tierra helada solo sobresalían los rastrojos secos. Para la pequeña era como un nuevo bosque, por el que se internó, temblando. Llegó a la puerta del ratón de campo, que vivía en un agujero bajo los rastrojos. Allí, el ratón vivía muy cómodo y calientito, con una habitación llena de grano, una cocina bien arreglada y un comedor acogedor. Pulgarcita llamó a la puerta como una mendiga y pidió un poquito de grano de cebada, pues llevaba dos días sin probar bocado.

—¡Pobrecita! —exclamó el ratón, que ya era viejo pero de buen corazón—. Entra a mi casa, aquí está calentito y podrás comer conmigo.

Y como Pulgarcita le cayó bien, le dijo:

—Puedes quedarte todo el invierno si me ayudas a mantener limpia la casa y me cuentas cuentos. Me encanta que me cuenten historias.

Pulgarcita hizo todo lo que el ratón le pedía y la pasó muy bien.

—Hoy tendremos visita —dijo un día el ratón—. Mi vecino suele venir a verme una vez por semana. Es más rico que yo, tiene grandes habitaciones y viste un abrigo negro de terciopelo. Si te casas con él, no te faltará nada. Solo que es ciego, así que tendrás que contarle los cuentos más bonitos que sepas.

Pero a Pulgarcita no le interesaba el vecino, pues se trataba de un topo.

El topo llegó de visita, con su abrigo negro. Era rico y sabio, decía el ratón, y tenía una casa veinte veces más grande. Sabía mucho, pero no soportaba el sol ni las flores, y hablaba mal de ellas porque nunca las había visto.

Pulgarcita tuvo que cantar, y entonó "El abejorro echó a volar" y "El fraile descalzo va por el campo". El topo se enamoró de su voz, pero no dijo nada porque era reservado.

Poco antes había excavado un túnel entre su casa y la del ratón, y los invitó a pasear por él cuando quisieran. Les advirtió que no se asustaran por el pájaro muerto que había en el camino; era un ave entera, con plumas y pico, que seguramente había muerto poco tiempo antes y quedó sepultada allí.

El topo tomó un pedacito de madera podrida —que brilla en la oscuridad— y los guio por el túnel. Al llegar donde estaba el pájaro, el topo empujó la tierra con su hocico y abrió un orificio por donde entró algo de luz. Allí yacía una golondrina muerta, con las alas pegadas al cuerpo y la cabeza escondida bajo el ala. Se había muerto de frío. Pulgarcita se sintió muy triste, pues amaba a los pajaritos que durante el verano la habían alegrado con su canto. Pero el topo, con su pata corta, empujó el cuerpo y dijo:

—Esta ya no volverá a cantar. ¡Qué suerte que mis hijos no sean pájaros! ¿Qué tienen, aparte de ese "quivit, quivit?" ¡Pasan tanta hambre en invierno!

—Eso es hablar con sensatez —dijo el ratón—. ¿De qué les sirve cantar en verano si en invierno mueren de frío y hambre?

Pulgarcita no dijo ni una palabra, pero cuando los otros se fueron, se inclinó sobre la golondrina, le apartó las plumas que cubrían su cabecita y le besó los ojos cerrados.

"¿Y si esta fuera la que me cantaba en verano?", pensó. "¡Cuántas veces me alegraste, pajarito mío!".

El topo volvió a tapar el agujero, y todos regresaron a casa. Esa noche, Pulgarcita no pudo dormir. Se levantó y tejió una manta con heno, que fue a colocar sobre la golondrina; luego la cubrió con algodón blanco que encontró en el cuarto del ratón, para que no tuviera frío.

—Adiós, pajarito —dijo—. Gracias por tus canciones de verano, cuando los árboles estaban verdes y el sol nos calentaba.

Puso su cabecita sobre el pecho del ave y sintió algo: ¡parecía un latido! En efecto, el corazón de la golondrina latía. No estaba muerta, solo adormecida por el frío. El calor la había reanimado.

Pulgarcita temblaba, pues el ave era enorme comparada con ella, que solo medía una pulgada. Pero se armó de valor, puso más algodón, corrió a buscar una hoja de menta que usaba de cobija y la extendió sobre el cuerpo del ave.

Al día siguiente, volvió a verla. La golondrina estaba viva, aunque débil. Abrió los ojos y miró a Pulgarcita, que la contemplaba sosteniendo en la mano un pedazo de madera brillante.

—Gracias, hermosa pequeñita —susurró la golondrina—. Ya entré en calor; pronto recuperaré las fuerzas y podré volar bajo el sol.

—¡Ay! —respondió Pulgarcita—. Afuera hace mucho frío. Nieva y hiela. Quédate aquí y yo te cuidaré.

Le trajo agua en una hoja y la alimentó. Entonces la golondrina le contó que se había herido un ala en un rosal y no pudo seguir el vuelo con las demás. Cayó al suelo y ya no recordaba más.

Pulgarcita la cuidó todo el invierno en secreto, sin que el topo ni el ratón se enteraran. Cuando llegó la primavera y el sol calentó la tierra, la golondrina se despidió de Pulgarcita. La niña abrió el agujero en el techo de la galería y entró un rayo de sol. La golondrina le preguntó si quería irse con ella.

—Puedes subir a mi espalda y volaremos juntas hasta el bosque.

Pero Pulgarcita sabía que si se iba, el ratón sufriría.

—No, no puedo —dijo.

—Entonces adiós, mi dulce niña —exclamó la golondrina, y voló hacia la luz. Pulgarcita la vio partir, con lágrimas en los ojos. La extrañaría mucho.

—¡Quivit, quivit! —cantó la golondrina al alejarse.

A Pulgarcita no le permitieron volver a tomar el sol. El trigo había crecido, formando un bosque para ella, tan pequeña como era.

—En verano tendrás que preparar tu ropa de novia —le dijo un día el ratón. Y es que el vecino topo, con su abrigo negro, había pedido su mano—. Necesitarás prendas de lana y de lino, vestidos y sábanas para cuando te cases con el topo.

EL TRAJE NUEVO DEL EMPERADOR

Hace muchos años vivía un Emperador tan aficionado a los trajes nuevos, que gastaba toda su fortuna en vestir con la máxima elegancia.

No le interesaban ni sus soldados, ni el teatro, ni le gustaba salir de paseo por el campo, a menos que fuera para lucir su ropa nueva. Tenía un traje distinto para cada hora del día, y así como se dice de un rey: "Está en el Consejo", de él se decía: "El Emperador está en el vestidor".

La ciudad donde vivía el Emperador era alegre y bulliciosa. Todos los días llegaban muchísimos extranjeros, y un día aparecieron dos pícaros que se hacían pasar por tejedores. Aseguraban que sabían fabricar las telas más maravillosas del mundo. No solo los colores y diseños eran hermosos, sino que las prendas confeccionadas con esa tela tenían una cualidad mágica: eran invisibles para quien no sirviera para su cargo o fuera irremediablemente tonto.

—¡Deben ser vestidos magníficos! —pensó el Emperador—. Si tuviera una tela así, podría descubrir qué funcionarios son ineptos y quién es inteligente o estúpido. ¡Que empiecen a tejer de inmediato!

Y les entregó un buen adelanto de dinero para que comenzaran a trabajar cuanto antes.

Los dos montaron un telar y fingieron que tejían, aunque no había nada en el telar. Aun así, pidieron las sedas más finas y el oro más puro, que guardaban para sí, mientras simulaban trabajar día y noche en telares vacíos.

"Me gustaría saber cómo va el trabajo", pensó el Emperador. Pero le preocupaba que, si él mismo no veía la tela, eso indicaría que no era apto para ser Emperador. No es que dudara de sí mismo —estaba seguro de su capacidad—, pero prefirió enviar primero a otra persona.

Todos en la ciudad sabían de la propiedad mágica de la tela, y estaban ansiosos por saber quién era tonto o inútil.

—Enviaré a mi viejo ministro —pensó el Emperador—. Es un hombre honrado y muy sabio. Seguro podrá juzgar bien la tela.

El viejo y respetable ministro fue a la sala donde trabajaban los impostores. Ellos continuaban moviéndose con energía frente al telar vacío. "¡Dios mío!" —pensó el ministro—. "¡No veo nada!" Pero no dijo una palabra.

Los dos estafadores lo invitaron a acercarse y le preguntaron si no le parecían maravillosos los colores y el diseño. Señalaban el telar vacío, y el pobre hombre abría los ojos de par en par sin ver absolutamente nada, porque no había nada.

"¿Seré tonto?" —pensó—. "Nunca lo habría creído. Nadie puede saberlo. ¿Y si no sirvo para este cargo? ¡Imposible! No puedo permitir que lo sospechen. No debo admitir que no veo la tela."

—¿Qué le parece el tejido? —preguntó uno de los falsos tejedores.

—¡Oh, precioso, maravilloso! —respondió el ministro mirando a través de sus lentes—. ¡Qué diseño tan elegante y qué colores tan brillantes! Le diré al Emperador que me ha encantado.

—Nos alegra mucho —dijeron los dos pícaros, nombrándole los colores y describiendo el diseño. El ministro se esforzó por memorizar todos los detalles para poder repetirlos ante el Emperador. Y así lo hizo.

Los estafadores pidieron más dinero, seda y oro. Todo fue a parar a sus bolsillos, mientras seguían fingiendo trabajar en el telar vacío.

Poco después, el Emperador envió a otro funcionario de confianza para ver cómo iba la tela. A este le ocurrió lo mismo que al primero: miró, pero no vio nada.

—¿No le parece una tela hermosa? —preguntaron los dos farsantes, mientras explicaban el diseño inexistente.

"Yo no soy tonto" —pensó el funcionario— "y no quiero perder mi puesto. Nadie debe saber que no veo nada."

Así que también él alabó la tela que no veía y habló con entusiasmo de los supuestos colores y del increíble diseño.

—¡Es magnífica! —dijo al Emperador.

La fama de la tela mágica se extendió por toda la ciudad, y el Emperador quiso verla por sí mismo antes de que estuviera terminada. Acompañado de sus funcionarios —entre ellos los dos que ya la habían "visto"—, fue a la casa donde trabajaban los estafadores. Ellos seguían moviéndose enérgicamente frente a los telares vacíos.

—¿Verdad que es admirable? —dijeron los dos funcionarios—. Fíjese Su Majestad en los colores y el diseño.

"¡Qué horror!" —pensó el Emperador—. "¡No veo nada! ¿Seré tonto? ¿No sirvo para ser Emperador? ¡Esto es terrible!"

Pero en voz alta dijo:

—¡Sí, es realmente hermoso! Me gusta, lo apruebo.

Y miró el telar vacío con expresión de admiración, sin confesar que no veía nada.

Los miembros de su comitiva hicieron lo mismo. Aunque no veían nada, todos decían:

—¡Qué bonito! ¡Qué colores tan vivos! ¡Qué diseño tan elegante!

Le aconsejaron que estrenara ese traje en la gran procesión que se celebraría pronto.

—¡Es magnífico! ¡Espléndido! —repetían todos, fingiendo estar encantados.

El Emperador nombró a los dos pícaros "tejedores imperiales" y les otorgó una medalla para que la llevaran en la solapa.

La noche antes de la procesión, los dos estafadores trabajaron a la luz de dieciséis lámparas, para que todos vieran lo ocupados que estaban. Fingieron cortar la tela del telar, coser con grandes tijeras y agujas sin hilo, y al fin anunciaron:

—¡El traje está listo!

Llegó el Emperador con sus altos funcionarios, y los farsantes levantaron los brazos como si sostuvieran algo:

—Aquí están los pantalones, esta es la chaqueta y aquí está la capa. La tela es tan liviana que parece que uno no llevara nada… pero eso es precisamente lo bueno.

—¡Sí, claro! —asintieron todos los funcionarios, aunque no veían nada.

—¿Quiere Su Majestad quitarse la ropa? —dijeron entonces los estafadores—. Así podemos ayudarle a vestirse con el nuevo traje, aquí mismo, frente al espejo.

El Emperador se quitó la ropa, y los dos hicieron como si le colocaran cada pieza del traje. Fingieron atarle la capa, y él se miraba en el espejo, girando de un lado a otro.

—¡Dios mío, qué bien le queda! ¡Qué colores tan elegantes! ¡Qué diseño tan fino! —exclamaban todos.

—El palio bajo el cual Su Majestad desfilará ya está esperando afuera —anunció el encargado de ceremonias.

—Perfecto. Estoy listo —dijo el Emperador—. ¿Verdad que me queda bien?

Volvió a girar frente al espejo, y todos fingieron estar encantados con el traje invisible.

Los ayudantes de cámara se inclinaron como si recogieran la cola del traje, y caminaron fingiendo sostener algo en el aire. Ni por nada del mundo habrían admitido que no veían nada.

Y así desfiló el Emperador bajo el magnífico palio, mientras desde las calles y las ventanas la gente exclamaba:

—¡Qué preciosos son los trajes nuevos del Emperador! ¡Qué magnífica cola! ¡Qué hermoso todo!

Nadie quería admitir que no veía nada, por miedo a ser considerado tonto o incapaz.

Ningún traje del Emperador había causado tanta sensación como aquel.

—¡Pero si no lleva nada! —gritó de pronto un niño.

—¡Dios mío, escuchen al inocente! —murmuró su padre.

Y todos comenzaron a repetir lo que había dicho el pequeño:

—¡No lleva nada! ¡Un niño dice que el Emperador va desnudo!

—¡No lleva nada! —gritó al fin todo el pueblo.

El Emperador se estremeció, pues presentía que el pueblo tenía razón. Pero pensó: "Debo seguir hasta el final". Y continuó su marcha, más altivo que nunca, mientras sus ayudantes seguían fingiendo que sostenían la inexistente cola.

LA REINA DE LAS NIEVES

PRIMER EPISODIO: TRATA DEL ESPEJO Y DEL TROZO DE ESPEJO

Atención, que vamos a empezar. Cuando lleguemos al final de esta parte, sabremos más que ahora; porque esta historia trata de un duende malvado, uno de los peores, ¡nada menos que el mismísimo diablo! Un día, estaba de muy buen humor, porque había construido un espejo con una extraña propiedad: todo lo bueno y bello que se reflejaba en él se encogía hasta casi desaparecer, mientras que lo feo y malo se destacaba aún más. Los paisajes más hermosos aparecían en él como espinacas hervidas, y las personas más virtuosas se veían deformadas o reflejadas al revés, sin cuerpo y con las caras tan retorcidas que resultaban irreconocibles. Si alguien tenía una peca, podía estar seguro de que en el espejo se le agrandaría hasta cubrirle la boca y la nariz. El diablo decía que era muy divertido.

Si por la mente de alguien pasaba un pensamiento bueno o piadoso, el espejo lo reflejaba con una risa burlona, y el diablo se reía a carcajadas por lo ingenioso de su invento. Sus alumnos en la escuela de brujería —porque tenía una escuela para duendes— contaban por todas partes que había ocurrido un milagro, que ahora sí se podía ver cómo eran realmente el mundo y las personas.

Con el espejo dieron la vuelta al mundo, y no quedó país ni persona que no se reflejara en él con aspecto monstruoso. Después quisieron volar hasta el cielo para reírse de los ángeles y de Dios. Cuanto más se elevaban, más se reía el espejo; tanto, que apenas podían sostenerlo. Volaban cada vez más alto, acercándose a Dios y a los ángeles… pero entonces el espejo estalló en mil pedazos. No, en millones, en billones de fragmentos que cayeron sobre la Tierra.

Y ahí fue cuando causó más daño que nunca. Algunos fragmentos, del tamaño de un grano de arena, viajaron por todo el mundo. Al reflejar a las personas, las deformaban o resaltaban solo lo malo de ellas, porque cada trozo conservaba el mismo poder que el espejo entero. Algunos se clavaron en los ojos de la gente, y así sólo podían ver lo feo y lo negativo. Otros llegaron hasta el corazón, y entonces este se volvía tan frío como un trozo de hielo.

Algunos pedazos eran lo bastante grandes como para usarlos de vidrio en ventanas, y era terrible mirar a los amigos a través de ellos.

También se fabricaron anteojos con esos fragmentos, y quienes se los ponían creían ver con claridad y justicia... pero ya se pueden imaginar lo que en realidad pasaba. El diablo se moría de risa. Pero los trocitos más pequeños siguieron volando... y ahora vas a saber qué ocurrió con ellos.

SEGUNDO EPISODIO: UN NIÑO Y UNA NIÑA

En una gran ciudad, donde viven muchas personas y hay tantas casas que no queda espacio para jardines, y la mayoría cultiva flores en macetas, vivían dos niños muy pobres. Ellos, sin embargo, tenían un jardín un poco más grande que una maceta. No eran hermanos, pero se querían como si lo fueran.

Sus padres vivían en los últimos pisos de dos casas contiguas. En el lugar donde los techos casi se tocaban, había una pequeña canaleta, y cada casa tenía una ventana que daba justo a ese punto. Bastaba cruzar la canaleta para pasar de una ventana a la otra.

Los padres de los niños habían colocado dos grandes cajones de madera afuera, donde cultivaban hortalizas y un rosal cada uno. Un día, decidieron colocar los cajones atravesados sobre la canaleta, uno frente al otro, creando una especie de pasillo de flores entre ambas ventanas. Los rosales extendieron sus ramas y se entrelazaron, formando un pequeño arco cubierto de hojas y flores. Como los cajones eran altos y los niños sabían que no debían subirse, se les daba permiso para visitarse y jugar. Se sentaban en banquitos bajo las rosas, y jugaban en paz y armonía.

En invierno, esto no era posible. Muchas veces las ventanas estaban cubiertas de escarcha. Entonces, los niños calentaban monedas de cobre en la estufa y las apoyaban sobre el vidrio para hacer un agujerito, y así asomaban un ojo cada uno para saludarse a través del hielo. El niño se llamaba Carlos, y la niña, Margarita.

En verano, podían saltar de una casa a la otra fácilmente. Pero en invierno, había que bajar todas las escaleras, salir a la calle nevada y volver a subir, lo cual no era nada fácil. "Es como un enjambre de abejas blancas", decía la abuela, que ya era muy viejita.

—¿Tienen también una reina? —preguntó un día Carlos, que sabía que las abejas verdaderas la tienen.

—¡Claro que sí! —respondió la abuela—. Ella vuela en medio del enjambre, rodeada por las más grandes, y nunca toca el suelo. A veces, en las noches de invierno, recorre la ciudad y mira por las ventanas, y cuando lo hace, el hielo forma flores en los cristales.

—¡Sí, eso lo hemos visto! —dijeron los niños. Y entonces supieron que era cierto.

—¿Podría entrar aquí la Reina de las Nieves? —preguntó Margarita.

—Que venga —dijo Carlos—. La sentaré en la estufa y se derretirá.

La abuela le acarició el cabello y empezó a contarles otras historias.

Esa noche, Carlos se subió a una silla junto a la ventana. Afuera caía nieve, y uno de los copos, el más grande, se posó en el borde del cajón de flores. Fue creciendo y creciendo, hasta transformarse en una mujer vestida de blanco, con un manto hecho de millones de copos en forma de estrella. Era hermosa y elegante, pero de hielo; un hielo brillante y resplandeciente. Sin embargo, estaba viva. Sus ojos brillaban como estrellas, pero en ellos no había paz. Hizo una seña con la cabeza y un gesto con la mano. Carlos, asustado, saltó de la silla... y en ese momento le pareció ver volar un gran pájaro frente a la ventana. Fue tan real que se quedó helado de miedo.

Al día siguiente, el cielo estaba despejado y hacía frío. Luego vino el deshielo, y con él la primavera. El sol brilló, las flores brotaron, las golondrinas construyeron sus nidos, se abrieron las ventanas, y Carlos y Margarita volvieron a jugar junto al jardincito en el techo.

En verano, las rosas florecieron con todo su esplendor. Margarita había aprendido una canción sobre rosas y se la cantó a Carlos. Él la acompañó:

«Florecen en el valle las rosas,

Bendito seas, Jesús, que las haces tan hermosas».

Los dos, tomados de la mano, besaron las rosas y miraron hacia la luz del sol, hablándole como si fuera el Niño Jesús. ¡Qué días tan hermosos! ¡Todo era tan bello, junto a los rosales que parecían no querer dejar de florecer nunca!

Una tarde, mientras miraban juntos un libro con dibujos de animales y aves, Carlos gritó:

—¡Ay, qué punzada en el corazón! ¡Y algo se me metió en el ojo!

Margarita lo abrazó. Él parpadeaba, pero no se veía nada.

—Creo que ya se fue —dijo—. Pero no se había ido. Era uno de los diminutos fragmentos del espejo embrujado. Uno se le había clavado en el corazón, que empezaba a volverse de hielo, y otro en el ojo, desde donde ahora sólo vería lo malo y lo feo.

—¿Por qué lloras? —preguntó Carlos—. ¡Qué fea te ves! No ha sido nada. ¡Uf! —exclamó—, esa rosa está llena de gusanos. Y aquella otra está toda doblada. ¡No sirven para nada! ¡Qué porquería de cajón! —Y de una patada, arrancó las rosas.

—¡Carlos! ¿Qué estás haciendo? —exclamó Margarita.

Pero él, al verla asustada, arrancó otra rosa, corrió a su ventana y se alejó de ella.

Cuando Margarita volvió más tarde con el libro de dibujos, Carlos le dijo que eso era para bebés. Y cada vez que la abuela contaba una historia, él la interrumpía con alguna burla. Se ponía detrás de ella, se calzaba unas gafas viejas y la imitaba tan bien que todos se reían. Se volvió experto en burlarse de las personas. Todos decían: "¡Qué chico tan inteligente!", pero no sabían que era culpa de aquel pedacito de vidrio en su corazón.

Sus juegos también cambiaron. Se volvieron fríos y calculadores. Un día de nieve, salió con una lupa, y dejando que los copos cayeran sobre su abrigo, le mostró a Margarita cómo se veían.

—Mirá por la lente —le dijo—. Cada copo parece una flor o una estrella de diez puntas. ¡Es hermoso!

—¡Qué obra tan perfecta! —dijo Carlos—. Mucho más interesante que las flores de verdad. Estos copos no tienen defectos. ¡Lástima que se derriten!

Un día, con guantes y su trineo a cuestas, le susurró a Margarita:

—Me dieron permiso para ir a la plaza con los demás niños.

Y se fue.

En la plaza, algunos niños se divertían atando sus trineos a los carros de los campesinos. Carlos, que era muy valiente, también lo hacía. En eso, apareció un gran trineo blanco con una persona vestida de pieles blancas y un gorro blanco. Dio varias vueltas por la plaza. Carlos ató su trineo al grande y se dejó arrastrar. El trineo iba cada vez más rápido y se metió en una calle apartada. El conductor miró a Carlos y le hizo una seña, como si lo conociera. Cada vez que Carlos intentaba soltarse, el conductor movía la cabeza, y el niño permanecía en su lugar.

Salieron de la ciudad. La nieve caía tan densa que Carlos no podía ver ni su propia mano. Intentó desatar su trineo, pero fue inútil. Gritó, pero nadie lo escuchó. El trineo volaba como si saltara cercas y zanjas. Estaba muerto de miedo y quiso rezar... pero solo se le venía a la mente la tabla de multiplicar.

Los copos se hicieron más grandes, hasta parecer pájaros blancos. De pronto, el trineo se desvió y se detuvo. La persona que lo conducía se levantó. Era la Reina de las Nieves, alta, esbelta y de un blanco brillante.

—Hemos viajado mucho —dijo—. ¿Tienes frío? Métete bajo mi abrigo.

Lo subió al trineo y lo arropó. Carlos sintió que caía dentro de una nube de nieve.

—¿Aún tienes frío? —le preguntó, y lo besó en la frente. El beso era más frío que el hielo. Sintió que su corazón, ya medio helado, se congelaba por completo. Tuvo miedo... pero solo por un momento. Luego, todo le pareció bien.

"¡Mi trineo! ¡No olvides mi trineo!" —pensó Carlos. Pero estaba atado a uno de los pájaros de nieve, que voló tras ellos llevándolo a cuestas.

La Reina le dio otro beso, y Carlos olvidó a Margarita, a su abuela y a todos.

—No te besaré más —dijo—, porque te mataría.

Carlos la miró. Le pareció bellísima. No podía imaginar un rostro más inteligente y atractivo. Ya no le parecía de hielo. Ella le decía que sabía hacer cálculos con fracciones y que conocía cada rincón del mundo. Él pensó que ella debía saber más que nadie.

Y entonces volaron juntos, muy alto, hacia las nubes negras, en medio del rugido del viento. Pasaron sobre ciudades y lagos, sobre mares y tierras. Abajo aullaban los lobos, silbaba el viento y brillaba la nieve. Encima de ellos, volaban cuervos negros. Pero en lo alto brillaba la luna, blanca y grande, y Carlos la contempló toda la noche.

Al amanecer, se quedó dormido a los pies de la Reina de las Nieves.

TERCER EPISODIO: EL JARDÍN DE LA HECHICERA

Pero, ¿qué hacía Margarita al ver que Carlos no regresaba? ¿Dónde estaría el niño? Nadie lo sabía, nadie pudo darle noticias. Los chicos de la calle contaban que lo habían visto atar su trineo a otro muy grande y hermoso que entró en la calle y salió por la puerta de la ciudad. Todos ignoraban su paradero. Corrieron muchas lágrimas, y también Margarita lloró copiosa y largamente. Después la gente dijo que había muerto, que se habría ahogado en el río que pasaba por las afueras de la ciudad.

¡Ah, qué días de invierno más largos y tristes! Y llegó la primavera, con su sol confortador.

—Carlos murió; ya no lo tengo —dijo la pequeña Margarita.

—No lo creo —respondió el sol.

—Está muerto y ha desaparecido —dijo la niña a las golondrinas.

—¡No lo creemos! —replicaron ellas; y al fin la propia Margarita llegó a no creerlo tampoco.

—Me pondré los zapatos colorados nuevos —dijo un día—, los que Carlos no ha visto aún, y bajaré al río a preguntar por él.

Era aún muy temprano. Dio un beso a su abuelita, que dormía, y, calzándose los zapatos rojos, salió sola de la ciudad, en dirección al río.

—¿Es cierto que me robaste a mi compañero de juego? Te daré mis zapatos nuevos si me lo devuelves.

Y le pareció como si las ondas le hicieran unas señas raras. Se quitó los zapatos rojos, que le gustaban con delirio, y los arrojó al río; pero cayeron junto a la orilla, y las leves ondas los devolvieron a tierra. Se habría dicho que el río no aceptaba la prenda que ella más quería, porque Carlos no estaba en él. Pero Margarita, pensando que no había echado los zapatos lo bastante lejos, se subió a un bote que flotaba entre los juncos y, avanzando hasta su extremo, arrojó nuevamente los zapatos al agua. Pero resultó que el bote no estaba amarrado y, con el movimiento producido por la niña, se alejó de la orilla. Al darse cuenta, quiso saltar a tierra, pero antes que pudiera llegar a popa, la embarcación se había separado ya cosa de una vara de la ribera y seguía alejándose a velocidad creciente.

Margarita, en extremo asustada, rompió a llorar, pero nadie la oyó aparte de los gorriones, los cuales, no pudiendo llevarla a tierra, se echaron a volar a lo largo de la orilla, piando como para consolarla:

—¡Estamos aquí, estamos aquí!

El bote avanzaba, arrastrado por la corriente, y Margarita permanecía descalza y silenciosa; los zapatitos rojos flotaban en pos de la barca, sin poder alcanzarla, pues ésta navegaba a mayor velocidad.

Las dos orillas eran muy hermosas, con lindas flores, viejos árboles y laderas en las que pacían ovejas y vacas; pero no se veía ni un ser humano.

"Acaso el río me conduzca hasta Carlitos", pensó Margarita, y aquella idea le devolvió la alegría. Se puso en pie y estuvo muchas horas contemplando la hermosa ribera verde, hasta que llegó frente a un gran jardín plantado de cerezos, en el que se alzaba una casita con extrañas ventanas de color rojo y azul. Por lo demás, tenía el tejado de paja y, afuera, había dos soldados de madera, con el fusil al hombro.

Margarita los llamó, creyendo que eran de verdad; pero, como es natural, no respondieron. Se acercó mucho a ellos, pues el río impelía el bote hacia la orilla.

La niña volvió a llamar más fuerte, y entonces salió de la casa una mujer muy vieja, muy vieja, que se apoyaba en una muletilla. Llevaba, para protegerse del sol, un gran sombrero pintado de bellísimas flores.

—¡Pobre pequeña! —dijo la vieja—. ¿Cómo viniste a parar a este río caudaloso y rápido que te ha arrastrado tan lejos?

Y, entrando en el agua, la mujer sujetó el bote con su muletilla, tiró de él hacia tierra y ayudó a Margarita a desembarcar.

Se alegró la niña de volver a pisar tierra firme, aunque la vieja no dejaba de inspirarle cierto temor.

—Ven y cuéntame quién eres y cómo has venido a parar aquí —dijo la mujer.

Margarita se lo explicó todo, mientras la mujer no cesaba de menear la cabeza diciendo:

—¡Hm, hm!

Y cuando la niña hubo terminado y preguntado a la vieja si por casualidad había visto a Carlitos, respondió ésta que no había pasado por allí, pero que seguramente vendría. No debía afligirse y sí, en cambio, probar las cerezas y contemplar sus flores, que eran más hermosas que todos los libros de estampas, y además cada una sabía un cuento. Tomó a Margarita de la mano y entró con ella en la casa, cerrando la puerta tras de sí.

Las ventanas eran muy altas, y los cristales, de colores: rojo, azul y amarillo, por lo que la luz del día resultaba muy extraña. Sobre la mesa había un plato de exquisitas cerezas, y Margarita comió todas las que quiso, con permiso de la dueña. Mientras comía, la vieja la peinaba con un peine de oro, y el pelo se le iba ensortijando y formando un precioso marco dorado para su carita cariñosa, redonda y rosada.

—¡Siempre he suspirado por tener una niña bonita como tú! —dijo la vieja—. ¡Ya verás qué bien lo pasamos las dos juntas!

Y mientras seguía peinando el cabello de Margarita, ésta iba olvidándose de su amiguito Carlos, pues la vieja poseía el arte de la hechicería, aunque no fuera una bruja perversa. Practicaba su don solo para satisfacer algún antojo, y le habría gustado quedarse con Margarita. Por eso salió a la rosaleda y, extendiendo la muletilla hacia todos los rosales, magníficamente floridos, hizo que todos desaparecieran bajo la negra tierra, sin dejar señal ni rastro. Temía la mujer que Margarita, al ver las rosas, se acordara de las suyas y de Carlitos y escapara.

Entonces condujo a la niña al jardín. ¡Dios santo! ¡Qué fragancia y esplendor! Crecían allí todas las flores imaginables; las propias de todas las estaciones aparecían abiertas y magníficas; ningún libro de estampas podía comparársele. Margarita se puso a saltar de alegría y estuvo jugando hasta que el sol se ocultó tras los altos cerezos. Entonces fue conducida a una bonita cama, con almohada de seda roja llena de pétalos de violetas, y se durmió y soñó cosas como solo las sueña una reina el día de su boda.

Al día siguiente volvió a jugar al sol con las flores, y de este modo transcurrieron muchos días. Margarita conocía todas las flores, y, a pesar de las muchas que había, le parecía que faltaba una, sin poder precisar cuál. En una ocasión, mientras estaba sentada contemplando el sombrero de la vieja, que tenía pintadas tantas flores, vio también la más bella de todas: la rosa. La vieja se había olvidado de borrarla del sombrero cuando hizo desaparecer las restantes bajo tierra. Pero, ya se sabe, uno no puede estar en todo.

—Ahora que caigo en ello —exclamó Margarita—, ¿no hay rosas aquí?

Y se puso a recorrer los arriates, busca que busca, pero no había ninguna. Entonces se sentó en el suelo y rompió a llorar; sus lágrimas ardientes cayeron sobre un lugar donde se había hundido uno de los rosales, y cuando humedecieron el suelo, brotó de pronto el rosal, tan florido como en el momento de desaparecer. Margarita lo abrazó, besó sus rosas y le volvieron a la memoria las preciosas de su casa y, con ellas, Carlitos.

—¡Ay, cómo me he entretenido! —exclamó la niña—. Yo iba en busca de Carlos. ¿No saben dónde está? —preguntó a las rosas—. ¿Creen que está vivo o que está muerto?

—Muerto no está —respondieron las rosas—. Nosotras hemos estado debajo de la tierra, donde moran todos los muertos, pero Carlos no estaba.

—Gracias —dijo Margarita, y, dirigiéndose a las otras flores, miró sus cálices y les preguntó—: ¿Saben por ventura dónde está Carlos?

Pero todas las flores tomaban el sol, ensimismadas en sus propias historias. Margarita oyó muchísimas, pero ninguna decía nada de Carlos.

¿Qué decía, pues, la azucena de fuego?

—Oye el tambor: "¡Bum, bum!". Son solo dos notas, siempre "¡bum! ¡bum!". Escucha el plañido de las mujeres. Escucha la llamada de los sacerdotes. Envuelta en su largo manto rojo, la mujer está sobre la pira; las llamas la rodean, así como a su esposo muerto. Pero la mujer hindú piensa en el hombre vivo que está entre la multitud: en él, cuyos ojos son más ardientes que las llamas; en él, el ardor de cuyos ojos agita su corazón más que el fuego, que pronto reducirá su cuerpo a cenizas. ¿Puede la llama del corazón perecer en la llama de la hoguera?

—No comprendo una palabra de lo que dices —exclamó Margarita.

—Pues este es mi cuento —replicó la azucena. ¿Qué dijo la campanilla?

—Más arriba del sendero de montaña se alza un antiguo castillo. La espesa siempreviva crece en torno de los vetustos muros rojos, hoja contra hoja, rodeando la terraza. Allí mora una hermosa doncella que, inclinándose sobre la balaustrada, mira constantemente al camino. No hay en el rosal una rosa más fresca que ella; ninguna flor de manzano arrancada por el viento flota más ligera que ella; el crujido de su ropaje de seda dice: "¿No viene aún?".

—¿Te refieres a Carlos? —preguntó Margarita.

—Yo hablo tan solo de mi leyenda, de mi sueño —respondió la campanilla. ¿Qué dice el rompenieves?

—Entre unos árboles hay una larga tabla, colgada de unas cuerdas; es un columpio. Dos lindas chiquillas —sus vestidos son blancos como la nieve, y en sus sombreros flotan largas cintas de seda verde— se balancean sentadas en él. Su hermano, que es mayor, está también en el columpio, de pie, rodeando la cuerda con un brazo para sostenerse, pues tiene en una mano una escudilla, y en la otra, una paja, y está soplando pompas de jabón. El columpio no para, y las pompas vuelan, con bellas irisaciones; la última está aún adherida al canutillo y se tuerce al impulso del viento, pues el columpio sigue oscilando. Un perrito negro, ligero como las pompas de jabón, se levanta sobre las patas traseras; también él quería subir al columpio. Pasa volando el columpio, y el perro cae, ladrando furioso, y las pompas estallan. Un columpio, una esferita de espuma que revienta; ¡esta es mi canción!

—Acaso sea bonito eso que cuentas, pero lo dices de modo tan triste, y además no hablas de Carlitos. ¿Qué decían los jacintos?

Éranse tres bellas hermanas, exquisitas y transparentes. El vestido de una era rojo, el de la segunda, azul, y el de la tercera, blanco. Cogidas de la mano, bailaban al borde del lago tranquilo, a la suave luz de la luna. No eran elfos, sino seres humanos. El aire estaba impregnado de dulce fragancia, y las doncellas desaparecieron en el bosque. La fragancia se hizo más intensa; tres féretros, que contenían a las hermosas muchachas, salieron de la espesura de la selva, flotando por encima del lago, rodeados de luciérnagas, que los acompañaban volando e iluminándolos con sus lucecitas tenues. ¿Duermen acaso las doncellas danzarinas, o están muertas? El perfume de las flores dice que han muerto; la campana vespertina llama al oficio de difuntos.

—¡Qué tristeza me causas! —dijo Margarita—. ¡Tu perfume es tan intenso! No puedo dejar de pensar en las doncellas muertas. ¡Ay!, ¿estará muerto Carlitos? Las rosas estuvieron debajo de la tierra y dijeron que no.

—¡Cling, clang! —sonaban los cálices de los jacintos—. No doblamos por Carlitos, no lo conocemos. Cantamos nuestra propia pena, la única que conocemos.

Y Margarita pasó al botón de oro, que asomaba por entre las verdes y brillantes hojas.

—¡Cómo brillas, solecito! —le dijo—. ¿Sabes dónde podría encontrar a mi compañero de juegos?

El botón de oro despedía un hermosísimo brillo y miraba a Margarita. ¿Qué canción sabría cantar? Tampoco se refería a Carlos. No sabía qué decir.

—El primer día de primavera, el sol del buen Dios lucía en una pequeña alquería, prodigando su benéfico calor; sus rayos se deslizaban por las blancas paredes de la casa vecina, junto a las cuales crecían las primeras flores amarillas, semejantes a ascuas de oro al contacto de los cálidos rayos. La anciana abuela estaba fuera, sentada en su silla; la nieta, una linda muchacha que servía en la ciudad, acababa de llegar para una breve visita y besó a su abuela. Había oro, oro puro del corazón en su beso. Oro en la boca, oro en el alma, oro en aquella hora matinal. Ahí tienes mi cuento —concluyó el botón de oro.

—¡Mi pobre, mi anciana abuelita! —suspiró Margarita—. Sin duda me echa de menos y está triste pensando en mí, como lo estaba pensando en Carlos. Pero volveré pronto a casa y lo llevaré conmigo. De nada sirve que pregunte a las flores, las cuales saben solo de sus propias penas. No me dirán nada.

Y se arregazó el vestidito para poder andar más rápidamente; pero el lirio de Pascua le golpeó en la pierna al saltar por encima de él. Se detuvo la niña y, considerando la alta flor amarilla, le preguntó:

—¿Acaso tú sabes algo? —y se agachó sobre la flor—. ¿Qué le dijo ésta?

—Me veo a mí misma, me veo a mí misma. ¡Oh, cómo huelo! Arriba, en la pequeña buhardilla, está, medio desnuda, una pequeña bailarina, que ora se sostiene sobre una pierna, ora sobre las dos, recorre con sus pies todo el mundo, pero es solo una ilusión. Vierte agua de la tetera sobre un pedazo de tela que sostiene: es su corpiño, ¡la limpieza es una gran cosa! El blanco vestido cuelga de un gancho; fue también lavado en la tetera y secado en el tejado. Se lo pone, se pone alrededor del cuello el chal azafranado, y así resalta más el blanco del vestido. ¡Arriba la pierna! ¡Mira qué alardes hace sobre un tallo! ¡Me veo a mí misma, me veo a mí misma! ¡Oh, esto es magnífico!

—¡Y qué me importa eso a mí! —dijo Margarita—. ¿A qué viene esa historia?

Y echó a correr hacia el extremo del jardín.

La puerta estaba cerrada, pero ella forcejeó con el herrumbroso cerrojo hasta descorrerlo; se abrió por fin, y la niña se lanzó al vasto mundo con los pies descalzos. Por tres veces se volvió a mirar, pero nadie la perseguía. Al fin, fatigadísima, se sentó sobre una gran piedra, y al dirigir la mirada a su alrededor se dio cuenta de que el verano había pasado y de que estaba ya muy avanzado el otoño, cosa que no había podido observar en el hermoso jardín, donde siempre brillaba el sol y las flores crecían en todas las estaciones.

—¡Dios mío, cómo me he retrasado! —dijo Margarita—. ¡Estamos ya en otoño! ¡Tengo que darme prisa!

Y se puso en pie para reemprender su camino.

Pobres piececitos suyos, ¡qué heridos y cansados! A su alrededor todo parecía frío y desierto; las largas hojas de los sauces estaban amarillas, y el rocío se desprendía en grandes gotas. Caían las hojas unas tras otras; solo el endrino tenía aún fruto, pero era áspero y contraía la boca. ¡Ay, qué gris y difícil parecía todo en el vasto mundo!

CUARTO EPISODIO: EL PRÍNCIPE Y LA PRINCESA

Margarita no tuvo más remedio que tomarse otro descanso. Y he aquí que, en medio de la nieve, en el sitio donde se había sentado, saltó una gran corneja que llevaba buen rato allí contemplando a la niña y bamboleando la cabeza. Finalmente, le dijo:

—¡Crac, crac, buenos días, buenos días!

No sabía decirlo mejor, pero sus intenciones eran buenas, y le preguntó a dónde iba tan sola por aquellos mundos de Dios. Margarita comprendió muy bien la palabra "sola" y el sentido que encerraba. Contó, pues, a la corneja toda su historia y luego le preguntó si había visto a Carlos.

La corneja hizo un gesto significativo con la cabeza y respondió:

—¡A lo mejor!

—¿Cómo? ¿Crees que lo has visto? —exclamó la niña, besando al ave tan fuertemente que por poco la ahoga.

—¡Cuidado, cuidado! —protestó la corneja—. Me parece que era Carlitos. Sin embargo, te ha olvidado por la princesa.

—¿Vive con una princesa? —preguntó Margarita.

—Sí, escucha —dijo la corneja—; pero me resulta difícil hablar tu lengua. Si entendieras la nuestra, te lo podría contar mejor.

—Lo siento, pero no la sé —respondió Margarita—. Mi abuelita sí la entendía, y también la lengua de las pes. ¡Qué lástima que yo no la aprendiera!

—No importa —contestó la corneja—. Te lo contaré lo mejor que sepa; claro que resultará muy deficiente.

Y le explicó lo que sabía.

—En este reino en que nos encontramos vive una princesa de lo más inteligente; tanto, que se ha leído todos los periódicos del mundo, y los ha vuelto a olvidar. Ya ves si es lista. Uno de estos días estaba sentada en el trono —lo cual no es muy divertido, según dicen—; el hecho es que se puso a canturrear una canción que decía así: "¿Y si me buscara un marido?". "Oye, eso merece ser meditado", pensó, y tomó la resolución de casarse. Pero quería un marido que supiera responder cuando ella le hablara; un marido que no se limitara a permanecer plantado y lucir su distinción; esto era muy aburrido. Convocó entonces a todas las damas de la Corte, y cuando ellas oyeron lo que la reina deseaba, se pusieron muy contentas. "¡Esto me gusta! —exclamaron todas—; hace unos días que yo pensaba también en lo mismo". Te advierto que todo lo que digo es verdad —observó la corneja—. Lo sé por mi novia, que tiene libre entrada en palacio; está domesticada.

La novia era otra corneja, claro está. Pues una corneja busca siempre a una semejante y, naturalmente, es siempre otra corneja.

—Los periódicos aparecieron enseguida con el monograma de la princesa dentro de una orla de corazones. Podía leerse en ellos que todo joven de buen parecer estaba autorizado a presentarse en palacio y hablar con la princesa; el que hablara con desenvoltura y sin sentirse intimidado, y desplegara la mayor elocuencia, sería elegido por la princesa como esposo. Puedes creerme —insistió la corneja—, es verdad, tan verdad como que estoy ahora aquí. Acudió una multitud de hombres, todo eran aglomeraciones y carreras, pero nada salió de ello, ni el primer día ni el segundo. Todos hablaban bien mientras estaban en la calle; pero en cuanto franqueaban la puerta de palacio y veían a los centinelas en uniforme plateado y a los criados con librea de oro en las escaleras y los grandes salones iluminados, perdían la cabeza. Y cuando se presentaban ante el trono ocupado por la princesa, no sabían hacer otra cosa que repetir la última palabra que ella dijera, y esto a la princesa no le interesaba ni pizca. Era como si al llegar al salón del trono se les hubiera metido rapé en el estómago y hubieran quedado aletargados, no despertando hasta encontrarse nuevamente en la calle; entonces recobraban el uso de la palabra. Y había una enorme cola que llegaba desde el palacio hasta la puerta de la ciudad. Yo estaba también, como espectadora. Y pasaban hambre y sed, pero en el palacio no se les servía ni un vaso de agua. Algunos, más listos, se habían traído bocadillos, pero no creas que los compartieran con el vecino. Pensaban: "Mejor que tenga cara de hambriento, así no lo querrá la princesa".

—Pero, ¿y Carlos, y Carlitos? —preguntó Margarita—. ¿Cuándo llegó? ¿Estaba entre la multitud?

—Espera, espera, ya saldrá Carlitos. El tercer día se presentó un personajito, sin caballo ni coche, pero muy alegre. Sus ojos brillaban como los tuyos, tenía un cabello largo y hermoso, pero vestía pobremente.

—¡Era Carlos! —exclamó Margarita, alborozada—. ¡Oh, lo he encontrado!

Y dio una palmada.

—Llevaba un pequeño morral a la espalda —prosiguió la corneja.

—No, debía de ser su trineo —replicó Margarita—, pues se marchó con el trineo.

—Es muy posible —admitió la corneja—, no me fijé bien; pero lo que sí sé, por mi novia domesticada, es que el tal individuo, al llegar a la puerta de palacio y ver la guardia en uniforme de plata y a los criados de la escalera en librea dorada, no se turbó lo más mínimo, sino que, saludándolos con un gesto de la cabeza, dijo: "Debe ser pesado estarse en la escalera; yo prefiero entrar". Los salones eran un ascua de luz; los consejeros privados y de Estado andaban descalzos llevando fuentes de oro. Todo era solemne y majestuoso. Los zapatos del recién llegado crujían ruidosamente, pero él no se inmutó.

—¡Es Carlos, sin duda alguna! —repitió Margarita—. Sé que llevaba zapatos nuevos. Oí crujir sus suelas en casa de abuelita.

—¡Ya lo creo que crujían! —prosiguió la corneja—, y nuestro hombre se presentó alegremente ante la princesa, la cual estaba sentada sobre una gran perla, del tamaño de un torno de hilar. Todas las damas de la Corte, con sus doncellas y las doncellas de las doncellas, y todos los caballeros con sus criados y los criados de los criados, que a su vez tenían asistente, estaban colocados en semicírculo; y cuanto más cerca de la puerta, más orgullosos parecían. Al asistente del criado del criado, que va siempre en zapatillas, uno casi no se atreve a mirarlo; tal es la altivez con que se está junto a la puerta.

—¡Debe ser terrible! —exclamó Margarita—. ¿Y vas a decirme que Carlos se casó con la princesa?

—De no haber sido yo corneja, me habría quedado con ella, y eso que estoy prometida. Parece que él habló tan bien como lo hago yo cuando hablo en mi lengua; así me lo ha dicho mi novia domesticada. Era audaz y atractivo. No se había presentado para conquistar a la princesa, sino solo para escuchar su conversación. Y la princesa le gustó, y ella, por su parte, quedó muy satisfecha de él.

—Sí, seguro que era Carlos —dijo Margarita—. ¡Siempre ha sido tan inteligente! Fíjate que sabía calcular de memoria con quebrados. ¡Oh, por favor, llévame al palacio!

—¡Niña, qué pronto lo dices! —replicó la corneja—. Tendré que consultarlo con mi novia domesticada; seguramente podrá aconsejarnos, pues de una cosa estoy segura: jamás una chiquilla como tú será autorizada a entrar en palacio por los procedimientos reglamentarios.

—¡Sí, me darán permiso! —afirmó Margarita—. Cuando Carlos sepa que soy yo, saldrá enseguida a buscarme.

—Aguárdame en aquella cuesta —dijo la corneja, y, saludándola con un movimiento de la cabeza, se alejó volando.

Cuando regresó, anochecía ya.

—¡Rah! ¡rah! —gritó—. Ella me ha encargado que te salude, y ahí va un panecillo que sacó de la cocina. Allí hay mucho pan, y tú debes de estar hambrienta. No es posible que entres en el palacio; vas descalza; los centinelas en uniforme de plata y los criados en librea de oro no te lo permitirán. Pero no llores, de un modo u otro te introducirás. Mi novia conoce una escalerita trasera que conduce al dormitorio y sabe dónde hacerse con las llaves.

Se fueron al jardín, a la gran avenida donde las hojas caían sin parar; y cuando en el palacio se hubieron apagado todas las luces una tras otra, la corneja condujo a Margarita a una puerta trasera que estaba entornada.

¡Oh, cómo le palpitaba a la niña el corazón, de angustia y de anhelo! Le parecía como si fuera a cometer una mala acción, y, sin embargo, sólo quería saber si Carlos estaba allí. Que estaba, era casi seguro; y en su imaginación veía sus ojos inteligentes, su largo cabello; lo veía sonreír como antes, cuando se reunían en casa entre las rosas. Sin duda estaría contento de verla, de enterarse del largo camino que había recorrido en su busca, de saber la aflicción de todos los suyos al no regresar él. ¡Oh, qué miedo, y a la vez, qué contento!

Llegaron a la escalera, iluminada por una lamparilla colocada sobre un armario. En el suelo esperaba la corneja domesticada, volviendo la cabeza en todas direcciones. Miró a Margarita, que la saludó con una inclinación, tal como le enseñara la abuelita.

—Mi prometido me ha hablado muy bien de usted, señorita —dijo la corneja domesticada—. Su biografía, como vulgarmente se dice, o sea, la historia de su vida, es, por otra parte, muy conmovedora. Haga el favor de coger la lámpara, y yo guiaré. Lo mejor es ir directamente por aquí, así no encontraremos a nadie.

—Tengo la impresión de que alguien nos sigue —exclamó Margarita; en efecto, algo pasó con un silbido; eran como sombras que se deslizaban por la pared: caballos de flotantes melenas y delgadas patas, cazadores, caballeros y damas cabalgando.

—Son sueños nada más —dijo la corneja—. Vienen a buscar los pensamientos de Su Alteza para llevárselos de caza. Tanto mejor, así podrá usted contemplarla a sus anchas en la cama. Pero confío en que, si es usted elevada a una condición honorífica y distinguida, dará pruebas de ser agradecida.

—No hablemos ahora de eso —intervino la corneja del bosque.

Llegaron al primer salón, tapizado de color de rosa, con hermosas flores en las paredes. Pasaban allí los sueños rumoreando, pero tan vertiginosos, que Margarita no pudo ver a los nobles personajes. Cada salón superaba al anterior en magnificencia; era para perder la cabeza. Al fin llegaron al dormitorio, cuyo techo parecía una gran palmera con hojas de cristal, pero cristal precioso; en el centro, de un grueso tallo de oro, colgaban dos camas, cada una semejante a un lirio. En la primera, blanca, dormía la princesa; en la otra, roja, Margarita debía buscar a Carlos. Separó una de las hojas encarnadas y vio un cuello moreno. ¡Era Carlos! Pronunció su nombre en voz alta, acercando la lámpara —los sueños volvieron a pasar veloces por la habitación—, él se despertó, volvió la cabeza y… ¡no era Carlos!

El príncipe se le parecía sólo por el cuello, pero era joven y guapo. La princesa, parpadeando por entre la blanca hoja de lirio, preguntó qué ocurría. Margarita rompió a llorar y le contó toda su historia y lo que por ella habían hecho las cornejas.

—¡Pobre pequeña! —exclamaron los príncipes; elogiaron a las cornejas y dijeron que no estaban enfadados, aunque aquello no debía repetirse. Por lo demás, recibirían una recompensa.

—¿Prefieren marcharse libremente —preguntó la princesa— o quedarse en palacio en calidad de cornejas de Corte, con derecho a todos los desperdicios de la cocina?

Las dos cornejas se inclinaron respetuosamente y manifestaron que optaban por el empleo fijo, pues pensaban en la vejez y en que sería muy agradable contar con algo positivo para cuando aquélla llegase.

El príncipe se levantó de la cama y la cedió a Margarita; realmente no podía hacer más. Ella cruzó las manos, pensando: "¡Qué buenas son las personas y los animales, después de todo!", y, cerrando los ojos, se quedó dormida. Acudieron de nuevo todos los sueños, y creyó ver angelitos de Dios que guiaban un trineo en el que viajaba Carlos, el cual la saludaba con la cabeza. Pero todo aquello fue un sueño, y se desvaneció en el momento de despertarse.

Al día siguiente la vistieron de seda y terciopelo de pies a cabeza. La invitaron a quedarse en palacio, donde lo pasaría muy bien; pero ella pidió sólo un cochecito con un caballo y un par de zapatitos, para seguir corriendo el mundo en busca de Carlos.

Le dieron zapatos y un manguito y la vistieron primorosamente, y cuando se dispuso a partir, había en la puerta una carroza nueva de oro puro; los escudos del príncipe y de la princesa brillaban en ella como estrellas. El cochero, criados y postillones —pues no faltaban tampoco los postillones— llevaban sendas coronas de oro. Los príncipes en persona la ayudaron a subir al coche y le desearon toda clase de venturas. La corneja silvestre, que ya se había casado, la acompañó un trecho de tres millas, posada a su lado, pues no podía soportar ir de espaldas. La otra corneja se quedó en la puerta batiendo las alas; no siguió porque, desde que contaba con un empleo fijo, sufría de dolores de cabeza, pues comía con exceso. El interior del coche estaba acolchado con cosquillas de azúcar, y en el asiento había fruta y mazapán.

—¡Adiós, adiós! —gritaron el príncipe y la princesa; y Margarita lloraba, y lloraba también la corneja—. Al cabo de unas millas se despidió también ésta, y resultó muy dura aquella despedida. Se subió volando a un árbol, y permaneció en él agitando las negras alas hasta que desapareció el coche, que relucía como el sol.

QUINTO EPISODIO: LA PEQUEÑA BANDOLERA

Avanzaban a través del bosque tenebroso, y la carroza relucía como una antorcha. Su brillo era tan intenso, que los ojos de los bandidos no podían resistirlo.

—¡Es oro, es oro! —gritaban, y, arremetiendo con furia, detuvieron los caballos, dieron muerte a los postillones, al cochero y a los criados, y mandaron apearse a Margarita.

—Está gorda, apetitosa, la alimentaron con nueces —dijo la vieja de los bandidos, que era barbuda y tenía unas cejas que le colgaban por encima de los ojos.

—Será sabrosa como un corderillo bien cebado. ¡Se me hace la boca agua! —y sacó su afilado cuchillo, que daba miedo de lo brillante que era.

—¡Ay! —gritó al mismo tiempo, pues su propia hija, que se le había subido a la espalda, acababa de pegarle un mordisco en la oreja; era salvaje y endiablada como ella sola.

—¡Maldita rapaza! —exclamó la madre, renunciando a degollar a Margarita.

—¡Jugará conmigo! —dijo la niña de los bandoleros—. Me dará su manguito y su lindo vestido, y dormirá en mi cama.

Y pegó a la vieja otro mordisco, que la hizo saltar y dar vueltas, mientras los bandidos reían y decían:

—¡Cómo baila con su golfilla!

—¡Quiero subir al coche! —gritó la pequeña salvaje, y hubo que complacerla, pues era malcriada y terca como ella sola. Ella y Margarita subieron al carruaje y salieron a galope a campo traviesa. La hija de los bandoleros era de la edad de Margarita, pero más robusta, ancha de hombros y de piel morena. Tenía los ojos negros, de mirada casi triste. Rodeando a Margarita por la cintura, le dijo:

—No te matarán mientras yo no me enfade contigo. ¿Eres una princesa, verdad?

—No —respondió Margarita, y le contó todas sus aventuras y lo mucho que ansiaba encontrar a su Carlitos.

La otra la miraba muy seriamente; hizo un signo con la cabeza y dijo:

—No te matarán, aunque yo me enfade; entonces lo haré yo misma.

Y secó los ojos de Margarita y metió las manos en el hermoso manguito, tan blando y caliente.

El coche se detuvo; estaban en el patio de un castillo de bandoleros, todo él derruido de arriba abajo. Cuervos y cornejas salían volando de los grandes orificios, y enormes perros mastines, cada uno de los cuales parecía capaz de tragarse a un hombre, saltaban sin ladrar, pues les estaba prohibido.

En la espaciosa sala, vieja y ahumada, ardía un gran fuego en el centro del suelo de piedra; el humo se esparcía por debajo del techo, buscando una salida. Cocía un gran caldero de sopa, al mismo tiempo que asaban liebres y conejos.

—Esta noche dormirás sola conmigo y con mis animalitos —dijo la hija de los bandidos.

Le dieron de comer y beber, y luego las dos niñas se apartaron a un rincón donde había paja y alfombras. Encima, posadas en estacas y perchas, había un centenar de palomas, dormidas al parecer, pero que se movieron un poco al acercarse las chicas.

—Todas son mías —dijo la hija de los bandidos, y, sujetando una por los pies, la sacudió violentamente, haciendo que el animal agitara las alas—. ¡Bésala! —gritó, apretándola contra la cara de Margarita—. Allí están las palomas torcaces, las buenas piezas —y señaló cierto número de barras clavadas ante un agujero en la parte superior de la pared—. También son torcaces aquellas dos; si no las tenemos encerradas, escapan. Y éste es mi preferido —y así diciendo, agarró por los cuernos un reno, que estaba atado por un reluciente anillo de cobre en torno al cuello—. No hay más remedio que tenerlo sujeto, de lo contrario, huye. Todas las noches le hago cosquillas en el cuello con el cuchillo, y tiene miedo.

Y la chiquilla, sacando un largo cuchillo de una rendija de la pared, lo deslizó por el cuello del reno. El pobre animal no hacía más que patalear, y la chica no paraba de reírse. Luego metió a Margarita en la cama con ella.

—¿Duermes siempre con el cuchillo a tu lado? —preguntó Margarita, mirando el arma un poco nerviosa.

—¡Desde luego! —respondió la pequeña bandolera—. Nunca sabe una lo que puede ocurrir. Pero vuelve a contarme lo que me dijiste antes de Carlitos y por qué te fuiste por esos mundos.

Margarita le repitió su historia desde el principio, mientras las palomas torcaces arrullaban en su jaula y las demás dormían. La hija de los bandidos pasó un brazo en torno al cuello de Margarita, y, con el cuchillo en la otra mano, se puso a dormir y a roncar. Margarita, en cambio, no podía pegar los ojos, pues no sabía si seguiría viva o si debía morir. Los bandidos, sentados alrededor del fuego, cantaban y bebían, mientras la vieja no cesaba de dar volteretas. El espectáculo resultaba horrible para Margarita.

En esto dijeron las palomas torcaces:

—¡Ruk, ruk!, hemos visto a Carlitos. Un pollo blanco llevaba su trineo, él iba sentado en la carroza de la Reina de las Nieves, que volaba por encima del bosque cuando nosotras estábamos en el nido. Sopló sobre nosotras y murieron todas menos nosotras dos. ¡Ruk, ruk!

—¿Qué están diciendo ahí arriba? —exclamó Margarita—. ¿Adónde iba la Reina de las Nieves? ¿Saben algo?

—Al parecer se dirigía a Laponia, donde hay siempre nieve y hielo. Pregunta al reno atado ahí.

—Allí hay hielo y nieve, ¡qué magnífico es aquello y qué bien se está! —dijo el reno—. Salta uno con libertad por los grandes prados relucientes. Allí tiene la Reina de las Nieves su tienda de verano; pero su palacio está cerca del Polo Norte, en las islas que llaman Spitzberg.

—¡Oh, Carlos, Carlitos! —suspiró Margarita.

—¿No puedes estarte quieta? —la riñó la hija de los bandidos . ¿O quieres que te clave el cuchillo en la barriga?

A la mañana siguiente, Margarita le contó todo lo que le habían dicho las palomas torcaces; la muchacha se quedó muy seria, movió la cabeza y dijo:

—¡Qué más da, qué más da! ¿Sabes dónde está Laponia? —preguntó al reno.

—¿Quién lo sabría mejor que yo? —respondió el animal, y sus ojos despedían destellos—. Allí nací y me crié. ¡Cómo he brincado por sus campos de nieve!

—¡Escucha! —dijo la muchacha a Margarita—. Ya ves que todos nuestros hombres se han marchado, pero mi madre sigue en casa. Más tarde empinará el codo y echará su siestecita; entonces haré algo por ti.

Saltando de la cama, cogió a su madre por el cuello y, tirándole de los bigotes, le dijo:

—¡Buenos días, mi dulce chivo!

La vieja correspondió a sus caricias con varios capirotazos que le pusieron toda la nariz amoratada; pero no era sino una muestra de cariño.

Cuando la vieja, tras unos copiosos tragos, se entregó a la consabida siestecita, la hija llamó al reno y le dijo:

—Podría divertirme aún unas cuantas veces cosquilleándote el cuello con la punta de mi afilado cuchillo; ¡estás entonces tan gracioso! Pero es igual, te desataré y te ayudaré a escapar, para que te marches a Laponia.

Pero cuida de brincar con ánimos y de conducir a esta niña al palacio de la Reina de las Nieves, donde está su compañero de juegos. Ya oíste su relato, pues hablaba bastante alto y tú escuchabas.

El reno pegó un brinco de alegría. La muchacha montó a Margarita sobre su espalda, cuidando de sujetarla fuertemente y dándole una almohada para sentarse.

—Así estás bien —dijo—. Ahí tienes tus botas de piel, pues hace frío; pero yo me quedo con el manguito, es demasiado precioso. No te vas a helar por eso. Te daré los grandes mitones de mi madre, que te llegarán hasta el codo; póntelos... así; ahora tus manos parecen las de mi madre.

Margarita lloraba de alegría.

—No puedo verte lloriquear —dijo la hija de los bandidos—. Debes estar contenta; ahí tienes dos panes y un jamón para que no pases hambre.

Ató las vituallas a la grupa del reno, abrió la puerta, hizo entrar a todos los perros y, cortando la cuerda con su cuchillo, dijo al reno:

—¡A galope, pero mucho cuidado con la niña!

Margarita alargó las manos, cubiertas con los grandes mitones, hacia la muchachita para despedirse de ella, y enseguida el reno emprendió la carrera a campo traviesa, por el inmenso bosque, por pantanos y estepas, a toda velocidad. Aullaban los lobos y graznaban los cuervos; del cielo llegaba un sonido de "¡p-ff, p-ff!", como si estornudaran.

—¡Son mis auroras boreales! —dijo el reno—. Mira cómo brillan.

Y redobló la velocidad, día y noche. Se acabaron los panes y el jamón, y al fin llegaron a Laponia.

SEXTO EPISODIO: LA LAPONA Y LA FINESA

Hicieron alto frente a una casita de aspecto muy pobre. El tejado llegaba hasta el suelo, y la puerta era tan baja que, para entrar y salir, la familia tenía que arrastrarse. Nadie había en la casa, aparte de una vieja lapona que cocía pescado en una lámpara de aceite. El reno contó toda la historia de Margarita, aunque después de haber relatado la propia, que estimaba mucho más importante. La niña estaba tan aterida de frío, que no podía hablar.

—¡Pobres! —dijo la mujer lapona—. ¡Lo que les queda aún por andar! Tienen que correr centenares de millas antes de llegar a Finlandia, que es donde vive la Reina de las Nieves, y todas las noches enciende un castillo de fuegos artificiales. Escribiré unas líneas sobre un bacalao seco, pues papel no tengo, y lo entregarán a la finesa de allá arriba. Ella podrá informarles mejor que yo.

Y cuando Margarita se hubo calentado y saciado el hambre y la sed, la mujer escribió unas palabras en un bacalao seco y, recomendando a la niña que cuidara de no perderlo, lo ató al reno, el cual reemprendió la carrera. «¡P-ff! ¡P-ff!», seguía rechinando en el cielo; y durante toda la noche lucieron magníficas auroras boreales azules. Luego llegaron a Finlandia y llamaron a la chimenea de la mujer finesa, ya que puerta no había.

La temperatura del interior era tan elevada, que la misma finesa iba casi desnuda; era menuda y en extremo sucia. Se apresuró a quitarle los vestidos a Margarita, así como los mitones y botas, ya que de otro modo el calor se le habría hecho insoportable; puso un pedazo de hielo sobre la cabeza del reno y luego leyó las líneas escritas en el bacalao. Las leyó tres veces, hasta aprendérselas de memoria, y a continuación echó el pescado en el caldero de la sopa, pues era perfectamente comestible, y aquella mujer le hallaba utilidad a todo.

Entonces el reno empezó a contar su historia y después la de Margarita. La mujer finesa se limitaba a pestañear, sin decir una palabra.

—Eres muy lista —dijo el reno—. Sé que puedes atar todos los vientos del mundo con una hebra. Cuando el marino suelta uno de los cabos, tiene viento favorable; si suelta otro, el viento arrecia, y si deja el tercero y el cuarto, entonces se levanta una tempestad que derriba los árboles. ¿No querrías dar a esta niña un elixir que le dé la fuerza de doce hombres y le permita dominar a la Reina de las Nieves?

—¡La fuerza de doce hombres! —dijo la finesa—. No creo que sirviera de gran cosa.

Y, dirigiéndose a un anaquel, cogió una piel arrollada y la desenrolló. Había escritas en ella unas letras misteriosas, y la mujer se puso a leer con tanto esfuerzo, que el sudor le manaba de la frente.

Pero el reno rogó con tanta insistencia por Margarita, y ella la miró con ojos tan suplicantes y llenos de lágrimas, que la finesa volvió a pestañear y se llevó al animal a un rincón, donde le dijo al oído, mientras le ponía sobre la cabeza un nuevo pedazo de hielo:

—En efecto, es verdad: Carlitos está aún junto a la Reina de las Nieves, a pleno gusto y satisfacción, convencido de que es el mejor lugar del mundo. Pero ello se debe a que le entró en el corazón una astilla de cristal y en el ojo, un granito de hielo. Hay que empezar por extraérselos;

de lo contrario, jamás volverá a ser como una persona, y la Reina de las Nieves conservará su poder sobre él.

—¿Y no puedes tú darle algún brebaje a Margarita, para que tenga poder sobre todas esas cosas?

—No puede darle más poder que el que ya posee. ¿No ves lo grande que es? ¿No ves cómo la sirven hombres y animales, y lo lejos que ha llegado, a pesar de ir descalza? Su fuerza no puede venir de nosotros; está en su corazón, por ser una niña cariñosa e inocente. Si ella no es capaz de llegar hasta la Reina de las Nieves y extraer el cristal del corazón de Carlos, nosotros nada podemos hacer. A dos millas de aquí empieza el jardín de la Reina; tú puedes llevarla hasta allí. Déjala cerca de un gran arbusto que crece en medio de la nieve y está lleno de bayas rojas, y no te entretengas contándole chismes; regresa enseguida.

Dicho esto, la finesa montó a Margarita sobre el reno, el cual echó a correr a toda velocidad.

—¡Oh, me dejé los zapatitos! ¡Y los mitones! —exclamó Margarita al sentir el frío cortante; pero el reno no se atrevió a detenerse y siguió corriendo hasta llegar al arbusto de las bayas rojas. Una vez en él, hizo que la niña se apeara y la besó en la boca, mientras por sus mejillas resbalaban grandes y relucientes lágrimas; luego emprendió el regreso a galope tendido. La pobre Margarita se quedó allí, descalza y sin guantes, en medio de aquella gélida tierra de Finlandia.

Echó a correr de frente, tan deprisa como le era posible. Vino entonces todo un ejército de copos de nieve; pero no caían del cielo, el cual aparecía completamente sereno y brillante por la aurora boreal. Los copos de nieve corrían por el suelo, y cuanto más se acercaban, más grandes eran. Margarita se acordó de lo grandes y bonitos que le habían parecido cuando los contempló a través de una lente; solo que ahora eran todavía mucho mayores y más pavorosos. Tenían vida, eran los emisarios de la Reina de las Nieves. Presentaban las formas más extrañas: unos parecían enormes y feos erizos; otros, arañas apelotonadas que sacaban las cabezas; otros eran como gordos ositos de pelo hirsuto. Pero todos tenían un brillo blanco, y todos estaban vivos.

Margarita rezó un padrenuestro, y el frío era tan intenso, que podía ver su propia respiración salirle de la boca en forma de vapor. Y el vapor se hacía cada vez más denso, hasta adoptar la figura de angelitos radiantes, que iban creciendo a medida que se acercaban a la tierra. Todos llevaban casco en la cabeza, y lanza y escudo en las manos. Su número crecía constantemente, y cuando Margarita hubo terminado su padrenuestro, la rodeaba todo un ejército. Con sus lanzas picaban a los horribles copos, haciéndolos estallar en cien pedazos, y Margarita avanzaba segura y contenta.

Los ángeles le acariciaban manos y pies, con lo que ella sentía menos el frío; y se dirigió rápidamente al palacio de la Reina de las Nieves.

Pero veamos ahora cómo lo pasaba Carlos, quien no pensaba, ni mucho menos, en Margarita, ni sospechaba siquiera que estuviese frente al palacio.

SÉPTIMO EPISODIO: DEL PALACIO DE LA REINA DE LAS NIEVES Y DE LO QUE LUEGO SUCEDIÓ

Los muros del castillo eran de nieve compacta, y sus puertas y ventanas estaban hechas de cortantes vientos; había más de cien salones, dispuestos al albur de las ventiscas, y el mayor tenía varias millas de longitud. Los iluminaba la refulgente aurora boreal, y eran todos ellos espaciosos, vacíos, helados y brillantes. Nunca se celebraban fiestas en ellos, ni siquiera un pequeño baile de osos, en que la tempestad hubiera podido actuar de orquesta y los osos polares, andando sobre sus patas traseras, exhibir su porte elegante. Nunca una reunión social, con sus manotazos a la boca y golpes de zarpa; nunca un té de blancas raposas: todo era desierto, inmenso y gélido en los salones de la Reina de las Nieves. Las auroras boreales flameaban tan nítidamente, que podía calcularse con exactitud cuándo estaban en su máximo y en su mínimo. En el centro de aquella interminable sala desierta había un lago helado, roto en mil pedazos, tan iguales entre sí que el conjunto resultaba una verdadera obra de arte. En medio se sentaba la Reina de las Nieves cuando residía en su palacio; decía entonces que estaba sentada en el espejo de la razón, y que éste era el único y el mejor espejo del mundo.

Carlitos estaba amoratado de frío, casi negro; pero no se daba cuenta, pues ella lo había hecho besar por la helada, y su corazón era como un témpano de hielo. Se entretenía arrastrando cortantes pedazos de hielo llanos y yuxtaponiéndolos de todas las maneras posibles para formar con ellos algo determinado, como cuando nosotros combinamos piezas de madera y reconstituimos figuras: lo que llamamos un rompecabezas. El muchacho obtenía diseños extremadamente ingeniosos; era el gran rompecabezas helado de la inteligencia. Para él, aquellas figuras eran perfectas y tenían grandísima importancia; y todo por el granito de hielo que tenía en el ojo. Combinaba figuras que eran una palabra escrita, pero de ningún modo lograba componer el único vocablo que le interesaba: ETERNIDAD. Sin embargo, la Reina de las Nieves le había dicho:

—Si consigues componer esta figura, serás señor de ti mismo y te regalaré el mundo entero y un par de patines por añadidura.

Pero no había modo.

—Tengo que marcharme a las tierras cálidas —dijo la Reina de las Nieves—. Quiero echar un vistazo a los pucheros de hierro.

Se refería a los volcanes que nosotros llamamos Etna y Vesubio.

—Les pondré un poquitín de blanco, como corresponde; y además les irá bien a los limones y a las uvas.

Y levantó el vuelo, dejando a Carlos solo en aquella sala helada y enorme, tan lejana, entregado a sus combinaciones con los pedazos de hielo, pensando y cavilando hasta sorberse los sesos. Permanecía inmóvil y envarado; se le hubiera tomado por una estatua de hielo.

Y he aquí que Margarita franqueó la puerta del palacio. Soplaban en él vientos cortantes, pero cuando la niña rezó su oración vespertina, se calmaron como si les entrara sueño; y ella avanzó por las enormes salas frías y desiertas: ¡allí estaba Carlos! Lo reconoció enseguida, se le arrojó al cuello y, abrazándolo fuertemente, exclamó:

—¡Carlos! ¡Mi Carlitos querido! ¡Al fin te encontré!

Pero él seguía inmóvil, tieso y frío; y entonces Margarita lloró lágrimas ardientes, que cayeron sobre su pecho y penetraron en su corazón, derritiendo el témpano de hielo y destruyendo el trocito de espejo. Él la miró, y la niña se puso a cantar:

Florecen en el valle las rosas.
¡Bendito seas, Jesús, que las haces tan hermosas!

Entonces Carlos prorrumpió en lágrimas; lloraba de tal modo, que el granito de espejo le salió flotando del ojo. Reconoció a la niña y gritó alborozado:

—¡Margarita, mi querida Margarita! ¿Dónde estuviste todo este tiempo? ¿Y dónde he estado yo?

Y miraba a su alrededor.

—¡Qué frío hace aquí! ¡Qué grande es esto y qué desierto!

Y se agarraba a Margarita, que de alegría reía y lloraba a la vez. El espectáculo era tan conmovedor, que hasta los témpanos se pusieron a bailar, y cuando se sintieron cansados y volvieron a echarse, lo hicieron formando la palabra que, según la Reina de las Nieves, podía hacerlo señor de sí mismo y darle el mundo entero y un par de patines además.

Margarita lo besó en las mejillas, y éstas cobraron color; lo besó en los ojos, que se volvieron brillantes como los de ella; lo besó en las manos y los pies, y el niño quedó sano y contento. Ya podía volver la

Reina de las Nieves; su carta de emancipación quedaba escrita con relucientes témpanos de hielo.

Cogidos de la mano, los niños salieron del enorme palacio, hablando de la abuelita y de las rosas del tejado; y dondequiera que fueran, al punto amainaba el viento y salía el sol. Al llegar al arbusto de las bayas rojas, vieron al reno que los aguardaba, en compañía de una hembra con las ubres llenas, que dio a los niños su tibia leche y los besó en la boca. Acto seguido, condujeron a Carlos y Margarita a la casa de la mujer finesa, en cuya caldeada habitación se reconfortaron, y la mujer les indicó el camino de su patria. Hicieron también escala en la choza de la lapona, que entretanto había cosido vestidos para ellos y reparado sus trineos.

La pareja de renos, saltando a su lado, los siguió hasta la frontera del país, donde brotaba la primera hierba; allí se despidieron de los animales y de la lapona.

—¡Adiós! —se dijeron todos.

Y las primeras avecillas piaron, el bosque tenía yemas verdes, y de su espesor salió un soberbio caballo, que Margarita reconoció —era el que había tirado de la dorada carroza—, montado por una muchacha que llevaba la cabeza cubierta con un rojo y reluciente gorro, y pistolas al cinto. Era la hija de los bandidos, que harta de los suyos, se dirigía hacia el Norte, resuelta a encaminarse luego a otras regiones si aquella no la convencía. Reconoció inmediatamente a Margarita, y ésta a ella, con gran alegría de ambas.

—¡Valiente mocito, que se marchó tan lejos! —dijo a Carlitos—. Me gustaría saber si te mereces que vayan a buscarte al fin del mundo.

Pero Margarita, dándole unos golpecitos en las mejillas, le preguntó por el príncipe y la princesa.

—Se fueron a otras tierras —dijo la muchacha.

—¿Y la corneja?

—La corneja murió. Ahora la domesticada es viuda y va con un hilo de lana negra en la pata; no hace más que lamentarse, aunque todo es comedia. Pero cuéntame qué fue de ti y cómo lo pescaste.

Margarita y Carlos se lo contaron.

—¡Y colorín colorado, este cuento se ha acabado! —dijo la pequeña bandolera; y, cogiendo a los dos de la mano, les prometió visitarlos si algún día iba a su ciudad; dicho esto, se marchó por esos mundos.

Carlos y Margarita continuaron cogidos de la mano, y, según avanzaban, surgía la primavera con flores y follaje; las campanas de las iglesias repicaban, y los niños reconocieron las altas torres y la gran ciudad natal. Se dirigieron a la puerta de la abuelita, subieron las escaleras y entraron en el cuarto, donde todo seguía como antes, en su mismo lugar. El reloj decía: "¡tic, tac!", y las agujas giraban; pero al pasar la puerta se dieron cuenta de que se habían vuelto personas mayores. Las rosas del terrado florecían entrando por la abierta ventana, y a su lado estaban aún sus sillitas de niños. Carlos y Margarita se sentaron cada cual en la suya, sin soltarse las manos. Habían olvidado, como si hubiese sido un sueño de pesadilla, la magnificencia gélida y desierta del palacio de la Reina de las Nieves. La abuelita, sentada a la clara luz del sol de Dios, leía la Biblia en voz alta:

—Si no se vuelven como los niños, no entrarán en el Reino de los Cielos.

Carlos y Margarita se miraron a los ojos y, de pronto, comprendieron la vieja canción:

Florecen en el valle las rosas.
¡Bendito seas, Jesús, que las haces tan hermosas!

Y permanecieron sentados, mayores y, sin embargo, niños, niños por el corazón. Y llegó el verano, el verano caluroso y bendito.

ABUELITA

Abuelita es muy vieja, tiene muchas arrugas y el pelo completamente blanco, pero sus ojos brillan como estrellas, solo que mucho más hermosos, pues su expresión es dulce, y da gusto mirarlos. También sabe cuentos maravillosos y tiene un vestido de flores grandes, grandes, de una seda tan tupida que cruje cuando anda. Abuelita sabe muchas, muchísimas cosas, pues vivía ya mucho antes que papá y mamá, esto nadie lo duda. Tiene un libro de cánticos con recias cantoneras de plata; lo lee con gran frecuencia. En medio del libro hay una rosa, comprimida y seca, y, sin embargo, la mira con una sonrisa de arrobamiento, y le asoman lágrimas a los ojos.

¿Por qué abuelita mirará así la marchita rosa de su devocionario? ¿No lo sabes? Cada vez que las lágrimas de la abuelita caen sobre la flor, los colores cobran vida, la rosa se hincha y toda la sala se impregna de su aroma; se esfuman las paredes cual si fuesen pura niebla, y en derredor se levanta el bosque, espléndido y verde, con los rayos del sol filtrándose entre el follaje, y abuelita vuelve a ser joven, una bella muchacha de rubias trenzas y redondas mejillas coloradas, elegante y graciosa; no hay rosa más lozana, pero sus ojos, sus ojos dulces y llenos de dicha, siguen siendo los ojos de abuelita.

Sentado junto a ella hay un hombre, joven, vigoroso, apuesto. Huele la rosa y ella sonríe —¡pero ya no es la sonrisa de abuelita!— sí, y vuelve a sonreír. Ahora se ha marchado él, y por la mente de ella desfilan muchos pensamientos y muchas figuras; el hombre gallardo ya no está, la rosa yace en el libro de cánticos, y... abuelita vuelve a ser la anciana que contempla la rosa marchita guardada en el libro.

Ahora abuelita se ha muerto. Sentada en su silla de brazos, estaba contando una larga y maravillosa historia.

—Se ha terminado —dijo— y yo estoy muy cansada; déjenme echar un sueñito.

Se recostó respirando suavemente, y quedó dormida; pero el silencio se volvía más y más profundo, y en su rostro se reflejaban la felicidad y la paz; se habría dicho que lo bañaba el sol... y entonces dijeron que estaba muerta.

La pusieron en el negro ataúd, envuelta en lienzos blancos. ¡Estaba tan hermosa, a pesar de tener cerrados los ojos! Pero todas las arrugas habían desaparecido, y en su boca se dibujaba una sonrisa. El cabello era blanco como plata y venerable, y no daba miedo mirar a la muerta. Era siempre la abuelita, tan buena y tan querida. Colocaron el libro de cánticos bajo su cabeza, pues ella lo había pedido así, con la rosa entre las páginas. Y así enterraron a abuelita.

En la sepultura, junto a la pared del cementerio, plantaron un rosal que floreció espléndidamente, y los ruiseñores acudían a cantar allí, y desde la iglesia el órgano desgranaba las bellas canciones que estaban escritas en el libro colocado bajo la cabeza de la difunta. La luna enviaba sus rayos a la tumba, pero la muerta no estaba allí; los niños podían ir por la noche sin temor a coger una rosa de la tapia del cementerio. Los muertos saben mucho más de cuanto sabemos todos los vivos; saben el miedo, el miedo horrible que nos causarían si volviesen. Pero son mejores que todos nosotros, y por eso no vuelven.

Hay tierra sobre el féretro, y tierra dentro de él. El libro de cánticos, con todas sus hojas, es polvo, y la rosa, con todos sus recuerdos, se ha convertido en polvo también. Pero encima siguen floreciendo nuevas rosas y cantando los ruiseñores, y enviando el órgano sus melodías. Y uno piensa muy a menudo en la abuelita, y la ve con sus ojos dulces, eternamente jóvenes. Los ojos no mueren nunca. Los nuestros verán a abuelita, joven y hermosa como antaño, cuando besó por vez primera la rosa, roja y lozana, que yace ahora en la tumba convertida en polvo.

ZAPATOS ROJOS

Hubo una vez una niñita que era muy pequeña y delicada, pero que, a pesar de todo, tenía que andar siempre descalza, al menos en verano, por su extraña pobreza. Para el invierno sólo tenía un par de zuecos que le dejaban los tobillos terriblemente lastimados.

En el centro de la aldea vivía una anciana zapatera que hizo un par de zapatitos con unos retazos de tela roja. Los zapatos resultaron un tanto desmañados, pero hechos con la mejor intención para Karen, que así se llamaba la niña.

La mujer le regaló el par de zapatos, que Karen estrenó el día en que enterraron a su madre. Ciertamente los zapatos no eran de luto, pero ella no tenía otros, de modo que Karen marchó detrás del pobre ataúd de pino así, con los zapatos rojos y sin medias.

Precisamente acertó a pasar por el camino del cortejo un grande y viejo coche, en cuyo interior iba sentada una anciana señora. Al ver a la niñita, la señora sintió mucha pena por ella y dijo al sacerdote:

—Deme a esa niña para que me la lleve y la cuide con todo cariño.

Karen pensó que todo era por los zapatos rojos, pero a la señora le parecieron horribles y los hizo quemar. La niña fue vestida pulcramente, y tuvo que aprender a leer y coser. La gente decía que era linda, pero el espejo añadía más: "Tú eres más que linda. ¡Eres encantadora!".

Por ese tiempo, la Reina estaba haciendo un viaje por el país, llevando consigo a su hijita, la Princesa. La gente, y Karen entre ella, se congregó ante el palacio donde ambas se alojaban para tratar de verlas. La princesita salió a un balcón, sin séquito que la acompañara ni corona de oro, pero ataviada enteramente de blanco y con un par de hermosos zapatos de marroquín rojo. Un par de zapatos que eran realmente la cosa más distinta de aquellos que la pobre zapatera había confeccionado para Karen. Nada en el mundo podía compararse con aquellos zapatitos rojos.

Llegó el tiempo en que Karen tuvo edad para recibir el sacramento de la confirmación. Le hicieron un vestido nuevo y necesitaba un nuevo par de zapatos. El zapatero de lujo que había en la ciudad fue encargado de tomarle la medida de sus piececitos. El establecimiento estaba lleno de cajas de vidrio que contenían los más preciosos y relucientes zapatos, pero la anciana señora no tenía muy bien la vista, de modo que no halló nada de interés en ellos. Entre las demás mercaderías había también un par de zapatos rojos como los que usaba la Princesa. ¡Qué bonitos eran!

El zapatero les dijo que habían sido hechos para la hija de un conde, pero que le resultaban ajustados.

—¡Cómo brillan! —comentó la señora—. Supongo que serán de charol.

—Sí que brillan y mucho —aprobó Karen, que estaba probándoselos. Le venían a la medida, y los compraron, pero la anciana no tenía la menor idea de que eran rojos, o de lo contrario nunca habría permitido a Karen usarlos el día de su confirmación.

Todo el mundo le miraba los pies a la niña, y en el momento de entrar en la iglesia aún le parecía a ella que hasta los viejos cuadros que adornaban la sacristía, retratos de los párrocos muertos y desaparecidos, con largos ropajes negros, tenían los ojos fijos en los zapatos rojos de Karen. Ésta no pensaba en otra cosa cuando el sacerdote extendió las manos sobre ella, ni cuando le habló del santo bautismo, la alianza con Dios, y dijo que desde ahora Karen sería ya una cristiana enteramente responsable. Respondieron las solemnes notas del órgano, los niños cantaron con sus voces más dulces, y también cantó el viejo preceptor, pero Karen sólo pensaba en sus zapatos rojos.

Al llegar la tarde, ya la señora había oído decir en todas partes que los zapatos eran rojos, lo cual le pareció inconveniente y poco decoroso para la ocasión. Resolvió que en adelante, cada vez que Karen fuera a la iglesia, llevaría zapatos negros, aunque fueran viejos. Pero el domingo siguiente, fecha en que debía recibir su primera comunión, la niña contempló sus zapatos rojos y luego los negros… Miró otra vez los rojos, y por último se los puso.

Era un hermoso día de sol. Karen y la anciana señora tenían que pasar a través de un campo de trigo, por ser un sendero bastante polvoriento. Junto a la puerta de la iglesia había un soldado viejo con una muleta; tenía una extraña y larga barba de singular entonación rojiza, y se inclinó casi hasta el suelo al preguntar a la dama si le permitía sacudir el polvo de sus zapatos. La niña extendió también su piececito.

—¡Vaya! ¡Qué hermosos zapatos de baile! —exclamó el soldado—. Procura que no se te suelten cuando dances. —Y al decir esto tocó las suelas de los zapatos con la mano.

La anciana dio al soldado una moneda de cobre y entró en la iglesia acompañada por Karen. Toda la gente, y también las imágenes, miraban los zapatos rojos de la niña. Cuando Karen se arrodilló ante el altar en el momento más solemne, sólo pensaba en sus zapatos rojos, que parecían estar flotando ante su vista. Olvidó unirse al himno de acción de gracias, olvidó el rezo del Padrenuestro.

Finalmente, la concurrencia salió del templo y la anciana se dirigió a su coche. Karen levantó el pie para subir también al carruaje, y en ese momento el soldado, que estaba de pie tras ella, dijo:

—¡Lindos zapatos de baile!

Sin poder impedirlo, Karen dio unos saltos de danza, y una vez empezado el movimiento siguió bailando involuntariamente, llevada por sus pies. Era como si los zapatos tuvieran algún poder por sí solos. Siguió bailando alrededor de la iglesia, sin lograr contenerse. El cochero tuvo que correr tras ella, sujetarla y llevarla al coche, pero los pies continuaban danzando, tanto que golpearon horriblemente a la pobre señora. Por último, Karen se quitó los zapatos, lo cual permitió un poco de alivio a sus miembros.

Al llegar a la casa, la señora guardó los zapatos en un armario, pero Karen no pudo evitar ir a contemplarlos.

Por aquellos días, la anciana cayó enferma de gravedad. Era necesario atenderla y cuidarla mucho, y no había nadie más cercana que Karen para hacerlo. Pero en la ciudad se daba un gran baile, y la muchacha estaba también invitada. Miró a su protectora y se dijo que, después de todo, la pobre no podría vivir. Miró luego sus zapatos rojos y resolvió que no habría ningún mal en asistir a la fiesta. Se calzó, pues, los zapatos, se fue al baile y empezó a danzar. Pero cuando quiso bailar hacia el fondo de la sala, los zapatos la llevaron hacia la puerta, y luego escaleras abajo, y por las calles, y más allá de los muros de la ciudad. Siguió bailando y alejándose cada vez más sin poder contenerse, hasta llegar al bosque. Al alzar la cabeza distinguió algo que se destacaba en la oscuridad, entre los árboles, y le pareció que era la luna; pero no: era un rostro, el del viejo soldado de la barba roja. El soldado meneó la cabeza en señal de aprobación y dijo:

—¡Qué lindos zapatos de baile!

Aquello infundió a la niña un miedo terrible; quiso quitarse los zapatos y tirarlos lejos, pero era imposible: los tenía como adheridos a los pies. Cuanto más danzaba, más tenía que bailar, por campos y praderas, bajo la lluvia y bajo el sol, de día y de noche, pero por la noche aquello era terrible.

Entró bailando por las puertas del cementerio, pero los muertos no la acompañaron en su danza: tenían otra cosa mejor que hacer. Trató de sentarse sobre la tumba de un mendigo, sobre la cual crecía el amargo ajenjo, pero no había descanso posible para ella. Y cuando se acercó, bailando, al portal de la iglesia, vio a un ángel de pie junto a la puerta, con larga túnica blanca y alas que llegaban de los hombros al suelo. El rostro del ángel mostraba gravedad y su mano sostenía una espada.

—Tendrás que bailar —le dijo—. Tendrás que bailar con tus zapatos rojos hasta que estés pálida y fría, y la piel se te arrugue, y te conviertas en un esqueleto. Bailarás de puerta en puerta, y allí donde encuentres niños orgullosos y vanidosos llamarás para que te vean y tiemblen. Sí, tendrás que bailar...

—¡Piedad! —gritó Karen, pero no alcanzó a oír la respuesta del ángel, porque los zapatos la habían llevado ya hacia los campos, por los caminos y senderos. Y sin cesar seguía bailando.

Cierta mañana pasó danzando ante una puerta que ella conocía muy bien. Del interior procedía un rumor de plegarias, y salió un cortejo portador de un ataúd cubierto de flores. Y Karen supo así que la anciana señora había muerto, y se sintió desamparada por todo el mundo, maldita hasta por los santos ángeles de Dios.

Siguió, siguió danzando. Tenía que bailar, aun en las noches más oscuras. Los zapatos la llevaban por sobre zarzas y rastrojos hasta dejarle los pies desgarrados, sangrantes. Más allá de los matorrales llegó a una casita solitaria, donde ella sabía que vivía el verdugo. Golpeó con los dedos en el cristal de la ventana y llamó:

—¡Ven! ¡Ven! ¡Yo no puedo entrar, estoy bailando!

—¿Acaso no sabes quién soy yo? —respondió el verdugo—. Yo soy el que le corta la cabeza a la gente mala. ¡Y mira! ¡Mi hacha está temblando!

—¡No me cortes la cabeza —rogó Karen—, pues entonces nunca podría arrepentirme de mis pecados! Pero, por favor, ¡córtame los pies, con los zapatos rojos!

Le explicó todo lo ocurrido, y el verdugo le cortó los pies con los zapatos, pero éstos siguieron bailando con los piececitos dentro, y se alejaron hasta perderse en las profundidades del bosque.

Luego el verdugo le hizo un par de pies de madera y dos muletas, y le enseñó un himno que solían entonar los criminales arrepentidos. Ella le besó la mano que había manejado el hacha, y se alejó por entre los matorrales.

“Ya he padecido bastante con estos zapatos —se dijo—. Ahora iré a la iglesia, para que todos puedan verme”.

Y se dirigió tan rápidamente como pudo a la puerta del templo. Al llegar allí, vio a los zapatos que bailaban ante ella, y aquello le dio tanto terror que se volvió a su casa.

Toda la semana estuvo muy triste, derramando lágrimas amargas, pero al llegar el domingo se dijo:

"Ahora sí que ya he sufrido bastante. Me parece que estoy a la par de muchos que entran en la iglesia con la cabeza alta".

Salió a la calle sin vacilar más, pero apenas había pasado de la puerta volvió a ver los zapatos rojos bailando ante ella. Se sintió más aterrorizada que nunca y volvió la espalda, pero esta vez con verdadero arrepentimiento en el corazón.

Se dirigió entonces a la casa del párroco y suplicó que la tomaran a su servicio, prometiendo trabajar cuanto pudiera, sin reclamar otra cosa que un techo y el privilegio de vivir entre gente bondadosa. La esposa del sacristán tenía buenos sentimientos, se compadeció y habló por ella al párroco. Karen demostró ser muy industriosa e inteligente, y se hizo querer por todos, pero cuando oía a las niñas hablar de lujos y vestidos, y pretender ser lindas como reinas, meneaba la cabeza.

El domingo siguiente fueron todos al templo, y preguntaron a Karen si quería ir con ellas. Pero Karen miró sus muletas tristemente y con lágrimas en los ojos. Y se fueron sin ella a la iglesia, mientras la niña se quedó sentada sola en su pequeña habitación, donde no cabía más que una cama y una silla. Estaba leyendo en su libro de oraciones, con humildad de corazón, cuando oyó las notas del órgano que el viento traía desde la iglesia. Levantó su rostro cubierto de lágrimas y dijo: "¡Oh, Dios, ayúdame!"

En ese momento el sol brilló alrededor de ella, y el ángel de túnica blanca que ella viera aquella noche a la puerta del templo se presentó de pie ante sus ojos. Ya no tenía en la mano la espada, sino una hermosa rama verde cuajada de rosas. Con esa rama tocó el techo, y éste se levantó hasta gran altura, y en cualquier otra parte que tocaba la rama aparecía una estrella de oro. Al tocar el ángel las paredes, el ámbito de la habitación se ensanchó, y en su interior resonaron las notas del órgano, y Karen vio las imágenes en sus hornacinas. Toda la congregación estaba en sus bancos, cantando en voz alta, y la misma Karen se encontró a sí misma en uno de los asientos, al lado de otras personas de la parroquia. Cuando acabó el himno, todos volvieron la vista hacia ella y dijeron: "¡Qué alegría verte de nuevo entre nosotros después de tanto tiempo, pequeña Karen!"

—Todo ha sido por la misericordia de Dios —respondió ella. El órgano resonó de nuevo y las voces de los niños le hicieron eco dulcemente en el coro. La cálida luz del sol penetró a raudales por las ventanas y fue a iluminar plenamente el sitio donde estaba sentada Karen. Y el corazón de la niña se colmó tanto de sol, de luz y de alegría, que acabó por romperse. Su alma voló en la luz hacia el cielo, y ninguno de los presentes hizo siquiera una pregunta acerca de los zapatos rojos.

ALGO

—¡Quiero ser algo! —decía el mayor de cinco hermanos—. Quiero servir de algo en este mundo. Si ocupo un puesto, por modesto que sea, que sirva a mis semejantes, seré algo. Los hombres necesitan ladrillos. Pues bien, si yo los fabrico, haré algo real y positivo.

—Sí, pero eso es muy poca cosa —replicó el segundo hermano—. Tu ambición es muy humilde: es trabajo de peón, que una máquina puede hacer. No, más vale ser albañil. Eso sí es algo, y yo quiero serlo. Es un verdadero oficio. Quien lo profesa es admitido en el gremio y se convierte en ciudadano, con su bandera propia y su casa gremial. Si todo marcha bien, podré tener oficiales, me llamarán maestro, y mi mujer será la señora patrona. A eso llamo yo ser algo.

—¡Tonterías! —intervino el tercero—. Ser albañil no es nada. Quedarás excluido de los estamentos superiores, y en una ciudad hay muchos que están por encima del maestro artesano. Aunque seas un hombre de bien, tu condición de maestro no te librará de ser lo que llaman un "patán". No, yo sé algo mejor. Seré arquitecto, seguiré por la senda del arte, del pensamiento, subiré hasta el nivel más alto en el reino de la inteligencia. Habré de empezar desde abajo, sí; te lo digo sin rodeos: comenzaré de aprendiz. Llevaré gorra, aunque estoy acostumbrado a usar sombrero de seda. Iré a comprar aguardiente y cerveza para los oficiales, y ellos me tutearán, lo cual no me agrada, pero imaginaré que no es sino una comedia, libertades propias del carnaval. Mañana, es decir, cuando sea oficial, emprenderé mi propio camino, sin preocuparme de los demás. Iré a la academia a aprender dibujo, y seré arquitecto. Esto sí es algo. ¡Y mucho! Acaso me llamen señoría, y excelencia, y me pongan, además, algún título delante y detrás, y venga edificar, como otros hicieron antes que yo. Y entretanto iré construyendo mi fortuna. ¡Ese algo vale la pena!

—Pues eso que tú dices que es algo, se me antoja muy poca cosa, y hasta te diré que nada —dijo el cuarto—. No quiero tomar caminos trillados. No quiero ser un copista. Mi ambición es ser un genio, mayor que todos ustedes juntos. Crearé un estilo nuevo, levantaré el plano de los edificios según el clima y los materiales del país, haciendo que cuadren con su sentimiento nacional y la evolución de la época, y les añadiré un piso, que será un zócalo para el pedestal de mi gloria.

—¿Y si nada valen el clima y el material? —preguntó el quinto—. Sería bien sensible, pues no podrían hacer nada de provecho. El sentimiento nacional puede engreírse y perder su valor; la evolución de la época puede escapar de tus manos, como se te escapa la juventud. Ya veo que en realidad ninguno de ustedes llegará a ser nada, por mucho que lo esperen. Pero hagan lo que les plazca. Yo no voy a imitarlos; me quedaré al margen, para juzgar y criticar sus obras. En este mundo todo tiene sus defectos; yo los descubriré y sacaré a la luz. Esto será algo.

Así lo hizo, y la gente decía de él: "Indudablemente, este hombre tiene algo. Es una cabeza despejada. Pero no hace nada". Y, sin embargo, por esto precisamente era algo.

Como ven, esto no es más que un cuento, pero un cuento que nunca se acaba, que empieza siempre de nuevo, mientras el mundo sea mundo.

Pero, ¿qué fue, a fin de cuentas, de los cinco hermanos? Escúchenme bien, que es toda una historia.

El mayor, que fabricaba ladrillos, observó que por cada uno recibía una monedita, y aunque solo fuera de cobre, reuniendo muchas de ellas se obtenía un brillante escudo. Ahora bien, dondequiera que vayan con un escudo, a la panadería, a la carnicería o a la sastrería, se les abre la puerta y solo tienen que pedir lo que les haga falta. He aquí lo que sale de los ladrillos. Los hay que se rompen o desmenuzan, pero incluso de estos se puede sacar algo.

Una pobre mujer llamada Margarita deseaba construirse una casita sobre el malecón. El hermano mayor, que tenía un buen corazón, aunque no llegó a ser más que un sencillo ladrillero, le dio todos los ladrillos rotos, y unos pocos enteros por añadidura. La mujer se construyó la casita con sus propias manos. Era muy pequeña; una de las ventanas estaba torcida; la puerta era demasiado baja, y el techo de paja hubiera podido quedar mejor. Pero, bien que mal, la casuca era un refugio, y desde ella se gozaba de una buena vista sobre el mar, aquel mar cuyas furiosas olas se estrellaban contra el malecón, salpicando con sus gotas salobres la pobre choza, y tal como era, ésta seguía en pie mucho tiempo después de estar muerto el que había cocido los ladrillos.

El segundo hermano conocía el oficio de albañil, mucho mejor que la pobre Margarita, pues lo había aprendido tal como se debe.

Aprobado su examen de oficial, se echó la mochila al hombro y entonó la canción del artesano:

Joven yo soy, y quiero correr mundo,
e ir levantando casas por doquier,
cruzar tierras, pasar el mar profundo,
confiado en mi arte y mi valer.

Y si a mi tierra regresara un día
atraído por el amor que allí dejé,
alárgame la mano, patria mía,
y tú, casita que mía te llamé.

Y así lo hizo. Regresó a la ciudad, ya en calidad de maestro, y construyó casas y más casas, una junto a otra, hasta formar toda una calle. Terminada ésta, que era muy bonita y realzaba el aspecto de la ciudad, las casas edificaron para él una casita, de su propiedad. ¿Cómo pueden construir las casas? Pregúntenselo a ellas. Si no les responden, lo hará la gente en su lugar, diciendo: "Sí, es verdad, la calle le ha construido una casa". Era pequeña y de pavimento de arcilla, pero bailando sobre él con su novia se volvió liso y brillante; y de cada piedra de la pared brotó una flor, con lo que las paredes parecían cubiertas de preciosos tapices. Fue una linda casa y una pareja feliz. La bandera del gremio ondeaba en la fachada, y los oficiales y aprendices gritaban: "¡Hurra por nuestro maestro!". Sí, señor, aquél llegó a ser algo. Y murió siendo algo.

Vino luego el arquitecto, el tercero de los hermanos, que había empezado de aprendiz, llevando gorra y haciendo de mandadero, pero más tarde había ascendido a arquitecto, tras los estudios en la Academia, y fue honrado con los títulos de señoría y excelencia. Y si las casas de la calle habían edificado una para el hermano albañil, a la calle le dieron el nombre del arquitecto, y la mejor casa de ella fue suya.

Llegó a ser algo, sin duda alguna, con un largo título delante y otro detrás. Sus hijos pasaban por ser de familia distinguida, y cuando murió, su viuda fue una viuda de alto copete... y esto es algo. Y su nombre quedó en el extremo de la calle y como nombre de calle siguió viviendo en labios de todos. Esto también es algo, sí señor.

Siguió después el genio, el cuarto de los hermanos, el que pretendía idear algo nuevo, aparte del camino trillado, y realzar los edificios con un piso más, que debía inmortalizarle. Pero se cayó de este piso y se rompió el cuello. Eso sí, le hicieron un entierro solemnísimo, con las banderas de los gremios, música, flores en la calle y elogios en el periódico; en su honor se pronunciaron tres panegíricos, cada uno más largo que el anterior, lo cual le habría satisfecho en extremo, pues le gustaba mucho que hablaran de él. Sobre su tumba erigieron un monumento, de un solo piso, es verdad, pero esto es algo.

El tercero había muerto, pues, como sus tres hermanos mayores. Pero el último, el razonador, sobrevivió a todos, y en esto estuvo en su papel, pues así pudo decir la última palabra, que es lo que a él le interesaba. Como decía la gente, era la cabeza clara de la familia. Pero le llegó también su hora, se murió y se presentó a la puerta del cielo, por la cual se entra siempre de dos en dos. Y he aquí que él iba de pareja con otra alma que deseaba entrar a su vez, y resultó ser la pobre vieja Margarita, la de la casa del malecón.

—De seguro que será para realzar el contraste por lo que me han puesto de pareja con esta pobre alma —dijo el razonador—. ¿Quién eres, abuelita? ¿Quieres entrar también? —le preguntó.

Se inclinó la vieja lo mejor que pudo, pensando que el que le hablaba era San Pedro en persona.

—Soy una pobre mujer sencilla, sin familia, la vieja Margarita de la casita del malecón.

—Ya, ¿y qué es lo que hiciste allá abajo?

—Bien poca cosa, en realidad. Nada que pueda valerme la entrada aquí. Será una gracia muy grande de nuestro Señor si me admiten en el Paraíso.

—¿Y cómo fue que te marchaste del mundo? —siguió preguntando él, solo por decir algo, pues al hombre le aburría la espera.

—La verdad es que no lo sé. El último año lo pasé enferma y pobre. Un día no tuve más remedio que levantarme y salir, y me encontré de repente en medio del frío y la helada. Seguramente no pude resistirlo. Le contaré cómo ocurrió: fue un invierno muy duro, pero hasta entonces lo había aguantado. El viento se calmó por unos días, aunque hacía un frío cruel, como su señoría debe saber. La capa de hielo entraba en el mar hasta perderse de vista. Toda la gente de la ciudad había salido a pasear sobre el hielo, a patinar, como dicen ellos, y a bailar, y también creo que había música y merenderos. Yo lo oía todo desde mi pobre cuarto, donde estaba acostada. Esto duró hasta el anochecer. Había salido ya la luna, pero su luz era muy débil. Miré al mar desde mi cama, y entonces vi que de allí, donde se tocan el cielo y el mar, subía una maravillosa nube blanca. Me quedé mirándola y vi un punto negro en su centro, que crecía sin cesar; y entonces supe lo que aquello significaba —pues soy vieja y tengo experiencia—, aunque no es frecuente ver el signo. Yo lo conocí y sentí espanto. Durante mi vida lo había visto dos veces, y sabía que anunciaba una espantosa tempestad, con una gran marejada que sorprendería a todos aquellos desgraciados que allí estaban, bebiendo, saltando y divirtiéndose. Toda la ciudad había salido, viejos y jóvenes. ¡Quién podía prevenirlos, si nadie veía el signo ni se daba cuenta de lo que yo observaba! Sentí una angustia terrible, y me entró una fuerza y un vigor como hacía mucho tiempo no había sentido. Salté de la cama y me fui a la ventana; no pude ir más allá. Conseguí abrir los postigos, y vi a muchas personas que corrían y saltaban por el hielo y vi las lindas banderitas y oí los hurras de los chicos y los cantos de los mozos y mozas. Todo era bullicio y alegría, y mientras tanto la blanca nube con el punto negro iba creciendo por momentos. Grité con todas mis fuerzas, pero nadie me oyó, pues estaban demasiado lejos. La tempestad no tardaría en estallar, el hielo se resquebrajaría y haría pedazos, y todos aquellos, hombres y mujeres, niños y mayores, se hundirían en el mar, sin salvación posible. Ellos no podían oírme, y yo no podía ir hasta ellos. ¿Cómo conseguir que viniesen a tierra? Dios Nuestro Señor me inspiró la idea de pegar fuego a mi cama.

Más valía que se incendiara mi casa, a que todos aquellos infelices pereciesen. Encendí el fuego, vi la roja llama, salí a la puerta… pero allí me quedé tendida, con las fuerzas agotadas. Las llamas se agrandaban a mi espalda, saliendo por la ventana y por encima del tejado. Los patinadores las vieron y acudieron corriendo en mi auxilio, pensando que iba a morir abrasada. Todos vinieron hacia el malecón.

Los oí venir, pero al mismo tiempo oí un estruendo en el aire, como el tronar de muchos cañones. La ola de marea levantó el hielo y lo hizo pedazos, pero la gente pudo llegar al malecón, donde las chispas me caían encima. Todos estaban a salvo. Yo, en cambio, no pude resistir el frío y el espanto, y por esto he venido aquí, a la puerta del cielo. Dicen que está abierta para los pobres como yo. Y ahora ya no tengo mi casa. ¿Qué le parece, me dejarán entrar?

En esto se abrió la puerta del cielo, y un ángel hizo entrar a la mujer. De ésta cayó una brizna de paja, una de las que había en su cama cuando la incendió para salvar a los que estaban en peligro. La paja se transformó en oro, pero en un oro que crecía y echaba ramas, que se trenzaban en hermosísimos arabescos.

—¿Ves? —dijo el ángel al razonador—, esto lo ha traído la pobre mujer. Y tú, ¿qué traes? Nada, bien lo sé. No has hecho nada, ni siquiera un triste ladrillo. Podrías volverte y, por lo menos, traer uno. De seguro que estaría mal hecho, siendo obra de tus manos, pero algo valdría la buena voluntad. Por desgracia, no puedes volverte, y nada puedo hacer por ti.

Entonces, aquella pobre alma, la mujer de la casita del malecón, intercedió por él:

—Su hermano me regaló todos los ladrillos y trozos con los que pude levantar mi humilde casa. Fue un gran favor que me hizo. ¿No servirían todos aquellos trozos como un ladrillo para él? Es una gracia que pido. La necesita tanto, y puesto que estamos en el reino de la gracia…

—Tu hermano, a quien tú creías el de más cortos alcances —dijo el ángel—, aquél cuya honrada labor te parecía la más baja, te da su óbolo celestial. No serás expulsado. Se te permitirá permanecer ahí fuera reflexionando y reparando tu vida terrenal; pero no entrarás mientras no hayas hecho una buena acción.

—Yo lo habría sabido decir mejor —pensó el pedante, pero no lo dijo en voz alta, y esto ya es algo.

ANA ISABEL

Ana Isabel era un verdadero querubín, joven y alegre: un auténtico primor, con sus dientes blanquísimos, sus ojos tan claros, el pie ligero en la danza, y el genio más ligero aún. ¿Qué salió de ello? Un chiquillo horrible. No, guapo no era. Se lo dieron a la mujer del peón caminero. Ana Isabel entró en el palacio del conde, ocupó una hermosa habitación, se adornó con vestidos de seda y terciopelo... No podía darle una corriente de aire, ni nadie se hubiera atrevido a dirigirle una palabra dura, pues podría afectarse, y eso tendría malas consecuencias. Criaba al hijo del conde, que era delicado como un príncipe y hermoso como un ángel. ¡Cómo lo quería! En cuanto al suyo, el propio, crecía en casa del peón caminero; allí trabajaba más la boca que el puchero, y era raro que hubiera alguien en casa. El niño lloraba, pero lo que nadie oye, a nadie apena; y así seguía llorando hasta dormirse; y mientras se duerme no se siente hambre ni sed; para eso se inventó el sueño.

Con los años —con el tiempo, la mala hierba crece— creció el hijo de Ana Isabel. La gente decía, sin embargo, que se había quedado corto de talla. Pero se había incorporado a la familia que lo había adoptado por dinero. Ana Isabel fue siempre para él una extraña. Era una señora de ciudad, fina y atildada, lo pasaba bien y nunca salía sin su sombrero. Jamás se le ocurrió ir a visitar al peón caminero, vivía demasiado lejos de la ciudad, y además no tenía nada que hacer allí. El chico era de ellos y consumía lo suyo; algo tenía que hacer para pagar su manutención, por eso guardaba la vaca bermeja de Mads Jensen. Sabía ya cuidar del ganado y entretenerse.

El mastín de la hacienda estaba sentado al sol, orgulloso de su perrera y ladrando a todos los que pasaban; cuando llovía se metía en la casita, donde se tumbaba, seco y caliente. El hijo de Ana Isabel estaba sentado al sol en la zanja, tallando una estaca; en primavera había tres freseras floridas que seguramente darían fruto. Era un pensamiento agradable; mas no hubo fresas. Allí estaba él, expuesto al viento y a la intemperie, calado hasta los huesos; para secarse las ropas que llevaba puestas no tenía más fuego que el viento cortante. Si trataba de refugiarse en el cortijo, lo echaban a golpes y empujones; era demasiado feo y asqueroso, decían las sirvientas y los mozos. Estaba acostumbrado a aquel trato. Nunca lo había querido nadie.

¿Qué fue del hijo de Ana Isabel? ¿Qué podría ser del muchacho? Su destino era éste: jamás sentiría el cariño de nadie.

Arrojado de la tierra firme, fue a remar en una mísera lancha, mientras el barquero bebía. Sucio y feo, helado y voraz, se habría dicho que nunca estaba harto; y, en efecto, así era.

El año estaba ya muy avanzado, el tiempo era duro y tempestuoso, y el viento penetraba cortante a través de las gruesas ropas. Y aún era peor en el mar, surcado por una pobre barca de vela con solo dos hombres a bordo, o, mejor, uno y medio: el patrón y su ayudante. Durante todo el día había reinado una luz crepuscular, que en el momento de nuestra narración se hacía aún más oscura; el frío era intensísimo. El patrón sorbió un trago de aguardiente para calentarse por dentro. La botella era vieja, y también la copa, cuyo roto pie había sido sustituido por un tarugo de madera, tallado y pintado de azul; gracias a él se sostenía. "Un trago reconforta, pero dos reconfortan más todavía", pensó el patrón. El muchacho seguía sentado al remo, que sostenía con su mano dura y embreada. Realmente era feo, con el cabello hirsuto y el cuerpo achaparrado y encorvado. Según la gente, era el chico del peón caminero, pero de acuerdo con el registro de la parroquia, era el hijo de Ana Isabel.

El viento cortaba a su manera, y la lancha lo hacía a la suya. La vela, que había cogido el viento, se hinchó, y la embarcación se lanzó a una carrera velocísima; todo en derredor era áspero y húmedo, pero las cosas podían ponerse aún peores.

¡Alto! ¿Qué ha pasado? ¿Un choque? ¿Un salto? ¿Qué hace la barca? ¡Vira de bordo! ¿Ha sido una tromba, una oleada? El remero lanzó un grito:

—¡Dios nos ampare!

La embarcación había chocado contra un enorme arrecife submarino, y se hundía como un zapato viejo en la balsa del pueblo, se hundía con toda su tripulación, hasta con las ratas, como suele decirse. Ratas sí había, pero lo que es hombres, tan solo uno y medio: el patrón y el chico del peón caminero. Nadie presenció el drama aparte de las chillonas gaviotas y los peces del fondo, y aun éstos no lo vieron bien, pues huyeron asustados cuando el agua invadió la barca que se hundía. Apenas quedó a una braza de fondo, con los dos tripulantes sepultados, olvidados. Únicamente siguió flotando la copa con su pie de madera azul, pues el tarugo la mantenía a flote; marchó a la deriva, para romperse y ser arrojada a la orilla, ¿dónde y cuándo? ¡Bah! ¡Qué importa eso! Había prestado su servicio y se había hecho querer. No podía decir otro tanto el hijo de Ana Isabel. Pero en el reino de los cielos, ningún alma podrá decir: "¡Nadie me ha querido!".

Ana Isabel vivía en la ciudad desde hacía ya muchos años. La llamaban señora, y erguía la cabeza cuando hablaba de viejos recuerdos, de los tiempos del palacio condal, en que salía a pasear en coche y alternaba con condesas y baronesas. Su dulce conde había sido un verdadero ángel de Dios, la criatura más cariñosa que imaginarse pueda. La quería mucho, y ella a él. Se habían besado y acariciado; era su alegría, la mitad de su vida. Ahora era ya mayor, con sus catorce años, muy instruido y muy guapo. No lo había vuelto a ver desde que lo llevara en brazos. Hacía muchos años que no iba al palacio de los condes. Era todo un viaje ir hasta allí.

—Tendré que decidirme —dijo Ana Isabel—. He de ir a ver a mis señores, a mi precioso conde. Seguramente me echa de menos, se acuerda de mí y me quiere como entonces, cuando me rodeaba el cuello con sus bracitos de ángel y me decía "An-Lis". Parecía la voz de un violín. Sí, he de ir a verlo.

Partió en la carreta de bueyes e hizo parte del camino a pie. Llegó al palacio condal, espacioso y brillante; y, como antes, se quedó en el jardín. Todo el servicio era nuevo; nadie conocía a Ana Isabel, nadie sabía el cargo que en otros tiempos había desempeñado en la casa. Ya se lo dirían la señora condesa y su hijo. De seguro que ellos la echaban de menos.

Y allí estaba Ana Isabel. Tuvo que esperar largo rato, y quien espera desespera. Antes de que los señores pasaran al comedor fue recibida por la condesa, que le dirigió palabras muy amables. A su pequeño no lo vería hasta después de comer; ya la llamarían entonces.

¡Qué alto, espigado y esbelto estaba! Conservaba aquellos ojos preciosos y su boquita de ángel. La miró sin decirle una palabra; seguramente no la había reconocido. Se volvió para marcharse, pero entonces ella le cogió la mano y se la llevó a los labios.

—¡Está bien! —dijo él, y salió de la habitación; él, el objeto de todo su cariño, a quien había querido y seguía queriendo por encima de todo, su orgullo en la Tierra.

Ana Isabel partió del palacio y se alejó por el camino vecinal. Se sentía muy triste. Se le había mostrado tan extraño, sin un pensamiento, sin una palabra para ella. Y pensar que lo había llevado en brazos día y noche, y que seguía llevándolo en el pensamiento.

En esto pasó volando sobre el camino, a poca altura, un gran cuervo negro, que graznaba incesantemente.

—¡Pajarraco de mal agüero! —exclamó ella.

Llegó frente a la casa del peón caminero, y, como la mujer se hallara en la puerta, entablaron conversación.

—¡Cómo te luce el pelo! —dijo la mujer del peón—. Estás rolliza y redonda. Parece que te van bien las cosas.

—Desde luego —respondió Ana Isabel.

—La barca se fue a pique con ellos —dijo la mujer—. Se ahogaron, el patrón Lars y el chico. Todo terminó. Yo había esperado que el muchacho me ayudase algún día, y trajera unos chelines a casa. ¡A ti nada te costó, Ana Isabel!

—¡Ahogados! —exclamó Ana Isabel, y ya no pronunció una palabra más sobre el drama. Estaba afligida porque su conde no le había dirigido la palabra, con lo que ella lo quería, y después de haber recorrido aquel largo camino para llegar al palacio. Y el dinero que le había costado, y todo inútilmente. Pero nada dijo de lo ocurrido. No quería abrir su corazón a la mujer del peón caminero. A lo mejor habría pensado que ya no tenía prestigio en el palacio. El cuervo volvió a graznar encima de su cabeza.

—¡Maldito pajarraco! —exclamó—. Bastante me ha asustado hoy.

Llevaba café en grano y achicoria. Sería una buena acción dárselo a la mujer para que preparase unas tazas de café caliente. También a ella le sentaría bien. Y la mujer salió a preparar la infusión, mientras Ana Isabel se sentaba en una silla y se quedaba dormida. Y he aquí que soñó con él; nunca le había ocurrido, ¡qué cosa más rara! Soñó con su propio hijo, que había llorado y sufrido hambre en aquella casa; nadie había cuidado de él, y ahora estaba en el fondo del mar, Dios sabía dónde. Soñó que se le presentaba allí, mientras la mujer del peón salía a preparar café; le llegaba incluso el aroma de los granos. Y en la puerta, de pie, había un mozo hermosísimo, tanto como el conde, que le decía:

—¡Se hunde el mundo! ¡Cógete fuertemente a mí, que después de todo eres mi madre! Tienes un ángel en el cielo. ¡Cógete a mí, cógete fuertemente!

En esto se produjo un gran estruendo; seguramente era el mundo que se salía de quicio. Pero el ángel la levantó, sosteniéndola tan firmemente por las mangas que a ella le pareció que la levantaban de la Tierra. Pero algo muy pesado se había agarrado a sus piernas y la sujetaba por la espalda, como si centenares de mujeres la agarrasen, diciendo: "¡Si tú has de salvarte, también hemos de salvarnos nosotras! ¡Tente firme, tente firme!". Y todas se colgaban de ella. Aquello era demasiado. Se oyó un

¡ris, ras!, la manga se desgarró, y Ana Isabel cayó desde una altura enorme. La despertó la sacudida y estuvo a punto de irse al suelo con la silla en que se sentaba. Se sentía tan trastornada, que no recordaba siquiera lo que había soñado: indudablemente había sido algo malo.

Tomaron el café y hablaron, y luego Ana Isabel se encaminó a la ciudad próxima, para ver al carretero, con el que debía regresar a su tierra aquella misma noche. Mas el hombre le dijo que no podía emprender el regreso hasta la tarde del día siguiente. Calculó ella entonces lo que le costaría quedarse allí, así como la distancia, y le pareció que la abreviaría cosa de dos millas si, en vez de seguir la carretera, tomaba por la costa. El tiempo era espléndido, y brillaba la luna llena. Ana Isabel decidió marcharse a pie; al día siguiente podría estar en casa.

El sol se había puesto y las campanas vespertinas doblaban aún; pero no, eran las ranas de Peder Oxe, que croaban en el cenagal. Cuando se callaron, todo quedó silencioso; no se oía ni un pájaro, todos se habían acostado, y la lechuza aún no había salido. Reinaba un gran silencio en el bosque y en la orilla, por la que andaba; sólo percibía el rumor de sus propios pasos en la arena. No se oía ni el chapoteo del agua; del mar no llegaba ni un rumor. Todo estaba mudo, los vivos y los muertos.

Ana Isabel seguía caminando sin pensar en nada. Había abandonado sus pensamientos, pero sus pensamientos no la abandonaban a ella. No nos dejan nunca, yacen como adormecidos, tanto los vivos, que se han echado un momento a descansar, como los que no se han despertado aún. Pero acuden, siempre; ora se agitan en el corazón o en la cabeza, ora nos acometen impensadamente. "Toda buena acción lleva su bendición", está escrito allí; y también: "En el pecado está la muerte". Muchas cosas hay allí escritas, muchas se dicen, sólo que se ignoran, no se piensa en ellas. Esto le ocurría a Ana Isabel. Mas pueden presentarse de repente, pueden acudir.

En nuestro corazón —el tuyo, el mío— hay los gérmenes de todos los vicios y de todas las virtudes. Están en él como diminutas e invisibles semillas. Un día llega del exterior un rayo de sol, el contacto de una mano perversa. Vuelves una esquina, a derecha o a izquierda, pues un detalle así puede ser decisivo, y la minúscula semilla se agita, se hincha, estalla y vierte su jugo en la sangre. Y ya estás en camino. Hay pensamientos angustiosos, que uno no advierte cuando está sumido en sueños, pero que se agitan. Ana Isabel andaba como en sueños y sus pensamientos se movían. De una Candelaria a la siguiente, el corazón registra muchas cosas en su tablilla, el balance de todo un año. Muchas cosas han sido olvidadas: pecados de pensamiento y de palabra contra Dios, contra nuestros prójimos y contra nuestra propia conciencia. No pensamos en ellos, como tampoco pensó Ana Isabel; nada de malo había cometido contra la ley y el derecho de su país, era bien considerada, honrada y respetable, lo sabía bien. Y seguía avanzando por la orilla… ¿Qué era aquello que yacía en el suelo? Se detuvo. ¿Qué había arrojado el mar? Un sombrero viejo de hombre. ¿Se habría caído por la borda? Se acercó a la prenda, volvió a detenerse y miró: ¿Qué era aquello? Se asustó mucho, y, sin embargo, nada había allí que pudiese asustarla. Sólo un montón de algas y juncos enredados en torno a una piedra alargada, que parecía un cuerpo humano. No eran sino algas y juncos, y, sin embargo, ella se asustó. Y al proseguir su camino le vinieron a la mente muchas cosas que oyera de niña. Aquellas supersticiones acerca del "fantasma de la costa", el espectro de los cuerpos insepultos arrojados por las olas a la playa. El cuerpo muerto, que nada hacía, pero cuyo espectro, el fantasma de la playa, seguía al caminante solitario, se agarraba fuertemente a él y le pedía que lo llevase al cementerio y le diese cristiana sepultura.

"¡Tente firme, tente firme!", decía. Y al repetir para sí estas palabras Ana Isabel, se le presentó de repente todo su sueño, con las madres cogidas a ella y exclamando: "¡Tente firme, tente firme!". Y luego el mundo se había hundido, y se le habían desgarrado las mangas, y se había desprendido de su hijo, que se esforzaba por llevarla consigo al juicio final. Su hijo, el hijo de su carne y de su sangre, al que nunca quiso, en quien nunca había pensado, aquel hijo estaba ahora en el fondo del mar. Podía aparecérsele en figura de espectro y gritarle: "¡Cógeme fuerte, cógeme fuerte! ¡Llévame a tierra cristiana!". Y al pensar en esto, la angustia le espoleó los talones, obligándola a apresurar el paso. El miedo, como una mano fría y húmeda, le apretaba el corazón. Se sintió a punto de desmayarse, y al mirar a lo lejos, mar adentro, vio que el aire se volvía más denso y espeso.

Descendía una pesada niebla, envolviendo árboles y matas, y dándoles un aspecto maravilloso. Se volvió ella a mirar la luna, que quedaba a su espalda y parecía un disco pálido, sin rayos, y sintió como si algo muy pesado se posara sobre sus miembros. "¡Tente firme, tente firme!", pensó, y al volverse a mirar a la luna le pareció como si su blanca cara estuviese junto a ella, y como si la niebla colgara sobre sus hombros a modo de blanco sudario: "¡Cógeme fuerte! ¡Llévame a tierra cristiana!", creyó oír, y le pareció percibir también un sonido hueco y extraño, que no venía ni de las ranas del pantano, ni de los cuervos, ni de las cornejas, pues no veía ninguna. "¡Entiérrame, entiérrame!", decía una voz gritando. Sí, era el espectro de su hijo, yaciente en el fondo del mar, y que no encontraba reposo mientras no fuera llevado al cementerio y depositado en tierra cristiana. Quiso ir allí y darle sepultura, y tomó la dirección de la iglesia. Le pareció entonces como si la carga se hiciera más liviana y desapareciera; reemprendió su camino anterior, el más corto para ir a su casa. Pero de nuevo oyó: "¡Cógeme fuerte, cógeme fuerte!".

Resonaba como el croar de las ranas, como el grito de un ave quejumbrosa, pero ahora se entendía claramente: "¡Entiérrame, por amor de Dios, entiérrame!".

La niebla era fría y húmeda; la mano y el rostro de la mujer lo estaban también, pero de terror. Sentía la presencia de algo, y en su mente se había hecho espacio para pensamientos que nunca había tenido antes.

En las tierras del Norte, los hayedos pueden abrirse en una noche de primavera, y presentarse en su juvenil magnificencia bajo el sol del día siguiente. También, en un segundo, la semilla del pecado que hay latente en nuestra vida puede germinar y desarrollarse. Y así lo hace cuando despierta la conciencia, que Dios despabila cuando menos lo esperamos. No hay disculpa posible, el hecho está allí, testificando en contra de nosotros; los pensamientos se tornan palabras, y estas resuenan en los espacios. Nos espantamos de lo que hemos estado llevando dentro sin conseguir sofocarlo; nos espantamos de lo que hemos propagado en nuestra presunción y ligereza. El corazón encierra en sí todas las virtudes, pero también todos los vicios, los cuales pueden germinar y crecer, hasta en la tierra más estéril.

Todo esto estaba encerrado en los pensamientos de Ana Isabel. Anonadada, cayó al suelo y continuó un trecho a rastras. "¡Entiérrame, entiérrame!", oía; y habría querido enterrarse a sí misma si la tumba hubiese significado eterno olvido. Era la hora tremenda de su despertar, con toda su angustia y su horror. Un supersticioso terror le producía escalofríos; acudían a su mente muchas cosas de las que nunca hubiera querido acordarse. Silenciosa, como la sombra de una nube a la luz de la luna, caminaba delante de ella una aparición de la que oyera hablar en otros tiempos. Junto a ella pasaban galopando cuatro jadeantes corceles, despidiendo fuego por los ojos y los ollares, tirando de un coche ardiente ocupado por el perverso señor que más de un siglo atrás había vivido en aquella comarca. Se decía que cada medianoche recorría su propiedad y se volvía enseguida. No era blanco, como parece que son los muertos, sino negro como carbón, como carbón consumido. Hizo un gesto con la cabeza dirigiéndose a Ana Isabel, y guiñándole el ojo le dijo: "¡Cógete firme, cógete firme! ¡Aún podrás montar en el coche de los condes y olvidar a tu hijo!".

Ella apretó el paso y llegó al cementerio; pero las cruces negras y los negros cuervos flotaban, confundiéndose ante sus ojos. Los cuervos gritaban como el que había oído antes, pero ahora comprendía su lenguaje: "¡Soy un cuervo madre, soy un cuervo madre!", decían todos, y Ana Isabel sabía que aquel nombre se aplicaba a ella. Tal vez sería transformada en uno de aquellos negros pajarracos y condenada a gritar incesantemente lo que ellos gritaban si no conseguía cavar la tumba.

Se arrojó al suelo, y con las manos cavó un hoyo en la dura tierra; y la sangre le manaba de los dedos.

"¡Entiérrame, entiérrame!", resonaba la voz sin cesar. Ella temía oír el canto del gallo y ver la primera luz de la aurora; pues si no había terminado su trabajo antes, estaba perdida. Y cantó el gallo, y el cielo del este se tiñó de rojo. La tumba estaba solo medio abierta. Una mano gélida le resbaló por la cabeza y el rostro, hasta el corazón. "¡Sólo media tumba!", se oyó en el aire como en un suspiro, y algo pasó flotando en dirección al mar. Sí, era el fantasma de la orilla. A su contacto, Ana Isabel se desplomó, rendida y desmayada.

Era ya pleno día cuando volvió en sí. Dos hombres la levantaron. No estaba en el cementerio, sino en la playa, donde había excavado un profundo hoyo en la arena, cortándose los dedos con una copa rota que tenía por pie un tarugo de madera pintado de azul. Ana Isabel estaba enferma; la conciencia había mezclado las cartas de la superstición, y, al cortarlas, había descubierto que sólo tenía media alma; la otra mitad se la había llevado consigo su hijo al fondo del mar. Nunca obtendría ya la gracia del cielo mientras no recuperase aquella mitad de alma que retenían las aguas profundas. Ana Isabel llegó a su casa, mas ya no era la que había sido. Sus ideas se embrollaban como una madeja enredada; sólo una hebra quedaba desenmarañada: debía llevar al cementerio el fantasma de la orilla y darle sepultura; con ello recuperaría su alma entera.

Muchas noches notaron los vecinos que se ausentaba de su casa; siempre la encontraban en la playa, esperando la aparición del espectro. Así transcurrió un año entero; luego desapareció una noche y ya nada supieron de su paradero. Se pasaron todo el día siguiente buscándola sin resultado.

Al atardecer, cuando el sacristán llegó a la iglesia para tocar a vísperas, vio a Ana Isabel tendida delante del altar. Llevaba allí desde la mañana, casi exhausta, pero con los ojos luminosos y un brillo rojizo en la cara, producido por los últimos rayos del sol, que le daban en pleno rostro y se reflejaban también en las relucientes abrazaderas de la Biblia; ésta aparecía abierta en la página donde se leen aquellas palabras del profeta Joel: "¡Rasguen sus corazones y no sus vestidos, convirtiéndose al Señor!". "Casualidad —dijo la gente—. ¡Hay tantas casualidades!".

En la cara de Ana Isabel, iluminada por el sol, se leía la paz y la gracia. Había sido mejor así para ella, dijeron; había superado la crisis. Por la noche se le había aparecido el espectro de la playa, su hijo, diciéndole: "Cavaste solo media tumba para mí, pero durante mucho tiempo me tuviste sepultado en tu corazón, y este es el mejor refugio de una madre para su hijo". Y devolviéndole la mitad del alma, la condujo hasta la iglesia.

—Ahora estoy en la casa de Dios —dijo ella—. Y aquí se está a salvo.

Cuando se acabó de poner el sol, el alma de Ana Isabel estaba en lo alto, allí donde no existe el temor cuando uno ha luchado. Y Ana Isabel había luchado hasta el fin.

BAILA, BAILA, MUÑEQUITA

—Sí, es una canción para las niñas muy pequeñas —aseguró tía Malle—. Yo, con la mejor voluntad del mundo, no puedo seguir este "¡Baila, baila, muñequita mía!".

Pero la pequeña Amalia sí la seguía; sólo tenía 3 años, jugaba con muñecas y las educaba para que fueran tan listas como tía Malle.

Venía a la casa un estudiante que daba lecciones a los hermanos y hablaba mucho con Amalita y sus muñecas, pero de una manera muy distinta a todos los demás. La pequeña lo encontraba muy divertido y, sin embargo, tía Malle opinaba que no sabía tratar con niños; sus cabecitas no sacarían nada en limpio de sus discursos. Pero Amalita sí sacaba, tanto, que se aprendió toda la canción de memoria y la cantaba a sus tres muñecas, dos de las cuales eran nuevas, una de ellas una señorita, la otra un caballero, mientras que la tercera era vieja y se llamaba Lise. También ella oyó la canción y participó en ella.

Canción:

¡Baila, baila, muñequita,
qué fina es la señorita!
Y también el caballero
con sus guantes y sombrero,
calzón blanco y traje entero
y muy brillante calzado.
Son bien finos, a fe mía.
Baila, muñequita mía.

Ahí está Lise, que es muy vieja,
aunque ahora no lo parezca,
con la cera que le han dado
parece del año pasado.
Como nueva está y entera.
Baila con tu compañera,
serán tres para bailar.
¡Bien nos vamos a alegrar!

Baila, baila, muñequita,

pie hacia fuera, tan bonita.
Da el primer paso, garbosa,
siempre esbelta y tan graciosa.
Gira y salta sin parar,
que muy sano es el saltar.
¡Vaya baile delicioso!
¡Son un grupo primoroso!

Y las muñecas comprendían la canción; Amalita también la comprendía, y el estudiante, claro está. Él la había compuesto y decía que era estupenda. Sólo tía Malle no la entendía; ya no estaba para niñerías.

—¡Es una bobada! —decía. Pero Amalita no es boba, y la canta. Por ella es por quien la sabemos.

EL SOLDADITO DE PLOMO

Había una vez veinticinco soldados de plomo, todos hermanos, pues los habían fundido de una misma cuchara vieja. Llevaban el fusil al hombro y miraban de frente; el uniforme era precioso, rojo y azul. La primera palabra que escucharon en cuanto se levantó la tapa de la caja que los contenía fue: "¡Soldados de plomo!". La pronunció un chiquillo, dando una gran palmada. Eran el regalo de su cumpleaños, y los alineó sobre la mesa. Todos eran exactamente iguales, excepto uno, que se distinguía un poquito de los demás: le faltaba una pierna, pues había sido fundido el último, y el plomo no bastó. Pero con una pierna, se sostenía tan firme como los otros con dos, y de él precisamente vamos a hablar aquí.

En la mesa donde los colocaron había otros muchos juguetes, y entre ellos destacaba un bonito castillo de papel, por cuyas ventanas se veían las salas interiores. Enfrente, unos arbolitos rodeaban un espejo que parecía un lago, en el cual flotaban y se reflejaban unos cisnes de cera. Todo era en extremo primoroso, pero lo más lindo era una muchachita que estaba en la puerta del castillo. De papel también ella, llevaba un hermoso vestido y una estrecha banda azul en los hombros, a modo de fajín, con una reluciente estrella de oropel en el centro, tan grande como su cara. La chiquilla tenía los brazos extendidos, pues era una bailarina, y una pierna levantada, tanto, que el soldado de plomo, no alcanzando a descubrirla, acabó por creer que sólo tenía una, como él.

"He aquí la mujer que necesito —pensó—. Pero está muy alta para mí: vive en un palacio, y yo, por toda vivienda, sólo tengo una caja, y además somos veinticinco los que vivimos en ella; no es lugar para una princesa. Sin embargo, intentaré establecer relaciones".

Y se situó detrás de una tabaquera que había sobre la mesa, desde la cual pudo contemplar a sus anchas a la distinguida damita, que continuaba sosteniéndose sobre un pie sin caerse.

Al anochecer, los soldados de plomo fueron guardados en su caja, y los habitantes de la casa se retiraron a dormir. Este era el momento que los juguetes aprovechaban para jugar por su cuenta, a "visitas", a "guerra", a "baile"; los soldados de plomo alborotaban en su caja, pues querían participar en las diversiones; pero no podían levantar la tapa. El cascanueces no cesaba de dar volteretas, y el pizarrín se divertía escribiendo en la pizarra. Con el ruido se despertó el canario, el cual intervino también en el jolgorio, recitando versos. Los únicos que no se movieron de su sitio fueron el soldado de plomo y la bailarina; esta seguía sosteniéndose sobre la punta del pie, y él sobre su única pierna; pero sin desviar ni por un momento los ojos de ella.

El reloj dio las doce y, ¡pum!, saltó la tapa de la tabaquera; pero lo que había dentro no era rapé, sino un duendecillo negro. Era un juguete sorpresa.

—Soldado de plomo —dijo el duende—, ¡no mires así!

Pero el soldado se hizo el sordo.

—¡Espera a que llegue la mañana, ya verás! —añadió el duende.

Cuando los niños se levantaron, pusieron al soldado en la ventana, y, sea por obra del duende o del viento, esta se abrió de repente, y el soldadito se precipitó de cabeza, cayendo desde una altura de tres pisos. Fue una caída terrible. Quedó clavado de cabeza entre los adoquines, con la pierna estirada y la bayoneta hacia abajo.

La criada y el chiquillo bajaron corriendo a buscarlo; pero, a pesar de que casi lo pisaron, no pudieron encontrarlo. Si el soldado hubiese gritado: "¡Estoy aquí!", indudablemente lo habrían encontrado, pero le pareció indecoroso gritar, yendo de uniforme.

He aquí que comenzó a llover; las gotas caían cada vez más espesas, hasta convertirse en un verdadero aguacero. Cuando aclaró, pasaron por allí dos mozalbetes callejeros.

—¡Mira! —exclamó uno—. ¡Un soldado de plomo! ¡Vamos a hacerle navegar!

Con un papel de periódico hicieron un barquito, y, embarcando en él al soldado, lo pusieron en el arroyo; el barquichuelo fue arrastrado por la corriente, y los chiquillos seguían detrás de él, dando palmadas de contento. ¡Dios nos proteja! ¡Y qué olas, y qué corriente! No podía ser de otro modo, con el diluvio que había caído. El bote de papel no cesaba de tropezar y tambalearse, girando a veces tan bruscamente, que el soldado por poco se marea; sin embargo, continuaba impertérrito, sin pestañear, mirando siempre de frente y siempre arma al hombro.

De pronto, el bote entró bajo un puente del arroyo; aquello estaba oscuro como en su caja.

"¿Dónde iré a parar? —pensaba—. De todo esto tiene la culpa el duende. ¡Ay, si al menos aquella muchachita estuviera conmigo en el bote! ¡Poco me importaría esta oscuridad!".

De repente, salió una gran rata de agua que vivía debajo del puente.

—¡Alto! —gritó—. ¡A ver, tu pasaporte!

Pero el soldado de plomo no respondió; únicamente oprimió con más fuerza el fusil.

La barquilla siguió su camino, y la rata tras ella. ¡Uf! ¡Cómo rechinaba los dientes y gritaba a las virutas y a las pajas:

—¡Deténganlo, deténganlo! ¡No ha pagado peaje! ¡No ha mostrado el pasaporte!

La corriente se volvía cada vez más impetuosa. El soldado veía ya la luz del sol al extremo del túnel. Pero entonces percibió un estruendo capaz de infundir terror al más valiente. Imaginen que, en el punto donde terminaba el puente, el arroyo se precipitaba en un gran canal. Para él, aquello resultaba tan peligroso como lo sería para nosotros caer por una alta catarata.

Estaba ya tan cerca de ella, que era imposible evitarla. El barquito salió disparado, pero nuestro pobre soldadito seguía tan firme como le era posible. ¡Nadie podía decir que había pestañeado siquiera! La barquita describió dos o tres vueltas sobre sí misma con un ruido sordo, inundándose hasta el borde; iba a zozobrar. Al soldado le llegaba el agua al cuello. La barca se hundía por momentos, y el papel se deshacía; el agua cubría ya la cabeza del soldado, que, en aquel momento supremo, se acordó de la linda bailarina, cuyo rostro nunca volvería a contemplar. Le pareció que le decían al oído:

"¡Adiós, adiós, guerrero! ¡Tienes que sufrir la muerte!".

Se desgarró entonces el papel, y el soldado se fue al fondo, pero en el mismo momento se lo tragó un gran pez.

¡Allí sí se estaba oscuro! Peor aún que bajo el puente del arroyo; y, además, ¡tan estrecho! Pero el soldado seguía firme, tendido cuán largo era, sin soltar el fusil.

El pez continuó sus evoluciones y horribles movimientos, hasta que, por fin, se quedó quieto, y en su interior penetró un rayo de luz. Se hizo una gran claridad, y alguien exclamó:

—¡El soldado de plomo!

El pez había sido pescado, llevado al mercado y vendido; y ahora estaba en la cocina, donde la cocinera lo abría con un gran cuchillo. Cogiendo por el cuerpo con dos dedos al soldadito, lo llevó a la sala, pues todos querían ver a aquel personaje extraño salido del estómago del pez; pero el soldado de plomo no se sentía nada orgulloso. Lo pusieron de pie sobre la mesa y —¡qué cosas más raras ocurren a veces en el mundo!— se encontró en el mismo cuarto de antes, con los mismos niños y los mismos juguetes sobre la mesa, sin que faltase el soberbio palacio y la linda bailarina, siempre sosteniéndose sobre la punta del pie y con la otra pierna al aire. Aquello conmovió a nuestro soldado, y estuvo a punto de llorar lágrimas de plomo. Pero habría sido poco digno de él. La miró sin decir palabra.

En éstas, uno de los chiquillos, cogiendo al soldado, lo tiró a la chimenea, sin motivo alguno; seguramente la culpa la tuvo el duende de la tabaquera.

El soldado de plomo quedó todo iluminado y sintió un calor espantoso, aunque no sabía si era debido al fuego o al amor. Sus colores se habían borrado también, a consecuencia del viaje o por la pena que sentía; nadie habría podido decirlo. Miró de nuevo a la muchacha, se encontraron las miradas de los dos, y él sintió que se derretía, pero siguió firme, arma al hombro. Se abrió la puerta, y una ráfaga de viento se llevó a la bailarina, que, cual una sílfide, se levantó volando para posarse también en la chimenea, junto al soldado; se inflamó y desapareció en un instante.

A su vez, el soldadito se fundió, quedando reducido a una pequeña masa informe. Cuando, al día siguiente, la criada sacó las cenizas de la estufa, no quedaba de él más que un trocito de plomo en forma de corazón; de la bailarina, en cambio, había quedado la estrella de oropel, carbonizada y negra.

BAJO EL SAUCE

La comarca de Kjöge es árida y pelada; la ciudad está a orillas del mar, y esto es siempre una ventaja, pero es innegable que podría ser más hermosa de lo que es en realidad; todo alrededor son campos lisos, y el bosque queda a mucha distancia. Sin embargo, cuando nos encontramos a gusto en un lugar, siempre descubrimos algo bello en él, y más tarde lo echaremos de menos, aunque nos hallemos en el sitio más hermoso del mundo. Y forzoso es admitir que en verano tienen su belleza los arrabales de Kjöge, con sus pobres jardincitos extendidos hasta el arroyo que allí se vierte en el mar; y así lo creían en particular Knud y Juana, hijos de dos familias vecinas, que jugaban juntos y se reunían atravesando a rastras los groselleros.

En uno de los jardines crecía un saúco, en el otro un viejo sauce, y debajo de este gustaban de jugar sobre todo los niños; y se les permitía hacerlo, a pesar de que el árbol estaba muy cerca del río, y los chiquillos corrían peligro de caer en él. Pero el ojo de Dios vela sobre los pequeñuelos —de no ser así, ¡mal irían las cosas!—. Por otra parte, los dos eran muy prudentes; el niño tenía tanto miedo al agua, que en verano no había modo de llevarlo a la playa, donde tan a gusto chapoteaban los otros chicos de su edad; eso lo hacía objeto de la burla general, y él tenía que aguantarla.

Un día, la hijita del vecino, Juana, soñó que navegaba en un bote de vela en la bahía de Kjöge, y que Knud se dirigía hacia ella vadeando, hasta que el agua le llegó al cuello y después lo cubrió por completo. Desde el momento en que Knud se enteró de aquel sueño, ya no soportó que lo tacharan de miedoso, aduciendo como prueba el sueño de Juana. Este era su orgullo, mas no por eso se acercaba al mar.

Los pobres padres se reunían con frecuencia, y Knud y Juana jugaban en los jardines y en el camino plantado de sauces que discurría a lo largo de los fosos. Bonitos no eran aquellos árboles, pues tenían las copas como podadas, pero no los habían plantado para adorno, sino para utilidad; más hermoso era el viejo sauce del jardín, a cuyo pie, según ya hemos dicho, jugaban a menudo los dos amiguitos. En la ciudad de Kjöge hay una gran plaza de mercado, en la que, durante la feria anual, se instalan verdaderas calles de puestos que venden cintas de seda, calzado y todas las cosas imaginables.

Había entonces un gran gentío, y generalmente llovía; además, apestaba a sudor de las chaquetas de los campesinos, aunque olía también a exquisito alajú, del que había toda una tienda abarrotada; pero lo mejor de todo era que el hombre que lo vendía se alojaba, durante la feria, en casa de los padres de Knud, y, naturalmente, lo obsequiaba con un pequeño pan de especias, del que participaba también Juana. Pero había algo que casi era más hermoso todavía: el comerciante sabía contar historias de casi todas las cosas, incluso de sus turrones, y una velada explicó una que produjo tal impresión en los niños, que jamás pudieron olvidarla; por eso será conveniente que la oigamos también nosotros, tanto más, cuanto que es muy breve.

—Sobre el mostrador —empezó el hombre— había dos moldes de alajú, uno en figura de un hombre con sombrero, y el otro en forma de mujer sin sombrero, pero con una mancha de oropel en la cabeza; tenían la cara de lado, vuelta hacia arriba, y había que mirarlos desde aquel ángulo y no al revés, pues jamás hay que mirar así a una persona. El hombre llevaba en el costado izquierdo una almendra amarga, que era el corazón, mientras la mujer era dulce toda ella. Estaban para muestra en el mostrador, y llevaban ya mucho tiempo allí, por lo que se enamoraron; pero ninguno lo dijo al otro, y, sin embargo, es preciso que alguien lo diga, si ha de salir algo de tal situación.

"Es hombre, y por tanto, tiene que ser el primero en hablar", pensaba ella; no obstante, se habría dado por satisfecha con saber que su amor era correspondido.

Los pensamientos de él eran mucho más ambiciosos, como siempre son los hombres; soñaba que era un golfo callejero y que tenía cuatro chelines, con los cuales se compraba la mujer y se la comía.

Así continuaron por espacio de días y semanas en el mostrador, y cada día estaban más secos; y los pensamientos de ella eran cada vez más tiernos y femeninos: "Me doy por contenta con haber estado sobre la mesa con él", pensó, y se rompió por la mitad.

"Si hubiese conocido mi amor, de seguro que habría resistido un poco más", pensó él.

—Y esta es la historia y aquí están los dos —dijo el turronero—. Son notables por su vida y por su silencioso amor, que nunca conduce a nada. ¡Véanlos ahí! —y dio a Juana el hombre, sano y entero, y a Knud, la mujer rota; pero a los niños les había emocionado tanto el cuento, que no tuvieron ánimos para comerse a la enamorada pareja.

Al día siguiente se dirigieron, con las dos figuras, al cementerio, y se detuvieron junto al muro de la iglesia, cubierto, tanto en verano como en invierno, de un rico tapiz de hiedra; pusieron al sol los pasteles, entre los verdes zarcillos, y contaron a un grupo de otros niños la historia de su amor, mudo e inútil, y todos la encontraron maravillosa; y cuando volvieron a mirar a la pareja de alajú, un muchacho grandote se había comido ya a la mujer despedazada, y esto, por pura maldad. Los niños se echaron a llorar, y luego —y es de suponer que lo hicieron para que el pobre hombre no quedase solo en el mundo— se lo comieron también; pero en cuanto a la historia, no la olvidaron nunca.

Los dos chiquillos seguían reuniéndose bajo el sauce o junto al saúco, y la niña cantaba canciones bellísimas con su voz argentina. A Knud, en cambio, se le pegaban las notas a la garganta, pero al menos se sabía la letra, y más vale esto que nada. La gente de Kjöge, y entre ella la señora de la quincallería, se detenían a escuchar a Juana.

—¡Qué voz más dulce! —decían.

Aquellos días fueron tan felices, que no podían durar siempre. Las dos familias vecinas se separaron; la madre de la niña había muerto, el padre deseaba ir a Copenhague, para volver a casarse y buscar trabajo; quería establecerse como mandadero, que es un oficio muy lucrativo. Los vecinos se despidieron con lágrimas, y sobre todo lloraron los niños; los padres se prometieron mutuamente escribirse por lo menos una vez al año.

Y Knud entró de aprendiz de zapatero; era ya mayorcito y no se le podía dejar ocioso por más tiempo. Entonces recibió la confirmación.

¡Ah, qué no hubiera dado por estar en Copenhague aquel día solemne, y ver a Juanita! Pero no pudo ir, ni había estado nunca, a pesar de que no distaba más de cinco millas de Kjöge. Sin embargo, a través de la bahía, y con tiempo despejado, Knud había visto sus torres, y el día de la confirmación distinguió claramente la brillante cruz dorada de la iglesia de Nuestra Señora.

¡Oh, cómo se acordó de Juana! Y ella, ¿se acordaría de él? Sí, se acordaba.

Hacia Navidad llegó una carta de su padre para los de Knud. Las cosas les iban muy bien en Copenhague, y Juana, gracias a su hermosa voz, iba a tener una gran suerte; había ingresado en el teatro lírico, ya ganaba algún dinerillo y enviaba un escudo a sus queridos vecinos de Kjöge para que celebraran unas alegres Navidades. Quería que brindaran a su salud, y la niña había añadido de su puño y letra estas palabras: "Afectuosos saludos a Knud".

Todos derramaron lágrimas, a pesar de que las noticias eran muy agradables; pero también se llora de alegría. Día tras día, Juana había ocupado el pensamiento de Knud, y ahora el muchacho vio que también ella se acordaba de él, y cuanto más se acercaba el tiempo en que ascendería a oficial zapatero, más claramente se daba cuenta de que estaba enamorado de Juana y de que ella debía ser su esposa. Y siempre que le venía esta idea, se dibujaba una sonrisa en sus labios y tiraba con mayor fuerza del hilo mientras tensaba el tirapié; a veces se clavaba la lezna en un dedo, pero ¡qué importaba! Desde luego que no sería mudo como los dos moldes de alajú; la historia había sido una buena lección.

Y ascendió a oficial. Se colgó la mochila al hombro y, por primera vez en su vida, se dispuso a trasladarse a Copenhague; ya había encontrado allí un maestro. ¡Qué sorprendida quedaría Juana, y qué contenta! Contaba ahora 16 años, y él, 19.

Ya en Kjöge, se le ocurrió comprarle un anillo de oro, pero luego pensó que seguramente los encontraría mucho más hermosos en Copenhague. Se despidió de sus padres y, un día lluvioso de otoño, emprendió el camino de la capital; las hojas caían de los árboles, y calado hasta los huesos llegó a la gran Copenhague y a la casa de su nuevo patrón.

El primer domingo se dispuso a visitar al padre de Juana. Sacó del baúl su vestido de oficial y el nuevo sombrero que se había traído de Kjöge y que tan bien le sentaba; antes había usado siempre gorra. Encontró la casa que buscaba y subió los muchos peldaños que conducían al piso. ¡Era para dar vértigo la manera como la gente se apilaba en aquella enmarañada ciudad!

La vivienda respiraba bienestar, y el padre de Juana lo recibió muy afablemente. A su esposa no la conocía, pero ella le alargó la mano y lo invitó a tomar café.

—Juana estará contenta de verte —dijo el padre—. Te has vuelto un buen mozo. Ya la verás; es una muchacha que me da muchas alegrías y, Dios mediante, me dará más aún. Tiene su propia habitación y nos paga por ella.

Y el hombre llamó delicadamente a la puerta, como si fuera un forastero, y entraron. ¡Qué hermoso era allí! Seguramente en todo Kjöge no había un aposento semejante: ni la propia Reina lo tendría mejor. Había alfombras; en las ventanas, cortinas que llegaban hasta el suelo; un sillón de terciopelo auténtico y, alrededor, flores y cuadros, además de un espejo en el que uno casi podía meterse, pues era grande como una puerta. Knud lo abarcó todo de una ojeada y, sin embargo, sólo veía a Juana; era una moza ya crecida, muy distinta de como la imaginaba, solo que mucho más hermosa. En toda Kjöge no se encontraría otra como ella; ¡qué fina y delicada!

La primera mirada que dirigió a Knud fue la de una extraña, pero duró sólo un instante; luego se precipitó hacia él como si quisiera besarlo. No lo hizo, pero poco le faltó. Sí, estaba muy contenta de volver a ver al amigo de su niñez. ¿No brillaban lágrimas en sus ojos? Y después empezó a preguntar y a contar, pasando desde los padres de Knud hasta el saúco y el sauce; madre saúco y padre sauce, como los llamaba, cual si fueran personas; pero bien podían pasar por tales, si lo habían sido los pasteles de alajú. De estos habló también y de su mudo amor, cuando estaban en el mostrador y se partieron… y la muchacha se reía con toda el alma, mientras la sangre afluía a las mejillas de Knud, y su corazón palpitaba con violencia desusada. No, no se había vuelto orgullosa. Y ella fue también la causante —bien se fijó Knud— de que sus padres lo invitaran a pasar la velada con ellos.

Sirvió el té y le ofreció con su propia mano una taza; luego cogió un libro y se puso a leer en voz alta, y al muchacho le pareció que lo que leía trataba de su amor, hasta tal punto concordaba con sus pensamientos. Luego cantó una sencilla canción, pero cantada por ella se convirtió en toda una historia; era como si su corazón se desbordara en ella. Sí, indudablemente quería a Knud. Las lágrimas rodaron por las mejillas del muchacho sin poder él impedirlo, y no pudo sacar una sola palabra de su boca; se acusaba de tonto a sí mismo, pero ella le estrechó la mano y le dijo:

—Tienes un buen corazón, Knud. Sé siempre como ahora.

Fue una velada inolvidable. Son ocasiones después de las cuales no es posible dormir, y Knud se pasó la noche despierto.

Al despedirlo, el padre de Juana le había dicho:

—Ahora no nos olvidarás. Espero que no pase el invierno sin que vuelvas a visitarnos.

Por ello, bien podía repetir la visita el próximo domingo; y tal fue su intención. Pero cada velada, terminado el trabajo —y eso que trabajaba hasta entrada la noche—, Knud salía y se iba hasta la calle donde vivía Juana; levantaba los ojos a su ventana, casi siempre iluminada, y una noche vio incluso la sombra de su rostro en la cortina. Fue una noche maravillosa. A la señora del zapatero no le parecían bien tantas salidas vespertinas, y meneaba la cabeza dubitativamente; pero el patrón sonreía:

—¡Es joven! —decía.

"Este domingo nos veremos, y le diré que es la reina de todos mis pensamientos y que ha de ser mi esposa. Sólo soy un pobre oficial zapatero, pero puedo llegar a maestro; trabajaré y me esforzaré (sí, se lo voy a decir). A nada conduce el amor mudo, lo sé por aquellos alajús".

Y llegó el domingo, y Knud se fue a casa de Juana. Pero ¡qué pena! Estaban invitados a otra casa, y tuvieron que decírselo al muchacho. Juana le estrechó la mano y le preguntó:

—¿Has estado en el teatro? Pues tienes que ir. Yo canto el miércoles, y, si tienes tiempo, te enviaré una entrada. Mi padre sabe la dirección de tu amo.

¡Qué atención más cariñosa de su parte! Y el miércoles llegó, efectivamente, un sobre cerrado que contenía la entrada, pero sin ninguna palabra. Aquella noche, Knud fue por primera vez en su vida al teatro. ¿Qué vio? Pues sí, vio a Juana, tan hermosa y encantadora. Cierto que estaba casada con un desconocido, pero aquello era comedia, una cosa imaginaria, bien lo sabía Knud; de otro modo, ella no habría osado enviarle la entrada para que lo viera. Al terminar, todo el público aplaudió y gritó "¡hurra!", y Knud también.

Hasta el Rey sonrió a Juana, como si hubiera sentido mucho placer en verla actuar. ¡Dios mío, qué pequeño se sentía Knud! Pero la quería con toda su alma, y ella lo quería también; pero es el hombre quien debe pronunciar la primera palabra, así lo pensaba también la figura del cuento. ¡Tenía mucha enseñanza aquella historia!

No bien llegó el domingo, Knud se encaminó nuevamente a casa de Juana. Su estado de ánimo era serio y solemne, como si fuera a recibir la Comunión. La joven estaba sola y lo recibió; la ocasión no podía ser más propicia.

—Has hecho muy bien en venir —le dijo—. Estuve a punto de enviarte un recado por mi padre, pero presentí que volverías esta noche. Debo decirte que el viernes me marcho a Francia; tengo que hacerlo, si quiero llegar a ser algo.

Knud sintió como si el cuarto diera vueltas a su alrededor, y le pareció que su corazón iba a estallar. No asomó ni una lágrima a sus ojos, pero su desolación no era menos visible.

—Mi bueno y fiel amigo... —dijo ella, y sus palabras desataron la lengua del muchacho. Le dijo cómo la quería y cómo deseaba que fuese su esposa. Y al pronunciar estas palabras, vio que Juana palidecía y, soltándole la mano, le dijo con acento grave y afligido:

—¡No quieras que los dos seamos desgraciados, Knud! Yo seré siempre una buena hermana para ti, siempre podrás contar conmigo, pero nada más —y le pasó la mano suave por la ardorosa frente—. Dios nos da la fuerza necesaria, con tal que nosotros lo queramos.

En aquel momento la madrastra entró en el aposento.

—Knud está desolado porque me marcho —dijo Juana—. ¡Vamos, sé un hombre! —y le dio un golpe en el hombro; era como si no hubieran hablado más que del viaje.

—¡Chiquillo! —añadió—. Vas a ser bueno y razonable, como cuando de niños jugábamos debajo del sauce.

Le pareció a Knud que el mundo se había salido de quicio; sus ideas eran como una hebra suelta flotando a merced del viento. Se quedó sin saber si lo habían invitado o no, pero todos se mostraron afables y bondadosos; Juana le sirvió té y cantó. No era ya aquella voz de antes, y, no obstante, sonaba tan maravillosamente, que el corazón del muchacho estaba a punto de estallar. Y así se despidieron. Knud no le alargó la mano, pero ella se la cogió, diciendo:

—¡Estrecha la mano de tu hermana para despedirte, mi viejo hermano de juego! —y se sonreía entre las lágrimas que le rodaban por las mejillas; y volvió a llamarlo hermano. ¡Valiente consuelo! Tal fue la despedida.

Se fue ella a Francia, y Knud siguió vagando por las sucias calles de Copenhague. Los compañeros del taller le preguntaban por qué estaba siempre tan caviloso, y lo invitaron a ir con ellos a divertirse; por algo era joven.

Y fue con ellos al baile, donde había muchas chicas bonitas, aunque ninguna como Juana. Allí, donde había esperado olvidarse de ella, la tenía más que nunca presente en sus pensamientos. "Dios nos da la fuerza necesaria, con tal que nosotros lo queramos", le había dicho ella. Una oración acudió a su mente y juntó las manos... los violines empezaron a tocar, y las muchachas a bailar en corro. Knud se asustó; le pareció que no era aquél un lugar adecuado para Juana, pues la llevaba siempre en su corazón; salió, pues, del baile y, corriendo por las calles, pasó frente a la casa donde ella había vivido. Estaba oscura; todo estaba oscuro, desierto y solitario. El mundo siguió su camino, y Knud el suyo.

Llegó el invierno, y se helaron las aguas; parecía como si todo se preparase para la tumba.

Pero al venir la primavera y hacerse a la mar el primer vapor, le entró a Knud un gran deseo de marcharse lejos, muy lejos a correr mundo, aunque no de ir a Francia.

Cerró la mochila y se fue a Alemania, peregrinando de una población a otra, sin pararse en ninguna, hasta que, al llegar a la antigua y bella ciudad de Nuremberg, le pareció que volvía a ser señor de sus piernas y que podía quedarse allí.

Nuremberg es una antigua y maravillosa ciudad, que parece recortada de una vieja crónica ilustrada. Las calles discurren sin orden ni concierto; las casas no gustan de estar alineadas; miradores con torrecillas, volutas y estatuas resaltan por encima de las aceras, y en lo alto de los tejados, asombrosamente puntiagudos, corren canalones que desembocan sobre el centro de la calle, adoptando formas de dragones y perros de alargados cuerpos.

Knud llegó a la plaza del mercado, con la mochila a la espalda, y se detuvo junto a una antigua fuente, en la que unas soberbias figuras de bronce, representativas de personajes bíblicos e históricos, se levantan entre los chorros de agua que brotan del surtidor. Una hermosa muchacha que estaba sacando agua le dio de beber a Knud, y como llevara un puñado de rosas, le ofreció también una, y esto lo tomó el muchacho como un buen augurio.

Desde la cercana iglesia le llegaban sones de órgano, tan familiares como si fueran los de la iglesia de Kjöge, y el mozo entró en la vasta catedral. El sol, a través de los cristales policromados, brillaba por entre las altas y esbeltas columnas. Un gran fervor llenó sus pensamientos, y sintió en el alma una íntima paz.

Buscó y encontró en Nuremberg un buen maestro; se quedó en su casa y aprendió la lengua.

Los antiguos fosos que rodean la ciudad han sido convertidos en huertecitos, pero las altas murallas continúan en pie, con sus pesadas torres. El cordelero trenza sus cuerdas en el corredor construido de vigas que, a lo largo del muro, conduce a la ciudad, y allí, brotando de grietas y hendiduras, crece el saúco, extendiendo sus ramas por encima de las bajas casitas, en una de las cuales residía el maestro para quien trabajaba Knud. Sobre la ventanuca de la buhardilla que era su dormitorio, el arbusto inclinaba sus ramas.

Residió allí todo un verano y un invierno, pero al llegar la primavera no pudo resistir por más tiempo; el saúco floreció, y su fragancia le recordaba tanto su tierra, que le parecía encontrarse en el jardín de Kjöge.

Por eso cambió Knud de patrón, y se buscó otro en el interior de la ciudad, en un lugar donde no crecieran saúcos.

Su taller estaba en las proximidades de un antiguo puente amurallado, encima de un bajo molino de aguas que murmuraba eternamente; por debajo fluía un río impetuoso, encajonado entre casas de cuyas paredes se proyectaban miradores corroídos, siempre a punto de caerse al agua. No había allí saúcos, ni siquiera una maceta con una planta verde, pero enfrente se levantaba un viejo y corpulento sauce, que parecía agarrarse a la casa para no ser arrastrado por la corriente. Extendía sus ramas por encima del río, exactamente como el del jardín de Kjöge lo hacía sobre el arroyo.

En realidad, había ido a parar de la madre saúco al padre sauce; especialmente en las noches de luna, aquel árbol le hacía pensar en Dinamarca. Pero este pensamiento, más que de la luz de la luna, venía del viejo sauce.

No pudo resistirlo; y ¿por qué no? Pregúntalo al sauce, pregúntalo al saúco florido. Por eso dijo adiós a su maestro de Nuremberg y prosiguió su peregrinación.

A nadie hablaba de Juana; guardaba su pena en el fondo del alma, dando una profunda significación a la historia de los pasteles de alajú. Ahora comprendía por qué el hombre llevaba una almendra amarga en el costado izquierdo; también él sentía su amargor, mientras que Juana, siempre tan dulce y afable, era pura miel. Tenía la sensación de que las correas de la mochila le apretaban hasta impedirle respirar, y las aflojó, pero fue inútil. A su alrededor veía tan solo medio mundo, el otro medio lo llevaba dentro; tal era su estado de ánimo.

Hasta el momento en que vislumbró las altas montañas no se ensanchó para él el mundo; sus pensamientos salieron al exterior, y las lágrimas asomaron a sus ojos. Los Alpes se le aparecían como las alas plegadas de la Tierra, y como si aquellas alas se abrieran, con sus cuadros maravillosos de negros bosques, impetuosas aguas, nubes y masas de nieve.

"El día del Juicio Final, la Tierra levantará sus grandes alas, volará a Dios y estallará como una burbuja de jabón en sus luminosos rayos. ¡Ah, si fuera el día del Juicio!", suspiró.

Siguió errando por el país, que se le aparecía como un vergel cubierto de césped; desde los balcones de madera lo saludaban con amables signos de cabeza las muchachas encajeras, las cumbres de las montañas se veían teñidas de rojo a los rayos del sol poniente, y cuando descubrió los verdes lagos entre los árboles oscuros, le vino a la mente el recuerdo de la bahía de Kjöge, y sintió que su pecho se llenaba de melancolía, pero no de dolor.

En el lugar donde el Rin se precipita como una enorme ola y, pulverizándose, se transforma en una clara masa de nubes blancas como la nieve, como si allí se forjaran las nubes —con el arco iris flotando encima cual una cinta suelta—, pensó en el molino de Kjöge, con sus aguas rugientes y espumeantes.

Gustoso se habría quedado en la apacible ciudad del Rin; pero crecían en ella demasiados saúcos y sauces, por lo que prosiguió su camino, cruzando las poderosas y abruptas montañas, a través de desplomadas paredes de rocas y de senderos que, cual nidos de golondrinas, se pegaban a las laderas. Las aguas rugían en las hondonadas, las nubes se cernían sobre su cabeza; por entre cardos, rododendros y nieve fue avanzando al calor del sol estival, hasta que dijo adiós a las tierras septentrionales, y entró en una región de castaños, viñedos y maizales. Las montañas eran un muro entre él y todos sus recuerdos; y así convenía que fuese.

Se desplegaba ante él una ciudad grande y magnífica, llamada Milán, y en ella encontró a un maestro alemán que le ofreció trabajo; era el taller de un matrimonio ya entrado en años, gente honrada a carta cabal. El zapatero y su mujer tomaron afecto a aquel mozo apacible, de pocas palabras, pero muy trabajador, piadoso y buen cristiano. También a él le parecía que Dios le había quitado la pesada carga que oprimía su corazón.

Su mayor alegría era ir de vez en cuando a la grandiosa catedral de mármol, que le parecía construida con la nieve de su patria, toda ella tallada en estatuas, torres puntiagudas y abiertos y adornados pórticos; desde cada ángulo de cada espira, de cada arco, le sonreían las blancas esculturas. Encima tenía el cielo azul; debajo, la ciudad y la anchurosa y verdeante llanura lombarda, mientras al norte se desplegaba el telón de altas montañas nevadas... Entonces pensaba en la iglesia de Kjöge, con sus paredes rojas, revestidas de hiedra, pero no la echaba de menos; quería que lo enterraran allí, detrás de las montañas.

Llevaba un año allí, y habían transcurrido tres desde que abandonara su patria, cuando un día su patrón lo llevó a la ciudad, pero no al circo a ver a los caballistas, sino a la ópera, la gran ópera, cuyo salón era digno de verse. Colgaban allí siete hileras de cortinas de seda, y desde el suelo hasta el techo, a una altura que daba vértigo, se veían elegantísimas damas con ramos de flores en las manos, como disponiéndose a ir al baile, mientras los caballeros vestían de etiqueta, muchos de ellos con el pecho cubierto de oro y plata. La claridad competía con la del sol más espléndido, y la música resonaba fuerte y magnífica, mucho más que en el teatro de Copenhague; pero allí estaba Juana y aquí... ¡sí, fue como un hechizo! Se levantó el telón, y apareció también Juana, vestida de oro y seda, con una corona en la cabeza. Cantó como solo un ángel de Dios sabría hacerlo, y se adelantó en el escenario cuanto le fue posible, sonriendo como solo Juana sabía sonreír; y miró precisamente a Knud.

El pobre muchacho agarró la mano de su maestro y gritó:

—¡Juana! —pero nadie lo oyó sino él, pues la música ahogó su voz. Solo su amo hizo un signo afirmativo con la cabeza.

—Sí, en efecto, se llama Juana —y, sacando un periódico, le mostró su nombre escrito en él.

¡No, no era un sueño! Y todo el público la aclamaba, y le arrojaba flores y coronas, y cada vez que se retiraba volvía a aplaudirla, llamándola de nuevo a escena. Salió una infinidad de veces.

En la calle, la gente se agrupó alrededor de su coche, y Knud se encontró en primera fila, loco de felicidad, y cuando, junto con todo el gentío, se detuvo frente a su casa magníficamente iluminada, se halló él a la portezuela del carruaje. Se apeó Juana, la luz le dio en pleno rostro, y ella, sonriente y emocionada, dio las gracias por aquel homenaje. Knud la miró a la cara, y ella miró a su vez a la del joven... pero no lo reconoció. Un caballero que lucía una condecoración en el pecho le ofreció el brazo... Estaban prometidos, decía la gente.

Luego Knud se fue a su casa y se sujetó la mochila a la espalda. Quería volver a su tierra; necesitaba volver a ella, al saúco, al sauce — ¡ay, bajo aquel sauce!—. En una hora puede recorrerse toda una vida humana.

Le instaron a que se quedara, pero ninguna palabra lo pudo retener. Le dijeron que se acercaba el invierno, que las montañas estaban ya nevadas; pero él podría seguir el rastro de la diligencia, que avanzaba despacio —y así le abriría camino—, la mochila a la espalda y apoyado en su bastón.

Y tomó el camino de las montañas, cuesta arriba y cuesta abajo. Estaba cansado, y no había visto aún ni un pueblo ni una casa; marchaba hacia el norte. Fulguraban las estrellas en el cielo, le vacilaban las piernas, y la cabeza le daba vueltas; en el fondo del valle centelleaban también estrellas, como si el cielo se extendiera no solo en las alturas, sino bajo sus pies. Se sentía enfermo. Aquellos astros del fondo se volvían cada vez más claros y luminosos, y se movían de un lado a otro. Era una pequeña ciudad, en la que brillaban las luces, y cuando él se dio cuenta de lo que se trataba, hizo un último esfuerzo y pudo llegar hasta una mísera posada.

Permaneció en ella una noche y un día entero, pues su cuerpo necesitaba descanso y cuidados; en el valle deshelaba y llovía. A la mañana se presentó un organillero, que tocó una melodía de Dinamarca, y Knud ya no pudo resistir por más tiempo. Anduvo días y días a toda prisa, como impaciente por llegar a la patria antes de que todos hubiesen muerto; pero a nadie habló de su anhelo, nadie habría creído en la pena de su corazón, la pena más honda que puede sentirse, pues el mundo solo se interesa por lo que es alegre y divertido; ni siquiera los amigos hubieran podido comprenderlo, y él no tenía amigos. Extranjero, caminaba por tierras extrañas rumbo al norte. En la única carta que recibiera de su casa, una carta que sus padres le habían escrito hacía ya mucho tiempo, se decía: "No eres un danés verdadero como nosotros. Nosotros lo somos hasta el fondo del alma. A ti te gustan solo los países extranjeros". Esto le habían escrito sus padres. ¡Ay, qué mal lo conocían!

Anochecía; él andaba por la carretera, empezaba a helar, y el paisaje se volvía más y más llano, todo él campos y prados. Junto al camino crecía un corpulento sauce. ¡Parecía aquello tan familiar, tan danés! Se sentó al pie del árbol; estaba fatigado, la cabeza se le caía, y los ojos se le cerraban; pero él seguía dándose cuenta de que el sauce inclinaba las ramas hacia él; el árbol se le aparecía como un hombre viejo y fornido, era el padre sauce en persona, que lo cogía en brazos y lo levantaba, a él, al hijo rendido, y lo llevaba a la tierra danesa, a la abierta playa luminosa, a Kjöge, al jardín de su infancia. Sí, era el mismo sauce de Kjöge que se había lanzado al mundo en su busca; y ahora lo había encontrado y conducido al jardincito junto al riachuelo, donde se hallaba Juana en todo su esplendor, la corona de oro en la cabeza, tal y como la viera la última vez, y le decía:

—¡Bienvenido!

Y he aquí que vio delante de él a dos extrañas figuras, solo que mucho más humanas que las que recordaba de su niñez; también ellas habían cambiado. Eran los dos moldes de alajú, el hombre y la mujer, que lo miraban de frente y tenían muy buen aspecto.

—¡Gracias! —le dijeron a la vez—. Tú nos has desatado la lengua, nos has enseñado que hay que expresar francamente los pensamientos;

de otro modo nada se consigue, y ahora nosotros hemos logrado algo: ¡Estamos prometidos!

Y se echaron a andar cogidos de la mano por las calles de Kjöge; incluso vistos de espalda estaban muy correctos, no había nada que reprocharles. Y se encaminaron directamente a la iglesia, seguidos por Knud y Juana, cogidos asimismo de la mano; y la iglesia aparecía como antes, con sus paredes rojas cubiertas de espléndida hiedra, y la gran puerta de doble batiente abierta; resonaba el órgano, mientras los hombres y mujeres avanzaban por la nave:

—¡Primero los señores! —decían.

Y los novios de alajú dejaron paso a Knud y Juana, quienes fueron a arrodillarse ante el altar; ella inclinó la cabeza contra el rostro de él, y lágrimas glaciales manaron de sus ojos; era el hielo que rodeaba su corazón, fundido por su gran amor; las lágrimas rodaban por las mejillas ardorosas del muchacho… Y entonces despertó, y se encontró sentado al pie del viejo sauce de una tierra extraña, al anochecer de un día invernal; una fuerte granizada que caía de las nubes le azotaba el rostro.

—¡Ha sido la hora más hermosa de mi vida —dijo—, y ha sido solo un sueño! ¡Dios mío, deja que vuelva a soñar! —y, cerrando los ojos, se quedó dormido, soñando…

Hacia la madrugada empezó a nevar, y el viento arrastraba la nieve por encima del dormido muchacho. Pasaron varias personas que se dirigían a la iglesia, y encontraron al oficial artesano, muerto, helado, bajo el sauce.

BUEN HUMOR

Mi padre me dejó en herencia el mejor bien que se pueda imaginar: el buen humor. Y, ¿quién era mi padre? Claro que nada tiene esto que ver con el humor. Era vivaracho y corpulento, gordo y rechoncho, y tanto su exterior como su interior estaban en total contradicción con su oficio. ¿Y cuál era su oficio, su posición en la sociedad? Si esto tuviera que escribirse e imprimirse al principio de un libro, es probable que muchos lectores lo dejaran de lado, diciendo: "Todo esto parece muy penoso; son temas de los que prefiero no oír hablar". Y, sin embargo, mi padre no fue verdugo ni ejecutor de la justicia, antes al contrario, su profesión lo situó a la cabeza de los personajes más conspicuos de la ciudad, y allí estaba en su pleno derecho, pues aquél era su verdadero puesto. Tenía que ir siempre delante: del obispo, de los príncipes de la sangre... sí, señor, iba siempre delante, pues era cochero de las pompas fúnebres.

Bueno, pues ya lo saben. Y una cosa puedo decir con toda verdad: cuando veían a mi padre sentado allá arriba en el carruaje de la muerte, envuelto en su larga capa blanquinegra, cubierta la cabeza con el tricornio ribeteado de negro, por debajo del cual asomaba su cara rolliza, redonda y sonriente como aquella con la que representan al sol, no había manera de pensar en el luto ni en la tumba. Aquella cara decía: "No se preocupen. A lo mejor no es tan malo como lo pintan".

Pues bien, de él he heredado mi buen humor y la costumbre de visitar con frecuencia el cementerio. Esto resulta muy agradable, con tal de ir allí con un espíritu alegre, y otra cosa, todavía: me llevo siempre el periódico, como él hacía también.

Ya no soy tan joven como antes, no tengo mujer ni hijos, ni tampoco biblioteca, pero, como ya he dicho, compro el periódico, y con él me basta; es el mejor de los periódicos, el que leía también mi padre. Resulta muy útil para muchas cosas, y además trae todo lo que hay que saber: quién predica en las iglesias, y quién lo hace en los libros nuevos; dónde se encuentran casas, criados, ropas y alimentos; quién efectúa "liquidaciones", y quién se marcha. Y luego, uno se entera de tantos actos caritativos y de tantos versos ingenuos que no hacen daño a nadie, anuncios matrimoniales, citas que uno acepta o no, y todo de manera tan sencilla y natural. Se puede vivir muy bien y muy felizmente, y dejar que lo entierren a uno, cuando se tiene el "Noticiero"; al llegar al final de la vida se tiene tantísimo papel, que uno puede tenderse encima si no le parece apropiado descansar sobre virutas y aserrín.

El "Noticiero" y el cementerio son y han sido siempre las formas de ejercicio que más han hablado a mi espíritu, mis balnearios preferidos para conservar el buen humor.

Ahora bien, por el periódico puede pasear cualquiera; pero vengan conmigo al cementerio. Vamos allá cuando el sol brilla y los árboles están verdes; paseémonos entonces por entre las tumbas. Cada una de ellas es como un libro cerrado con el lomo hacia arriba; puede leerse el título, que dice lo que la obra contiene, y, sin embargo, nada dice; pero yo conozco el intríngulis, lo sé por mi padre y por mí mismo. Lo tengo en mi libro funerario, un libro que me he compuesto yo mismo para mi servicio y gusto. En él están todos juntos y aún algunos más.

Ya estamos en el cementerio.

Detrás de una reja pintada de blanco, donde antaño crecía un rosal —hoy no está, pero unos tallos de siempreviva de la sepultura contigua han extendido hasta aquí sus dedos, y más vale esto que nada—, reposa un hombre muy desgraciado, y, no obstante, en vida tuvo un buen pasar, como suele decirse, o sea, que no le faltaba su buena rentecita y aún algo más, pero se tomaba el mundo, en todo caso, el arte, demasiado a pecho. Si una noche iba al teatro dispuesto a disfrutar con toda su alma, se ponía frenético solo porque el tramoyista iluminaba demasiado la cara de la luna, o porque las bambalinas colgaban delante de los bastidores en vez de hacerlo por detrás, o porque salía una palmera en un paisaje de Dinamarca, un cacto en el Tirol o hayas en el norte de Noruega. ¿Acaso tiene eso la menor importancia? ¿Quién repara en estas cosas? Es la comedia lo que debe causarles placer. Tan pronto el público aplaudía demasiado, como no aplaudía lo suficiente.

—Esta leña está húmeda —decía—, no quemará esta noche.

Y luego se volvía a ver qué gente había, y notaba que se reían a deshora, en ocasiones en que la risa no venía a cuento, y el hombre se encolerizaba y sufría. No podía soportarlo, y era un desgraciado. Y helo aquí: hoy reposa en su tumba.

Aquí yace un hombre feliz, es decir, un hombre muy distinguido, de alta cuna; y esa fue su dicha, ya que, por lo demás, nunca habría sido nadie. Pero en la naturaleza todo está tan bien dispuesto y ordenado, que da gusto pensar en ello. Iba siempre con bordados por delante y por detrás, y ocupaba su sitio en los salones, como se coloca un costoso cordón de campanilla bordado en perlas, que siempre lleva detrás otro cordón bueno y recio que hace el verdadero servicio. También él llevaba detrás un buen cordón, un hombre de paja encargado de efectuar el servicio. Todo está tan bien dispuesto, que a uno no pueden menos que alegrársele las pajarillas.

Descansa aquí —¡esto sí que es triste!—, descansa aquí un hombre que se pasó sesenta y siete años reflexionando sobre la manera de tener una buena ocurrencia. Vivió solo para eso, y al fin le vino la idea, verdaderamente buena a su juicio, y le dio una alegría tal que se murió de ella, con lo que nadie pudo aprovecharse, pues a nadie la comunicó. Y mucho me temo que por causa de aquella buena idea no encuentre reposo en la tumba; pues suponiendo que no se trate de una ocurrencia de esas que solo pueden decirse a la hora del desayuno —pues de otro modo no producen efecto—, y de que él, como buen difunto, y según es creencia general, solo pueda aparecerse a medianoche, resulta que, no siendo la ocurrencia adecuada para dicha hora, nadie se ríe, y el hombre tiene que volverse a la sepultura con su buena idea. Es una tumba realmente triste.

Aquí reposa una mujer codiciosa. En vida se levantaba por la noche a maullar para hacer creer a los vecinos que tenía gatos; ¡hasta tanto llegaba su avaricia!

Aquí yace una señorita de buena familia; se moría por lucir la voz en las veladas de sociedad, y entonces cantaba una canción italiana que decía: "Mi manca la voce!" ("¡Me falta la voz!"). Es la única verdad que dijo en su vida.

Yace aquí una doncella de otro tipo. Cuando el canario del corazón empieza a cantar, la razón se tapa los oídos con los dedos. La hermosa doncella entró en la gloria del matrimonio… Esta es una historia de todos los días, y muy bien contada además. ¡Dejemos en paz a los muertos!

Aquí reposa una viuda, que tenía miel en los labios y bilis en el corazón. Visitaba las familias a la caza de los defectos del prójimo, de igual manera que en tiempos pasados el "amigo policía" iba de un lado a otro en busca de una placa de cloaca que no estuviera en su sitio.

Tenemos aquí un panteón de familia. Todos los miembros de ella estaban tan concordes en sus opiniones, que, aunque el mundo entero y el periódico dijeran: "Es así", si el benjamín de la casa decía al llegar de la escuela: "Pues yo lo he oído de otro modo", su afirmación era la única fidedigna, pues el chico era miembro de la familia. Y no había duda: si el gallo del corral cantaba a medianoche, era señal de que rompía el alba, por más que el vigilante y todos los relojes de la ciudad insistieran en decir que era medianoche.

El gran Goethe cierra su Fausto con estas palabras: "Puede continuarse". Lo mismo podríamos decir de nuestro paseo por el cementerio. Yo voy allí con frecuencia; cuando alguno de mis amigos, o de mis no amigos, se pasa de la raya conmigo, me voy allí, busco un buen trozo de césped y se lo consagro, a él o a ella, a quien sea que quiero enterrar, y lo entierro enseguida; y allí se quedan muertitos e impotentes hasta que resucitan, nuevitos y mejores. Su vida y sus acciones, vistas desde mi atalaya, las escribo en mi libro funerario. Y así debieran proceder todas las personas; no tendrían que encolerizarse cuando alguien les juega una mala pasada, sino enterrarlo enseguida, conservar el buen humor y el "Noticiero", ese periódico escrito por el pueblo mismo, aunque a veces inspirado por otros.

Cuando suene la hora de encuadernarme con la historia de mi vida y depositarme en la tumba, pongan esta inscripción: "Un hombre de buen humor".

Ésta es mi historia.

CADA COSA EN SU SITIO

Hace de esto más de cien años.

Detrás del bosque, a orillas de un gran lago, se levantaba un viejo palacio, rodeado por un profundo foso en el que crecían cañaverales, juncales y carrizos. Junto al puente, en la puerta principal, había un viejo sauce, cuyas ramas se inclinaban sobre las cañas.

Desde el valle llegaban sones de cuernos y trotes de caballos; por eso la zagala se daba prisa en sacar los gansos del puente antes de que llegara la partida de cazadores. Venía ésta a todo galope, y la muchacha tuvo que subirse de un brinco a una de las altas piedras que sobresalían junto al puente, para no ser atropellada. Era casi una niña, delgada y flacucha, pero en su rostro brillaban dos ojos maravillosamente límpidos. Pero el noble caballero no reparó en ellos; a pleno galope, blandiendo el látigo, por puro capricho dio con él en el pecho de la pastora, con tanta fuerza que la derribó.

—¡Cada cosa en su sitio! —exclamó—. ¡El tuyo es el estercolero! —y soltó una carcajada, pues el chiste le pareció gracioso, y los demás le hicieron coro. Todo el grupo de cazadores prorrumpió en un estruendoso griterío, al que se sumaron los ladridos de los perros. Era lo que dice la canción:

"¡Borrachas llegan las ricas aves!"

Dios sabe lo rico que era.

La pobre muchacha, al caer, se agarró a una de las ramas colgantes del sauce, y gracias a ella pudo quedar suspendida sobre el barrizal. En cuanto los señores y la jauría hubieron desaparecido por la puerta, ella trató de salir de su atolladero, pero la rama se quebró, y la muchachita cayó en medio del cañaveral, sintiendo en el mismo momento que la sujetaba una mano robusta. Era un buhonero, que, habiendo presenciado toda la escena desde alguna distancia, corrió en su auxilio.

—¡Cada cosa en su sitio! —dijo, remedando al noble en tono de burla y poniendo a la muchacha en un lugar seco. Luego intentó volver a adherir la rama quebrada al árbol; pero eso de "cada cosa en su sitio" no siempre tiene aplicación, y así la clavó en la tierra reblandecida—. Crece si puedes; crece hasta convertirte en una buena flauta para la gente del castillo.

Con ello quería augurar al noble y los suyos un bien merecido castigo. Subió después al palacio, aunque no pasó al salón de fiestas; no era bastante distinguido para ello. Solo le permitieron entrar en la habitación de la servidumbre, donde fueron examinadas sus mercancías y discutidos los precios. Pero del salón donde se celebraba el banquete llegaba el griterío y alboroto de lo que querían ser canciones; no sabían hacerlo mejor. Resonaban las carcajadas y los ladridos de los perros. Se comía y bebía con el mayor desenfreno. El vino y la cerveza espumeaban en copas y jarros, y los canes favoritos participaban en el festín; los señoritos los besaban después de secarles el hocico con las largas orejas colgantes. El buhonero fue al fin introducido en el salón, con sus mercancías; solo querían divertirse con él. El vino se les había subido a la cabeza, expulsando de ella a la razón. Le sirvieron cerveza en un calcetín para que bebiera con ellos, ¡pero deprisa! Una ocurrencia por demás graciosa, como se ve. Rebaños enteros de ganado, cortijos con sus campesinos fueron jugados y perdidos a una sola carta.

—¡Cada cosa en su sitio! —señaló con fuerza el buhonero cuando hubo podido escapar sano y salvo de aquella Sodoma y Gomorra, como él la llamó—. Mi sitio es el camino, bajo el cielo, y no allá arriba.

Y desde el vallado se despidió de la zagala con un gesto de la mano.

Pasaron días y semanas, y aquella rama quebrada de sauce que el buhonero plantara junto al foso seguía verde y lozana; incluso salían de ella nuevos vástagos. La doncella vio que había echado raíces, lo cual le produjo gran contento, pues le parecía que era su propio árbol.

Y así fue prosperando el joven sauce, mientras en la propiedad todo decaía y marchaba al revés, a fuerza de francachelas y de juego: dos ruedas muy poco apropiadas para hacer avanzar el carro.

No habían transcurrido aún seis años, cuando el noble hubo de abandonar su propiedad convertido en pordiosero, sin más haber que un saco y un bastón. La compró un rico buhonero, el mismo que un día fuera objeto de las burlas de sus antiguos propietarios, cuando le sirvieron cerveza en un calcetín. Pero la honradez y la laboriosidad llaman a los vientos favorables, y ahora el comerciante era dueño de la noble mansión. Desde aquel momento quedaron desterrados de ella los naipes.

—¡Mala cosa! —decía el nuevo dueño—. Viene de que el diablo, después que hubo leído la Biblia, quiso fabricar una caricatura de ella e ideó el juego de cartas.

El nuevo señor contrajo matrimonio —¿con quién crees?—. Pues con la zagala, que se había conservado honesta, piadosa y buena. Y en sus nuevos vestidos aparecía tan pulcra y distinguida como si hubiese nacido en noble cuna. ¿Cómo ocurrió la cosa? Bueno, para nuestros tiempos tan ajetreados sería ésta una historia demasiado larga, pero el caso es que sucedió; y ahora viene lo más importante.

En la antigua propiedad todo marchaba a las mil maravillas; la madre cuidaba del gobierno doméstico, y el padre, de las faenas agrícolas. Llovían sobre ellos las bendiciones; la prosperidad llama a la prosperidad. La vieja casa señorial fue reparada y embellecida; se limpiaron los fosos y se plantaron en ellos árboles frutales; la casa era cómoda, acogedora, y el suelo, brillante y limpísimo. En las veladas de invierno, el ama y sus criadas hilaban lana y lino en el gran salón, y los domingos se leía la Biblia en alta voz, encargándose de ello el consejero comercial, pues a esta dignidad había sido elevado el exbuhonero en los últimos años de su vida. Crecían los hijos —pues habían venido hijos— y todos recibían buena instrucción, aunque no todos eran inteligentes en el mismo grado, como suele suceder en las familias.

La rama de sauce se había convertido en un árbol exuberante, y crecía en plena libertad, sin ser podado.

—¡Es nuestro árbol familiar! —decía el anciano matrimonio, y no se cansaban de recomendar a sus hijos, incluso a los más traviesos, que lo honraran y respetaran siempre.

Y ahora dejamos transcurrir cien años.

Estamos en los tiempos presentes. El lago se había transformado en un cenagal, y de la antigua mansión nobiliaria apenas quedaba vestigio: una larga charca, con unas ruinas de piedra en uno de sus bordes, era cuanto subsistía del profundo foso, en el que se levantaba un espléndido árbol centenario de ramas colgantes: era el árbol familiar. Allí seguía, mostrando lo hermoso que puede ser un sauce cuando se le deja crecer en libertad. Cierto que tenía hendido el tronco desde la raíz hasta la copa, y que la tempestad lo había torcido un poco; pero vivía, y de todas sus grietas y desgarraduras, en las que el viento y la intemperie habían depositado tierra fecunda, brotaban flores y hierbas; principalmente en lo alto, allí donde se separaban las grandes ramas, se había formado una especie de jardincito colgante de frambuesas y otras plantas, que servían de alimento a los pajarillos; hasta un esbelto acerolo había echado raíces y se levantaba distinguido en medio del viejo sauce, que se miraba en las aguas negras cada vez que el viento barría las lentejas acuáticas y las arrinconaba en un ángulo de la charca. Un estrecho sendero pasaba a través de los campos señoriales, como un trazo sobre una superficie sólida.

En la cima de la colina lindante con el bosque, desde la cual se dominaba un soberbio panorama, se alzaba el nuevo palacio, inmenso y suntuoso, con cristales tan transparentes, que parecía que no existían. La gran escalinata frente a la puerta principal parecía una galería de follaje, un tejido de rosas y plantas de amplias hojas. El césped era tan limpio y verde como si cada mañana y cada tarde alguien se entretuviera en quitar hasta la más mínima brizna de hierba seca. En el interior del palacio, valiosos cuadros colgaban de las paredes, y había sillas y divanes tapizados de terciopelo y seda, que parecían capaces de moverse por sus propios pies; mesas con tablero de mármol blanco y libros encuadernados en tafilete con cantos dorados... Era gente muy rica la que allí residía, gente noble: eran barones.

Reinaba allí un gran orden, y todo estaba en armonía. "Cada cosa en su sitio", decían los dueños, y por eso los cuadros que antaño habían adornado las paredes de la vieja casa, colgaban ahora en las habitaciones del servicio. Eran trastos viejos, en particular aquellos dos antiguos retratos, uno de los cuales representaba a un hombre en casaca rosa y con enorme peluca, y el otro, a una dama de cabello empolvado y alto peinado, que sostenía una rosa en la mano, rodeados ambos por una gran guirnalda de ramas de sauce. Los dos cuadros presentaban numerosos agujeros, producidos por los baronesitos, que los habían tomado por blanco de sus flechas. Eran el Consejero comercial y la señora Consejera, los fundadores del linaje.

—Sin embargo, no pertenecen del todo a nuestra familia —dijo uno de los baronesitos—. Él había sido buhonero, y ella, pastora. No eran como papá y mamá.

Aquellos retratos eran trastos viejos, y "¡cada cosa en su sitio!", se decía; por eso el bisabuelo y la bisabuela habían ido a parar al cuarto de la servidumbre.

El hijo del párroco estaba de preceptor en el palacio. Un día salió con los señoritos y la mayor de las hermanas, que acababa de recibir su confirmación. Iban por el sendero que conducía al viejo sauce, y por el camino la jovencita hizo un ramo de flores silvestres. "Cada cosa en su sitio", y de sus manos salió una obra artística de rara belleza. Mientras disponía el ramo, escuchaba atentamente cuanto decían los otros, y sentía un gran placer oyendo al hijo del párroco hablar de las fuerzas de la naturaleza y de la vida de grandes hombres y mujeres. Era una muchacha de alma sana y elevada, de nobles sentimientos, y dotada de un corazón capaz de recoger amorosamente cuanto de bueno había creado Dios.

Se detuvieron junto al viejo sauce. El menor de los niños pidió que le fabricaran una flauta, como las había tenido ya de otros sauces, y el preceptor rompió una rama del árbol.

—¡Oh, no lo hagan! —dijo la baronesita—; pero ya era tarde—. ¡Es nuestro viejo árbol famoso! Lo quiero mucho. En casa se ríen de mí por eso, pero me da lo mismo. Hay una leyenda acerca de ese árbol...

Y contó cuanto había oído del sauce, del viejo castillo, de la zagala y el buhonero, que se habían conocido en aquel lugar y eran los fundadores de la noble familia de la baronesita.

—No quisieron ser elevados a la nobleza; eran probos e íntegros —dijo—. Tenían por lema: "Cada cosa en su sitio", y temían sentirse fuera de su sitio si se dejaban ennoblecer por dinero. Su hijo, mi abuelo, fue el primer barón; tengo entendido que fue un hombre sabio, de gran prestigio y muy querido de príncipes y princesas, que lo invitaban a todas sus fiestas. A él va la admiración de mi familia, pero yo no sé por qué los viejos bisabuelos me inspiran más simpatía. ¡Qué vida tan recogida y patriarcal debió de llevarse en el viejo palacio, donde el ama hilaba en compañía de sus criadas, y el anciano señor leía la Biblia en voz alta!

—Fueron gente sensata y de gran corazón —asintió el hijo del párroco; y de pronto se encontraron enzarzados en una conversación sobre la nobleza y la burguesía, y casi parecía que el preceptor no formaba parte de esta última clase, tal era el calor con que encomiaba a la primera.

—Es una suerte pertenecer a una familia que se ha distinguido, y, por ello, llevar un impulso en la sangre, un anhelo de avanzar en todo lo bueno. Es magnífico llevar un apellido que abra el acceso a las familias más encumbradas. Nobleza es palabra que se define a sí misma, es la moneda de oro que lleva su valor en su cuño. El espíritu de la época afirma, y muchos escritores están de acuerdo con él, naturalmente, que todo lo que es noble ha de ser malo y disparatado, mientras en los pobres todo es brillante, tanto más cuanto más se baja en la escala social. Pero yo no comparto este criterio, que es completamente erróneo y disparatado. En las clases superiores encontramos muchos rasgos de conmovedora grandeza; mi padre me contó uno, al que yo podría añadir otros muchos. Un día se encontraba de visita en una casa distinguida de la ciudad, en la que, según tengo entendido, mi abuela había criado a la señora. Estaba mi madre en la habitación, al lado del noble y anciano señor, cuando este se dio cuenta de una mujer de avanzada edad que caminaba penosamente por el patio apoyada en dos muletas. Todos los domingos venía a recoger unas monedas. "Es la pobre vieja —dijo el señor—. ¡Le cuesta tanto andar!". Y antes de que mi madre pudiera adivinar su intención, había cruzado el umbral y corría escaleras abajo, él, Su Excelencia en persona, al encuentro de la mendiga, para ahorrarle el costoso esfuerzo de subir a recoger su limosna. Es sólo un pequeño rasgo, pero, como el óbolo de la viuda, resuena en lo más hondo del corazón y manifiesta la bondad de la naturaleza humana; y este es el rasgo que debe destacar el poeta, y más que nunca en nuestro tiempo, pues reconforta y contribuye a suavizar diferencias y a reconciliar a la gente. Pero cuando una persona, por ser de sangre noble y poseer un árbol genealógico como los caballos árabes, se levanta como estos sobre sus patas traseras y relincha en las calles y dice en su casa: "¡Aquí ha estado gente de la calle!", porque ha entrado alguien que no es de la nobleza, entonces la nobleza ha degenerado, ha descendido a la condición de una máscara como aquella de Tespis; todo el mundo se burla del individuo, y la sátira se ensaña con él.

Tal fue el discurso del hijo del párroco, un poco largo, y entretanto había quedado tallada la flauta.

Había recepción en el palacio. Asistían muchos invitados de los alrededores y de la capital, y damas vestidas con mayor o menor gusto. El gran salón pululaba de visitantes. Reunidos en un grupo se veía a los clérigos de la comarca, retirados respetuosamente en un ángulo de la estancia, como si se prepararan para un entierro, cuando en realidad aquello era una fiesta, sólo que aún no había empezado de verdad.

Había de darse un gran concierto; para ello, el baronesito había traído su flauta de sauce, pero todos sus intentos y los de su padre por arrancar una nota al instrumento habían sido vanos, y, así, lo habían arrinconado por inútil.

Se oyó música y canto de la clase que más divierte a los ejecutantes, aunque, por lo demás, muy agradable.

—¿También usted es un virtuoso? —preguntó un caballero, un auténtico hijo de familia—. Toca la flauta y se la fabrica usted mismo. Es el genio que todo lo domina, y a quien corresponde el lugar de honor. ¡Dios nos guarde! Yo marcho al compás de la época, y esto es lo que procede. ¿Verdad que va a deleitarnos con su pequeño instrumento?

Y alargando al hijo del párroco la flauta tallada del sauce de la charca, con voz clara y sonora anunció a la concurrencia que el preceptor de la casa los obsequiaría con un solo de flauta.

Fácil es comprender que se proponían burlarse de él, por lo que el joven se resistía, a pesar de ser un buen flautista. Pero tanto insistieron y lo importunaron, que, cogiendo el instrumento, se lo llevó a los labios.

Era una flauta maravillosa. Salió de ella una nota prolongada, como el silbido de una locomotora, y más fuerte aún, que resonó por toda la finca, y, más allá del parque y el bosque, por todo el país, en una extensión de millas y millas; y al mismo tiempo se levantó un viento tempestuoso, que bramó: "¡Cada cosa en su sitio!".

Y ya tienen a papá volando, como llevado por el viento, hasta la casa del pastor, y a este volando al palacio, aunque no al salón, pues en él no podía entrar, pero sí en el cuarto de los criados, donde quedó en medio de toda la servidumbre; y aquellos orgullosos lacayos, en librea y medias de seda, quedaron como paralizados de espanto, al ver a un individuo de tan humilde categoría sentado a la mesa entre ellos.

En el salón, la baronesita fue trasladada a la cabecera de la mesa, el puesto principal, y a su lado vino a parar el hijo del párroco, como si fueran una pareja de novios. Un anciano conde de la más rancia nobleza del país permaneció donde estaba, en su lugar de honor, pues la flauta era justa, como se debe ser. El caballero chistoso, aquel hijo de familia que había provocado la catástrofe, voló de cabeza al gallinero, y no fue él solo.

El son de la flauta se oía a varias leguas a la redonda, y en todas partes ocurrían cosas extrañas. Una rica familia de comerciantes, que usaba carroza de cuatro caballos, se vio arrojada del carruaje; ni siquiera le dejaron un puesto detrás. Dos campesinos acaudalados, que en nuestro tiempo habían adquirido muchos bienes además de sus campos propios, fueron a dar con sus huesos en un barrizal. ¡Era una flauta peligrosa! Afortunadamente, reventó a la primera nota, y suerte hubo de ello. Entonces volvió al bolsillo. ¡Cada cosa en su sitio!

Al día siguiente no se hablaba ya de lo sucedido; de ahí viene la expresión: "Guardarse la flauta". Todo volvió a quedar como antes, excepto que los dos viejos retratos, el del buhonero y el de la pastora, fueron colgados en el gran salón, al que habían sido llevados por la ventolera; y como un entendido en cosas de arte afirmara que se trataba realmente de obras maestras, quedaron definitivamente en el puesto de honor. Antes se ignoraba su mérito, ¿cómo iba a saberse?

Pero desde aquel día presidieron el salón: "Cada cosa en su sitio", y ahí lo tienen. Larga es la eternidad, más larga que esta historia.

VISIÓN DEL BALUARTE

Es otoño. Estamos en lo alto del baluarte contemplando el mar, surcado por numerosos barcos, y, a lo lejos, la costa sueca, que se destaca, altiva, a la luz del sol poniente. A nuestra espalda desciende, abrupto, el bosque, y nos rodean árboles magníficos, cuyo amarillo follaje va desprendiéndose de las ramas. Al fondo hay casas lúgubres, con empalizadas, y en el interior, donde el centinela efectúa su monótono paseo, todo es angosto y tétrico; pero más tenebroso es todavía del otro lado de la enrejada cárcel, donde se hallan los presidiarios, los delincuentes peores.

Un rayo del sol poniente entra en la desnuda celda, pues el sol brilla sobre los buenos y los malos. El preso, hosco y rudo, dirige una mirada de odio al tibio rayo. Un pajarillo vuela hasta la reja. El pájaro canta para los buenos y los malos. Su canto es un breve trino, pero el pájaro se queda allí, agitando las alas. Se arranca una pluma y se esponja las del cuello; y el mal hombre encadenado lo mira. Una expresión más dulce se dibuja en su hosca cara; un pensamiento que él mismo no comprende claramente brota en su pecho, un pensamiento que tiene algo de común con el rayo de sol que entra por la reja, y con las violetas que tan abundantes crecen allá fuera en primavera. Luego resuena el cuerno de los cazadores, melódico y vigoroso. El pájaro se asusta y se echa a volar, alejándose de la reja del preso; el rayo de sol desaparece, y vuelve a reinar la oscuridad en la celda, la oscuridad en el corazón de aquel hombre malo; pero el sol ha brillado, y el pájaro ha cantado.

¡Sigan resonando, hermosos toques del cuerno de caza! El atardecer es apacible, el mar está en calma, terso como un espejo.

La aguja de zurcir

Érase una vez una aguja de zurcir tan fina y puntiaguda que se creía ser una aguja de coser.

—Fíjense en lo que hacen y manéjenme con cuidado —decía a los dedos que la manejaban—. No me dejen caer, que si voy al suelo las pasarán negras para encontrarme. ¡Soy tan fina!

—¡Vamos, vamos, que no hay para tanto! —dijeron los dedos sujetándola por el cuerpo.

—Miren, aquí llego yo con mi séquito —prosiguió la aguja, arrastrando tras sí una larga hebra, pero sin nudo.

Los dedos apuntaron la aguja a la zapatilla de la cocinera; el cuero de la parte superior se había reventado y se disponían a coserlo.

—¡Qué trabajo más ordinario! —exclamó la aguja—. No es para mí. ¡Me rompo, me rompo!

Y se rompió.

—¿No lo dije? —suspiró la víctima—. ¡Soy demasiado fina!

—Ya no sirve para nada —pensaron los dedos; pero hubieron de seguir sujetándola, mientras la cocinera le aplicaba una gota de lacre y luego era clavada en la pechera de la blusa.

—¡Toma! ¡Ahora soy un prendedor! —dijo la vanidosa—. Bien sabía yo que con el tiempo haría carrera. Cuando una vale, un día u otro se lo reconocen.

Y se rió para sus adentros, pues por fuera es muy difícil ver cuándo se ríe una aguja de zurcir. Y se quedó allí tan orgullosa como si fuera en coche, y paseaba la mirada a su alrededor.

—¿Puedo tomarme la libertad de preguntarle, con el debido respeto, si acaso es usted de oro? —inquirió el alfiler, vecino suyo—. Tiene usted un porte majestuoso y cabeza propia, aunque pequeña. Debe procurar crecer, pues no siempre se pueden poner gotas de lacre en el cabo.

Al oír esto, la aguja se irguió con tanto orgullo que se soltó de la tela y cayó en el vertedero, en el que la cocinera estaba lavando.

—Ahora me voy de viaje —dijo la aguja—. ¡Con tal que no me pierda!

Pero es el caso que se perdió.

"Este mundo no está hecho para mí —pensó, ya en el arroyo de la calle—. Soy demasiado fina. Pero tengo conciencia de mi valer, y esto siempre es una pequeña satisfacción". Y mantuvo su actitud, sin perder el buen humor.

Por encima de ella pasaban flotando toda clase de objetos: virutas, pajas y pedazos de periódico.

"¡Cómo navegan! —decía la aguja—. ¡Poco se imaginan lo que hay en el fondo! Yo estoy en el fondo y aquí sigo clavada. ¡Toma!, ahora pasa una viruta que no piensa en nada del mundo como no sea en una 'viruta', o sea, en ella misma; y ahora viene una paja: ¡qué manera de revolcarse y de girar! No pienses tanto en ti, que darás contra una piedra. ¡Y ahora un trozo de periódico! Nadie se acuerda de lo que pone, y, no obstante, ¡cómo se ahueca! Yo, en cambio, me estoy aquí paciente y quieta; sé lo que soy y seguiré siéndolo..."

Un día fue a parar a su lado un objeto que brillaba tanto, que la aguja pensó que tal vez sería un diamante; pero en realidad era un casco de botella. Y como brillaba, la aguja se dirigió a él, presentándose como alfiler de pecho.

—¿Usted debe ser un diamante, verdad?

—Bueno... sí, algo por el estilo.

Y los dos quedaron convencidos de que eran joyas excepcionales, y se enzarzaron en una conversación acerca de lo presuntuosa que es la gente.

—¿Sabes? yo viví en el estuche de una señorita —dijo la aguja de zurcir—; era cocinera; tenía cinco dedos en cada mano, pero nunca he visto nada tan engreído como aquellos cinco dedos; y, sin embargo, toda su misión consistía en sostenerme, sacarme del estuche y volverme a meter en él.

—¿Brillaban acaso? —preguntó el casco de botella.

—¿Brillar? —exclamó la aguja—. No; pero a orgullosos nadie les ganaba. Eran cinco hermanos, todos dedos de nacimiento. Iban siempre juntos, la mar de tiesos uno al lado del otro, a pesar de que ninguno era de la misma longitud. El de más afuera se llamaba "Pulgar", era corto y gordo, estaba separado de la mano, y como solo tenía una articulación en el dorso, solo podía hacer una inclinación; pero afirmaba que si a un hombre se lo cortaban, quedaba inútil para el servicio militar. Luego venía el "Lameollas", que se metía en lo dulce y en lo amargo, señalaba el sol y la luna y era el que apretaba la pluma cuando escribían. El "Larguirucho" se miraba a los demás desde lo alto; el "Borde dorado" se paseaba con un aro de oro alrededor del cuerpo, y el menudo "Meñique" no hacía nada, de lo cual estaba muy ufano. Todo era jactarse y vanagloriarse. Por eso fui yo a dar en el vertedero.

—Ahora estamos aquí, brillando —dijo el casco de botella.

En ese mismo momento llegó más agua al arroyo, lo desbordó y se llevó el casco.

—¡Vamos! A este lo han despachado —dijo la aguja—. Yo me quedo, soy demasiado fina, pero esto es mi orgullo, y vale la pena.

Y permaneció altiva, sumida en sus pensamientos.

—De tan fina que soy, casi creería que nací de un rayo de sol. Tengo la impresión de que el sol me busca siempre debajo del agua. Soy tan sutil, que ni mi padre me encuentra. Si no se me hubiese roto el ojo, creo que lloraría; pero no, no es distinguido llorar.

Un día se presentaron varios pilluelos y se pusieron a rebuscar en el arroyo, en pos de clavos viejos, perras chicas y otras cosas por el estilo. Era una ocupación muy sucia, pero ellos se divertían de lo lindo.

—¡Ay! —exclamó uno; se había pinchado con la aguja de zurcir—. ¡Esta marrana!

—¡Yo no soy ninguna marrana, sino una señorita! —protestó la aguja; pero nadie la oyó. El lacre se había desprendido, y el metal estaba ennegrecido; pero el negro hace más esbelto, por lo que la aguja se creyó aún más fina que antes.

—¡Ahí viene flotando una cáscara de huevo! —gritaron los chiquillos, y clavaron en ella la aguja.

—Negra sobre fondo blanco —observó esta—. ¡Qué bien me sienta! Soy bien visible. ¡Con tal que no me maree, ni vomite!

Pero no se mareó ni vomitó.

—Es una gran cosa contra el mareo tener estómago de acero. En esto sí que estoy por encima del vulgo. Me siento como si nada. Cuánto más fina es una, más resiste.

—¡Crac! —exclamó la cáscara, al sentirse aplastada por la rueda de un carro.

—¡Uf, cómo pesa! —añadió la aguja—. Ahora sí que me mareo. ¡Me rompo, me rompo!

Pero no se rompió, pese a haber sido atropellada por un carro. Quedó en el suelo, y, lo que es por mí, puede seguir allí muchos años.

VÄNÖ Y GLÄNÖ

Había en otros tiempos, junto a la costa de Selandia, frente a Holsteinborg, dos islas cubiertas de bosque: Vänö y Glänö; tenían un pueblo con iglesia y diversas granjas, todas cerca de la orilla y a muy poca distancia unas de otras. Hoy sólo hay una isla.

Una noche estalló una espantosa tempestad. El mar subió como no recordaba nadie. La borrasca adquiría violencia por momentos; parecía el Juicio Final, con un estruendo como si fuera a estallar la Tierra. Las campanas de la iglesia se pusieron a tocar sin que las impulsara mano humana.

En el curso de aquella noche desapareció Vänö, tragada por el mar, sin dejar huellas. Más tarde, sin embargo, en alguna noche de verano, a la hora de la bajamar y cuando las aguas estaban en calma, los pescadores que habían salido a la pesca de la anguila con antorchas, veían en el fondo, si tenían buenos ojos, la isla de Vänö, con su blanco campanario y el alto muro de la iglesia. "Vänö aguarda a Glänö", dice la leyenda. Veían la isla, oían tañer las campanas allá en el fondo del agua, pero sin duda se equivocaban; seguramente eran los gritos de los numerosos cisnes salvajes, que con frecuencia se posan en la superficie del mar en aquellos lugares; graznan y se quejan, y sus gritos suenan a lo lejos como doblar de campanas.

Era un tiempo en que muchos ancianos de Glänö se acordaban aún de aquella noche borrascosa, y también de que, siendo niños, habían pasado en carro, a la hora de la bajamar, de una a otra isla, del mismo modo que hoy se va de la costa de Selandia, cerca de Holsteinborg, a la isla de Glänö; el agua llega sólo al eje de las ruedas. "Vänö aguarda a Glänö", se decía, y el dicho se convirtió en certidumbre.

Muchos niños y niñas yacían en cama, desvelados en las noches tempestuosas, pensando: esta noche Vänö vendrá a buscar a Glänö. Temerosos, rezaban su padrenuestro, y al cabo se dormían y tenían dulces sueños; y a la mañana siguiente, Glänö seguía aún en su lugar, con sus bosques y campos de mieses, sus acogedoras granjas y sus huertos de lúpulo; cantaba el pájaro y saltaba el gamo; el topo no olía a agua de mar, lo cual quería decir que tenía sitio sobrado para excavar sus galerías.

Y, sin embargo, los días de Glänö están contados. Imposible es decir cuántos son, pero contados lo están. Cualquier mañana, la isla habrá desaparecido.

Tal vez ayer estuviste en la orilla del mar y viste los cisnes salvajes flotando en el agua, entre Selandia y Glänö; una barca con las velas desplegadas pasaba rauda frente al bosque espeso; tú cruzaste el vado somero, pues otro camino no hay; los caballos chapoteaban en el agua, salpicando las ruedas del coche.

Te marchaste de allí; tal vez te fuiste a recorrer mundo y no regresarás hasta dentro de unos años. Entonces verás que el bosque rodea una gran pradera verde, donde el heno perfuma el aire frente a unas primorosas casas de campo. ¿Dónde estás? Holsteinborg sigue luciendo su dorado campanario puntiagudo, pero no ya junto al fiordo, sino más adentro; cruzas el bosque y unos campos para llegar a la orilla… ¿Dónde está Glänö? No ves ante ti ninguna isla selvática, sino el mar libre. ¿Acaso Vänö se llevó a Glänö, después de esperarla tanto tiempo? ¿En qué noche tempestuosa sucedió, cuándo tembló la tierra, y el viejo Holsteinborg fue transportado tierra adentro tantos miles de pasos de ave?

Pues no; no hubo tal noche tempestuosa; la cosa ocurrió en pleno día de luz y de sol. La inteligencia humana domó el mar, la inteligencia humana hizo desaparecer el agua como por encanto, uniendo Glänö al continente. El fiordo quedó transformado en un prado de hierba exuberante; Glänö ha quedado soldada a Selandia. La vieja granja está donde siempre. No fue Vänö la que se llevó a Glänö; fue Selandia la que, con los largos brazos que son los diques, sujetó la isla, y con la boca de las bombas achicó el agua y pronunció las palabras mágicas, las palabras del noviazgo, recibiendo en dote muchas toneladas de tierra. Es la verdad, puedes verlo confirmado oficialmente. Y lo ves con tus propios ojos: la isla de Glänö ha desaparecido.

UNA ROSA DE LA TUMBA DE HOMERO

En todos los cantos de Oriente suena el amor del ruiseñor por la rosa; en las noches silenciosas y cuajadas de estrellas, el alado cantor dedica una serenata a la fragante reina de las flores.

No lejos de Esmirna, bajo los altos plátanos adonde el mercader guía sus cargados camellos, que levantan altivos el largo cuello y caminan pesadamente sobre una tierra sagrada, vi un rosal florido; palomas torcaces revoloteaban entre las ramas de los corpulentos árboles, y sus alas, al resbalar sobre ellas los oblicuos rayos del sol, despedían un brillo como de nácar.

Tenía el rosal una flor más bella que todas las demás, y a ella le cantaba el ruiseñor su cuita amorosa; pero la rosa permanecía callada; ni una gota de rocío se veía en sus pétalos, como una lágrima de compasión; inclinaba la rama sobre unas grandes piedras.

—Aquí reposa el más grande de los cantores —dijo la rosa—. Quiero perfumar su tumba, esparcir sobre ella mis hojas cuando la tempestad me deshoje. El cantor de la Ilíada se tornó tierra, en esta tierra de la que yo he brotado. Yo, rosa de la tumba de Homero, soy demasiado sagrada para florecer sólo para un pobre ruiseñor.

Y el ruiseñor siguió cantando hasta morir.

Llegó el camellero, con sus cargados animales y sus negros esclavos; su hijito encontró el pájaro muerto y lo enterró en la misma sepultura del gran Homero; la rosa temblaba al viento. Vino la noche, la flor cerró su cáliz y soñó:

Era un día magnífico, de sol radiante; se acercaba un tropel de extranjeros, de francos, que iban en peregrinación a la tumba de Homero. Entre ellos iba un cantor del Norte, de la patria de las nieblas y las auroras boreales. Cogió la rosa, la comprimió entre las páginas de un libro y se la llevó consigo a otra parte del mundo, a su lejana tierra. La rosa se marchitó de pena en su estrecha prisión del libro, hasta que el hombre, ya en su patria, lo abrió y exclamó: "¡Es una rosa de la tumba de Homero!".

Tal fue el sueño de la flor, y al despertar tembló al contacto del viento, y una gota de rocío desprendida de sus hojas fue a caer sobre la tumba del cantor. Salió el sol, y la rosa brilló más que antes; el día era tórrido, propio de la calurosa Asia. Se oyeron pasos, se acercaron extranjeros francos, como aquellos que la flor viera en sueños, y entre ellos venía un poeta del Norte que cortó la rosa y, dándole un beso, se la llevó a la patria de las nieblas y de las auroras boreales.

Como una momia reposa ahora el cadáver de la flor en su Ilíada, y, como en un sueño, lo oye abrir el libro y decir: "¡He aquí una rosa de la tumba de Homero!".

CHÁCHARAS DE NIÑOS

En casa del rico comerciante se celebraba una gran reunión de niños: niños de casas ricas y familias distinguidas. El comerciante era un hombre opulento y, además, instruido; a su debido tiempo había aprobado los exámenes. Así lo había querido su excelente padre, que no era más que un simple ganadero, pero honrado y trabajador. El negocio le había dado dinero, y el hijo lo supo aumentar con su esfuerzo. Era un hombre de cabeza y también de corazón, pero de esto se hablaba menos que de su riqueza.

Frecuentaba su casa gente distinguida, tanto de "sangre", como la llamaban, como de talento. Los había que reunían ambas condiciones, y algunos que carecían de una y otra. En el momento de nuestra narración, había allí una reunión de niños, que hablaban y discutían como tales; y ya es sabido que los niños no tienen pelos en la lengua. Figuraba entre los concurrentes una chiquilla lindísima, pero terriblemente orgullosa; los criados le habían metido el orgullo en el cuerpo, no sus padres, demasiado sensatos para hacerlo. El padre era chambelán, y este es un cargo tremendamente importante, como ella sabía muy bien.

—¡Soy camarera del Rey! —decía la muchachita. Lo mismo podría haber sido camarera de una bodega, pues tanto mérito hace falta para una cosa como para la otra. Después contó a sus compañeros que era "bien nacida", y afirmó que quien no era de buena cuna no podía llegar a ser nadie. De nada servía estudiar y trabajar; cuando no se es "bien nacido", a nada puede aspirarse.

—Y todos aquellos que tienen apellidos terminados en "sen" —prosiguió—, tampoco llegarán a ser nada en el mundo. Hay que ponerse en jarras y mantener a distancia a esos "¡-sen, -sen!" —y puso en jarras sus lindos brazos de puntiagudos codos para mostrar cómo había que hacer—. ¡Y qué lindos eran sus bracitos! Era encantadora.

Pero la hijita del almacenista se enfadó mucho. Su padre se llamaba Madsen, y no podía soportar que se hablara mal de los nombres terminados en "sen". Por eso replicó con toda la arrogancia de que era capaz:

—Pero mi padre puede comprar cien escudos de bombones y arrojarlos a los niños. ¿Puede hacerlo el tuyo?

—Mi padre —intervino la hija de un escritor— puede poner en el periódico al tuyo, al tuyo y a los padres de todos. Toda la gente le tiene miedo, dice mi madre, pues mi padre es el que manda en el periódico.

Y la chiquilla irguió la cabeza, como si fuera una princesa y debiera andar con la cabeza muy alta.

En la calle, delante de la puerta entornada, un pobre niño miraba por la abertura. El pequeño no tenía acceso a la casa, pues carecía de la categoría necesaria. Había estado ayudando a la cocinera a dar vueltas al asador, y en premio le permitían ahora mirar desde detrás de la puerta a todos aquellos señoritos acicalados que se divertían en la habitación. Para él era recompensa bastante y sobrada.

"¡Quién fuera uno de ellos!", pensó, y al oír lo que decían, seguramente se entristeció mucho. En casa, sus padres no tenían ni un mísero chelín para ahorrar, ni medios para comprar un periódico; y no hablemos ya de escribirlo. Y lo peor de todo era que el apellido de su padre, y también el suyo, terminaba en "sen". Nada podría ser en el mundo, por tanto. ¡Qué triste! En cuanto a nacido, creía serlo como se debe, pues de otro modo no es posible.

Así discurrió aquella velada.

Transcurrieron muchos años, y aquellos niños se convirtieron en hombres y mujeres.

Se levantaba en la ciudad una casa magnífica, toda ella llena de preciosidades. Todo el mundo deseaba verla; hasta de fuera venía gente a visitarla. ¿A cuál de aquellos niños pertenecía? No es difícil adivinarlo. Pero tampoco es tan fácil, pues la casa pertenecía al chiquillo pobre, que llegó a ser algo, a pesar de que su nombre terminaba en "sen": se llamaba Thorwaldsen.

¿Y los otros tres niños, los hijos de la sangre, del dinero y de la presunción? Pues de ellos salieron hombres buenos y capaces, ya que todos tenían buen fondo. Lo que entonces habían pensado y dicho no era sino eso: chácharas de niños.

CINCO EN UNA VAINA

Cinco guisantes estaban encerrados en una vaina, y como ellos eran verdes y la vaina era verde también, creían que el mundo entero era verde, y tenían toda la razón. Creció la vaina y crecieron los guisantes; para aprovechar mejor el espacio, se pusieron en fila. Por fuera lucía el sol y calentaba la vaina, mientras la lluvia la limpiaba y la volvía transparente. El interior era tibio y confortable; había claridad de día y oscuridad de noche, tal y como debe ser. Los guisantes, en la vaina, iban creciendo y se entregaban a sus reflexiones, pues en algo debían ocuparse.

—¿Nos pasaremos toda la vida metidos aquí? —decían—. ¡Con tal de que no nos endurezcamos a fuerza de encierro! Me da la impresión de que hay más cosas allá afuera; es como un presentimiento.

Y fueron transcurriendo las semanas; los guisantes se volvieron amarillos, y la vaina también.

—¡El mundo entero se ha vuelto amarillo! —exclamaron; y podían afirmarlo sin reservas.

Un día sintieron un tirón en la vaina; había sido arrancada por las manos de alguien, y, junto con otras, vino a encontrarse en el bolsillo de una chaqueta.

—Pronto nos abrirán —dijeron los guisantes, ansiosos de que llegara el ansiado momento.

—Me gustaría saber quién de nosotros llegará más lejos —dijo el menor de los cinco—. No tardaremos en saberlo.

—Será lo que haya de ser —contestó el mayor.

¡Zas! Estalló la vaina y los cinco guisantes salieron rodando a la luz del sol. Estaban en una mano infantil; un niño los sujetaba fuertemente y decía que estaban como hechos a medida para su cerbatana. Y, metiendo uno en ella, sopló.

—¡Heme aquí volando por el vasto mundo! ¡Alcánzame, si puedes! —y salió disparado.

—Yo me voy directo al sol —dijo el segundo—. Es una vaina como Dios manda, y me irá muy bien.

Y allá se fue.

—Cuando lleguemos a nuestro destino podremos descansar un rato —dijeron los dos siguientes—, pero nos queda aún un buen trecho para rodar —y, en efecto, rodaron por el suelo antes de ir a parar a la cerbatana, pero al fin dieron en ella.

—¡Llegaremos más lejos que todos!

—¡Será lo que haya de ser! —dijo el último al sentirse proyectado a las alturas. Fue a dar contra la vieja tabla, bajo la ventana de la buhardilla, justamente en una grieta llena de musgo y mullida tierra, y el musgo lo envolvió amorosamente. Y allí se quedó el guisante oculto, pero no olvidado de Dios.

—¡Será lo que haya de ser! —repitió.

Vivía en la buhardilla una pobre mujer que se ausentaba durante la jornada para dedicarse a limpiar estufas, aserrar madera y realizar otros trabajos pesados, pues no le faltaban fuerzas ni ánimos, a pesar de lo cual seguía en la pobreza. En la reducida habitación quedaba solo su única hija, una niña delicada y linda que llevaba un año en cama, luchando entre la vida y la muerte.

—¡Se irá con su hermanita! —suspiraba la mujer—. Tuve dos hijas, y muy duro me fue cuidar de las dos, hasta que el buen Dios quiso compartir el trabajo conmigo y se me llevó a una. Bien quisiera yo ahora que me dejara a la que me queda, pero seguramente a Él no le parece bien que estén separadas, y se llevará a esta al cielo, con su hermana.

Pero la muchachita no se moría; se pasaba todo el santo día resignada y quieta, mientras su madre estaba fuera, ganando el pan de las dos.

Llegó la primavera; una mañana, temprano aún, cuando la madre se disponía a marcharse a la faena, el sol entró piadoso a la habitación por la ventanuca y se extendió por el suelo, y la niña enferma dirigió la mirada al cristal inferior.

—¿Qué es aquello verde que asoma junto al cristal y que mueve el viento?

La madre se acercó a la ventana y la entreabrió.

—¡Mira! —dijo—, es una planta de guisante que ha brotado aquí con sus hojitas verdes. ¿Cómo llegaría a esta rendija? Pues tendrás un jardincito en que recrear los ojos.

Acercó la camita de la enferma a la ventana, para que la niña pudiese contemplar la tierna planta, y la madre se marchó al trabajo.

—¡Madre, creo que me repondré! —exclamó la chiquilla al atardecer—. ¡El sol me ha calentado tan bien hoy! El guisante crece a las mil maravillas, y también yo saldré adelante y me repondré al calor del sol.

—¡Dios lo quiera! —suspiró la madre, que abrigaba muy pocas esperanzas. Sin embargo, puso un palito al lado de la tierna planta que tan buen ánimo había infundido a su hija, para evitar que el viento la estropease. Sujetó en la tabla inferior un bramante y lo ató en lo alto del marco de la ventana, con objeto de que la planta tuviera un punto de apoyo donde enroscar sus zarcillos a medida que se encaramase. Y, en efecto, se veía crecer día tras día.

—¡Dios mío, hasta flores echa! —exclamó la madre una mañana y le entró entonces la esperanza y la creencia de que su niña enferma se repondría. Recordó que en aquellos últimos tiempos la pequeña había hablado con mayor animación; que desde hacía varias mañanas se había sentado sola en la cama y, en aquella posición, se había pasado horas contemplando con ojos radiantes el jardincito formado por una única planta de guisante.

La semana siguiente la enferma se levantó por primera vez una hora, y se estuvo, feliz, sentada al sol, con la ventana abierta; y afuera se había abierto también una flor de guisante, blanca y roja. La chiquilla, inclinando la cabeza, besó amorosamente los delicados pétalos. Fue un día de fiesta para ella.

—¡Dios misericordioso la plantó y la hizo crecer para darte esperanza y alegría, hijita! —dijo la madre, radiante, sonriendo a la flor como si fuese un ángel bueno, enviado por Dios.

Pero, ¿y los otros guisantes? Pues verás: aquel que salió volando por el amplio mundo, diciendo: "¡Alcánzame si puedes!", cayó en el canalón del tejado y fue a parar al buche de una paloma, donde se encontró como Jonás en el vientre de la ballena. Los dos perezosos tuvieron la misma suerte; fueron también pasto de las palomas, con lo cual no dejaron de dar un cierto rendimiento positivo. En cuanto al cuarto, el que pretendía volar hasta el sol, fue a caer al vertedero, y allí estuvo días y semanas en el agua sucia, donde se hinchó horriblemente.

—¡Cómo engordo! —exclamaba satisfecho—. Acabaré por reventar, que es todo lo que puede hacer un guisante. Soy el más notable de los cinco que crecimos en la misma vaina.

Y el vertedero dio su beneplácito a aquella opinión.

Mientras tanto, allá, en la ventana de la buhardilla, la muchachita, con los ojos radiantes y el brillo de la salud en las mejillas, juntaba sus hermosas manos sobre la flor del guisante y daba gracias a Dios.

—El mejor guisante es el mío —seguía diciendo el vertedero.

COLÁS EL CHICO Y COLÁS EL GRANDE

Vivían en un pueblo dos hombres que se llamaban igual: Colás.

Pero uno tenía cuatro caballos y el otro solamente uno. Para distinguirlos, llamaban Colás el Grande al de los cuatro caballos y Colás el Chico al otro, dueño de uno solo. Vamos a ver ahora lo que les pasó a los dos, pues es una historia verdadera.

Durante toda la semana, Colás el Chico tenía que arar para el Grande y prestarle su único caballo; luego, Colás el Grande prestaba al otro sus cuatro caballos, pero sólo una vez a la semana: el domingo.

¡Había que ver a Colás el Chico haciendo restallar el látigo sobre los cinco animales! Los miraba como suyos, pero sólo por un día. Brillaba el sol, y las campanas de la iglesia llamaban a misa; la gente, bien vestida para el domingo, pasaba con el devocionario bajo el brazo para escuchar al predicador, y veía a Colás el Chico labrando con sus cinco caballos; y al hombre le daba tanto gusto que lo vieran así, que, pegando un nuevo latigazo, gritaba: "¡Oho! ¡Mis caballos!".

—No debes decir esto —lo reprendió Colás el Grande—. Sólo uno de los caballos es tuyo.

Pero en cuanto volvía a pasar gente, Colás el Chico, olvidándose de que no debía decirlo, volvía a gritar: "¡Oho! ¡Mis caballos!".

—Te lo advierto por última vez —dijo Colás el Grande—. Como lo repitas, le arreo un trastazo a tu caballo que lo dejo seco, y todo eso te lo habrás ganado.

—Te prometo que no volveré a decirlo —respondió Colás el Chico. Pero pasó más gente que lo saludó con un gesto de la cabeza, y nuestro hombre, muy orondo, pensando que era realmente de buen ver el que tuviese cinco caballos para arar su campo, volvió a restallar el látigo, exclamando: "¡Oho! ¡Mis caballos!".

—¡Ya te daré yo tus caballos! —gritó el otro, y agarrando un mazo le dio en la cabeza al caballo de Colás el Chico, y lo mató.

—¡Ay! ¡Me he quedado sin caballo! —se lamentó el pobre Colás, echándose a llorar.

Luego lo despellejó, puso la piel a secar al viento, la metió en un saco que se cargó a la espalda y emprendió el camino de la ciudad para ver si la vendía.

La distancia era muy larga; tuvo que atravesar un gran bosque oscuro, y como el tiempo era muy malo, se extravió y no volvió a dar con el camino hasta que anochecía; ya era tarde para regresar a su casa o llegar a la ciudad antes de que cerrara la noche.

A muy poca distancia del camino había una gran casa de campo. Aunque los postigos de las ventanas estaban cerrados, por las rendijas se filtraba luz. "Esa gente me permitirá pasar la noche aquí", pensó Colás el Chico, y llamó a la puerta.

Abrió la dueña de la granja, pero al oír lo que pedía el forastero, le dijo que siguiera su camino, pues su marido estaba ausente y no podía admitir a desconocidos.

—Bueno, no tendré más remedio que pasar la noche fuera —dijo Colás, mientras la mujer le cerraba la puerta en la cara.

Había muy cerca un gran montón de heno, y entre él y la casa, un pequeño cobertizo con tejado de paja.

—Puedo dormir allá arriba —señaló Colás el Chico al ver el tejadillo—; será una buena cama. No creo que a la cigüeña se le ocurra bajar a picarme las piernas —pues en el tejado había hecho su nido una auténtica cigüeña.

Se subió nuestro hombre al cobertizo y se tumbó, volviéndose de un lado a otro en busca de una posición cómoda. Pero he aquí que los postigos no llegaban hasta lo alto de la ventana, y por ellos podía verse el interior.

En el centro de la habitación había una gran mesa, con vino, carne asada y un pescado de apetitoso aspecto. Sentados a la mesa estaban la aldeana y el sacristán; ella le servía, y a él se le iban los ojos tras el pescado, que era su plato favorito.

"¡Quién estuviera con ellos!", pensó Colás el Chico, alargando la cabeza hacia la ventana. Y entonces vio que había, además, un soberbio pastel. ¡Qué banquete, santo Dios!

Oyó entonces en la carretera el trote de un caballo que se dirigía a la casa; era el marido de la campesina, que regresaba.

El marido era un hombre excelente, y todo el mundo lo apreciaba; solo tenía un defecto: no podía ver a los sacristanes. En cuanto se le ponía uno ante los ojos, le daba una rabia loca. Por eso, el sacristán de la aldea había esperado a que el marido saliera de viaje para visitar a su mujer, y ella lo había obsequiado con lo mejor que tenía. Al oír que el hombre volvía, se asustaron los dos, y ella le pidió al sacristán que se ocultara en un gran arcón vacío, pues sabía muy bien la inquina de su esposo por los sacristanes. Se apresuró a esconder en el horno las sabrosas viandas y el vino, no fuera que el marido lo notara y le pidiera cuentas.

—¡Qué pena! —suspiró Colás desde el tejado del cobertizo, al ver que desaparecía el banquete.

—¿Quién anda por ahí? —preguntó el campesino, mirando a Colás—. ¿Qué haces en la paja? Entra, que estarás mejor.

Entonces Colás le contó que se había extraviado, y le rogó que le permitiera pasar allí la noche.

—No faltaba más —respondió el labrador—, pero antes haremos algo por la vida.

La mujer recibió a los dos amablemente, puso la mesa y les sirvió una sopera de papillas. El campesino venía hambriento y comía con buen apetito, pero Colás no hacía sino pensar en aquel suculento asado, el pescado y el pastel escondidos en el horno.

Debajo de la mesa había dejado el saco con la piel de caballo; ya sabemos que iba a la ciudad para venderla. Como las papillas se le atragantaban, oprimió el saco con el pie, y la piel seca produjo un chasquido.

—¡Chit! —dijo Colás al saco, al mismo tiempo que volvía a pisarlo y producía un chasquido más fuerte que el primero.

—¿Oye, qué llevas en el saco? —preguntó el dueño de la casa.

—Nada, es un brujo —respondió el otro—. Dice que no tenemos por qué comer papillas, con la carne asada, el pescado y el pastel que hay en el horno.

—¿Qué dices? —exclamó el campesino, corriendo a abrir el horno, donde aparecieron todas las apetitosas viandas que la mujer había ocultado, pero que él supuso que estaban allí por obra del brujo. La mujer no se atrevió a decir nada; trajo los manjares a la mesa y los dos hombres se regalaron con el pescado, el asado y el dulce. Entonces Colás volvió a oprimir el saco y la piel crujió de nuevo.

—¿Qué dice ahora? —preguntó el campesino.

—Dice —respondió el muy pícaro— que también ha hecho salir tres botellas de vino para nosotros, y que están en aquel rincón, al lado del horno.

La mujer no tuvo más remedio que sacar el vino que había escondido, y el labrador bebió y se puso alegre. ¡Qué no hubiera dado por tener un brujo como el que Colás guardaba en su saco!

—¿Es capaz de hacer salir al diablo? —preguntó—. Me gustaría verlo, ahora que estoy alegre.

—¡Claro que sí! —replicó Colás—. Mi brujo hace cuanto le pido. ¿Verdad? —preguntó pisando el saco y produciendo otro crujido—. ¿Oyes? Ha dicho que sí. Pero el diablo es muy feo; será mejor que no lo veas.

—No le tengo miedo. ¿Cómo crees que es?

—Pues se parece mucho a un sacristán.

—¡Uf! —exclamó el campesino—. ¡Sí que es feo! ¿Sabes? Una cosa que no puedo soportar es ver a un sacristán. Pero no importa. Sabiendo que es el diablo, lo podré tolerar por una vez. Hoy me siento con ánimos... con tal que no se me acerque demasiado...

—Como quieras, se lo pediré al brujo —dijo Colás, y pisando el saco aplicó contra él la oreja.

—¿Qué dice?

—Dice que abras aquella arca y verás al diablo; está dentro, acurrucado. Pero no sueltes la tapa, que podría escaparse.

—Ayúdame a sostenerla —le pidió el campesino, dirigiéndose hacia el arcón en que la mujer había metido al sacristán de carne y hueso, el cual se moría de miedo en su escondite.

El campesino levantó un poco la tapa con precaución y miró al interior.

—¡Uy! —exclamó, pegando un salto atrás—. Ya lo he visto. ¡Igual que un sacristán! ¡Espantoso!

Lo celebraron con unas copas y se pasaron buena parte de la noche bebiendo.

—Tienes que venderme el brujo —dijo el campesino—. Pide lo que quieras; te daré aunque sea una fanega de dinero.

—No, no puedo —replicó Colás—. Piensa en los beneficios que puedo sacar de este brujo.

—¡Me he encaprichado con él! ¡Véndemelo! —insistió el otro, y siguió suplicando.

—Bueno —aceptó al fin Colás—. Lo haré porque has sido bueno y me has dado asilo esta noche. Te cederé el brujo por una fanega de dinero; pero ha de ser una fanega rebosante.

—La tendrás —respondió el labrador—. Pero vas a llevarte también el arca; no la quiero en casa ni un minuto más. ¡Quién sabe si el diablo está aún en ella!

Colás el Chico dio al campesino el saco con la piel seca y recibió a cambio una fanega de dinero bien colmada. El campesino le regaló todavía un carretón para transportar el dinero y el arca.

—¡Adiós! —dijo Colás, alejándose con las monedas y el arca que contenía al sacristán. Por el borde opuesto del bosque fluía un río caudaloso y muy profundo; el agua corría con tanta furia que era imposible nadar contra corriente. No hacía mucho que habían tendido sobre él un gran puente, y cuando Colás estuvo en la mitad dijo en voz alta, para que lo oyera el sacristán:

—¿Qué hago con esta caja tan incómoda? Pesa como si estuviese llena de piedras. Ya me voy cansando de arrastrarla; la echaré al río. Si va flotando hasta mi casa, bien, y si no, no importa.

Y la levantó un poco con una mano, como para arrojarla al río.

—¡Detente, no lo hagas! —gritó el sacristán desde dentro—. Déjame salir primero.

—¡Dios me valga! —exclamó Colás, simulando espanto—. ¡Todavía está aquí! ¡Echémoslo al río sin perder tiempo, que se ahogue!

—¡Oh, no, no! —suplicó el sacristán—. Si me sueltas te daré una fanega de dinero.

—Bueno, eso ya es distinto —aceptó Colás, abriendo el arca.

El sacristán se apresuró a salir de ella, arrojó el arca al agua y se fue a su casa, donde Colás recibió el dinero prometido. Con el que le había entregado el campesino, tenía ahora el carretón lleno.

"Me he cobrado bien el caballo", se dijo cuando, de vuelta a su casa, desparramó el dinero en medio de la habitación. "¡La rabia que tendrá Colás el Grande cuando vea que me he hecho rico con mi único caballo!; pero no se lo diré".

Y envió a un muchacho a casa de su compadre a pedirle que le prestara una medida de fanega.

"¿Para qué la querrá?", se preguntó Colás el Grande, y untó el fondo con alquitrán para que quedase pegado algo de lo que quería medir. Y así sucedió, pues cuando le devolvieron la fanega había pegadas en el fondo tres relucientes monedas de plata de ocho chelines.

"¿Qué significa esto?", exclamó, y corrió a casa de Colás el Chico:

—¿De dónde sacaste ese dinero? —preguntó.

—De la piel de mi caballo. La vendí ayer tarde.

—¡Pues sí que te la pagaron bien! —dijo el otro, y sin perder tiempo volvió a su casa, mató a hachazos sus cuatro caballos y, después de desollarlos, marchó con las pieles a la ciudad.

—¡Pieles, pieles! ¿Quién compra pieles? —iba por las calles, gritando. Acudieron los zapateros y curtidores, preguntándole el precio.

—Una fanega de dinero por piel —respondió Colás.

—¿Estás loco? —gritaron todos—. ¿Crees que tenemos el dinero a fanegas?

—¡Pieles, pieles! ¿Quién compra pieles? —repitió a voz en cuello; y a todos los que le preguntaban el precio respondía:

—Una fanega de dinero por piel.

—Éste quiere burlarse de nosotros —decían todos, y, empuñando los zapateros sus herramientas y los curtidores sus mandiles, comenzaron a golpear a Colás.

—¡Pieles, pieles! —gritaban, persiguiéndolo—. ¡Ya verás cómo adobamos la tuya, que parecerá un estropajo! ¡Échenlo de la ciudad!

Y Colás no tuvo más remedio que salir huyendo. Nunca lo habían golpeado tan bien.

"¡Ahora es la mía!", dijo al llegar a casa. "¡Esta me la paga Colás el Chico! ¡Le partiré la cabeza!"

Sucedió que aquel día, en casa del otro Colás, había fallecido la abuela, y aunque la vieja había sido siempre muy dura y regañona, el nieto lo sintió, y acostó a la difunta en una cama bien calentita, para ver si lograba volverla a la vida. Allí se pasó ella la noche, mientras Colás dormía en una silla, en un rincón. No era la primera vez.

Estando ya a oscuras, se abrió la puerta y entró Colás el Grande, armado de un hacha. Sabiendo bien dónde estaba la cama, avanzó directamente hasta ella y asentó un hachazo en la cabeza de la abuela, persuadido de que era el nieto.

—¡Para que no vuelvas a burlarte de mí! —dijo, y se volvió a su casa.

"¡Es un mal hombre!", pensó Colás el Chico. "¡Quiso matarme! Suerte que la abuela ya estaba muerta; de otro modo, esto no lo cuenta".

Vistió luego el cadáver con las ropas del domingo, pidió prestado un caballo a un vecino y, después de engancharlo al carro, puso el cadáver de la abuela, sentado en el asiento trasero, de modo que no pudiera caerse con el movimiento del vehículo, y partió atravesando el bosque. Al salir el sol, llegó a una gran posada y Colás el Chico se detuvo para desayunar.

El posadero era un hombre muy rico. Bueno en el fondo, pero tenía un genio pronto e irascible, como si llevara pimienta y tabaco en el cuerpo.

—¡Buenos días! —dijo a Colás—. ¿Tan temprano y ya de domingo?

—Sí —respondió el otro—. Voy a la ciudad con la abuela. La llevo en el carro, pero no puede bajar. ¿Quieres llevarle un vaso de aguamiel? Pero tendrás que hablarle en voz alta, pues es algo sorda.

—No faltaba más —respondió el ventero, y, llenando un vaso de aguamiel, salió a servirlo a la abuela, que aparecía sentada, rígida, en el carro.

—Traigo un vaso de aguamiel de parte de su hijo —le dijo el posadero. Pero la mujer, como es natural, permaneció inmóvil y callada.

—¿No me oye? —gritó el hombre con toda la fuerza de sus pulmones—. ¡Le traigo un vaso de aguamiel de parte de su hijo!

Y como lo repitiera dos veces más sin que la vieja hiciera el menor movimiento, el hombre perdió la paciencia y le tiró el vaso a la cara, de modo que el líquido se le derramó por la nariz y por la espalda.

—¡Santo Dios! —exclamó Colás el Chico, saliendo de un brinco y agarrando al posadero por el pecho—. ¡Has matado a mi abuela! ¡Mira qué agujero le has hecho en la frente!

—¡Oh, qué desgracia! —gritó el posadero, llevándose las manos a la cabeza—. ¡Todo por culpa de mi mal genio! Colás, amigo mío, te daré una fanega de monedas y enterraré a tu abuela como si fuera la mía propia; pero no digas nada, pues me costaría la vida y sería una lástima.

Así, Colás el Chico cobró otra buena fanega de dinero, y el posadero dio sepultura a la vieja como si hubiese sido su propia abuela.

Al regresar nuestro hombre con todo el dinero, envió a un muchacho a casa de Colás el Grande a pedir prestada la fanega.

"¿Qué significa esto?", pensó el otro. "¿No lo maté? Voy a verlo yo mismo".

Y, cargando con la medida, se dirigió a casa de Colás el Chico.

—¿De dónde sacaste tanto dinero? —preguntó, abriendo los ojos como naranjas al ver toda aquella riqueza.

—No me mataste a mí, sino a mi abuela —replicó por su parte Colás el Chico—. He vendido el cadáver y me han dado por él una fanega de dinero.

—¡Qué bien te lo han pagado! —exclamó el otro, y corriendo a su casa, tomó el hacha, mató a su abuela y, cargándola en el carro, la condujo a la ciudad donde residía el boticario, al cual preguntó si le compraría un muerto.

—¿Quién es y de dónde lo sacaste? —preguntó el boticario.

—Es mi abuela —respondió Colás—. La maté para sacar de ella una fanega de dinero.

—¡Dios nos ampare! —exclamó el boticario—. ¡Qué disparate! No digas eso, que pueden cortarte la cabeza.

Y le hizo ver cuán perversa había sido su acción, diciéndole que era un hombre malo y que merecía un castigo. Se asustó tanto Colás que, montando en el carro de un brinco y fustigando los caballos, emprendió la vuelta a casa sin detenerse. El boticario y los demás presentes, creyéndolo loco, lo dejaron marchar libremente.

"¡Me la vas a pagar!", dijo Colás cuando estuvo en la carretera. "Esta no te la paso, compadre". Y en cuanto llegó a su casa, tomó el saco más grande que encontró, fue al encuentro de Colás el Chico y le dijo:

—Por dos veces me has engañado; la primera maté los caballos y la segunda a mi abuela. Tú tienes la culpa de todo, pero no volverás a burlarte de mí.

Y agarrando a Colás el Chico, lo metió en el saco y, cargándoselo a la espalda, le dijo:

—¡Ahora voy a ahogarte!

El trecho hasta el río era largo, y Colás el Chico pesaba lo suyo. El camino pasaba muy cerca de la iglesia, desde la cual llegaban los sones del órgano y los cantos de los fieles. Colás depositó el saco junto a la puerta, pensando que no estaría de más entrar a oír un salmo antes de seguir adelante. El prisionero no podría escapar, y toda la gente estaba en el templo; y así entró en él.

—¡Dios mío, Dios mío! —suspiraba Colás el Chico dentro del saco, retorciéndose y volviéndose sin lograr soltarse. Mas he aquí que acertó a pasar un pastor muy viejo, de cabello blanco y que caminaba apoyándose en un bastón.

Conducía una manada de vacas y bueyes, que al pasar, volcaron el saco que encerraba a Colás el Chico.

—¡Dios mío! —continuaba suspirando el prisionero—. ¡Tan joven y tener que ir al cielo!

—En cambio yo, pobre de mí —replicó el pastor—, no puedo ir, a pesar de ser tan viejo.

—Abre el saco —gritó Colás—, métete en él en mi lugar, y dentro de poco estarás en el Paraíso.

—¡De mil amores! —respondió el pastor, desatando la cuerda. Colás el Chico salió de un brinco de su prisión.

—¿Querrás cuidar de mi ganado? —preguntóle el viejo, metiéndose a su vez en el saco. Colás lo ató fuertemente y luego se alejó con la manada.

A poco, Colás el Grande salió de la iglesia y se cargó el saco a la espalda. Al levantarlo, le pareció que pesaba menos que antes, pues el viejo pastor era mucho más desmirriado que Colás el Chico. "¡Qué ligero se ha vuelto!", pensó. "Esto es el premio de haber oído un salmo". Y, llegándose al río, que era profundo y caudaloso, echó al agua el saco con el viejo pastor, mientras gritaba, creyendo que era su rival:

—¡No volverás a burlarte de mí!

Y emprendió el regreso a su casa; pero al llegar al cruce de dos caminos se topó de nuevo con Colás el Chico, que conducía su ganado.

—¿Qué es esto? —exclamó asombrado—. ¿Pero no te ahogué?

—Sí —respondió el otro—. Hace cosa de media hora que me arrojaste al río.

—¿Y de dónde has sacado este rebaño? —preguntó Colás el Grande.

—Son animales de agua —respondió el Chico—. Voy a contarte la historia y a darte las gracias por haberme ahogado, pues ahora sí soy rico de veras. Tuve mucho miedo cuando estaba en el saco, y el viento me zumbó en los oídos al arrojarme tú desde el puente, y el agua estaba muy fría. Enseguida me fui al fondo, pero no me lastimé, pues está cubierto de la más mullida hierba que puedas imaginar. Tan pronto como caí, se abrió el saco y se me presentó una muchacha hermosísima, con un vestido blanco como la nieve y una diadema verde en torno del húmedo cabello. Me tomó la mano y me dijo: "¿Eres tú, Colás el Chico? De momento ahí tienes unas cuantas reses; una milla más lejos, te aguarda toda una manada; te la regalo". Entonces vi que el río era como una gran carretera para la gente de mar. Por el fondo hay un gran tránsito de carruajes y peatones que vienen del mar tierra adentro, hasta donde empieza el río. Había flores hermosísimas y la hierba más verde que he visto jamás. Los peces pasaban nadando junto a mis orejas, exactamente como los pájaros en el aire. ¡Y qué gente más simpática, y qué ganado más gordo, paciendo por las hondonadas y los ribazos!

—¿Y por qué has vuelto a la tierra? —preguntó Colás el Grande—. Yo no lo habría hecho, si tan bien se estaba allá abajo.

—Sí —respondió el otro—, pero se me ocurrió una gran idea. Ya has oído lo que te dije: la doncella me reveló que una milla camino abajo —y por camino entendía el río, pues ellos no pueden salir a otro sitio— me aguardaba toda una manada de vacas. Pero yo sé muy bien que el río describe muchas curvas, aquí y allá; es el cuento de nunca acabar. En cambio, yendo por tierra, puedo acortar el camino; me ahorro así casi media milla, y llego mucho antes al lugar donde está el ganado.

—¡Qué suerte tienes! —exclamó Colás el Grande—. ¿Piensas que me darían también ganado, si bajase al fondo del río?

—Seguro —respondió Colás el Chico—, pero yo no puedo llevarte en el saco hasta el puente, pesas demasiado. Si te conformas con ir allí a pie y luego meterte en el saco, te arrojaré al río con mucho gusto.

—Muchas gracias —asintió el otro—. Pero si cuando esté abajo no me dan nada, te zurraré de lo lindo; y no creas que hablo en broma.

—¡Bah! ¡No te lo tomes tan a pecho! —y se encaminaron los dos al río.

Cuando el ganado, que andaba sediento, vio el agua, echó a correr hacia ella para calmar la sed.

—¡Fíjate cómo se precipitan! —observó Colás el Chico—. Bien se ve que quieren volver al fondo.

—Sí, ayúdame —dijo el tonto—; de lo contrario, vas a llevar palo.

Y se metió en un gran saco que venía atravesado sobre el lomo de uno de los bueyes.

—Ponle dentro una piedra, no fuera que me quedase flotando —añadió.

—Perfectamente —dijo el Chico, e introduciendo en el saco una voluminosa piedra, lo ató fuertemente y, ¡pum!, Colás el Grande salió volando por los aires, y en un instante se hundió en el río.

"Me temo que no encuentres el ganado", dijo el otro Colás, emprendiendo el camino de regreso a casa con su manada.

GUARDADO EN EL CORAZÓN, Y NO OLVIDADO

Érase una vez un viejo castillo, con su foso pantanoso y su puente levadizo, el cual estaba más veces levantado que bajado, pues no todas las visitas son deseables. Había troneras bajo el tejado, y mirillas a lo largo de los muros; por ellas podía dispararse al exterior o arrojar agua hirviendo o plomo derretido sobre el enemigo, cuando se acercaba demasiado. Los aposentos interiores eran de techo alto, y así convenía que fuesen, por el mucho humo que salía del fuego del hogar, alimentado con troncos húmedos. De las paredes colgaban retratos de hombres con sus armaduras, y de altivas damas en sus pesados ropajes. La más altiva de todas vivía y deambulaba por los recintos del castillo; era su dueña y se llamaba Mette Mogens.

Una noche vinieron bandidos. Mataron a tres de los servidores del castillo y al perro mastín, ataron luego a Dama Mette a la perrera con la cadena del animal y, instalándose en la gran sala, se bebieron el vino de la bodega y la buena cerveza.

Dama Mette permanecía encadenada en la caseta; ni siquiera podía ladrar.

En esas se le acercó el más joven de los bandidos, deslizándose de puntillas para no ser oído, pues los demás lo habrían matado.

—Señora Mette Mogens —dijo el mozo—, ¿recuerdas que un día mi padre, cuando aún vivía tu esposo, fue condenado a montar en el potro del tormento? Tú pediste piedad por él, pero en vano; hubo de cumplirse la sentencia. Sin embargo, tú te acercaste a escondidas, como lo hago yo ahora, y le pusiste una piedra debajo de cada pie para darle un poco de alivio. Nadie lo vio, o al menos hicieron como si no lo vieran; por algo eras la señora. Mi padre me lo contó, y yo lo guardé en el corazón. ¡Ahora te devuelvo la libertad, señora Mette Mogens!

Poco después los dos galopaban bajo la lluvia y la tempestad, en busca de ayuda.

—Ha sido un pago espléndido por el pequeño favor que presté al viejo —dijo Dama Mogens.

—Lo que se guarda en el corazón no se olvida —respondió el joven.

Los bandidos fueron ahorcados.

En una región solitaria se alzaba un viejo castillo; todavía hoy existe. No era el de Dama Mette Mogens, sino el de otra noble familia.

La historia sucede en nuestros tiempos. El sol brilla en la punta dorada de la torre; pequeñas manchas de bosque destacan como ramilletes entre el agua, y en derredor nadan cisnes salvajes. En el jardín crecen rosas; la castellana es la rosa más preciosa, radiante de alegría, la alegría de una buena acción. El rayo de gozo no se proyecta hacia afuera, hacia el mundo, sino que penetra profundamente en el corazón; en él permanece bien guardado, no olvidado.

La señora viene del castillo y se dirige a la cabaña de unos jornaleros que viven en el campo. En ella yace una pobre muchacha paralítica. La ventana del reducido cuartito da al norte, y nunca entra por ella el sol. La inválida sólo puede ver un pedacito de campo, cerrado por el alto borde del foso. Pero hoy luce allí el sol, el hermoso y confortador sol de Dios, que entra desde el sur por la nueva ventana, donde antes había sólo una pared. La enferma está sentada al sol, ve el bosque y la orilla del mar; el mundo se ha vuelto para ella inmenso y bello, y todo gracias a una sola palabra de la bondadosa castellana.

—¡La palabra fue tan sencilla, la acción tan insignificante! —explicó—. Pero la alegría que sentí fue inmensamente grande y bienhechora.

Y por eso practica tantas buenas obras, piensa en todos los hogares humildes y también en los ricos, cuando pasan por alguna tribulación. Lo hace todo sin ostentación, en secreto; pero Dios no lo olvida.

Hay una antigua casa patricia en la ciudad grande y laboriosa. No entraremos en sus aposentos y salones, sino que nos quedaremos en la cocina. Está clara y caldeada, limpia y ordenada. La batería de cobre reluce como espejos, la mesa parece pulida, el fregadero está como una tabla recién lavada. Es una sola criada la que ha hecho todo el trabajo, y aun así ha tenido tiempo de vestirse con esmero, como para ir a la iglesia. Lleva en la cofia un lazo, un lazo negro, señal de luto. Y, sin embargo, no tiene a nadie por quien llevar luto: ni padre ni madre, ningún pariente, ni novio; es una pobre doncella. En tiempos estuvo comprometida con un hombre pobre también; se querían entrañablemente. Un día él le dijo:

—No poseemos nada. La rica viuda que es dueña de la bodega me ha dirigido palabras cariñosas y quiere darme bienestar; pero tú sola vives en mi corazón. ¿Qué me aconsejas?

—Lo que tú creas que te hará feliz —respondió la muchacha—. Sé bueno y afectuoso con ella; pero piensa que no volveremos a vernos desde el momento en que nos separemos.

Transcurrieron unos años. Un día ella se encontró en la calle con su antiguo amigo y novio. Su aspecto era triste y enfermo, y la joven no pudo evitar preguntarle:

—¿Cómo estás?

—Muy bien, no me falta nada —respondió él—. La mujer es buena y honrada, pero tú llenas mi corazón. He sostenido una terrible batalla, que pronto terminará. ¡No volveremos a vernos sino ante el trono de Dios!

Transcurrió otra semana, y en el periódico de hoy viene la noticia de su muerte; por eso se ha puesto luto la doncella. El que un día fue su novio ha fallecido —dice la esquela—, dejando esposa y tres hijastros. La campana tañe con un sonido quebrado; y, sin embargo, el metal es puro.

El lazo negro indica el luto; el rostro de la joven lo indica aún más. El dolor vive oculto en el corazón, pero no olvidado.

¿Ves? Son tres historias, tres hojas de un tallo. ¿Quieres más hojas de trébol? Hay muchas guardadas en el libro del corazón; guardadas, pero no olvidadas.

DOS PISONES

¿Has visto alguna vez un pisón? Me refiero a esa herramienta que sirve para apisonar el pavimento de las calles. Es de madera, ancho por debajo y reforzado con aros de hierro; arriba es estrecho, con un palo que lo atraviesa y que sirve de brazos.

En el cobertizo de las herramientas había dos pisonas, junto con palas, cubos y carretillas; había llegado a sus oídos el rumor de que las pisonas no se llamarían en adelante así, sino apisonadoras, vocablo que, en la jerga de los picapedreros, es el término más nuevo y apropiado para designar lo que antes llamaban pisonas.

Ahora bien, entre nosotros, los seres humanos, hay lo que llamamos mujeres emancipadas, entre las cuales se cuentan directoras de colegios, comadronas, bailarinas —que por su profesión pueden sostenerse sobre una pierna—, modistas y enfermeras; y a esta categoría de emancipadas se sumaron también las dos pisonas del cobertizo. La administración de obras públicas las llamaba pisonas, y de ningún modo se avenían a renunciar a su antiguo nombre y cambiarlo por apisonadoras.

—Pisón es un nombre de persona —decían—, mientras que apisonadora lo es de cosa, y no toleraremos que nos traten como una simple cosa. ¡Eso es ofendernos!

—Mi prometido está dispuesto a romper el compromiso —añadió la más joven, que tenía por novio a un martinete, una especie de máquina para clavar estacas en el suelo, o sea, que hace en forma tosca lo que la pisona hace en forma delicada—. Me quiere como pisona, pero no como apisonadora, por lo que no puedo permitir que me cambien el nombre.

—¡Ni yo! —dijo la mayor—. Antes dejaré que me corten los brazos.

La carretilla, sin embargo, tenía otra opinión; y no se crea que fuera un don nadie, se consideraba como una cuarta parte de coche, pues corría sobre una rueda.

—Debo advertirles que el nombre de pisonas es bastante ordinario, y mucho menos distinguido que el de apisonadora, pues este nuevo apelativo les da cierto parentesco con los sellos, y solo con que piensen en el sello que llevan las leyes, verán que sin él no son tales. Yo, en su lugar, renunciaría al nombre de pisona.

—¡Jamás! Soy demasiado vieja para eso —dijo la mayor.

—Seguramente ustedes ignoran eso que se llama necesidad europea —intervino el honrado y viejo cubo—. Hay que mantenerse dentro de sus límites, supeditarse, adaptarse a las exigencias de la época, y si sale una ley por la cual la pisona debe llamarse apisonadora, pues a llamarse apisonadora tocan. Cada cosa tiene su medida.

—En tal caso preferiría llamarme señorita, si es que de todos modos he de cambiar de nombre —dijo la joven—. Señorita sabe siempre un poco a pisona.

—Pues yo antes me dejaré reducir a astillas —proclamó la vieja.

En eso llegó la hora de ir al trabajo; las pisonas fueron cargadas en la carretilla, lo cual suponía una atención; pero las llamaron apisonadoras.

—¡Pis! —exclamaban al golpear sobre el pavimento—. ¡Pis!

Y estaban a punto de acabar de pronunciar la palabra pisona, pero se mordían los labios y se tragaban el vocablo, pues se daban cuenta de que no podían contestar. Pero entre ellas siguieron llamándose pisonas, alabando los viejos tiempos en que cada cosa era llamada por su nombre, y cuando una era pisona la llamaban pisona; y en eso quedaron las dos, pues el martinete, aquella maquinaza, rompió su compromiso con la joven, negándose a casarse con una apisonadora.

DOS HERMANOS

En una de las islas danesas, cubierta de sembrados entre los que se elevan antiguos anfiteatros y hayedos con corpulentos árboles, hay una pequeña ciudad de casas bajas techadas de tejas rojas. En el hogar de una de aquellas casas se elaboraban cosas maravillosas; hierbas diversas y raras eran hervidas en vasos, mezcladas y destiladas, y trituradas en morteros. Un hombre de avanzada edad cuidaba de todo ello.

—Hay que atender siempre a lo justo —decía—; sí, a lo justo, lo debido; atenerse a la verdad en todas las partes y no apartarse de ella.

En la sala, junto al ama de casa, estaban dos de los hijos, pequeños todavía, pero con grandes pensamientos. La madre les había hablado siempre del derecho y la justicia, y de la necesidad de no apartarse nunca de la verdad, que era el rostro de Dios en este mundo.

El mayor de los muchachos tenía una expresión resuelta y alegre. Sus lecturas preferidas eran libros sobre fenómenos de la Naturaleza, del sol y las estrellas; para él, eran los cuentos más bellos. ¡Qué dicha poder salir en viajes de descubrimiento, o inventar el modo de imitar a las aves y lanzarse a volar! Sí, resolver este problema, ahí estaba la cuestión. Tenían razón los padres: la verdad es lo que sostiene el mundo.

El hermano menor era más sosegado, siempre absorto en sus libros. Leía la historia de Jacob, que se vestía con una piel de oveja para confundirse con Esaú y quitarle de este modo el derecho de primogenitura; y al leerlo, cerraba, airado, el diminuto puño, amenazando al impostor. Cuando se hablaba de tiranos, de la injusticia y la maldad que imperaban en el mundo, las lágrimas le asomaban a los ojos. La idea del derecho, de la verdad que debía vencer y que forzosamente vencería, lo dominaba por entero. Una noche, el pequeño ya estaba acostado, pero las cortinas no habían sido corridas, y la luz penetraba en la alcoba. Se había llevado el libro con el propósito de terminar la historia de Solón.

Los pensamientos lo transportaron a una distancia inmensa; le pareció como si la cama fuese un barco con las velas desplegadas. ¿Soñaba o qué era aquello? Surcaba las aguas impetuosas, los grandes mares del tiempo, y oía la voz de Solón. Inteligible, aunque dicha en lengua extraña, resonaba la divisa danesa: "Con la ley se edifica un país".

El genio de la Humanidad estaba en el humilde cuarto, e, inclinándose sobre el lecho, estampaba un beso en la frente del muchacho:

—Hazte fuerte en la fama y fuerte en las luchas de la vida. Con la verdad en el pecho, vuela en busca del país de la verdad.

El hermano mayor no se había acostado aún; asomado a la ventana, contemplaba cómo la niebla se levantaba de los prados. No eran los elfos los que allí bailaban, como le dijera una vieja criada, bien lo sabía él. Eran vapores más cálidos que el aire, y por eso subían. Brilló una estrella fugaz, y en el mismo instante los pensamientos del niño se trasladaron desde los vapores del suelo a las alturas, junto al brillante meteoro. Centelleaban las estrellas en el cielo; habríase dicho que de ellas pendían largos hilos de oro que llegaban hasta la Tierra.

"Levanta el vuelo conmigo", pareció cantar y resonar una voz en el corazón del muchacho. El poderoso genio de las generaciones, más veloz que el ave, que la flecha, que todo lo terreno capaz de volar, lo llevó a los espacios, donde rayos de estrella a estrella unían entre sí los cuerpos celestes; nuestra Tierra giraba en el aire tenue, y aparecía una ciudad tras otra. En las esferas se oía: "¿Qué significa cerca y lejos, cuando te eleva el genio poderoso del espíritu?".

Y el niño seguía en la ventana, mirando al exterior, y su hermanito leía en la cama, y su madre los llamaba por sus nombres:

—¡Anders y Hans Christian!

Dinamarca los conoce.

El mundo conoce a los dos hermanos Örsted.

LA PRINCESA DEL GUISANTE

Érase una vez un príncipe que quería casarse con una princesa, pero que fuera una princesa de verdad. En su busca recorrió todo el mundo, pero siempre había algún inconveniente. Princesas había muchas, pero nunca lograba asegurarse de que lo fueran de veras; cada vez encontraba algo que le parecía sospechoso. Así regresó a su casa muy triste, pues estaba empeñado en encontrar una princesa auténtica.

Una tarde estalló una terrible tempestad; se sucedían sin interrupción los rayos y los truenos, y llovía a cántaros; era un tiempo espantoso. En esas llamaron a la puerta de la ciudad, y el anciano rey acudió a abrir.

Una princesa estaba en la puerta; pero ¡santo Dios, cómo la habían puesto la lluvia y el mal tiempo! El agua le chorreaba por el cabello y los vestidos, se le metía por las cañas de los zapatos y le salía por los talones; pero ella afirmaba que era una princesa verdadera.

"Pronto lo sabremos", pensó la vieja reina, y, sin decir palabra, se fue al dormitorio, levantó la cama y puso un guisante sobre la tela metálica; luego amontonó encima veinte colchones y, encima de éstos, otros tantos edredones.

En esta cama debía dormir la princesa.

Por la mañana le preguntaron qué tal había descansado.

—¡Oh, muy mal! —exclamó—. No he pegado un ojo en toda la noche. ¡Sabe Dios lo que habría en la cama! ¡Era algo tan duro, que tengo el cuerpo lleno de cardenales! ¡Horrible!

Entonces vieron que era una princesa de verdad, puesto que, a pesar de los veinte colchones y los veinte edredones, había sentido el guisante. Nadie, sino una verdadera princesa, podía ser tan sensible.

El príncipe la tomó por esposa, pues se había convencido de que se casaba con una princesa hecha y derecha; y el guisante pasó al museo, donde puede verse todavía, si nadie se lo ha llevado.

Esto sí que es una historia, ¿verdad?

DÍA DE MUDANZA

¿Te acuerdas del torero Ole, verdad? Ya te conté que le hice dos visitas. Pues ahora te contaré una tercera, y no será la última.

Por lo regular voy a verlo a su torre el día de Año Nuevo, pero esta vez fue el día de mudanza general, cuando no se está a gusto en las calles de la ciudad, pues están llenas de montones de basura, cascos rotos y trastos viejos, y ni hablar de la paja vieja de los jergones, por la cual hay que pasar casi a vado. Siguiendo entre aquellas pilas de desperdicios, vi a unos niños que estaban jugando con la paja. Jugaban a acostarse, encontrando que todo allí invitaba a este juego. Se metían en la paja viva y se cubrían con una vieja cortina rota, a modo de cobija.

—¡Se está muy cómodo! —decían—. Aquello ya era demasiado y me alejé, en dirección a la morada de Ole.

—¡Es día de mudanza! —dijo—. Calles y callejones están convertidos en cubos de basura; unos cubos de basura grandiosos. A mí me basta con un carro lleno. Siempre puedo sacar algo de él, y así lo hice, poco después de Navidad. Bajé a la calle; el tiempo era rudo, húmedo, sucio, muy a propósito para enfermarse. El basurero se había detenido con su carro lleno, una especie de muestrario de las calles de Copenhague en día de mudanza. En la parte posterior del carro había un abeto, verde todavía y con oropeles en las ramas; había estado en una fiesta de Nochebuena y luego lo habían arrojado a la calle; el basurero lo había cargado encima de la basura, en la parte trasera del carro. Lo mismo parecía alegre que triste, cualquiera sabe. Todo depende de lo que uno esté pensando en ese momento, y yo estaba pensando, y los objetos amontonados en el carro, de seguro que también pensaban; pensaban o habrían podido pensar, que viene a ser lo mismo. Había allí un guante de señora, roto. ¿Qué pensaría? ¿Quiere que se lo diga? Allí estaba quieto, señalando con el dedo meñique el abeto. "¡Me emociona este árbol! —pensaba—. También yo he estado en una fiesta iluminada con grandes lámparas. Mi vida, propiamente dicha, fue una noche de baile; un apretón de manos, y reventé. Aquí me abandonan mis recuerdos, no tengo otra cosa de que poder vivir". Esto era lo que pensaba el guante, o lo que hubiera podido pensar.

"Es un tonto ese abeto" —dijeron los cascos de loza rota—. Esos cascos siempre encuentran todo tonto. "Una vez que se está en el carro de la basura —decían— hay que dejar de hacerse ilusiones y de llevar oropeles. Yo sé que he sido útil en este mundo, más útil que un palo verde como ése". ¿Ve usted? Esto es solo una opinión personal, que acaso compartan muchos. Y, sin embargo, el abeto hacía bonito, era un poco de poesía entre la basura, y de ésta las calles están llenas los días de mudanza.

El camino se me hacía pesado y fatigoso, y ya tenía ganas de llegar a la torre y quedarme en ella. Sentado en su altura, contemplo de buen humor lo que ocurre abajo.

Las buenas gentes están jugando a las "cuatro esquinas". Se arrastran y atormentan con sus trastos, y el duende, sentado en la cuba, se muda con ellas; chismes domésticos, comadrerías de familia, cuidados y preocupaciones, todo abandona la casa vieja para trasladarse a la nueva. Y, ¿qué sacan en claro ellos y nosotros de todo aquel ajetreo? ¡Oh! Tiempo ha lo escribieron en aquel antiguo verso del Noticiero: "¡Piensa en el día de la muerte, la gran mudanza!".

Éste es un pensamiento muy serio, pero imagino que no le gustará que se lo recuerden. La muerte es y será siempre el funcionario más concienzudo, a pesar de sus numerosos empleos accesorios. ¿No ha pensado usted en ella?

La muerte es conductora de ómnibus, expedidora de pasaportes, estampa su nombre al pie de nuestro boletín de conducta y es directora de la gran caja de ahorros de la vida. ¿Comprende? Todas las acciones que realizamos en el curso de nuestra existencia terrena las llevamos a la caja de ahorros, y cuando la muerte se detiene ante nuestra puerta con su carro de mudanzas y montamos en él con destino a la Eternidad, al llegar a la frontera nos da como pasaporte nuestro boletín de comportamiento. Como viático saca de la caja de ahorros tal o cual de nuestras acciones, la más típica de nuestro proceder. Esto puede resultar agradable, pero a lo mejor es espantoso.

Nadie ha escapado todavía a este ómnibus. Cierto que se cuenta de un individuo que no pudo subir: el zapatero de Jerusalén; hubo de echar a correr detrás. De haberlo alcanzado, habría escapado al trato de que le han hecho objeto los poetas.

Dirija usted mentalmente una mirada a aquel gran ómnibus de mudanzas. Verá qué sociedad tan variada. Juntos van sentados un rey y un mendigo, un genio y un idiota; deben viajar sin más dinero ni bienes que su boletín de conducta y el viático de la caja de ahorros. ¿Cuál de sus acciones habrán sacado? Tal vez una muy pequeña, del tamaño de un guisante; pero de un guisante se puede hacer un zarcillo florido.

La pobre Cenicienta, que se había pasado la vida sentada en el taburete del rincón, sin conocer más que golpes y palabras duras, recibirá tal vez como viático y distintivo su roto asiento, el cual, en el país de la Eternidad, es muy posible que se transforme en litera o se eleve a la categoría de un trono, reluciente como el oro, florido como una glorieta.

Quien siempre anduvo por ahí sorbiendo la bebida del placer para olvidar los errores que cometía, recibirá su barrilito de madera y tendrá que beber de su contenido en el curso del viaje, y la bebida será pura y sin mezcla, por lo que sus ideas se volverán claras, y se despertarán todos los buenos y nobles sentimientos; verá y comprenderá lo que antes no supo o no quiso ver, y de este modo llevará en sí mismo el castigo, el gusano roedor que no muere en toda la eternidad. Si en las copas había grabada la palabra "olvido", en el barrilito está la de "recuerdo".

Si leo un buen libro, una obra histórica, por ejemplo, siempre me imagino al protagonista en el momento de subir al ómnibus de la muerte, y me pregunto cuáles de sus acciones sacaría la Descarnada de la caja de ahorros, qué viático le darían para su viaje al país de la Eternidad.

Hubo una vez un rey de Francia, cuyo nombre he olvidado —los nombres de los buenos se olvidan a veces, hasta yo los olvido, pero volverán a brillar— que en ocasión de una carestía fue el bienhechor de su pueblo, y este le erigió un monumento de nieve, con esta inscripción: "Más rápido de lo que tarda ésta en fundirse, acudiste tú en nuestra ayuda". Imagino que la muerte, al ver el monumento, le dio un solo copo, que nunca se derretirá y que en forma de blanca mariposa echó a volar encima de su cabeza hacia el país de la inmortalidad.

Hubo también Luis XI; he retenido su nombre, pues de los malos es fácil acordarse. Uno de sus actos me viene con frecuencia a la memoria, y me gustaría que alguien demostrara que es falso. Mandó ejecutar a su condestable; podía hacerlo, justa o injustamente. Pero a sus dos hijitos inocentes, de ocho años el uno y de siete el otro, los condujo al cadalso, donde fueron rociados con la sangre aún caliente de su padre, y luego los hizo encerrar en la Bastilla, en una jaula de hierro, sin darles siquiera una manta que les sirviera de lecho. El rey Luis mandaba cada ocho días al verdugo para que les arrancara un diente a cada uno. Así que no lo pasaban nada bien los pobrecillos. Y dijo el mayor: "Mi madre moriría de pena si supiera que mi hermanito ha de sufrir tanto. ¡Sácame dos dientes a mí y déjalo a él en libertad!".

Hasta al verdugo le acudieron las lágrimas a los ojos; pero la voluntad del rey fue más fuerte que las lágrimas, y cada ocho días presentaban al rey dos dientes de niño en una bandeja de plata: los había exigido y los tuvo. Y creo que la muerte sacaría de la caja de ahorros aquellos dos dientes y se los entregaría a Luis XI para el viaje al país de la inmortalidad. Aquellos inocentes dientes infantiles volarían como dos moscas de fuego delante de él, brillando, quemando, torturándolo.

Sí, es un viaje muy serio el que se efectúa en el ómnibus el día de la gran mudanza. ¿Y cuándo será?

Eso es lo grave, que puede presentarse cualquier día, a cualquier hora, en cualquier minuto. ¿Cuál de nuestras acciones sacará la muerte de la caja de ahorros para entregárnosla? ¡Pensemos en ello! Esta fecha de la gran mudanza no está señalada en el calendario.

DESDE UNA VENTANA DE VARTOU

Junto a la verde muralla que se extiende alrededor de Copenhague, se levanta una gran casa roja con muchas ventanas, en las que crecen balsaminas y árboles de ámbar. El exterior es de aspecto humilde, y en ella viven personas pobres y ancianas. Es Vartou.

Mira: en el antepecho de una de las ventanas se apoya una anciana solterona, entretenida en arrancar las hojas secas de la balsamina y mirando la verde muralla, donde saltan y corren unos alegres chiquillos. ¿En qué debe estar pensando? Un drama de su vida se proyecta ante su mente.

Los pobres pequeñuelos, ¡qué felices juegan! ¡Qué mejillas más sonrosadas y qué ojos tan brillantes! Pero no llevan medias ni zapatos; están bailando sobre la muralla verde. Según cuenta la leyenda, hace pocos años la tierra se hundía allí constantemente, y en una ocasión un inocente niño cayó con sus flores y juguetes en la abierta tumba, que se cerró mientras el pequeñuelo jugaba y comía. Allí se alzó la muralla, que no tardó en cubrirse de un césped espléndido. Los niños ignoran la leyenda; de otro modo, oirían llorar al que se halla bajo la tierra, y el rocío de la hierba se les figuraría lágrimas ardientes. Tampoco saben la historia de aquel rey de Dinamarca que allí plantó cara al invasor y juró ante sus temblorosos cortesanos que se mantendría firme junto a los habitantes de su ciudad y moriría en su nido. Ni saben de los hombres que lucharon allí, ni de las mujeres que vertieron agua hirviendo sobre los enemigos que, vestidos de blanco para confundirse con la nieve, trepaban por el lado exterior del muro.

Los pobres chiquillos seguían jugando alegremente.

¡Juega, juega, niña! Pronto pasarán los años. Los confirmandos irán cogidos de la mano a la verde muralla; tú llevarás un vestido blanco que le habrá costado mucho a tu madre, a pesar de estar hecho de otro viejo más grande. Te darán un pañuelo rojo, que te colgará muy abajo, demasiado; pero así se verá lo grande que es, ¡sí!, demasiado grande. Pensarás en tus galas y en Dios nuestro Señor. ¡Qué hermoso es pasear por la muralla! Y los años transcurren, con muchos días sombríos, pero también con sus goces de juventud. Y tú encontrarás un amigo, sin saber cómo; se reunirán, y al acercarse la primavera irán a pasear por la muralla, mientras todas las campanas doblan llamando a la penitencia y a la oración. No habrán brotado todavía las violetas, pero frente al antiguo y bello palacio de Rosenborg lucirá un árbol sus primeras yemas verdeantes; se quedarán allí. Todos los años da aquel árbol nuevas ramas verdes, cosa que no hace el corazón encerrado en el pecho humano, por el cual pasan nubes negras, más negras que las que conoce el Norte. ¡Pobre niña! La cámara nupcial de tu novio será el féretro, y tú te convertirás en una solterona. Desde Vartou mirarás, por entre las balsaminas, a los niños que juegan, y te darás cuenta de que se repite tu propia historia.

Y este es justamente el drama de la vida que se despliega ante la anciana, que está mirando a la muralla, donde brilla el sol, y los niños de rojas mejillas, sin zapatos ni medias, juegan y gozan como las avecillas del cielo.

DENTRO DE MIL AÑOS

Sí, dentro de mil años la gente cruzará el océano, volando por los aires en alas del vapor. Los jóvenes colonizadores de América acudirán a visitar la vieja Europa. Vendrán a ver nuestros monumentos y nuestras ciudades decadentes, del mismo modo que nosotros peregrinamos ahora para visitar las magnificencias caídas del Asia Meridional. Dentro de mil años, vendrán ellos.

El Támesis, el Danubio, el Rin, seguirán fluyendo aún; el Montblanc continuará enhiesto con su nevada cumbre, las auroras boreales proyectarán sus brillantes resplandores sobre las tierras del Norte; pero una generación tras otra se habrá convertido en polvo, y series enteras de momentáneas grandezas habrán caído en el olvido, como aquellas que hoy duermen bajo el túmulo donde el rico harinero, en cuya propiedad se alza, se mandó instalar un banco para contemplar desde allí el ondeante campo de mieses que se extiende a sus pies.

—¡A Europa! —exclamarán las jóvenes generaciones americanas—. ¡A la tierra de nuestros abuelos, la tierra santa de nuestros recuerdos y nuestras fantasías! ¡A Europa!

Llega la aeronave, llena de viajeros, pues la travesía es más rápida que por el mar; el cable electromagnético que descansa en el fondo del océano ha telegrafiado ya dando cuenta del número de quienes forman la caravana aérea. Ya se avista Europa, es la costa de Irlanda la que se vislumbra, pero los pasajeros duermen todavía; han avisado que no se les despierte hasta que estén sobre Inglaterra. Allí pisarán el suelo de Europa, en la tierra de Shakespeare, como la llaman los hombres de letras; en la tierra de la política y de las máquinas, como la llaman otros. La visita durará un día: es el tiempo que la apresurada generación concede a la gran Inglaterra y a Escocia.

El viaje prosigue por el túnel del canal hacia Francia, el país de Carlomagno y de Napoleón. Se cita a Molière, los eruditos hablan de una escuela clásica y otra romántica, que florecieron en tiempos remotos, y se enaltece a héroes, poetas y sabios que nuestra época desconoce, pero que más tarde nacieron sobre este cráter de Europa que es París.

La aeronave vuela sobre la tierra de la que salió Colón, la cuna de Cortés, el escenario donde Calderón cantó sus dramas en versos armoniosos; hermosas mujeres de negros ojos viven aún en los valles floridos, y en estrofas antiquísimas se recuerda al Cid y a la Alhambra.

Surcando el aire, sobre el mar, sigue el vuelo hacia Italia, asiento de la vieja y eterna Roma. Hoy está decaída, la Campagna es un desierto; de la iglesia de San Pedro solo queda un muro solitario, y aún se abrigan dudas sobre su autenticidad.

Y luego a Grecia, para dormir una noche en el lujoso hotel edificado en la cumbre del Olimpo; poder decir que se ha estado allí, viste mucho. El viaje prosigue por el Bósforo, para descansar unas horas y visitar el sitio donde antaño se alzó Bizancio. Pobres pescadores lanzan sus redes allí donde la leyenda cuenta que estuvo el jardín del harén en tiempos de los turcos.

Continúa el itinerario aéreo, volando sobre las ruinas de grandes ciudades que se levantaron a orillas del caudaloso Danubio, ciudades que nuestra época no conoce aún; pero aquí y allá —sobre lugares ricos en recuerdos que algún día saldrán del seno del tiempo— se posa la caravana para reemprender muy pronto el vuelo.

Al fondo se despliega Alemania —otrora cruzada por una densísima red de ferrocarriles y canales— el país donde predicó Lutero, cantó Goethe y Mozart empuñó el cetro musical de su tiempo. Nombres ilustres brillaron en las ciencias y en las artes, nombres que ignoramos. Un día de estancia en Alemania y otro para el Norte, para la patria de Örsted y Linneo, y para Noruega, la tierra de los antiguos héroes y de los hombres eternamente jóvenes del Septentrión. Islandia queda en el itinerario de regreso; el géiser ya no bulle, y el Hecla está extinguido, pero como la losa eterna de la leyenda, la prepotente isla rocosa sigue incólume en el mar bravío.

—Hay mucho que ver en Europa —dice el joven americano— y lo hemos visto en ocho días. Se puede hacer muy bien, como el gran viajero —aquí se cita un nombre conocido en aquel tiempo— ha demostrado en su famosa obra: Cómo visitar Europa en ocho días.

EL ABECEDARIO

Érase una vez un hombre que había compuesto versos para el abecedario, siempre dos para cada letra, exactamente como vemos en la antigua cartilla. Decía que hacía falta algo nuevo, pues los viejos pareados estaban muy sobados, y los suyos le parecían muy bien. Por el momento, el nuevo abecedario estaba solo en manuscrito, guardado en el gran armario-librería, junto a la vieja cartilla impresa; aquel armario que contenía tantos libros eruditos y entretenidos. Pero el viejo abecedario no quería por vecino al nuevo, y había saltado en el anaquel, dando un empujón al intruso, el cual cayó al suelo y allí quedó, con todas las hojas dispersas.

El viejo abecedario había vuelto hacia arriba la primera página, que era la más importante, pues en ella estaban todas las letras, grandes y pequeñas. Aquella hoja contenía todo lo que constituye la vida de los demás libros: el alfabeto, las letras que, quiérase o no, gobiernan al mundo. ¡Qué poder más terrible! Todo depende de cómo se las dispone: pueden dar la vida, pueden condenar a muerte; alegrar o entristecer. Por sí solas nada son, pero ¡puestas en fila y ordenadas!... Cuando Nuestro Señor las hace intérpretes de su pensamiento, leemos más cosas de las que nuestra mente puede contener, y nos inclinamos profundamente; pero las letras son capaces de contenerlas.

Pues allí estaban, cara arriba. El gallo de la A mayúscula lucía sus plumas rojas, azules y verdes. Hinchaba el pecho muy ufano, pues sabía lo que significaban las letras, y era el único viviente entre ellas.

Al caer al suelo el viejo abecedario, el gallo batió las alas, se subió de un vuelo al borde del armario y, después de alisarse las plumas con el pico, lanzó al aire un penetrante quiquiriquí. Todos los libros del armario, que, cuando no estaban de servicio, se pasaban el día y la noche dormitando, oyeron la estridente trompeta. Y entonces el gallo se puso a discursear, en voz clara y perceptible, sobre la injusticia que acababa de cometerse con el viejo abecedario.

—Por lo visto ahora todo ha de ser nuevo, todo diferente —dijo—. El progreso no puede detenerse. Los niños son tan listos, que saben leer antes de conocer las letras. "¡Hay que darles algo nuevo!", dijo el autor de los nuevos versos, que yacen esparcidos por el suelo. ¡Bien los conozco! Más de diez veces se los oí leer en voz alta. ¡Cómo gozaba el hombre! Pues no, yo defenderé los míos, los antiguos, que son tan buenos, y las ilustraciones que los acompañan. Por ellos lucharé y cantaré. Todos los libros del armario lo saben bien. Y ahora voy a leer los de nueva composición. Los leeré con toda pausa y tranquilidad, y creo que estaremos todos de acuerdo en lo malos que son.

A. Ama
Sale el ama bien arreglada
por un niño ajeno honrada.

B. Barquero
Pasó penas y fatigas el barquero,
mas ahora reposa placentero.
—Este pareado no puede ser más soso —dijo el gallo—. Pero sigo leyendo.

C. Colón
Se lanzó Colón al mar ingente,
y se ensanchó la tierra enormemente.

D. Dinamarca
De Dinamarca hay más de una saga bella,
no cargue Dios la mano sobre ella.
—Muchos encontrarán hermosos estos versos —observó el gallo—, pero yo no. No les veo nada de particular. Sigamos.

E. Elefante
Con ímpetu y arrojo avanza el elefante,
de joven corazón y buen talante.

F. Follaje
Se despoja el bosque del follaje
en cuanto la tierra viste el blanco traje.

G. Gorila
Por más que traigan gorilas a la arena,
se ven siempre tan torpes, que da pena.

H. Hurra
¡Cuántas veces, gritando en nuestra tierra,

puede un "hurra" ser causa de una guerra!

—¿Cómo va un niño a comprender estas alusiones? —protestó el gallo—. Y, sin embargo, en la portada se lee: "Abecedario para grandes y chicos". Pero los mayores tienen que hacer algo más que estarse leyendo versos en el abecedario, y los pequeños no lo entienden. ¡Esto es el colmo! ¡Adelante!

J. Jilguero

Canta alegre en su rama el jilguero,
de vivos colores y cuerpo ligero.

L. León

En la selva, el león lanza su rugido;
verlo luego en la jaula, entristecido.

M. Mañana (sol de)

Por la mañana sale el sol muy puntual,
mas no porque cante el gallo en el corral.

—Ahora las emprende conmigo —exclamó el gallo—. Pero yo estoy en buena compañía, en compañía del sol. Sigamos.

N. Negro

Negro es el hombre del sol ecuatorial;
por mucho que lo laven, siempre será igual.

O. Olivo

¿Cuál es la mejor hoja, lo saben? A fe,
la del olivo de la paloma de Noé.

P. Pensador

En su mente, el pensador mueve todo el mundo,
desde lo más alto hasta lo más profundo.

Q. Queso

El queso se utiliza en la cocina,
donde con otros manjares se combina.

R. Rosa

Entre las flores, es la rosa bella
lo que en el cielo la más brillante estrella.

S. Sabiduría

Muchos creen poseer sabiduría
cuando en verdad su mollera está vacía.

—¡Permítanme que cante un poco! —dijo el gallo—. Con tanto leer se me acaban las fuerzas. He de tomar aliento. —Y se puso a cantar de tal forma, que no parecía sino una corneta de latón. Daba gusto oírlo —al gallo, entiéndase—. ¡Adelante!

T. Tetera

La tetera tiene rango en la cocina,
pero la voz del puchero es aún más fina.

U. Urbanidad

Virtud indispensable es la urbanidad,
si no se quiere ser un ogro en sociedad.

—Ahí debe haber mucho fondo —observó el gallo—, pero no doy con él, por mucho que trato de profundizar.

V. Valle de lágrimas

Valle de lágrimas es nuestra madre tierra.
A ella iremos todos, en paz o en guerra.

—¡Esto es muy crudo! —dijo el gallo.

X. Xantipa

—Aquí no ha sabido encontrar nada nuevo:
En el matrimonio hay un arrecife,
al que Sócrates da el nombre de Xantipe.

—Al final, ha tenido que contentarse con Xantipe.

Y. Ygdrasil

En el árbol de Ygdrasil los dioses nórdicos vivieron,
mas el árbol murió y ellos enmudecieron.

—Estamos casi al final —dijo el gallo—. ¡No es poco consuelo! Va el último:

Z. Zephir
En danés, el céfiro es viento de Poniente,
te hiela a través del paño más caliente.

—¡Por fin se acabó! Pero aún no estamos al cabo de la calle. Ahora viene imprimirlo. Y luego leerlo. ¡Y lo ofrecerán en sustitución de los venerables versos de mi viejo abecedario! ¿Qué dice la asamblea de libros eruditos e indoctos, monografías y manuales? ¿Qué dice la biblioteca? Yo he dicho; que hablen ahora los demás.

Los libros y el armario permanecieron quietos, mientras el gallo volvía a situarse bajo su A, muy orondo.

—He hablado bien, y cantado mejor. Esto no me lo quitará el nuevo abecedario. De seguro que fracasa. Ya ha fracasado. ¡No tiene gallo!

EL ABETO

Allá en el bosque había un abeto, lindo y pequeñito. Crecía en un buen sitio, le daba el sol y no le faltaba aire, y a su alrededor se alzaban muchos compañeros mayores, tanto abetos como pinos.

Pero el pequeño abeto sólo suspiraba por crecer; no le importaban el calor del sol ni el frescor del aire, ni atendía a los niños de la aldea, que recorrían el bosque en busca de fresas y frambuesas, charlando y correteando. A veces llegaban con un puchero lleno de los frutos recogidos, o con las fresas ensartadas en una paja, y, sentándose junto al menudo abeto, decían:

—¡Qué pequeño y qué lindo es!

Pero el arbolito se enfurruñaba al oírlo.

Al año siguiente había crecido bastante, y lo mismo al otro año, pues en los abetos puede verse el número de años que tienen por los círculos de su tronco.

—¡Ay!, ¿por qué no he de ser yo tan alto como los demás? —suspiraba el arbolillo—. Podría desplegar las ramas todo alrededor y mirar el ancho mundo desde la copa. Los pájaros harían sus nidos entre mis ramas, y cuando soplara el viento, podría mecerlas e inclinarlas con la distinción y elegancia de los otros.

Le eran indiferentes la luz del sol, las aves y las rojas nubes que, a la mañana y al atardecer, desfilaban en lo alto del cielo.

Cuando llegaba el invierno, y la nieve cubría el suelo con su rutilante manto blanco, muy a menudo pasaba una liebre, en veloz carrera, saltando por encima del arbolito. ¡Lo que se enfadaba el abeto! Pero transcurrieron dos inviernos más y el abeto había crecido ya bastante para que la liebre tuviera que desviarse y darle la vuelta.

—¡Oh, crecer, crecer, llegar a ser muy alto y a contar años y años! ¡Esto es lo más hermoso que hay en el mundo! —pensaba el árbol.

En otoño se presentaban siempre los leñadores y cortaban algunos de los árboles más corpulentos. La cosa ocurría todos los años, y nuestro joven abeto, que estaba ya bastante crecido, sentía entonces un escalofrío de horror, pues los magníficos y soberbios troncos se desplomaban con estridentes crujidos y gran estruendo. Los hombres cortaban las ramas, y los árboles quedaban desnudos, larguiruchos y delgados; nadie los habría reconocido. Luego eran cargados en carros arrastrados por caballos y sacados del bosque.

¿Adónde iban? ¿Qué suerte les aguardaba?

En primavera, cuando volvieron las golondrinas y las cigüeñas, les preguntó el abeto:

—¿No saben adónde los llevaron? ¿No los han visto en alguna parte?

Las golondrinas nada sabían, pero la cigüeña adoptó una actitud cavilosa y, meneando la cabeza, dijo:

—Sí, creo que sí. Al venir de Egipto, me crucé con muchos barcos nuevos, que tenían mástiles espléndidos. Juraría que eran ellos, pues olían a abeto. Me dieron muchos recuerdos para ti. ¡Llevan tan alta la cabeza, con tanta altivez!

—¡Ah! ¡Ojalá fuera yo lo bastante alto para poder cruzar los mares! Pero, ¿qué es el mar y qué aspecto tiene?

—¡Sería muy largo de contar! —exclamó la cigüeña, y se alejó.

—Alégrate de ser joven —decían los rayos del sol—; alégrate de ir creciendo sano y robusto, de la vida joven que hay en ti.

Y el viento le prodigaba sus besos, y el rocío vertía sobre él sus lágrimas, pero el abeto no lo comprendía.

Al acercarse la Navidad, eran cortados árboles jóvenes, árboles que ni siquiera alcanzaban la talla ni la edad de nuestro abeto, el cual no tenía un momento de quietud ni reposo; le consumía el afán de salir de allí. Aquellos arbolitos —y eran siempre los más hermosos— conservaban todo su ramaje; los cargaban en carros tirados por caballos y se los llevaban del bosque.

«¿Adónde irán estos? —se preguntaba el abeto—. No son mayores que yo; uno es incluso más bajito. ¿Y por qué les dejan las ramas? ¿Adónde van?»

—¡Nosotros lo sabemos, nosotros lo sabemos! —piaban los gorriones—. Allá, en la ciudad, hemos mirado por las ventanas. Sabemos adónde van. ¡Oh! No puedes imaginarte el esplendor y la magnificencia que les esperan. Mirando a través de los cristales vimos árboles plantados en el centro de una acogedora habitación, adornados con los objetos más preciosos: manzanas doradas, pastelillos, juguetes y centenares de velitas.

—¿Y después? —preguntó el abeto, temblando por todas sus ramas—. ¿Y después? ¿Qué sucedió después?

—Ya no vimos nada más. Pero es imposible describir lo hermoso que era.

—¿Quién sabe si estoy destinado a recorrer también tan radiante camino? —exclamó gozoso el abeto—. Todavía es mejor que navegar por los mares. Estoy impaciente por que llegue la Navidad. Ahora ya estoy tan crecido y desarrollado como los que se llevaron el año pasado. Quisiera estar ya en el carro, en la habitación calentita, con todo aquel esplendor y magnificencia. ¿Y luego? Porque, claro está, que luego vendrá algo aún mejor, algo más hermoso. Si no, ¿por qué me adornarían tanto? Sin duda me aguardan cosas aún más espléndidas y soberbias. Pero, ¿qué será? ¡Ay, qué sufrimiento, qué anhelo! Yo mismo no sé lo que me pasa.

—¡Alégrate con nosotros! —le decían el aire y la luz del sol—, goza de tu lozana juventud bajo el cielo abierto.

Pero él permanecía insensible a aquellas bendiciones de la naturaleza. Seguía creciendo, sin perder su verdor en invierno ni en verano, aquel su verdor oscuro. La gente, al verlo, decía:

—¡Hermoso árbol!

Y he aquí que, al llegar la Navidad, fue el primero que cortaron. El hacha se hincó profundamente en su corazón; el árbol se derrumbó con un suspiro, experimentando un dolor y un desmayo que no le dejaron pensar en la soñada felicidad. Ahora sentía tener que alejarse del lugar de su nacimiento, tener que abandonar el terruño donde había crecido. Sabía que nunca volvería a ver a sus viejos y queridos compañeros, ni a las matas y flores que lo rodeaban; tal vez ni siquiera a los pájaros. La despedida no tuvo nada de agradable.

El árbol no volvió en sí hasta el momento de ser descargado en el patio junto con otros, y entonces oyó la voz de un hombre que decía:

—¡Ese es magnífico! Nos quedaremos con él.

Y se acercaron los criados vestidos de gala y transportaron el abeto a una hermosa y espaciosa sala. De todas las paredes colgaban cuadros, y junto a la gran estufa de azulejos había grandes jarrones chinos con leones en las tapas; había también mecedoras, sofás de seda, grandes mesas cubiertas de libros ilustrados y juguetes, que a buen seguro valdrían cien veces cien escudos; por lo menos eso decían los niños. Hincaron el abeto en un voluminoso barril lleno de arena, pero no se veía que era un barril, pues de todo su alrededor pendía una tela verde, y estaba colocado sobre una gran alfombra de mil colores. ¡Cómo temblaba el árbol! ¿Qué vendría luego?

Criados y señoritas corrían de un lado para otro y no se cansaban de colgarle adornos y más adornos. En una rama sujetaban redecillas de papeles coloreados; en otra, confites y caramelos; colgaban manzanas doradas y nueces, cual si fueran frutos del árbol, y ataron a las ramas más de cien velitas rojas, azules y blancas. Muñecas que parecían personas vivientes —nunca había visto el árbol cosa semejante— flotaban entre el verdor, y en lo más alto de la cúspide centelleaba una estrella de metal dorado. Era realmente magnífico, increíblemente magnífico.

—Esta noche —decían todos—, esta noche sí que brillará.

«¡Oh! —pensaba el árbol—, ¡ojalá fuese ya de noche! ¡Ojalá encendiesen pronto las luces! ¿Y qué sucederá luego? ¿Acaso vendrán a verme los árboles del bosque? ¿Volarán los gorriones frente a los cristales de las ventanas? ¿Seguiré aquí todo el verano y todo el invierno, tan primorosamente adornado?»

Creía estar enterado, desde luego; pero, de momento, era tal su impaciencia, que sufría fuertes dolores de corteza, y para un árbol el dolor de corteza es tan malo como para nosotros el de cabeza.

Al fin encendieron las luces. ¡Qué brillo y magnificencia! El árbol temblaba de emoción por todas sus ramas; tanto, que una de las velitas prendió fuego al verde. ¡Y se puso a arder de verdad!

—¡Dios nos ampare! —exclamaron las jovencitas, corriendo a apagarlo.

El árbol tuvo que esforzarse por no temblar. ¡Qué fastidio! Le disgustaba perder algo de su esplendor; todo aquel brillo lo tenía como aturdido. He aquí que entonces se abrió la puerta de par en par, y un tropel de chiquillos se precipitó en la sala, que no parecía sino que iban a derribar el árbol; les seguían, más comedidas, las personas mayores. Los pequeños se quedaron clavados en el suelo, mudos de asombro, aunque sólo por un momento; enseguida se reanudó el alborozo. Gritando con todas sus fuerzas, se pusieron a bailar en torno al árbol, del que fueron descolgándose uno tras otro los regalos.

«¿Qué hacen? —pensaba el abeto—. ¿Qué ocurrirá ahora?»

Las velas se consumían, y al llegar a las ramas eran apagadas. Y cuando todas quedaron extinguidas, se dio permiso a los niños para que se lanzaran al saqueo del árbol. ¡Oh, y cómo se lanzaron! Todas las ramas crujían; de no haber estado sujeto al techo por la cúspide con la estrella dorada, seguramente lo habrían derribado.

Los chiquillos saltaban por el salón con sus juguetes, y nadie se preocupaba ya del árbol, aparte de la vieja ama, que, acercándose a él, se puso a mirar por entre las ramas. Pero sólo lo hacía por si había quedado olvidado un higo o una manzana.

—¡Un cuento, un cuento! —gritaron de pronto los pequeños, y condujeron hasta el abeto a un hombre bajito y rollizo.

El hombre se sentó debajo de la copa.

—Pues así estamos en el bosque —dijo—, y el árbol puede sacar provecho, si escucha. Pero les contaré sólo un cuento y no más. ¿Prefieren el de Ivede-Avede o el de Klumpe-Dumpe, que se cayó por las escaleras y, no obstante, fue ensalzado y obtuvo a la princesa? ¿Qué les parece? Es un cuento muy bonito.

—¡Ivede-Avede! —pidieron unos, mientras otros gritaban—: ¡Klumpe-Dumpe!

¡Menudo griterío y alboroto se armó! Sólo el abeto permanecía callado, pensando: «¿Y yo? ¿No cuento para nada? ¿No tengo ningún papel en todo esto?» Claro que tenía un papel, y bien que lo había desempeñado.

El hombre contó el cuento de Klumpe-Dumpe, que se cayó por las escaleras y, sin embargo, fue ensalzado y obtuvo a la princesa. Y los niños aplaudieron, gritando:

—¡Otro, otro!

Querían oír también el de Ivede-Avede, pero tuvieron que contentarse con el de Klumpe-Dumpe. El abeto seguía silencioso y pensativo; nunca las aves del bosque habían contado una cosa igual.

«Klumpe-Dumpe se cayó por las escaleras y, con todo, obtuvo a la princesa. De modo que así va el mundo», pensó, creyendo que el relato era verdad, pues el narrador era un hombre muy afable. «¿Quién sabe? Tal vez yo me caiga también por las escaleras y gane a una princesa.»

Y se alegró ante la idea de que al día siguiente volverían a colgarle luces y juguetes, oro y frutas.

«Mañana no voy a temblar —pensó—. Disfrutaré al verme tan engalanado. Mañana volveré a escuchar la historia de Klumpe-Dumpe, y quizá también la de Ivede-Avede.»

Y el árbol se pasó toda la noche silencioso y sumido en sus pensamientos.

Por la mañana se presentaron los criados y la muchacha.

«Ya empieza otra vez la fiesta», pensó el abeto. Pero he aquí que lo sacaron de la habitación y, arrastrándolo escaleras arriba, lo dejaron en un rincón oscuro, al que no llegaba la luz del día.

«¿Qué significa esto? —se preguntó el árbol—. ¿Qué voy a hacer aquí? ¿Qué es lo que voy a oír desde aquí?»

Y, apoyándose contra la pared, venga cavilar y más cavilar. Y por cierto que tuvo tiempo de sobra, pues iban transcurriendo los días y las noches sin que nadie se presentara; y cuando alguien lo hacía, era sólo para depositar grandes cajas en el rincón. El árbol quedó completamente oculto; ¿era posible que se hubieran olvidado de él?

«Ahora es invierno allá afuera —pensó—. La tierra está dura y cubierta de nieve; los hombres no pueden plantarme; por eso me guardarán aquí, seguramente hasta la primavera. ¡Qué considerados son, y qué buenos! ¡Lástima que sea esto tan oscuro y tan solitario! No se ve ni un mísero conejito. Bien considerado, el bosque tenía sus encantos, cuando la liebre pasaba saltando por el manto de nieve; pero entonces yo no podía soportarlo. ¡Esta soledad de ahora sí que es terrible!»

—Pip, pip —murmuró un ratoncillo, asomando quedamente, seguido a poco de otro; y, husmeando el abeto, se ocultaron entre sus ramas.

—¡Hace un frío de espanto! —dijeron—. Pero aquí se está bien. ¿Verdad, viejo abeto?

—¡Yo no soy viejo! —protestó el árbol—. Hay otros que son mucho más viejos que yo.

—¿De dónde vienes? ¿Y qué sabes? —preguntaron los ratoncillos, que eran terriblemente curiosos—. Háblanos del más bello lugar de la Tierra. ¿Has estado en él? ¿Has estado en la despensa, donde hay queso en los anaqueles y jamones colgando del techo, donde se baila a la luz de la vela y donde uno entra flaco y sale gordo?

—No lo conozco —respondió el árbol—; pero, en cambio, conozco el bosque, donde brilla el sol y cantan los pájaros.

Y les contó toda su infancia; y los ratoncillos, que jamás oyeron semejantes maravillas, lo escucharon y luego exclamaron:

—¡Cuántas cosas has visto! ¡Qué feliz has sido!

—¿Yo? —replicó el árbol; y se puso a reflexionar sobre lo que acababa de contarles—. Sí, en el fondo, aquellos fueron tiempos dichosos.

Pero a continuación les relató la Nochebuena, cuando lo habían adornado con dulces y velitas.

—¡Oh! —repitieron los ratones—, ¡y qué feliz has sido, viejo abeto!

—¡Digo que no soy viejo! —repitió el árbol—. Hasta este invierno no he salido del bosque. Estoy en lo mejor de la edad, sólo que he dado un gran estirón.

—¡Y qué bien sabes contar! —prosiguieron los ratoncillos; y a la noche siguiente volvieron con otros cuatro, para que oyeran también al árbol; y éste, cuanto más contaba, más se acordaba de todo y pensaba: «La verdad es que eran tiempos agradables aquellos. Pero tal vez volverán, tal vez volverán. Klumpe-Dumpe se cayó por las escaleras y, no obstante, obtuvo a la princesa; quizás yo también consiga una».

Y, de repente, el abeto se acordó de un abedul lindo y pequeñito de su bosque; para él era una auténtica y bella princesa.

—¿Quién es Klumpe-Dumpe? —preguntaron los ratoncillos.

Entonces el abeto les narró toda la historia, sin dejarse una sola palabra; y los animales, de puro gozo, sentían ganas de trepar hasta la cima del árbol. La noche siguiente acudieron en mayor número aún, y el domingo se presentaron incluso dos ratas; pero a estas el cuento no les pareció interesante, lo cual entristeció a los ratoncillos, que desde aquel momento lo tuvieron también en menos.

—¿Y no sabe usted más que un cuento? —inquirieron las ratas.

—Sólo sé este —respondió el árbol—. Lo oí en la noche más feliz de mi vida; pero entonces no me daba cuenta de mi felicidad.

—Pero si es una historia de lo más aburrida. ¿No sabe ninguna de tocino y de velas de sebo? ¿Ninguna de despensas?

—No —confesó el árbol.

—Entonces, muchas gracias —replicaron las ratas, y se marcharon a reunirse con sus congéneres.

Al fin, los ratoncillos dejaron también de acudir, y el abeto suspiró:

«¡Tan agradable como era tener aquí a esos traviesos ratoncillos, escuchando mis relatos! Ahora no tengo ni eso. Cuando salga de aquí, me resarciré del tiempo perdido.»

¿Pero iba a salir realmente? Pues sí; una buena mañana se presentaron unos hombres y comenzaron a rebuscar en el desván. Apartaron las cajas y sacaron el árbol al exterior. Cierto que lo tiraron al suelo sin muchos miramientos, pero un criado lo arrastró hacia la escalera, donde brillaba la luz del día.

«¡La vida empieza de nuevo!», pensó el árbol, sintiendo en el cuerpo el contacto del aire fresco y de los primeros rayos del sol. Estaba ya en el patio. Todo sucedía muy rápido; el abeto se olvidó de sí mismo: ¡había tanto que ver a su alrededor! El patio estaba contiguo a un jardín, que era una llamarada de flores; las rosas colgaban, frescas y fragantes, por encima de la diminuta verja; estaban en flor los tilos, y las golondrinas chillaban, volando: «¡Quirrevirrevit, ha vuelto mi hombrecito!» Pero no se referían al abeto.

«¡Ahora a vivir!», pensó este, alborozado, y extendió sus ramas. Pero, ¡ay!, estaban secas y amarillas; y allí lo dejaron, entre hierbajos y espinos. La estrella de oropel seguía aún en su cúspide, y relucía a la luz del sol.

En el patio jugaban algunos de aquellos alegres muchachitos que por Nochebuena habían bailado en torno al abeto y que tanto lo habían admirado. Uno de ellos se le acercó corriendo y le arrancó la estrella dorada.

—¡Miren lo que hay todavía en este abeto tan feo y viejo! —exclamó, subiéndose por las ramas y haciéndolas crujir bajo sus botas.

El árbol, al contemplar aquella magnificencia de flores y aquella lozanía del jardín, y compararlas con su propio estado, sintió haber dejado el oscuro rincón del desván. Recordó su sana juventud en el bosque, la alegre Nochebuena y los ratoncillos que tan a gusto habían escuchado el cuento de Klumpe-Dumpe.

«¡Todo pasó, todo pasó! —dijo el pobre abeto—. ¿Por qué no supe gozar cuando era tiempo? Ahora todo ha terminado.»

Vino el criado, y con un hacha cortó el árbol en pedazos, formando con ellos un montón de leña, que pronto ardió con clara llama bajo el gran caldero. El abeto suspiraba profundamente, y cada suspiro parecía un pequeño disparo; por eso los chiquillos, que seguían jugando por allí, se acercaron al fuego y, sentándose a contemplarlo, exclamaban:

—¡Pif, paf!

Pero a cada estallido, que no era sino un hondo suspiro, pensaba el árbol en un atardecer de verano en el bosque o en una noche de invierno, bajo el centellear de las estrellas; y pensaba en la Nochebuena y en Klumpe-Dumpe, el único cuento que oyó en su vida y que había aprendido a contar.

Y así, hasta que estuvo completamente consumido.

Los niños jugaban en el jardín, y el menor de todos se había prendido en el pecho la estrella dorada que había llevado el árbol en la noche más feliz de su existencia. Pero aquella noche había pasado, y con ella, el abeto… y también el cuento:

¡Adiós, adiós!

Y este es el destino de todos los cuentos.

UNA HOJA DEL CIELO

A gran altura, en el aire límpido, volaba un ángel que llevaba en la mano una flor del jardín del Paraíso, y al darle un beso, de sus labios cayó una minúscula hojita que, al tocar el suelo, en medio del bosque, arraigó en seguida y dio nacimiento a una nueva planta, entre las muchas que crecían en el lugar.

—¡Qué hierba más ridícula! —dijeron las demás.

Y ninguna quería reconocerla, ni siquiera los cardos y las ortigas.

—Debe de ser una planta de jardín —añadieron, con una risa irónica, y siguieron burlándose de la nueva vecina. Pero esta no dejaba de crecer y crecer, dejando atrás a las otras, y extendía sus ramas en forma de zarcillos a su alrededor.

—¿Adónde quieres ir? —preguntaron los altos cardos, armados de espinas en todas sus hojas—. Dejas las riendas demasiado sueltas, no es este el lugar apropiado. No estamos aquí para aguantarte.

Llegó el invierno, y la nieve cubrió la planta; pero esta dio a la nívea capa un brillo espléndido, como si por debajo la atravesara la luz del sol. En primavera se había convertido en una planta florida, la más hermosa del bosque.

Vino entonces el profesor de Botánica; su profesión se adivinaba a la legua. Examinó la planta, la probó, pero no figuraba en su manual; no logró clasificarla.

—Es una especie híbrida —dijo—. No la conozco. No entra en el sistema.

—¡No entra en el sistema! —repitieron los cardos y las ortigas.

Los grandes árboles circundantes miraban la escena sin decir palabra, ni buena ni mala, lo cual es siempre lo más prudente cuando se es tonto.

Se acercó entonces, bosque adentro, una pobre niña inocente; su corazón era puro, y su entendimiento, grande, gracias a la fe; toda su herencia aquí en la Tierra se reducía a una vieja Biblia, pero en sus hojas le hablaba la voz de Dios: «Cuando los hombres se propongan causarte algún daño, piensa en la historia de José: pensaron mal en sus corazones, pero Dios lo encaminó al bien. Si sufres injusticia, si eres objeto de burlas y sospechas, piensa en Él, el más puro, el mejor, aquel de quien se mofaron y que, clavado en cruz, rogaba: "¡Padre, perdónalos, que no saben lo que hacen!"».

La muchachita se detuvo delante de la maravillosa planta, cuyas hojas verdes exhalaban un aroma suave y refrescante, y cuyas flores brillaban a los rayos del sol como un castillo de fuegos artificiales, resonando además cada una como si en ella se ocultara el profundo manantial de las melodías, no agotado en el curso de milenios. Con piadoso fervor contempló la niña toda aquella magnificencia de Dios; torció una rama para poder examinar mejor las flores y aspirar su aroma, y se hizo luz en su mente, al mismo tiempo que sentía un gran bienestar en el corazón. Le habría gustado cortar una flor, pero no se decidía a hacerlo, pues se habría marchitado muy pronto; así, se limitó a llevarse una de las verdes hojas que, una vez en casa, guardó en su Biblia, donde se conservó fresca, sin marchitarse nunca.

Quedó oculta entre las hojas de la Biblia; en ella fue colocada debajo de la cabeza de la muchachita cuando, pocas semanas más tarde, yacía en el ataúd, con la sagrada gravedad de la muerte reflejándose en su rostro piadoso, como si en el polvo terrenal se leyera que su alma se hallaba en aquellos momentos ante Dios.

Pero en el bosque seguía floreciendo la planta maravillosa; era ya casi como un árbol, y todas las aves migratorias se inclinaban ante ella, especialmente la golondrina y la cigüeña.

—¡Esto son artes del extranjero! —dijeron los cardos y los lampazos—. Los que somos de aquí no sabríamos comportarnos de este modo.

Y los negros caracoles del bosque escupieron al árbol.

Vino después el porquerizo a recoger cardos y zarcillos para quemarlos y obtener ceniza. El árbol maravilloso fue arrancado de raíz y echado al montón con el resto:

—Que sirva para algo también —dijo, y así fue.

Mas he aquí que, desde hacía mucho tiempo, el rey del país venía sufriendo de una hondísima melancolía; era activo y trabajador, pero de nada le servía; le leían obras de profundo sentido filosófico y le leían, asimismo, las más ligeras que cabía encontrar; todo era inútil. En esto llegó un mensaje de uno de los hombres más sabios del mundo, al cual se habían dirigido. Su respuesta fue que existía un remedio para curar y fortalecer al enfermo: «En el propio reino del monarca crece, en el bosque, una planta de origen celeste; tiene tal y cual aspecto, es imposible equivocarse». Y seguía un dibujo de la planta, muy fácil de identificar: «Es verde en invierno y en verano. Tomen cada anochecer una hoja fresca de ella y aplíquenla a la frente del rey; sus pensamientos se iluminarán y tendrá un magnífico sueño que le dará fuerzas y aclarará sus ideas para el día siguiente».

La cosa estaba bien clara, y todos los doctores, y con ellos el profesor de Botánica, se dirigieron al bosque. Sí; mas, ¿dónde estaba la planta?

—Seguramente ha ido a parar a mi montón —dijo el porquero—, y hace tiempo está convertida en ceniza; pero, ¿qué sabía yo?

—¿Qué sabías tú? —exclamaron todos—. ¡Ignorancia, ignorancia!

Estas palabras debían llegar al alma de aquel hombre, pues a él y a nadie más iban dirigidas.

No hubo modo de dar con una sola hoja; la única existente yacía en el féretro de la difunta, pero nadie lo sabía.

El rey, en persona, desesperado, se encaminó a aquel lugar del bosque.

—Aquí estuvo el árbol —dijo—. ¡Sea este un lugar sagrado!

Y lo rodearon con una verja de oro y pusieron un centinela. El profesor de Botánica escribió un tratado sobre la planta celeste, en premio del cual lo cubrieron de oro, con gran satisfacción suya; aquel baño de oro le vino bien a él y a su familia, y fue lo más agradable de toda la historia, ya que la planta había desaparecido y el rey siguió preso de su melancolía y aflicción.

—Pero ya las sufría antes —dijo el centinela.

UNA HISTORIA DE LAS DUNAS

Esta es una historia de las dunas de Jutlandia, pero no comienza allí, no, sino muy lejos de ellas, mucho más al sur, en España. El mar es un gran camino para ir de un país a otro. Trasládate, pues, con la imaginación a España. Es una tierra espléndida, inundada de sol; el aire es tibio y del suelo brotan las flores del granado, rojas como fuego, entre los oscuros laureles. De las montañas desciende una brisa refrescante a los naranjales y a los magníficos patios árabes, con sus doradas cúpulas y sus paredes pintadas. Los niños recorren en procesión las calles, con cirios y ondeantes banderas, y sobre sus cabezas se extiende, alto y claro, el cielo cuajado de estrellas rutilantes. Suenan cantos y castañuelas, los mozos y las muchachas se balancean bailando bajo las acacias en flor, mientras el mendigo, sentado sobre el bloque de mármol tallado, calma su sed sorbiendo una jugosa sandía y se pasa la vida soñando. Todo es como un hermoso sueño. ¡Ay, quién pudiera abandonarse a él! Pues eso hacían dos jóvenes recién casados, a quienes la suerte había colmado con todos sus dones: salud, alegría, riquezas y honores.

—¿Quién ha sido nunca más feliz que nosotros? —decían desde el fondo del corazón.

Solo un último peldaño les faltaba para alcanzar la cumbre de la dicha: que Dios les diera un hijo, parecido a ellos en cuerpo y alma.

¡Con qué júbilo lo habrían recibido! ¡Con qué amor lo cuidarían! Para él sería toda la felicidad que pueden dar el dinero y la distinción.

Pasaban para ellos los días como una fiesta continua.

—La vida es, de suyo, un don inestimable de la gracia divina —decía la esposa—; y esta bienaventuranza, el hombre la quiere mayor todavía en una existencia futura, y que dure toda la eternidad. No llego a comprender este pensamiento.

—El orgullo humano jamás se da por satisfecho —respondió el marido—. Es un temible orgullo creer que viviremos eternamente, que seremos como Dios. Estas fueron también las palabras de la serpiente, que era el espíritu de la mentira.

—No dudarás, sin embargo, de la vida futura, ¿verdad? —preguntó la joven, y le pareció como si por primera vez una sombra enturbiara la luminosidad de sus pensamientos.

—La fe la promete, la Iglesia la afirma —contestó el hombre—, mas precisamente en la plenitud de esta dicha de que gozo, siento y comprendo que es orgullo, una tentación de la soberbia humana, pedir otra vida después de esta, una continuación de la felicidad. ¿No nos basta lo que se nos da aquí abajo? ¿Por qué no hemos de sentirnos satisfechos?

—Nosotros sí —dijo la joven—. Mas, ¡para cuántos miles de seres no es esta vida sino una dura prueba! ¡Cuántos son los condenados a la pobreza, a la ignominia, a la enfermedad y a la desgracia! No; de no haber otra vida después de la terrena, los bienes estarían muy mal repartidos, y Dios sería injusto.

—Aquel pordiosero de la calle siente goces tan intensos como los del rey en su palacio —replicó el joven—. Y aquella acémila que es tratada a latigazos, que pasa hambre y se fatiga hasta reventar, ¿crees que no se da cuenta de la dureza de su vida? Siguiendo tu razonamiento, tendría también derecho a reclamar otra existencia y decir que ha sido una injusticia el colocarla tan abajo en el reino animal.

—Cristo ha dicho: "En el reino de mi Padre hay muchas moradas" —contestó ella—. El reino de los cielos es infinito, tanto como el amor de Dios. También el animal es una criatura y —esta es por lo menos mi creencia— ninguna vida se perderá, antes todas obtendrán la bienaventuranza apropiada y suficiente a sus respectivas naturalezas.

—Pues, de momento, me basta con este mundo —exclamó el marido, abrazando a su linda mujercita.

Y salió a fumar un cigarrillo al abierto balcón, donde el aire estaba impregnado del aroma de los naranjos y los claveles. Llegaban de la calle sones de música y castañuelas, las estrellas titilaban en el cielo y dos tiernos ojos, los de su esposa, lo miraban encendidos de amor.

—Para un momento como este —dijo sonriendo— merece la pena nacer, gozarlo y desaparecer.

Su esposa levantó la mano con gesto de dulce repulsa. Pero se disipó la nube que había enturbiado su mente; eran demasiado dichosos.

Todas las cosas parecían porfiar en aumentarles los honores, las alegrías, la felicidad. Hubo un cambio, pero solo de lugar, y en nada había de afectar su fortuna y bienandanza. El joven fue nombrado embajador en la corte imperial de Rusia; era un puesto de honor, al que le daban derecho su nacimiento y sus conocimientos. Poseía una gran fortuna, y su joven esposa le había aportado en dote otra no menos cuantiosa, pues era hija de una de las familias más acaudaladas del comercio. Precisamente aquel año, uno de sus mejores barcos zarparía con rumbo a Estocolmo; en él efectuarían la travesía la hija y el yerno del armador, para proseguir luego hasta San Petersburgo. A bordo, todo fue dispuesto con el lujo propio de un rey: blancas alfombras, seda y magnificencia por doquier.

Todo el mundo conoce una antigua balada, llamada "El príncipe de Inglaterra". También este navegaba en un barco espléndido; sus anclas estaban guarnecidas de oro, y las cuerdas, forradas de seda. Esta nave podía hacer pensar en la que iba a zarpar de España. También esta era fastuosa, y fue despedida con el mismo pensamiento: "¡Quiera Dios volvernos a unir en paz y alegría!"

El viento soplaba favorable desde la costa española, y los adioses fueron breves. Con buen tiempo rendirían viaje en unas pocas semanas. Pero una vez en alta mar, amainó el viento y el mar quedó en calma; rielaban sus aguas bajo las centelleantes estrellas. Las veladas eran maravillosas en el lujoso camarote.

Al fin, todo el mundo a bordo empezó a suspirar por la llegada de un viento propicio, pero inútilmente. Cuando soplaba, era siempre contrario. Así pasaron semanas, y hasta dos meses enteros. Al fin se levantó viento del sudoeste. Y he aquí que, cuando estaban entre Escocia y Jutlandia, arreció como en la vieja canción del "Príncipe de Inglaterra":

Rugió la tempestad, se agolparon las nubes;
y el navío, no encontrando puerto ni abrigo,
echó al mar su ancla de oro; mas el huracán
lo arrojó hacia las costas de Dinamarca.

Hace ya mucho tiempo de lo que les vengo contando. El rey Cristián VII ocupaba el trono de Dinamarca, y era aún muy joven. ¡Cuántas cosas han ocurrido desde entonces! Lagos y pantanos han sido transformados en exuberantes prados, y eriales desérticos en tierras fértiles. Resguardados por las casas, manzanos y rosales crecen incluso en la costa oeste de Jutlandia; hay que buscarlos bien, de todos modos, pues, huyendo de los fuertes vientos del oeste, se refugian en lugares protegidos. A pesar de los cambios habidos, no es difícil imaginar cómo sería aquella región en tiempos de Cristián VII y aún mucho antes. Como entonces, también ahora en Jutlandia el erial se extiende durante millas enteras, con sus monumentos megalíticos, sus laberínticos caminos accidentados y arenosos. Al oeste, donde caudalosos riachuelos se vierten en las bahías, hay praderas y cenagales limitados por altas dunas que, con sus montañas de arena acumulada, se elevan frente al mar. Solo de trecho en trecho son cortadas por laderas fangosas, de las que un año sí y otro también el mar se traga trozos enormes con su boca gigantesca, derribando colinas y faldas como lo haría un terremoto. Tal es el aspecto que presentan aún hoy día, y que presentaban muchos años atrás, cuando los felices esposos navegaban por aquellos mares a bordo de la rica nave.

Era un soleado domingo de fines de septiembre. Llegaba hasta ellos el sonido de las campanas desde los pueblos de la bahía de Nissum. Las iglesias de aquellas tierras están construidas a modo de bloques graníticos; cada una es una peña, capaz de resistir impávida los embates del mar del Norte. La mayoría no tienen campanario; las campanas cuelgan al aire libre, entre dos vigas. En conjunto ofrecen una sensación de fría soledad.

Había terminado el servicio religioso. Los fieles salían de la casa de Dios y se dirigían al cementerio. Lo mismo que ahora, no crecían en él árboles ni arbustos, y en las tumbas no había flores ni coronas. Montículos informes señalaban las sepulturas. Una hierba hirsuta, azotada por el viento, invade todo el camposanto. A guisa de monumento, alguna que otra tumba estaba adornada con un tronco desgastado por la intemperie, tallado en forma de ataúd. ¿De dónde procedía? Lo trajeron del bosque de Poniente, del mar. De él extraen los moradores de la costa las vigas trabajadas, las tablas y los troncos. El viento y las nieblas marinas no tardan en corroer las maderas de acarreo. Una de estas yacía sobre una tumba infantil, a la que se dirigió una de las mujeres que salían del templo. Se quedó de pie, contemplando la talla medio carcomida; junto a ella, a su espalda, estaba su marido. No cambiaron ni una palabra. Él la tomó de la mano, y así enlazados se alejaron de la sepultura, saliendo al pardo erial y caminando en silencio largo rato por el suelo pantanoso en dirección a las dunas.

—Ha sido un buen sermón el de hoy —dijo al fin el hombre—. Si no tuviéramos a Dios nuestro Señor, no tendríamos nada.

—Sí —respondió la mujer—. Él manda las alegrías y las penas. Tiene derecho a hacerlo. Mañana nuestro hijito cumpliría cinco años, si lo hubiéramos podido conservar.

—No te abandones a la tristeza —le dijo él—. Se ha salvado de las penas de este mundo. Ahora está allí, donde rogamos a Dios que un día nos deje llegar.

Callaron de nuevo y avivaron el paso hacia su casa, entre las dunas. De repente, de una de ellas, donde la avena silvestre no conseguía fijar las arenas, se elevó como una columna de humo. Era una ráfaga de viento que, al dar contra el montículo, arremolinaba en el aire las finísimas partículas de arena. Siguió un segundo embate, que lanzó contra la pared de la casa el pescado puesto a secar y colgado de una cuerda. Luego todo quedó en calma; el sol ardía.

Los dos esposos entraron en la casa. Se quitaron a toda prisa los vestidos de fiesta y corrieron hacia las dunas, que parecían enormes ondas de arena paralizadas bruscamente. La hierba y la avena loca, con sus rudos tallos verdeazulados, contrastando con el blanco del suelo, ponían una nota de color en el paisaje. Acudieron algunos vecinos y se ayudaron mutuamente a retirar más adentro los botes. El viento arreciaba, y el frío se hacía más intenso. Al regresar por entre las dunas, las arenas y piedrecitas les azotaban el rostro. Las olas encrespadas avanzaban cubiertas de blanca espuma. Y el viento, al barrer sus crestas, enviaba a gran distancia el agua pulverizada.

Llegó el crepúsculo; un silbido, que crecía por momentos, llenó el aire; parecía un aullido, el lamento de mil demonios desesperados. Este horrible ruido dominaba el del mar, aunque la casa estaba muy cerca de la playa. La arena tamborileaba en los cristales de las ventanas, y de vez en cuando llegaba una ráfaga que estremecía la casa hasta sus cimientos. La oscuridad era absoluta, pero a medianoche salió la luna.

El cielo se fue aclarando, sin que en el mar profundo y negruzco cediera la tempestad. Los pescadores se habían acostado temprano, pero no había manera de pegar un ojo con aquel tiempo abominable. De pronto, alguien golpeó la ventana, se abrió la puerta y una voz gritó:

—¡Un gran barco ha encallado en el último arrecife!

Todos los pescadores saltaron del lecho y se vistieron rápidamente.

La luz de la luna hubiera bastado para hacer visibles todas las cosas, de no haber sido por los torbellinos de arena que cegaban los ojos. Había que agarrarse para no ser arrastrado por el viento; había que avanzar a rastras, aprovechando el intervalo entre dos ráfagas. Del otro lado de las dunas, la espuma y el agua pulverizada se elevaban en el aire como plumas de cisne, mientras las olas se precipitaban contra la costa en furiosa catarata. Solo un ojo muy avezado podía descubrir el barco encallado. Era un magnífico velero de tres palos. En aquel preciso momento, el mar lo levantó por encima del arrecife, a tres o cuatro brazas de tierra; arrojado hacia la orilla, quedó embarrancado en el segundo escollo. No se podía pensar en auxiliarlo: el mar estaba demasiado embravecido. Las olas batían el navío y barrían su cubierta, saltando por la banda opuesta. Los aldeanos creyeron oír voces de socorro, gritos de mortal angustia; veían ajetrearse a los tripulantes, en inútil actividad. De súbito, llegó una oleada gigantesca que, cual peñasco destructor, se precipitó contra el bauprés y lo arrancó de cuajo, levantando la popa a gran altura sobre el agua. Se entrevió entonces cómo dos personas saltaban al mar, cogidas del brazo. Unos minutos después, una de las olas más furiosas que rompió contra las dunas arrojó a la playa un cuerpo: una mujer. La dieron por muerta. Unas mujeres la recogieron y creyeron observar en ella un soplo de vida. Por encima de las dunas la llevaron a la casa de los pescadores. Era hermosa y delicada; seguramente una dama de alcurnia.

La depositaron sobre el pobre lecho. Las sábanas eran toscas, y para abrigo había un vasto paño de lana.

Volvió en sí, aunque presa de una delirante fiebre. No sabía nada de lo ocurrido, ni dónde se encontraba, afortunadamente para ella, pues lo que tenía de más querido estaba ahora en el fondo del mar. Era como en la antigua balada:

El barco, todo en pedazos, que partía el corazón.

Restos del naufragio, maderos y astillas, fueron arrojados a tierra; de todos los viajeros, ella era la única superviviente. El viento seguía aullando y barriendo la costa. La infeliz tuvo unos instantes de reposo, pero muy pronto empezó a sentir dolores que la hicieron gritar angustiosamente. Abrió sus hermosos ojos y pronunció unas palabras que nadie pudo comprender.

Y he aquí que, en premio a sus sufrimientos y luchas, se vio con un niño recién nacido en brazos. Debía de haber reposado en la lujosa mansión, en una soberbia cama con cortinas de seda. Habría sido recibido con júbilo, destinado a una vida rica y gozosa, pero Dios nuestro Señor lo hizo venir al mundo en aquel rincón oscuro. Ni un beso recibió de su madre.

La mujer del pescador puso a la criatura en el pecho de la madre, sobre un corazón que había dejado de latir: la dama había muerto. El niño, llamado a crecer entre la dicha y las riquezas, había sido arrojado por el mar a las dunas, para compartir el destino y los duros días de los pobres pescadores.

Y otra vez nos vuelve a la memoria la vieja canción del príncipe, pues también él hubo de pasar por la vida afrontando sus rudos combates.

El barco había naufragado al sur del fiordo de Nissum. Hacía ya mucho tiempo que no se practicaba en Jutlandia la bárbara costumbre de saquear a los náufragos. En lugar de ello, eran auxiliados con amor y espíritu de sacrificio, sentimientos que en nuestra época se han manifestado de manera patente y nobilísima. La madre moribunda y el infeliz recién nacido habrían sido objeto de cuidados y atenciones dondequiera que los hubiese arrojado el mar; pero en ninguna parte hubieran encontrado la cordial acogida que les dispensó la pobre mujer del pescador, que aún la víspera visitara, con el corazón dolorido, la tumba donde reposaba el hijito que aquel día habría cumplido cinco años, si Dios le hubiese concedido más larga vida.

Nadie sabía quién era la mujer muerta, ni de dónde venía. Los restos del naufragio no arrojaron ninguna luz.

En España, la noble mansión no recibió jamás cartas ni noticias acerca de la hija y el yerno. No habían llegado al puerto de destino. En las últimas semanas se habían desencadenado fuertes tempestades. Esperaron durante meses y meses. «¡Perdidos! ¡Todos muertos!». Esto era lo que sabían.

Y, sin embargo, allá en las dunas danesas, en la casa de los pescadores, vivía un retoño de los españoles.

Donde Dios da de comer para dos, siempre quedan migajas para un tercero, y en la costa siempre hay un plato de pescado para llenar una boca hambrienta. Al pequeño lo llamaron Jorge.

—Debe de ser judío —decían—, ¡es tan moreno!

—También podría ser italiano, o español —opinó el párroco.

Para la mujer del pescador, los tres pueblos venían a confundirse en uno mismo, y se contentó con hacerlo bautizar. Creció el niño, la sangre noble cobró energías a pesar de la humilde comida; se hizo un muchacho robusto en la mísera casita. Fue su lengua la danesa, tal como la hablan los jutlandeses. La semilla del granado español se transformó en un tallo de ballueca en la costa de Jutlandia. ¡A tanto puede llegar un hombre! Con todas las fibras de su infantil corazón se agarró a la nueva patria. Hubo de sufrir hambre y frío, la opresión y las privaciones de la pobreza, pero también experimentó sus goces y alegrías.

La infancia tiene sus puntos luminosos, cuyos rayos iluminarán toda la vida posterior. ¡Cómo jugó el niño y cómo se divirtió! Por espacio de millas y millas se extendía ante él la playa, cubierta de juguetes: guijarros de todos los colores: unos, rojos como corales; amarillos, otros, como ámbar; o blancos y redondos como huevos de pájaro. Los había de todos los colores, limados y pulimentados por el agua. Y, además, esqueletos de peces, plantas acuáticas secadas por el viento, varecs de un blanco reluciente, largos y estrechos como cintas: todo era un goce para los ojos y un instrumento para el juego. El muchacho era despierto y avispado, en él dormitaban muchas y grandes aptitudes. ¡Qué bien recordaba las historias y las canciones que había oído, y qué diestras eran sus manos! Con piedras y conchas construía barcos completos, así como cuadros dignos de servir de adorno a las paredes de la casa. A pesar de ser aún tan pequeño, sabía expresar sus ideas transportándolas a una madera tallada, como decía su madre adoptiva. Poseía además una hermosa voz, y las melodías acudían espontáneamente a su lengua. Muchas cuerdas resonaban en su pecho, cuyos sones habrían encontrado eco en el mundo, de haberse criado el niño en un lugar distinto de la casa de pescadores del Mar del Norte.

Un día encalló un barco, y las olas arrojaron a la orilla una caja llena de exóticos bulbos de tulipanes. Algunos fueron recogidos y plantados en un tiesto, creyendo que serían comestibles; otros quedaron en la playa, donde se pudrieron. Ninguno llegó a desplegar la magnificencia de colores, la belleza que encerraba. ¿Sería más afortunado el pequeño Jorge? Las plantas pronto terminaron su carrera, pero él tenía por delante muchos años de lucha.

Ni a él ni a ninguno de sus compañeros se les ocurría jamás pensar que su jornada fuera monótona; ¡había tantas cosas que hacer, que ver y que oír! El mar era un gran libro abierto, que cada día presentaba una página distinta: calma, marejada, viento y tormenta; los naufragios señalaban los momentos culminantes. La ida a la iglesia equivalía a una visita dominguera, pero, entre los concurrentes a la casa del pescador, había uno particularmente simpático, que se presentaba con toda regularidad dos veces al año: el hermano de la madre, un pescador de anguilas que residía a unas millas más al norte. Llegaba con un carro pintado de rojo, cargado de anguilas; el vehículo parecía una caja cerrada, adornada con tulipanes pintados en azul y blanco. Era arrastrado por dos bueyes overos, en los que Jorge podía montar.

El vendedor de anguilas era un guasón, un alegre huésped que siempre llegaba provisto de una enorme botella de aguardiente. Cada uno era obsequiado con una copa, o, a falta de esta, con una taza; el propio Jorge, a pesar de su corta edad, recibía un dedalito de licor. Era necesario para poder digerir la grasa anguila, decía el pescador; y contaba la historia, siempre la misma, y si el auditorio se reía, la repetía enseguida a los mismos oyentes. Es esta una costumbre de todas las personas parlanchinas, y como Jorge, tanto de niño como luego de hombre, solía contarla también y le hallaba muchas aplicaciones; bueno será que la oigamos.

Nadaban en el río las anguilas, y la madre dijo a sus hijas, un día que le pidieron permiso para remontar solas la corriente un breve trecho:

—No se alejen demasiado, que si lo hacen, vendrá el horrible pescador de anguilas y las atrapará a todas.

Pero ellas se alejaron demasiado, y de las ocho hijas, solo tres regresaron a casa, lamentándose:

—Estábamos a unos pasos de la puerta cuando se presentó el feo pescador y ensartó a nuestras cinco hermanas.

—¡Ya volverán! —las consoló la madre.

—¡No! —contestaron las hijas—, pues les arrancó la piel, las cortó en pedazos y las frió.

—¡Ya volverán! —repitió tercamente la madre.

—¡Pero es que después de comérselas bebió aguardiente! —exclamaron las hijas.

—¡Ay, ay! ¡Entonces no volverán jamás! —aulló la madre—. ¡El aguardiente entierra a las anguilas!

—Y por eso hay que beber siempre un vasito de aguardiente después de comer anguilas —terminaba el comerciante.

Este cuento tuvo una especial significación y trascendencia en la vida de Jorge. También él deseaba "remontar el río un breve trecho", es decir, irse por esos mundos en un barco, y su madre le decía, como la madre anguila:

—¡Hay muchos hombres perversos, muchos malos pescadores!

Pero alejarse un poco más allá de las dunas, adentrarse un poco en el erial, eso sí podía hacerlo. En su vida infantil había cuatro días felices y alegres que proyectaban en su recuerdo una luz maravillosa. Toda la belleza de Jutlandia, todo el gozo, todo el sol de la patria se contenían en ellos. Iba a asistir a un convite, aunque fuera un convite fúnebre.

Había fallecido un pariente acomodado de la familia del pescador; su finca estaba en el interior, "al este, rumbo al norte", como se dice en la jerga marinera. Debían asistir el padre y la madre, y Jorge los acompañaría. Partiendo de las dunas, a través de eriales y turberas, llegaron a los verdes prados por donde abre su cauce el río Skjärum, aquel río tan rico en anguilas donde vivía la anguila madre con sus hijas, aquellas mismas que los hombres malos ensartan y cortan en pedazos. Sea como fuere, a menudo los hombres no proceden mucho mejor con sus semejantes.

Allí mismo, al borde del río, se levantaban las ruinas del castillo que, hace más de quinientos años, hizo construir el caballero Bugge, mencionado por una vieja canción popular. Fue asesinado por unos bandidos; y él mismo, a pesar de hacerse llamar "El Bueno", ¿no había intentado dar muerte al arquitecto que le edificara su castillo, con la torre y sus gruesos muros? El muro podía verse aún, pero alrededor todo eran escombros. Allí había dicho el caballero Bugge a su escudero, cuando el arquitecto acababa de despedirse:

—Síguelo y dile: "¡Maestro, la torre se cae!". Si se vuelve, lo matas y le quitas el dinero que le di; pero si no se vuelve, déjalo que se marche en paz.

Obedeció el criado, y el arquitecto no se volvió, sino que dijo:

—La torre no se cae, pero un día vendrá del oeste un hombre envuelto en un manto azul, que la derribará.

Y, en efecto, así sucedió cien años después, cuando irrumpió el mar del Norte y echó la torre abajo. Pero el que entonces era dueño del castillo, Predbjörn Gyldenstjerne, construyó otro más arriba, al final de la pradera, y este aún sigue en pie y se llama Nörre-Vosborg.

Por allí hubo de pasar Jorge con sus padres adoptivos. Durante las veladas invernales había oído contar muchas cosas sobre aquellos lugares, y ahora podía contemplar con sus ojos el castillo con su doble foso, los árboles y arbustos del jardín. Majestuoso se alzaba el muro, cubierto de helechos, pero lo más hermoso eran los altos tilos, que, esbeltos y elegantes, alcanzaban hasta el remate del tejado, impregnando el aire de suavísimos aromas. Del lado noroeste había en un ángulo del jardín un gran arbusto con flores blancas como nieve en medio del verdor estival. Era un saúco, el primero que Jorge veía. El saúco y los tilos siguieron vivos en su recuerdo, evocando el perfume y la belleza de Dinamarca, que persistieron ya en su alma para siempre.

El viaje prosiguió sin interrupción y con comodidades cada vez mayores, pues justo frente al castillo, allí donde estaba el florido saúco, encontraron acomodo en un coche. Coincidieron en aquel lugar con otros invitados, quienes los admitieron en su carruaje; cierto que debieron sentarse en la parte trasera y sobre una caja de madera con aplicaciones de hierro, pero mejor era eso que ir a pie. El camino cruzaba el escabroso erial. Los bueyes que tiraban del vehículo se detenían cada vez que un manchón de hierba fresca asomaba entre los brezos. El sol calentaba, y resultaba maravilloso ver, a gran distancia, una nube de humo que se balanceaba de arriba abajo y, sin embargo, era más diáfana que el aire. Era como si los rayos de luz, en constante movimiento, bailaran encima del erial.

—Es Lokemann, que apacienta sus rebaños —dijeron; y bastó aquello para que Jorge creyera entrar en el encantado país de las aventuras, y, sin embargo, estaba en el mundo real.

¡Qué calma reinaba allí! Grande, inmenso, se extendía el erial, semejante a una preciosa alfombra. Los brezos se hallaban en plena floración, los enebros, con su verde de ciprés, y los tiernos vástagos del roble sobresalían como grandes ramilletes. Todo invitaba a revolcarse por el suelo, de no haber sido por las muchas víboras ponzoñosas que tenían allí sus madrigueras. Se habló de ellas y de los numerosos lobos que en otros tiempos pululaban en aquellos parajes; de ahí le venía al condado el nombre de Wolfsburg. El viejo que llevaba las riendas contó escenas de la época de su padre, cuando los caballos tenían que sostener con frecuencia duras luchas con los toros salvajes, hoy extintos. Una mañana había visto allí un lobo al que un caballo hirió mortalmente a patadas; pero el vencedor había salido del lance con la carne de las patas hecha jirones.

Avanzaban rápidamente por la pedregosa landa y las espesas arenas, y así llegaron a la casa mortuoria, llena ya de forasteros, por dentro y por fuera. Había muchos carruajes alineados, y caballos y bueyes pacían en buena paz y compañía en el magro pastizal. Altas dunas se elevaban, exactamente como al borde del mar del Norte, detrás de los cortijos, extendiéndose en todas direcciones. ¿Cómo habían llegado hasta allí, a tres millas tierra adentro, tan altas y pujantes como las de la costa? El viento las había levantado y arrastrado; también ellas tenían su historia.

Se cantaron himnos fúnebres, y algunos de los presentes derramaron lágrimas. Aparte de este detalle, le pareció a Jorge que todo discurría muy alegremente. Fueron servidas en gran abundancia comidas y bebidas, aquellas magníficas y grasas anguilas que requerían un vaso de aguardiente.

—Ayuda a la digestión —había dicho el pescador.

Y todos estaban de acuerdo en que la buena digestión es una gran cosa.

Jorge entraba y salía sin cesar. Al tercer día se movía allí tan a sus anchas como en la casa del pescador, allá en las dunas, donde había pasado toda su vida. El erial tenía también sus tesoros, aunque distintos de los de la playa: una orgía de brezos, fresas y arándanos que lo invadían todo; tan espesos estaban, que por mucho cuidado que uno pusiera, los pisaba, por lo que el rojo jugo goteaba de las plantas.

Se alzaba aquí un túmulo, allí otro; columnas de humo se encaramaban en el aire. Era el "incendio de hierbas", como lo llamaban, que al atardecer se veía a gran distancia.

Llegó el cuarto día, y con él terminó el festín funerario. Era hora de volverse desde las dunas del interior a las de la costa.

—Las nuestras son las verdaderas —dijo el padre—. Estas no tienen fuerza.

Trataron de cómo se habrían trasladado hasta allí, y se vio que la cosa era perfectamente comprensible. En la orilla había sido hallado un cadáver, los campesinos lo habían transportado al cementerio, y desde aquel momento empezaron las ventoleras y las irrupciones del mar. Un entendido en la materia aconsejó que abrieran la tumba y vieran si el sepultado se chupaba el pulgar; si era así, se trataría de un hombre del mar, y el océano embestía para llevarse lo que era suyo. Abrieron la tumba y, efectivamente, el muerto se chupaba el dedo; lo cargaron, pues, enseguida en una carreta tirada por dos bueyes, que, como picados de tábanos, echaron a andar hacia el mar, a través del erial y las tierras pantanosas. Entonces cesaron las irrupciones del mar y de la arena, pero las dunas se quedaron allí. Todo esto lo escuchó Jorge y lo guardó en la memoria, como recuerdo de los más bellos días de su infancia, los días de la fiesta funeraria.

EL ALFORFÓN

Si después de una tormenta pasan junto a un campo de alforfón, lo verán a menudo ennegrecido y como chamuscado; se diría que sobre él ha pasado una llama, y el labrador observa:

—Esto es obra de un rayo.

Pero, ¿cómo sucedió? Les voy a contar, pues yo lo sé por un gorrioncito, al cual, a su vez, se lo reveló un viejo sauce que crece junto a un campo de alforfón. Es un sauce corpulento y venerable, pero muy viejo y contrahecho, con una hendidura en el tronco, de la cual brotan hierbajos y zarzamoras. El árbol está muy encorvado, y las ramas cuelgan hasta casi tocar el suelo, como una larga cabellera verde.

En todos los campos de aquellos contornos crecían cereales: tanto centeno como cebada y avena, esa magnífica avena que, cuando está en sazón, ofrece el aspecto de una fila de diminutos canarios amarillos posados en una rama. Todo aquel grano era una bendición, y mientras más llenas estaban las espigas, más se inclinaban, como en gesto de piadosa humildad.

Pero había también un campo sembrado de alforfón, frente al viejo sauce. Sus espigas no se inclinaban como las de las demás mieses, sino que permanecían enhiestas y altivas.

—Indudablemente, soy tan rico como la espiga de trigo —decía—, y además soy mucho más bonito; mis flores son bellas como las del manzano. Deleita los ojos mirarnos, a mí y a los míos. ¿Has visto algo más espléndido, viejo sauce?

El árbol hizo un gesto con la cabeza, como diciendo: «¡Qué cosas dices!». Pero el alforfón, pavoneándose de puro orgullo, exclamó:

—¡Tonto de árbol! De puro viejo, la hierba le crece en el cuerpo.

Pero he aquí que estalló una espantosa tormenta; todas las flores del campo recogieron sus hojas y bajaron la cabeza mientras la tempestad pasaba sobre ellas. Solo el alforfón seguía tan engreído y altivo.

—¡Baja la cabeza como nosotras! —le advirtieron las flores.

—¿Para qué? —replicó el alforfón.

—¡Agacha la cabeza como nosotros! —gritó el trigo—. Mira que se acerca el ángel de la tempestad. Sus alas alcanzan desde las nubes al suelo, y puede pegarte un aletazo antes de que tengas tiempo de pedir gracia.

—¡Que venga! No tengo por qué humillarme —respondió el alforfón.

—¡Cierra tus flores y baja tus hojas! —le aconsejó, a su vez, el viejo sauce—. No levantes la mirada al rayo cuando desgarre la nube; ni siquiera los seres humanos pueden hacerlo, pues a través del rayo se ve el cielo de Dios, y esta visión ciega incluso al hombre. ¡Qué no nos ocurriría a nosotras, pobres plantas de la tierra, que somos mucho menos que él!

—¿Menos que él? —protestó el alforfón—. ¡Pues ahora miraré cara a cara el cielo de Dios!

Y así lo hizo, cegado por su soberbia. Y tal fue el resplandor, que no pareció sino que todo el mundo fuera una inmensa llamarada.

Pasada la tormenta, las flores y las mieses se abrieron y se levantaron de nuevo en medio del aire puro y en calma, vivificadas por la lluvia; pero el alforfón apareció negro como carbón, quemado por el rayo. No era más que un hierbajo muerto en el campo.

El viejo sauce mecía sus ramas al impulso del viento, y de sus hojas verdes caían gruesas gotas de agua, como si el árbol llorara. Y los gorriones le preguntaron:

—¿Por qué lloras? ¡Si todo esto es una bendición! Mira cómo brilla el sol, y cómo desfilan las nubes. ¿No respiras el aroma de las flores y las zarzas? ¿Por qué lloras, pues, viejo sauce?

Y el sauce les habló de la soberbia del alforfón, de su orgullo y del castigo que le valió.

Yo, que les cuento esta historia, la oí de los gorriones. Me la narraron una tarde, cuando les pedí que me contaran un cuento.

EL ÁNGEL

Cada vez que muere un niño bueno, baja del cielo un ángel de Dios nuestro Señor, toma en brazos el cuerpecito muerto y, extendiendo sus grandes alas blancas, emprende el vuelo por encima de todos los lugares que el pequeñuelo amó, recogiendo a la vez un ramo de flores para ofrecerlas a Dios, con el fin de que luzcan allá arriba aún más hermosas que en la tierra. Nuestro Señor estrecha contra su corazón todas aquellas flores, pero a la que más le gusta le da un beso, con lo cual adquiere voz y puede cantar en el coro de los bienaventurados.

He aquí lo que contaba un ángel de Dios nuestro Señor mientras se llevaba al cielo a un niño muerto; y el niño lo escuchaba como en sueños. Volaron por encima de los diferentes lugares donde el pequeño había jugado, y pasaron por jardines de flores espléndidas.

—¿Cuál nos llevaremos para plantarla en el cielo? —preguntó el ángel.

Crecía allí un magnífico y esbelto rosal, pero una mano perversa había tronchado el tronco, por lo que todas las ramas, cuajadas de grandes capullos semiabiertos, colgaban secas en todas direcciones.

—¡Pobre rosal! —exclamó el niño—. Llévatelo; junto a Dios florecerá.

Y el ángel lo cogió, dando un beso al niño por sus palabras; y el pequeñuelo entreabrió los ojos.

Recogieron luego muchas flores magníficas, pero también humildes ranúnculos y violetas silvestres.

—Ya tenemos un buen ramillete —dijo el niño; y el ángel asintió con la cabeza, pero no emprendió enseguida el vuelo hacia Dios. Era de noche, y reinaba un silencio absoluto; ambos se quedaron en la gran ciudad, flotando en el aire sobre uno de sus angostos callejones, donde yacían montones de paja y cenizas. Había habido mudanza: se veían cascos de loza, pedazos de yeso, trapos y viejos sombreros, todo ello de aspecto muy poco atractivo.

Entre todos aquellos desperdicios, el ángel señaló los trozos de un tiesto roto; de éste se había desprendido un terrón, con las raíces, de una gran flor silvestre ya seca, que por eso alguien había arrojado a la calleja.

—Vamos a llevárnosla —dijo el ángel—. Mientras volamos te contaré por qué.

Remontaron el vuelo, y el ángel comenzó su relato:

—En aquel angosto callejón, en una baja bodega, vivía un pobre niño enfermo. Desde el día de su nacimiento estuvo en la mayor miseria; todo lo que pudo hacer en su vida fue cruzar su diminuto cuartucho sostenido en dos muletas. Su felicidad no pasó de aquí. Algunos días de verano, unos rayos de sol entraban hasta la bodega, nada más que media horita, y entonces el pequeño se calentaba al sol y miraba cómo se transparentaba la sangre en sus flacos dedos, que mantenía levantados delante del rostro, diciendo: "Sí, hoy he podido salir". Sabía del bosque y de sus bellísimos verdores primaverales solo porque el hijo del vecino le traía la primera rama de haya. Se la ponía sobre la cabeza y soñaba que se encontraba debajo del árbol, en cuya copa brillaba el sol y cantaban los pájaros.

Un día de primavera, su vecinito le trajo también flores del campo, y entre ellas venía casualmente una con la raíz; por eso la plantaron en una maceta, que colocaron junto a la cama, al lado de la ventana. Había plantado aquella flor una mano afortunada, pues creció, sacó nuevas ramas y floreció cada año; para el muchacho enfermo fue el jardín más espléndido, su pequeño tesoro aquí en la tierra. La regaba y cuidaba, preocupándose de que recibiera hasta el último de los rayos de sol que penetraban por la ventanuca; la propia flor formaba parte de sus sueños, pues para él florecía, para él esparcía su aroma y alegraba la vista. A ella se volvió en el momento de la muerte, cuando el Señor lo llamó a su seno. Lleva ya un año junto a Dios, y durante todo el año la plantita ha seguido en la ventana, olvidada y seca; por eso, cuando la mudanza, la arrojaron a la basura de la calle. Y esta es la flor, la pobre florecilla marchita que hemos puesto en nuestro ramillete, pues ha proporcionado más alegría que la más bella del jardín de una reina.

—Pero, ¿cómo sabes todo esto? —preguntó el niño que el ángel llevaba al cielo.

—Lo sé —respondió el ángel—, porque yo fui aquel pobre niño enfermo que se sostenía sobre muletas. ¡Y bien conozco mi flor!

El pequeño abrió de par en par los ojos y clavó la mirada en el rostro esplendoroso del ángel; y en el mismo momento se encontraron en el cielo de nuestro Señor, donde reina la alegría y la bienaventuranza. Dios apretó al niño muerto contra su corazón, y al instante le salieron a éste alas como a los demás ángeles, y con ellos se echó a volar, cogido de las manos. Nuestro Señor estrechó también contra su pecho todas las flores, pero a la marchita silvestre la besó, infundiéndole voz, y ella rompió a cantar con el coro de angelitos que rodean al Altísimo, algunos muy de cerca y otros formando círculos en torno a los primeros, círculos que se extienden hasta el infinito, pero todos rebosantes de felicidad. Y todos cantaban, grandes y chicos, junto con el buen chiquillo bienaventurado y la pobre flor silvestre que había estado abandonada entre la basura de la calleja estrecha y oscura, el día de la mudanza.

UNA HISTORIA

En el jardín florecían todos los manzanos; se habían apresurado a echar flores antes de tener hojas verdes; todos los patitos estaban en la era, y el gato con ellos, relamiéndose al calor del sol, relamiéndoselo de su propia pata. Y si uno dirigía la mirada a los campos, veía lucir el trigo con un verde precioso, y todo era trinar y piar de mil pajarillos, como si se celebrara una gran fiesta; y de verdad lo era, pues había llegado el domingo. Tocaban las campanas, y las gentes, vestidas con sus mejores prendas, se encaminaban a la iglesia, tan orondas y satisfechas. Sí, en todo se reflejaba la alegría; era un día tan tibio y tan magnífico, que bien podía decirse:

—Verdaderamente, Dios nuestro Señor es de una bondad infinita para con sus criaturas.

En el interior de la iglesia, el pastor, desde el púlpito, hablaba, sin embargo, con voz muy recia y airada; se lamentaba de que todos los hombres fueran unos descreídos y los amenazaba con el castigo divino, pues cuando los malos mueren, van al infierno, a quemarse eternamente; y decía además que su gusano no moriría, ni su fuego se apagaría nunca, y que jamás encontrarían la paz y el reposo. Daba pavor oírlo, y se expresaba, además, con tanta convicción… Describía a los feligreses el infierno como una cueva apestosa, donde confluye toda la inmundicia del mundo; allí no hay más aire que el de la llama ardiente del azufre, ni suelo tampoco: todos se hundirían continuamente, en eterno silencio. Era horrible oír todo aquello, pero el párroco lo decía con toda su alma, y todos los presentes se sentían sobrecogidos de espanto. Y, sin embargo, allá afuera los pajarillos cantaban tan alegres, y el sol enviaba su calor, y cada florecilla parecía decir: «Dios es infinitamente bueno para todos nosotros». Sí, allá afuera las cosas eran muy distintas de como las pintaba el párroco.

Al anochecer, a la hora de acostarse, el pastor observó que su esposa permanecía callada y pensativa.

—¿Qué te pasa? —le preguntó.

—Me pasa... —respondió ella— que no puedo concretar mis pensamientos, que no comprendo bien lo que dijiste, que haya tantas personas impías y que hayan de ser condenadas al fuego eterno. ¡Eterno...! ¡Ay, qué largo es esto! Yo no soy sino una pobre pecadora, y, sin embargo, no tendría valor para condenar al fuego eterno ni siquiera al más perverso de los pecadores. ¿Cómo podría, pues, hacerlo Dios nuestro Señor, que es infinitamente bueno y sabe que el mal viene de fuera y de dentro? No, no puedo creerlo, por más que tú lo digas.

Había llegado el otoño, y las hojas caían de los árboles; el grave y severo párroco estaba sentado a la cabecera de una moribunda: un alma creyente y piadosa iba a cerrar los ojos; era su propia esposa.

—Si alguien merece descanso en la tumba y gracia ante Dios, esa eres tú —dijo el pastor. Le cruzó las manos sobre el pecho y rezó una oración para la difunta.

La mujer fue conducida a su sepultura. Dos gruesas lágrimas rodaron por las mejillas de aquel hombre grave. En la casa parroquial reinaban el silencio y la soledad: el sol del hogar se había apagado; ella se había ido.

Era de noche; un viento frío azotó la cabeza del clérigo. Abrió los ojos y le pareció como si la luna brillara en el cuarto, y, sin embargo, no era así. Pero junto a su cama estaba de pie una figura humana: el espíritu de su esposa difunta, que lo miraba con expresión afligida, como si quisiera decirle algo.

El párroco se incorporó en el lecho y extendió hacia ella los brazos:

—¿Tampoco tú gozas del eterno descanso? ¿Es posible que sufras, tú, la mejor y la más piadosa?

La muerta bajó la cabeza en signo afirmativo y se puso la mano en el pecho.

—¿Podría yo procurarte el reposo en la sepultura?

—Sí —llegó a sus oídos.

—¿De qué manera?

—Dame un cabello, un solo cabello de la cabeza de un pecador cuyo fuego jamás haya de extinguirse, de un pecador a quien Dios haya de condenar a las penas eternas del infierno.

—¡Oh, será fácil salvarte, mujer pura y piadosa! —exclamó él.

—¡Sígueme, pues! —contestó la muerta—. Así nos ha sido concedido. Volarás a mi lado allá donde quiera llevarte tu pensamiento; invisibles a los hombres, penetraremos en sus rincones más secretos, pero deberás señalarme con mano segura al condenado a las penas eternas, y tendrás que haberlo encontrado antes de que cante el gallo.

En un instante, como llevados por el pensamiento, estuvieron en la gran ciudad, y en las paredes de las casas vieron escritas en letras de fuego los nombres de los pecados mortales: orgullo, avaricia, embriaguez, lujuria, en resumen, el iris de siete colores de las culpas capitales.

—Sí, ahí dentro, como ya pensaba y sabía —dijo el párroco— moran los destinados al fuego eterno.

Y se encontraron frente a un portal magníficamente iluminado, de anchas escaleras adornadas con alfombras y flores; y de los bulliciosos salones llegaban los sones de música de baile. El portero lucía librea de seda y terciopelo y empuñaba un bastón con incrustaciones de plata.

—¡Nuestro baile compite con los del palacio real! —dijo, dirigiéndose a la muchedumbre estacionada en la calle. En su rostro y en su porte entero se reflejaba un solo pensamiento: «¡Pobre gentuza que mira desde fuera, para mí todos son despreciables!».

—¡Orgullo! —dijo la muerta—. ¿Lo ves?

—¿Ese? —contestó el párroco—. Pero ese no es más que un loco, un necio; ¿cómo ha de ser condenado a las penas eternas?

—¡No más que un loco! —resonó por toda la casa del orgullo. Todos en ella lo eran.

Entraron volando al interior de las cuatro paredes desnudas del avariento. Escuálido como un esqueleto, tiritando de frío, hambriento y sediento, el viejo se aferraba al dinero con toda su alma. Lo vieron saltar de su mísero lecho, como presa de la fiebre, y apartar una piedra suelta de la pared. Allí había monedas de oro metidas en un viejo calcetín. Lo vieron cómo palpaba su chaqueta andrajosa, donde tenía cosidas más monedas, y sus dedos húmedos temblaban.

—¡Está enfermo! Es puro desvarío, una triste demencia envuelta en angustia y pesadillas.

Se alejaron rápidamente, y muy pronto se encontraron en el dormitorio de la cárcel, donde, en una larga hilera de camastros, dormían los reclusos. Uno de ellos despertó, y, como un animal salvaje, lanzó un grito horrible, dando con el codo huesudo en el costado del compañero, el cual, volviéndose, exclamó medio dormido:

—¡Cállate la boca, bruto, y duerme! ¡Todas las noches haces lo mismo!

—¡Todas las noches! —repitió el otro—. Sí, todas las noches se presenta y lanza alaridos y me atormenta. En un momento de ira hice tal y cual cosa; nací con malos instintos, y ellos me han llevado aquí por segunda vez; pero obré mal y sufro mi merecido. Una sola cosa no he confesado. Cuando salí de aquí la última vez, al pasar por delante de la finca de mi antiguo amo, se encendió en mí el odio. Froté un fósforo contra la pared, el fuego prendió en el tejado de paja y las llamas lo devoraron todo. Me pasó el arrebato, como suele ocurrirme, y ayudé a salvar el ganado y los enseres. Ningún ser vivo murió abrasado, excepto una bandada de palomas que cayeron al fuego, y el perro mastín, en el que no había pensado. Se le oía aullar entre las llamas… y sus aullidos siguen lastimándome los oídos cuando me echo a dormir; y cuando ya duermo, viene el perro, enorme e hirsuto, y se echa sobre mí aullando y oprimiéndome, atormentándome… ¡Escucha lo que te cuento, pues! Tú puedes roncar toda la noche, mientras yo no puedo dormir un cuarto de hora.

Y en un arrebato de furor, le dio a su compañero un puñetazo en la cara.

—¡Ese Mads se ha vuelto loco otra vez! —gritaron en torno; los demás presos se lanzaron contra él, y, tras dura lucha, le doblaron el cuerpo hasta meterle la cabeza entre las piernas, atándolo luego tan reciamente, que la sangre casi le brotaba de los ojos y de todos los poros.

—¡Van a matarlo, infeliz! —gritó el párroco, y al extender su mano protectora hacia aquel pecador que tanto sufría, cambió bruscamente la escena.

Volaron a través de ricos salones y de modestos cuartos; la lujuria, la envidia y todos los demás pecados capitales desfilaron ante ellos; un ángel del divino tribunal daba lectura a sus culpas y a su defensa; cierto que ello contaba poco ante Dios, pues Dios lee en los corazones, lo sabe todo, lo malo que viene de dentro y de fuera; Él, que es la misma gracia y el amor mismo. La mano del pastor temblaba, no se atrevía a alargarla para arrancar un cabello de la cabeza de un pecador. Y las lágrimas manaban de sus ojos como el agua de la gracia y del amor, que extinguen el fuego eterno del infierno.

En esto cantó el gallo.

—¡Dios misericordioso! ¡Concédele paz en la tumba, la paz que yo no pude darle!

—¡Gozo de ella, ya! —exclamó la muerta—. Lo que me ha hecho venir a ti han sido tus palabras duras, tu sombría fe en Dios y en sus criaturas. ¡Aprende a conocer a los hombres! Aun en los malos palpita una parte de Dios, una parte que apagará y vencerá las llamas del infierno.

El sacerdote sintió un beso en sus labios; había luz a su alrededor: el sol radiante de nuestro Señor entraba en la habitación, donde su esposa, dulce y amorosa, acababa de despertarlo de un sueño que Dios le había enviado.

UN TRAMO DE LA SARTA DE PERLAS

I

El ferrocarril va de Copenhague hasta Korsör. Es un tramo de la sarta de perlas que hacen la riqueza de Europa; las más preciosas son París, Londres, Viena, Nápoles. Pero hay quien no tiene a estas grandes ciudades como las perlas más hermosas, sino una pequeña ciudad casi desconocida, que es su pequeña patria natal, donde residen sus seres queridos. A menudo es un simple cortijo, una casita oculta entre verdes setos, un punto que se desvanece rápidamente al paso del tren.

¿Cuántas perlas hay en el tramo de Copenhague a Korsör? Vamos a fijarnos sólo en seis, y muchos aprobarán nuestra elección. Los viejos recuerdos, e incluso la Poesía, realzan estas perlas.

En las proximidades de la colina donde se alza el palacio de Federico VI, hogar de la infancia de Oehlenschläger, reluce, sobre el fondo del bosque de Söndermarken, una de estas perlas, llamada «Choza de Filemón y Baucis», es decir, el hogar de dos ancianos venerables. Allí vivió Rahbek, con su esposa Kamma; allí, bajo su hospitalario techo, se congregaron durante una generación entera los mayores ingenios de la laboriosa Copenhague. Fue un hogar del espíritu. Y hoy ¿qué? No digas: ¡Qué cambio! No, aún sigue siendo el hogar del espíritu, un invernáculo para plantas marchitas. La yema que carece de vigor para desarrollarse, oculta sin embargo todos los gérmenes que han de dar las flores y los frutos. Aquí brilla el sol de la inteligencia en un bien cuidado hogar del espíritu, que da vida. El mundo entorno penetra por los ojos en las profundidades inescrutables del alma: la mansión del débil mental, rodeado de caridad, es un santo lugar, una estufa para las plantas atrofiadas que un día serán trasplantadas y florecerán en el jardín de Dios. Las mentes más débiles se reúnen aquí, donde otrora se reunieron los más grandes y fuertes, intercambiaron ideas y se sintieron exaltados. La llama del alma sigue todavía ardiendo en la «Choza de Filemón y Baucis».

Ante nosotros está la ciudad de las tumbas reales, junto a la fuente de Hroar, la vetusta Roeskilde. Las esbeltas espiras de sus campanarios se alzan sobre la baja ciudad, reflejándose en el fiordo de Ise. Nos limitaremos a buscar una tumba y a contemplarla en el crisol de las perlas. No es la de la poderosa reina de la Unión, Margarita, no; la sepultura está en el interior del cementerio, ante cuyos blancos muros pasamos volando. Encima hay una sencilla losa, y allí descansa el rey de la canción, el renovador del romance danés. Las antiguas sagas se convierten en melodías en nuestras almas; percibimos adónde «ruedan las claras ondas», «En Leire vivía un rey». Roeskilde, ciudad de las tumbas reales, de tus perlas sólo contemplaremos la más humilde sepultura, en cuya piedra están grabadas la lira y el nombre de Weyse

Llegamos luego a Sigersted, cerca de la ciudad de Ringsted. Las aguas del río son someras, la mies crece en el lugar donde fondeó la embarcación de Hagbarth, a poca distancia del aposento de Signe. ¿Quién no conoce la leyenda de Hagbarth, que fue ahorcado en un roble, y de la casa de Signelil, destruida por las llamas, la leyenda del gran amor?

Sorö magnífica, rodeada de bosque, tu silenciosa ciudad claustral se entrevé a través de los árboles cubiertos de musgo. Los ojos jóvenes desde la Academia ven, por encima del mar, la ruta del universo; se oye el resoplido del dragón de la locomotora al atravesar, rauda, el bosque. ¡Sorö, perla de la Poesía, que guardas el polvo de Holberg! Cual poderoso cisne blanco en la margen del profundo lago del bosque, yace tu palacio de la Ciencia, y muy cerca de él brilla -y eso es lo que busca nuestro ojo curioso-, como el blanco narciso de la floresta, una casita, de la que llegan piadosas canciones que resuenan por todo el campo, con palabras que el propio labrador escucha y por las que conoce los tiempos pretéritos de Dinamarca. El verde bosque y el canto de los pájaros se complementan, como se complementan los nombres de Sorö e Ingemann

¡Vamos a Slagelse! ¿Qué se refleja allí, en el espejo de la perla? Desapareció el convento de Antvorskov, lo mismo que los ricos salones del palacio, incluso su ala solitaria y abandonada. Mas sigue allí un viejo signo, constantemente renovado, una cruz de madera en la cumbre de la colina, donde, en tiempos de la leyenda, San Andrés , el apóstol de Slagelse, despertó, después de ser transportado en una noche desde Jerusalén hasta allí.

Korsör: aquí nació el que nos dio:
Bromas y veras mezcladas
en melodías de Canuto Själlandsfar.

¡Oh, maestro de la palabra y de la gracia! Las ruinosas y viejas paredes de la fortaleza abandonada son el postrer testimonio visible del hogar de tu niñez. Cuando se pone el sol, sus sombras muestran el lugar donde se levantó la casa donde naciste; desde estos muros, que miraban a las alturas de la Isla de Sprogö, viste, de niño, «descender la luna tras la Isla», y la inmortalizaste con tu canto, como más tarde cantarías las montañas de Suiza, tú, que habiéndote aventurado en el laberinto del mundo, encontraste

> en ningún lugar las rosas son tan rojas,
> en ningún lugar son las espinas tan pequeñas
> y en ningún lugar son tan blandas las plumas
> como allí donde, niño inocente, reposaste.

Agudísimo cantor de la jovialidad! Trenzamos para ti una corona de aspérulas, la arrojamos al mar, y las olas la llevarán al Golfo de Kiel, en cuyas orillas reposan tus cenizas. Te traerá un saludo de la joven generación, un saludo de tu ciudad natal, Korsör, término de la sarta de perlas.

II

—Verdaderamente es un trozo de sarta de perlas el camino entre Copenhague y Korsör —dijo la abuela, que había escuchado lo que acabamos de leer—. Es una sarta de perlas para mí, y lo fue hace ya más de cuarenta años —añadió—. No teníamos entonces máquinas de vapor, y para recorrer aquel trecho necesitábamos tantos días como hoy horas. Era el año de 1815; tenía yo entonces veintiún años, ¡hermosa y bendita edad! En mi juventud era mucho más raro que ahora hacer un viaje a Copenhague, que para nosotros era la ciudad de las ciudades. Mis padres quisieron volver a visitarla tras una ausencia de veinte años, y yo debía ir con ellos. Llevábamos años hablando de aquel viaje, y por fin llegaba la hora de realizarlo. Tenía la impresión de que iba a empezar para mí una vida nueva, y hasta cierto punto así fue.

Cosimos y empaquetamos, y cuando llegó el momento de partir, ¡Dios mío, cuántos buenos amigos acudieron a despedirnos! Era un largo viaje el que emprendíamos. Por la mañana salimos de Odense en el coche de mis padres, y a lo largo de toda la calle nos acompañaron, desde las ventanas, los saludos de las personas conocidas, casi hasta que hubimos salido por la puerta de Sankt-Jürgens. El tiempo era espléndido, cantaban los pájaros, todo nos resultaba delicioso; el largo y pesado camino hasta Nyborg se nos hizo corto. Entramos en esta ciudad hacia el anochecer.

La diligencia no llegaba hasta la noche, y el barco no salía hasta después de su llegada. Subimos a bordo; hasta donde alcanzaba la vista se extendía el mar inmenso, completamente encalmado. Nos echamos sin desnudarnos y nos dormimos. Cuando me desperté por la mañana y subí a cubierta, no se veía absolutamente nada a mi alrededor, tal era la niebla que nos envolvía. Oí cantar los gallos, tuve la sensación de que salía el sol, las campanas tocaban; ¿dónde estaríamos? Se disipó la niebla y resultó que aún nos hallábamos frente a Nyborg. Entrado el día sopló una ligera brisa, pero contraria; dimos bordadas y bordadas, y al fin tuvimos la suerte de llegar a Korsör poco después de las once de la noche: habíamos invertido veintidós horas para recorrer cuatro millas.

Nos vino muy bien volver a pisar tierra. Pero estaba oscuro, las lámparas ardían mal, y todo me resultaba extraño. En mi vida no había visto más ciudad que Odense.

—Mira, aquí nació Baggesen —dijo mi padre—, y aquí vivió Birckner.

Me pareció entonces como si la antigua ciudad de las pequeñas casas se volviera mayor y más luminosa. Además, estábamos contentos de volver a pisar tierra firme. Las emociones que me suscitó todo lo visto y vivido desde que salí de casa no me dejaron pegar un ojo aquella noche.

A la mañana siguiente tuvimos que madrugar, pues nos aguardaba un mal camino, con horribles cuestas y molestos baches, hasta Slagelse; y no es que, pasada esta localidad, mejorara gran cosa la ruta. Suspirábamos por estar ya en la "Casa del Cangrejo", para poder entrar en Sorö con luz de día y visitar a Möllers Emil, como lo llamábamos; era su abuelo, mi difunto esposo, el pastor, que entonces estudiaba en Sorö y acababa de presentar sus segundos exámenes.

Llegamos por la tarde a la "Casa del Cangrejo", una posada muy renombrada en aquellos tiempos, la mejor de todo el viaje, situada en una campiña preciosa. Y hoy lo es todavía, no pueden negarlo. La patrona era una mujer muy dispuesta, llamada Madam Plambek; todo en la casa relucía como un sol. De la pared, enmarcada y protegida con un cristal, colgaba la carta que le había escrito Baggesen. Era una cosa digna de ver, y me interesó enormemente. Después subimos a Sorö y vimos a Emilio; ya podrán imaginarse que se alegró mucho de nuestra visita, y nosotros también de verlo, siempre tan bueno y atento. Nos acompañó a visitar la iglesia, con la tumba de Absalón, el sarcófago de Holberg y las antiguas inscripciones monacales. Luego cruzamos por mar al "Parnaso". Fue la tarde más maravillosa que recuerdo. Si había en el mundo un lugar digno de inspirar a un poeta, éste me parecía Sorö, en medio de aquel paisaje sereno y grandioso. Luego, a la luz de la luna, seguimos el "Paseo de los Filósofos", como lo llaman, el magnífico y solitario sendero que discurre junto al mar y el Flammen, y desemboca en el camino que conducía a la "Casa del Cangrejo". Emilio se quedó a cenar con nosotros; mis padres lo encontraron muy inteligente y bien parecido. Nos prometió que para Pascua, es decir, dentro de cinco días, estaría en Copenhague, con su familia y con nosotros. Aquellas horas de Sorö y de la "Casa del Cangrejo" figuran entre las perlas más bellas de mi vida.

También madrugamos mucho al día siguiente, pues la jornada era larga antes de llegar a Roeskilde; queríamos visitar la iglesia, y por la tarde mi padre pensaba ir a ver también a un antiguo condiscípulo. Cumplido el programa, dormimos en Roeskilde, y al otro día llegamos a Copenhague, aunque no hasta el mediodía; fue el trecho peor por lo intenso del tránsito. Habíamos empleado unos tres días para ir de Korsör a la capital; hoy se cubre la misma distancia en tres horas. No es que las perlas se hayan vuelto más preciosas, esto sería imposible; pero el cordón es nuevo y maravilloso.

Yo permanecí con mis padres tres semanas en Copenhague. Emilio estuvo ocho días con nosotros, y, al regresar a Fionia, él nos acompañó hasta Korsör. Allí, antes de separarnos, nos prometimos; comprenderán, pues, que el trayecto de Copenhague a Korsör sea también para mí un fragmento de la sarta de perlas, una verdadera página de felicidad en el libro de mi vida.

Más adelante, cuando Emilio obtuvo un empleo en Assens, nos casamos. A menudo hablábamos de aquel viaje a Copenhague y hacíamos proyectos para repetirlo; pero entonces vino al mundo primero su madre, y luego sus hermanos, con mil cosas a las que atender; después su abuelo fue ascendido a propósito. La vida era toda alegría y bendición, pero nunca volvimos a Copenhague. No he vuelto a estar allí, a pesar de haberlo proyectado tantas veces; y ahora soy demasiado vieja y no me siento con fuerzas para viajar en tren.

Pero me alegro de que exista el ferrocarril; es una gran ventaja. Gracias a él, llegan antes a mi casa. Ahora Odense no está más lejos de Copenhague que lo estaba de Nyborg en mi juventud. Hoy se plantan en Italia en el mismo tiempo que nosotros empleábamos para ir a Copenhague. ¡Es un progreso, no hay duda! Sin embargo, yo me quedo en casita. Que viajen los otros, que vengan a verme los demás. Pero no se sonrían porque me esté tan quietecita aquí; me espera otro viaje muy largo y mucho más rápido que en tren. Cuando Dios nuestro Señor lo disponga, iré a reunirme con abuelito, y ustedes, una vez terminada su tarea en este mundo bendito, vengan también a nuestro lado y hablaremos de los días de nuestra existencia terrena. No lo duden, chiquillos. Allí les diré lo que les digo ahora. El trecho de Copenhague a Korsör es realmente una sarta de perlas.

EL AVE FÉNIX

En el jardín del Paraíso, bajo el árbol de la sabiduría, crecía un rosal. En su primera rosa nació un pájaro; su vuelo era como un rayo de luz, magníficos sus colores, arrobador su canto.

Pero cuando Eva cogió el fruto de la ciencia del bien y del mal, y cuando ella y Adán fueron expulsados del Paraíso, de la flamígera espada del ángel cayó una chispa en el nido del pájaro y lo incendió. El animalito murió abrasado, pero del rojo huevo salió volando otra ave, única y siempre la misma: el Ave Fénix. Cuenta la leyenda que anida en Arabia, y que cada cien años se da la muerte abrasándose en su propio nido; y que del rojo huevo surge una nueva ave Fénix, la única en el mundo.

El pájaro vuela en torno a nosotros, raudo como la luz, espléndido de colores, magnífico en su canto. Cuando la madre está sentada junto a la cuna de su hijo, el ave se acerca a la almohada y, desplegando las alas, traza una aureola alrededor de la cabeza del niño. Vuela por el sobrio y humilde aposento, y hay resplandor de sol en él, y sobre la pobre cómoda exhalan su perfume unas violetas.

Pero el Ave Fénix no es sólo el ave de Arabia; aletea también a los resplandores de la aurora boreal sobre las heladas llanuras de Laponia, y salta entre las flores amarillas durante el breve verano de Groenlandia. Bajo las rocas cupríferas de Falun, en las minas de carbón de Inglaterra, vuela como polilla espolvoreada sobre el devocionario en las manos del piadoso trabajador. En la hoja de loto se desliza por las aguas sagradas del Ganges, y los ojos de la doncella hindú se iluminan al verla.

¡Ave Fénix! ¿No la conoces? ¿El ave del Paraíso, el cisne sagrado de la canción? Iba en el carro de Thespis en forma de cuervo parlanchín, agitando las alas pintadas de negro; el arpa del cantor de Islandia era pulsada por el rojo pico sonoro del cisne; posada sobre el hombro de Shakespeare, adoptaba la figura del cuervo de Odín y le susurraba al oído: ¡inmortalidad! Cuando la fiesta de los cantores, revoloteaba en la sala del concurso de la Wartburg.

¡Ave Fénix! ¿No la conoces? Te cantó la Marsellesa, y tú besaste la pluma que se desprendió de su ala; vino en todo el esplendor paradisíaco, y tú tal vez le diste la espalda para contemplar el gorrión que tenía espuma dorada en las alas.

¡El Ave del Paraíso! Rejuvenecida cada siglo, nacida entre las llamas, entre las llamas muertas; tu imagen, enmarcada en oro, cuelga en las salas de los ricos; tú misma vuelas con frecuencia a la ventura, solitaria, hecha sólo leyenda: el Ave Fénix de Arabia.

En el jardín del Paraíso, cuando naciste en el seno de la primera rosa, bajo el árbol de la sabiduría, Dios te besó y te dio tu nombre verdadero: ¡poesía!

EL BISABUELO

¡Era tan cariñoso, listo y bueno el bisabuelo! Nosotros sólo veíamos por sus ojos. En realidad, por lo que puedo recordar, lo llamábamos abuelo; pero cuando entró a formar parte de la familia el hijito de mi hermano Federico, él ascendió a la categoría de bisabuelo; más alto no podía llegar. Nos quería mucho a todos, aunque no parecía estar muy de acuerdo con nuestra época.

—¡Los viejos tiempos eran los buenos! —decía—; sensatos y sólidos. Hoy todo va al galope, todo está revuelto. La juventud lleva la voz cantante, y hasta habla de los reyes como si fuesen sus iguales. El primero que llega puede mojar sus trapos en agua sucia y escurrirlos sobre la cabeza de un hombre honorable.

Cuando soltaba uno de estos discursos, el bisabuelo se ponía rojo como un pavo; pero al cabo de un momento reaparecía su afable sonrisa, y entonces decía:

—¡Bueno, tal vez me equivoque! Soy de los tiempos antiguos y no consigo acomodarme a los nuevos. ¡Dios quiera encauzarlos y guiarlos!

Cuando el bisabuelo hablaba de los tiempos pasados, yo creía encontrarme en ellos. Con el pensamiento me veía en una dorada carroza con lacayos; veía las corporaciones gremiales con sus escudos, desfilando al son de las bandas y bajo las banderas, y me encontraba en los alegres salones navideños, disfrazado y jugando a prendas. Cierto que en aquella época ocurrían también muchas cosas repugnantes y horribles, como el suplicio de la rueda y el derramamiento de sangre; pero todos aquellos horrores tenían algo de atrayente, de estimulante. Y también oía muchas cosas buenas: sobre los nobles daneses que emanciparon a los campesinos y el príncipe heredero de Dinamarca, que abolió la trata de esclavos.

Era magnífico oír al bisabuelo hablar de todo aquello y de sus años juveniles, aunque el período mejor, el más sobresaliente y grandioso, había sido el anterior.

—¡Bárbaro era! —exclamó mi hermano Federico—. ¡Dios sea loado! Pero ya pasó.

Y se lo dijo al bisabuelo. No estuvo bien, y, sin embargo, yo sentía gran respeto por Federico, mi hermano mayor, que habría podido ser mi padre, según decía él. Y decía también muchas cosas divertidas. De estudiante llevó siempre las mejores notas, y en el despacho de mi padre se aplicó tanto, que muy pronto pudo entrar en el negocio. Era el que tenía más trato con el bisabuelo, pero siempre discutían. No se comprendían ni llegarían nunca a comprenderse, afirmaba toda la familia; pero yo, con ser tan pequeño, no tardé en darme cuenta de que uno no podía prescindir del otro.

El bisabuelo escuchaba con ojos brillantes cuando Federico hablaba o leía en voz alta acerca del progreso de las ciencias, de los descubrimientos de las fuerzas naturales, de todo lo notable que ocurría en nuestra época.

—Los hombres se vuelven más listos, pero no mejores —decía el bisabuelo—. Inventan armas terribles para destruirse mutuamente.

—Así las guerras son más cortas —replicaba Federico—. No hay que aguardar siete años para que venga la bendita paz. El mundo está pletórico, y a veces le conviene una sangría.

Un día Federico le contó un suceso ocurrido en una pequeña ciudad. El reloj del alcalde, es decir, el gran reloj del Ayuntamiento, señalaba las horas a la población y, aunque no marchaba muy bien, la gente se regía por él. Llegaron al país los ferrocarriles, los cuales enlazan con los de los demás países; por eso es preciso conocer la hora exacta; de lo contrario, se va rezagado. Pusieron en la estación un reloj que marchaba de acuerdo con el sol, y como el del alcalde no lo hacía, todos los ciudadanos empezaron a regirse por el reloj de la estación.

Yo me reí, pareciéndome que la historia era muy divertida; pero el bisabuelo no se rió ni pizca, sino que se quedó muy serio.

—¡Tiene mucha miga lo que acabas de contar! —dijo—, y comprendo cuál es tu idea al contármelo. Hay mucha ciencia en el mecanismo de tu reloj, y me hace pensar en otro: en el sencillo reloj de Bornholm, de mis padres, tan viejo, con sus pesas de plomo. Marcó su tiempo y el de mi infancia. Cierto que no marchaba con tanta precisión, pero marchaba, lo veíamos por las agujas, creíamos lo que decían y no nos parábamos a pensar en las ruedas que tenía dentro. Así era también entonces la máquina del Estado; uno la miraba despreocupadamente y tenía fe en la aguja. Pero hoy la máquina estatal se ha convertido en un reloj de cristal cuyo mecanismo es visible; se ven girar las ruedas, se oyen sus chirridos, y uno se asusta del eje y del volante. Yo sé cómo darán las campanadas, y ya no tengo la fe infantil. Esto es lo frágil de la época actual.

Y entonces el bisabuelo se salía de sus casillas. No podía ponerse de acuerdo con Federico, pero tampoco podían separarse, de igual manera que la época vieja y la nueva. Bien se dieron cuenta ellos dos y la familia entera cuando Federico tuvo que emprender un largo viaje a América. Aunque los viajes eran cosa corriente en la familia, aquella separación resultó muy difícil para el bisabuelo. ¡Sería tan largo aquel viaje! Todo el océano de por medio, hasta llegar al otro continente.

—Recibirás carta mía cada quince días —le dijo Federico—. Y más de prisa que las cartas te llegarán los telegramas. Los días se vuelven horas, y las horas, minutos.

Llegó un saludo por el hilo telegráfico el día en que Federico embarcó en Inglaterra. Más rápido que una carta —ni que hubiesen actuado de correo las raudas nubes— llegó un saludo de América, al desembarcar en ella Federico. Fue unas pocas horas después de haber puesto pie en tierra firme.

—Realmente, es una idea de Dios regalada a nuestro tiempo —dijo el bisabuelo—, una bendición para la humanidad.

—Y, según me dijo Federico, estas fuerzas naturales se descubrieron en nuestro país —observé.

—Sí —afirmó el bisabuelo, dándome un beso—. Sí, y yo he visto los dulces ojos infantiles que por primera vez descubrieron y comprendieron estas fuerzas de la naturaleza; eran unos ojos infantiles como los tuyos. ¡Y he estrechado su mano! —. Y volvió a besarme.

Había transcurrido más de un mes cuando llegó una carta de Federico con la noticia de que estaba prometido con una muchacha joven y bonita, y expresaba la confianza de que toda la familia se alegraría. Enviaba su fotografía, que fue examinada a simple vista y con una lupa, pues aquello era lo bueno de los retratos, que permitían ser examinados con la lente más nítida, y entonces aún se notaba más el parecido. Esto no lo habría podido hacer ningún pintor, ni los más famosos de los tiempos antiguos.

—¡Ah, si entonces hubiesen conocido este invento! —dijo el abuelo—. Habríamos podido ver cara a cara a los bienhechores y a los grandes hombres del mundo.

—¡Qué simpática y buena parece esta muchacha! —dijo, mirándola con la lupa—. La conoceré en cuanto entre en la habitación.

Poco faltó para que esto no ocurriera nunca; afortunadamente nos enteramos del peligro cuando ya había pasado.

Los recién casados llegaron a Inglaterra contentos y en perfecta salud, y embarcaron en un vapor con destino a Copenhague. Ya a la vista de la costa danesa —las blancas dunas de Jutlandia occidental— se levantó una tormenta, y el barco encalló en un arrecife; el embravecido mar amenazaba con destrozarlo, sin que sirvieran los botes de salvamento. Cerró la noche, pero en medio de la oscuridad voló un brillante cohete desde la costa al buque embarrancado; el cohete arrojó un cable, quedó establecida la comunicación entre los náufragos y la costa, y pronto una linda joven fue transportada en la canasta de salvamento por sobre las olas encrespadas y furiosas; y se sintió infinitamente dichosa cuando, poco después, tuvo a su lado, en tierra firme, a su joven esposo. Todos los de a bordo se salvaron antes del amanecer.

Nosotros dormíamos tranquilamente en Copenhague, sin pensar en desgracias ni peligros. Al sentarnos a la mesa para el desayuno, llegó por telégrafo la noticia del naufragio de un barco inglés en la costa occidental de la península. La angustia que experimentamos fue terrible, pero a los pocos momentos se recibió otro telegrama de los queridos viajeros, Federico y su esposa, anunciando su próxima llegada.

Todos lloraban, y yo también, y el bisabuelo, quien, doblando las manos —estoy seguro de ello—, bendijo la nueva época.

Aquel día el bisabuelo destinó doscientos escudos para el monumento a Hans Christian Örsted.

Al llegar Federico con su joven esposa y enterarse de aquel gesto, dijo:

—¡Muy bien, bisabuelo! Ahora te leeré lo que Örsted escribió, hace ya muchos años, sobre los tiempos viejos y los modernos.

—¿Probablemente sería de tu opinión? —preguntó el bisabuelo.

—Puedes estar seguro —respondió Federico—, y tú también lo eres, puesto que has contribuido a su monumento.

EL CARACOL Y EL ROSAL

Alrededor del jardín había un seto de avellanos, y al otro lado del seto se extendían los campos y praderas donde pastaban las ovejas y las vacas. Pero en el centro del jardín crecía un rosal todo lleno de flores, y a su abrigo vivía un caracol que llevaba todo un mundo dentro de su caparazón, pues se llevaba a sí mismo.

—¡Paciencia! —decía el caracol—. Ya llegará mi hora. Haré mucho más que dar rosas o avellanas, muchísimo más que dar leche como las vacas y las ovejas.

—Esperamos mucho de ti —dijo el rosal—. ¿Podría saberse cuándo me enseñarás lo que eres capaz de hacer?

—Me tomo mi tiempo —dijo el caracol—; ustedes siempre están de prisa. No, así no se preparan las sorpresas.

Un año más tarde el caracol se hallaba tomando el sol casi en el mismo sitio que antes, mientras el rosal se afanaba en echar capullos y mantener la lozanía de sus rosas, siempre frescas, siempre nuevas. El caracol sacó medio cuerpo afuera, estiró sus cuernecillos y los encogió de nuevo.

—Nada ha cambiado —dijo—. No se advierte el más insignificante progreso. El rosal sigue con sus rosas, y eso es todo lo que hace.

Pasó el verano y vino el otoño, y el rosal continuó dando capullos y rosas hasta que llegó la nieve. El tiempo se hizo húmedo y hosco. El rosal se inclinó hacia la tierra; el caracol se escondió bajo el suelo.

Luego comenzó una nueva estación, y las rosas salieron al aire y el caracol hizo lo mismo.

—Ahora ya eres un rosal viejo —dijo el caracol—. Pronto tendrás que ir pensando en morirte. Ya has dado al mundo cuanto tenías dentro de ti. Si era o no de mucho valor, es cosa que no he tenido tiempo de pensar con calma. Pero está claro que no has hecho nada por tu desarrollo interno, pues en ese caso tendrías frutos muy distintos que ofrecernos. ¿Qué dices a esto? Pronto no serás más que un palo seco... ¿Te das cuenta de lo que quiero decirte?

—Me asustas —dijo el rosal—. Nunca he pensado en ello.

—Claro, nunca te has molestado en pensar en nada. ¿Te preguntaste alguna vez por qué florecías y cómo florecías, por qué lo hacías de esa manera y no de otra?

—No —contestó el rosal—. Florecía de puro contento, porque no podía evitarlo. ¡El sol era tan cálido, el aire tan refrescante!... Me bebía el límpido rocío y la lluvia generosa; respiraba, estaba vivo. De la tierra, allá abajo, me subía la fuerza, que descendía también sobre mí desde lo alto. Sentía una felicidad que era siempre nueva, profunda siempre, y así tenía que florecer sin remedio. Tal era mi vida; no podía hacer otra cosa.

—Tu vida fue demasiado fácil —dijo el caracol.

—Cierto —dijo el rosal—. Me lo daban todo. Pero tú tuviste más suerte aún. Tú eres una de esas criaturas que piensan mucho, uno de esos seres de gran inteligencia que se proponen asombrar al mundo algún día.

—No, no, de ningún modo —dijo el caracol—. El mundo no existe para mí. ¿Qué tengo yo que ver con el mundo? Bastante es que me ocupe de mí mismo y en mí mismo.

—¿Pero no deberíamos todos dar a los demás lo mejor de nosotros, no deberíamos ofrecerles cuanto pudiéramos? Es cierto que no te he dado sino rosas; pero tú, en cambio, que posees tantos dones, ¿qué has dado tú al mundo? ¿Qué puedes darle?

—¿Darle? ¿Darle yo al mundo? Yo lo desprecio. ¿Para qué sirve el mundo? No significa nada para mí. Anda, sigue cultivando tus rosas; es para lo único que sirves. Deja que los castaños produzcan sus frutos, deja que las vacas y las ovejas den su leche; cada uno tiene su público, y yo también tengo el mío dentro de mí mismo. ¡Me recojo en mi interior, y en él voy a quedarme! El mundo no me interesa.

Y con estas palabras, el caracol se metió dentro de su casa y la selló.

—¡Qué pena! —dijo el rosal—. Yo no tengo modo de esconderme, por mucho que lo intente. Siempre he de volver otra vez, siempre he de mostrarme otra vez en mis rosas. Sus pétalos caen y los arrastra el viento, aunque cierta vez vi cómo una madre guardaba una de mis flores en su libro de oraciones, y cómo una bonita muchacha se prendía otra al pecho, y cómo un niño besaba otra en la primera alegría de su vida. Aquello me hizo bien, fue una verdadera bendición. Tales son mis recuerdos, mi vida.

Y el rosal continuó floreciendo en toda su inocencia, mientras el caracol dormía allá dentro de su casa. El mundo nada significaba para él.

Y pasaron los años.

El caracol se había vuelto tierra en la tierra, y el rosal tierra en la tierra, y la memorable rosa del libro de oraciones había desaparecido... Pero en el jardín brotaban los rosales nuevos, y los nuevos caracoles se arrastraban dentro de sus casas y despreciaban al mundo, que no significaba nada para ellos.

¿Empezamos otra vez nuestra historia desde el principio? No vale la pena; siempre sería la misma.

EL CERRO DE LOS ELFOS

Varios lagartos gordos corrían con pie ligero por las grietas de un viejo árbol; se entendían perfectamente, pues hablaban todos la lengua lagarteña.

—¡Qué ruido y alboroto en el cerro de ellos! —dijo un lagarto—. Van ya dos noches que no me dejan pegar un ojo. Lo mismo que cuando me duelen las muelas, pues tampoco entonces puedo dormir.

—Algo pasa allí adentro —observó otro—. Hasta que el gallo canta, al amanecer, sostienen el cerro sobre cuatro estacas rojas, para que se ventile bien, y sus muchachas han aprendido nuevas danzas. ¡Algo se prepara!

—Sí —intervino un tercer lagarto—. He hecho amistad con una lombriz de tierra que venía de la colina, en la cual había estado removiendo la tierra día y noche. Oyó muchas cosas. Ver no puede, la infeliz, pero lo que es palpar y oír, en esto se pinta sola. Resulta que en el cerro esperan forasteros, forasteros distinguidos, pero, quiénes son éstos, la lombriz se negó a decírmelo, quizá ella misma no lo sabe. Han encargado a los fuegos fatuos que organicen una procesión de antorchas, como dicen ellos, y todo el oro y la plata que hay en el cerro —y no es poco— lo pulen y exponen a la luz de la luna.

—¿Quiénes podrán ser esos forasteros? —se preguntaban los lagartos—. ¿Qué diablos debe suceder? ¡Oigan qué manera de zumbar!

En aquel mismo momento se partió el montículo, y una señorita elfa, vieja y anticuada, aunque por lo demás muy correctamente vestida, salió andando a pasitos cortos. Era el ama de llaves del anciano rey de los elfos, estaba emparentada de lejos con la familia real y llevaba en la frente un corazón de ámbar. ¡Movía las piernas con una agilidad!: trip, trip. ¡Vaya modo de trotar! Y marchó directamente al pantano del fondo, a la vivienda del chotacabras.

—Están invitados a la colina esta noche —dijo—. Pero quisiera pedirles un gran favor, si no fuera molestia para ustedes. ¿Podrían transmitir la invitación a los demás? Algo deben hacer, ya que ustedes no ponen casa. Recibimos a varios forasteros ilustres, magos de distinción; por eso hoy comparecerá el anciano rey de los elfos.

—¿A quién hay que invitar? —preguntó el chotacabras.

—Al gran baile pueden concurrir todos, incluso las personas, con tal que hablen durmiendo o sepan hacer algo que se avenga con nuestro modo de ser. Pero en nuestra primera fiesta queremos hacer una rigurosa selección; sólo asistirán personajes de la más alta categoría. Hasta disputé con el Rey, pues yo no quería que los fantasmas fueran admitidos. Ante todo, hay que invitar al Viejo del Mar y a sus hijas. Tal vez no les guste venir a tierra seca, pero les prepararemos una piedra mojada para asiento o quizás algo aún mejor; supongo que así no tendrán inconveniente en asistir, siquiera por esta vez. Queremos que vengan todos los viejos trasgos de primera categoría, con cola, el Genio del Agua y el Duende y, a mi entender, no debemos dejar de lado al Cerdo de la Tumba, al Caballo de los Muertos y al Enano de la Iglesia, todos los cuales pertenecen al elemento clerical y no a nuestra clase. Pero ése es su oficio; por lo demás, están emparentados de cerca con nosotros y nos visitan con frecuencia.

—¡Muy bien! —dijo el chotacabras, emprendiendo el vuelo para cumplir el encargo.

Las doncellas elfas bailaban ya en el cerro, cubiertas de velos, y lo hacían con tejidos de niebla y luz de la luna, de gran efecto para los aficionados a estas cosas. En el centro de la colina, el gran salón había sido adornado primorosamente; el suelo, lavado con luz de luna, y las paredes, frotadas con grasa de bruja, por lo que brillaban como hojas de tulipán. En la colina había, en el asador, gran abundancia de ranas, pieles de caracol rellenas de dedos de niño y ensaladas de semillas de seta y húmedos hocicos de ratón con cicuta, cerveza de la destilería de la bruja del pantano, amén de fosforescente vino de salitre de las bodegas funerarias. Todo muy bien presentado. Entre los postres figuraban clavos oxidados y trozos de ventanal de iglesia.

El anciano Rey mandó bruñir su corona de oro con pizarrín machacado (entiéndase pizarrín de primera); y no se crea que le es fácil a un rey de los elfos procurarse pizarrín de primera. En el dormitorio colgaron cortinas, que fueron pegadas con saliva de serpiente. Se comprende, pues, que hubiera allí gran ruido y alboroto.

—Ahora hay que sahumar todo esto con orines de caballo y cerdas de puerco; entonces yo habré cumplido con mi tarea —dijo la vieja señorita.

—¡Dulce padre mío! —dijo la hija menor, que era muy zalamera—, ¿no podría saber quiénes son los ilustres forasteros?

—Bueno —respondió el Rey—, tendré que decírtelo. Dos de mis hijas deben prepararse para el matrimonio; dos de ellas se casarán sin duda. El anciano duende de allá en Noruega, el que reside en la vieja roca de Dovre y posee cuatro palacios acantilados de feldespato y una mina de oro mucho más rica de lo que creen por ahí, viene con sus dos hijos, que viajan en busca de esposa. El duende es un anciano nórdico, muy viejo y respetable, pero alegre y campechano. Lo conozco de hace mucho tiempo, desde un día en que brindamos fraternalmente con ocasión de su estancia aquí en busca de mujer. Ella murió; era hija del rey de los Peñascos Gredosos de Möen. Tomó una mujer de yeso, como suele decirse. ¡Ah, y qué ganas tengo de ver al viejo duende nórdico! Dicen que los chicos son un tanto malcriados e impertinentes; pero quizás exageran. Tiempo tendrán de sentar la cabeza. A ver si saben portarse con ellos en forma conveniente.

IB Y CRISTINITA

No lejos de Gudenaa, en la selva de Silkeborg, se levanta, semejante a un gran muro, una loma llamada Aasen, a cuyo pie, del lado de poniente, había, y sigue habiendo aún, un pequeño cortijo, rodeado por una tierra tan árida, que la arena brilla por entre las escuálidas mieses de centeno y cebada. Desde entonces han transcurrido muchos años. La gente que vivía allí por aquel tiempo cultivaba su mísero terruño y criaba, además, tres ovejas, un cerdo y dos bueyes; de hecho, vivían con cierta holgura, a fuerza de aceptar las cosas tal como venían.

Incluso habrían podido tener un par de caballos, pero decían, como los demás campesinos: "El caballo se devora a sí mismo".

Un caballo se come todo lo que gana. Jeppe Jansen trabajaba en verano su pequeño campo, y en invierno confeccionaba zuecos con mano hábil. Tenía, además, un ayudante; un hombre muy ducho en la fabricación de aquella clase de calzado: lo hacía resistente, a la vez que ligero y elegante. Tallaban también cucharas de madera, y el negocio les rendía; no podía decirse que aquella gente fuera pobre. El pequeño Ib, un chiquillo de siete años, único hijo de la casa, se sentaba a su lado a mirarlo; cortaba un bastoncito, y solía cortarse también los dedos, pero un día talló dos trozos de madera que parecían dos zuequitos. Dijo que iba a regalarlos a Cristinita, la hija de un marinero, una niña tan delicada y encantadora, que habría podido pasar por una princesa. Vestida adecuadamente, nadie habría imaginado que procedía de una casa de turba del erial de Seis. Allí moraba su padre, viudo, que se ganaba el sustento transportando leña desde el bosque a las anguileras de Silkeborg, y a veces incluso más lejos, hasta Randers. No tenía a quién confiar a Cristina, que tenía un año menos que Ib; por eso la llevaba casi siempre consigo, en la barca y a través del erial y los arándanos. Cuando tenía que ir hasta Randers, dejaba a Cristinita en casa de Jeppe Jansen.

Los dos niños se llevaban bien, tanto en el juego como a las horas de la comida; cavaban hoyos en la tierra, se encaramaban a los árboles y corrían por los alrededores; un día se atrevieron incluso a subirse solos hasta la cumbre de la loma y adentrarse un buen trecho en el bosque, donde encontraron huevos de chocha; fue un gran acontecimiento.

Ib no había estado nunca en el erial de Seis, ni cruzado en barca los lagos de Gudenaa, pero ahora iba a hacerlo: el barquero lo había invitado, y la víspera se fue con él a su casa.

Al amanecer, los dos niños se instalaron sobre la leña apilada en la barca y desayunaron pan con frambuesas. El barquero y su ayudante impulsaban la embarcación con sus pértigas; la corriente les facilitaba el trabajo, y así descendieron el río y atravesaron los lagos, que parecían cerrados por todas partes por el bosque y los cañaverales. Sin embargo, siempre encontraban un paso por entre los altos árboles, que inclinaban las ramas hasta casi tocar el suelo, y los robles las alargaban a su encuentro, como si, habiéndose remangado, quisieran mostrarles sus desnudos y nudosos brazos. Viejos alisos que la corriente había arrancado de la orilla se agarraban fuertemente al suelo por las raíces, formando islitas de bosque. Los nenúfares se mecían en el agua; era un viaje delicioso. Finalmente, llegaron a las anguileras, donde el agua rugía al pasar por las esclusas. ¡Cuántas cosas nuevas estaban viendo Ib y Cristina!

En aquel entonces no había allí ninguna fábrica ni ninguna ciudad, y tan sólo se veían la vieja granja, en la que trabajaban unos cuantos hombres. El agua, al precipitarse por las esclusas, y el griterío de los patos salvajes eran los únicos signos de vida, que se sucedían sin interrupción. Una vez descargada la leña, el padre de Cristina compró un buen manojo de anguilas y un cochinillo recién sacrificado, y lo guardó todo en un cesto, que puso en la popa de la embarcación. Luego emprendieron el regreso, contra corriente, pero como el viento era favorable y pudieron tender las velas, la cosa marchaba tan bien como si un par de caballos tiraran de la barca.

Al llegar a un lugar del bosque cercano a la vivienda del ayudante, este y el padre de Cristina desembarcaron, después de recomendar a los niños que se estuvieran muy quietecitos y formales. Pero ellos no obedecieron durante mucho rato; quisieron ver el interior del cesto que contenía al lechoncito; sacaron al animal y, como los dos se empeñaron en sostenerlo, se les cayó al agua, y la corriente se lo llevó. Fue un suceso horrible.

Ib saltó a tierra y echó a correr un trecho; luego saltó también Cristina.

—¡Llévame contigo! —gritó, y se metieron saltando entre la maleza; pronto perdieron de vista la barca y el río. Continuaron corriendo otro pequeño trecho, pero luego Cristina se cayó y se echó a llorar; Ib acudió a ayudarla.

JUAN EL BOBO

Allá en el campo, en una vieja mansión señorial, vivía un anciano propietario que tenía dos hijos, tan listos que con la mitad habría bastado. Los dos se metieron en la cabeza pedir la mano de la hija del rey. Estaban en su derecho, pues la princesa había mandado pregonar que tomaría por esposo a quien fuese capaz de entretenerla con mayor gracia e ingenio.

Los dos hermanos estuvieron preparándose durante ocho días; éste era el plazo máximo que se les concedía, más que suficiente, además, ya que eran muy instruidos, y esto es una gran ayuda. Uno se sabía de memoria toda la enciclopedia latina, y además la colección de tres años enteros del periódico local, tanto del derecho como del revés. El otro conocía todas las leyes gremiales, párrafo por párrafo, y todo lo que debe saber un presidente de gremio. De este modo, pensaba, podría hablar de asuntos del Estado y de temas eruditos. Además, sabía bordar tirantes, pues era fino y ágil de dedos.

—Me llevaré a la princesa —afirmaban los dos; por eso su padre dio a cada uno un hermoso caballo. El que se sabía de memoria la enciclopedia y el periódico, recibió uno negro como el azabache, y el otro, el ilustrado en cuestiones gremiales y diestro en la confección de tirantes, uno blanco como la leche. Además, se untaron los labios con aceite de hígado de bacalao, para darles mayor agilidad. Todos los criados salieron al patio para verlos montar a caballo, y entonces compareció también el tercero de los hermanos, pues eran tres, sólo que el otro no contaba, pues no se podía comparar en ciencia con los dos mayores, y, por eso, todos lo llamaban el bobo.

—¿Adónde van con el traje de los domingos? —preguntó.

—Al palacio, a conquistar a la hija del rey con nuestros discursos. ¿No oíste al pregonero? —y le contaron lo que ocurría.

—¡Demonios! Pues no voy a perder la ocasión —exclamó entonces el bobo—. Y los hermanos se rieron de él y partieron al galope.

—¡Dame un caballo, padre! —dijo Juan, el bobo—. Me gustaría casarme. Si la princesa me acepta, me tendrá, y si no me acepta, ya veré de tenerla yo a ella.

—¡Qué tonterías dices! —intervino el padre—. No te daré ningún caballo. ¡Si no sabes hablar! Tus hermanos es distinto, ellos pueden presentarse en todas partes.

—Si no me das un caballo —replicó el bobo— montaré el macho cabrío; es mío y puede llevarme.

Se subió a horcajadas sobre el animal, y, dándole con el talón en los ijares, emprendió el trote por la carretera. ¡Vaya trote!

—¡Atención, que vengo yo! —gritaba el bobo; y se puso a cantar con tanta fuerza, que su voz resonaba a gran distancia.

Los hermanos, en cambio, avanzaban en silencio, sin decir palabra; aprovechaban el tiempo para reflexionar sobre las grandes ideas que pensaban exponer.

—¡Eh, eh! —gritó el bobo— ¡aquí estoy yo! ¡Miren lo que he encontrado en la carretera! —y les mostró una corneja muerta.

—¡Imbécil! —exclamaron los otros—, ¿para qué la quieres?

—¡Se la regalaré a la princesa!

—¡Haz lo que quieras! —contestaron, soltando la carcajada y siguiendo su camino.

—¡Eh, eh! ¡Aquí estoy yo! ¡Miren lo que he encontrado! ¡No se encuentra todos los días!

Los hermanos se volvieron a ver el raro tesoro.

—¡Estúpido! —dijeron—. Es un zueco viejo y sin la pala. ¿También se lo regalarás a la princesa?

—¡Claro que sí! —respondió el bobo; y los hermanos, riendo ruidosamente, prosiguieron su ruta y no tardaron en ganarle un buen trecho.

—¡Eh, eh! ¡Aquí estoy yo! —volvió a gritar el bobo—. ¡Voy de mejor en mejor! ¡Arrea! ¡Se ha visto cosa igual!

—¿Qué has encontrado ahora? —preguntaron los hermanos.

—¡Oh! —exclamó el bobo—. Es demasiado bueno para decirlo. ¡Cómo se alegrará la princesa!

—¡Qué asco! —exclamaron los hermanos—. ¡Si es lodo cogido de un hoyo!

—Exacto, esto es —asintió el bobo—, y de clase finísima, de la que resbala entre los dedos —y así diciendo, se llenó los bolsillos de barro.

Los hermanos pusieron los caballos al galope y dejaron al otro rezagado en buena hora. Hicieron alto en la puerta de la ciudad, donde los pretendientes eran numerados por orden de llegada y dispuestos en fila de a seis de frente, tan apretados que no podían mover los brazos. Y suerte de ello, pues de otro modo se habrían roto mutuamente los trajes, solo porque uno estaba delante del otro.

Todos los demás moradores del país se habían agolpado alrededor del palacio, encaramándose hasta las ventanas, para ver cómo la princesa recibía a los pretendientes. ¡Cosa rara! No bien entraba uno en la sala, parecía como si se le hiciera un nudo en la garganta, y no podía soltar palabra.

—¡No sirve! —iba diciendo la princesa—. ¡Fuera!

Llegó el turno del hermano que se sabía de memoria la enciclopedia; pero con aquel largo plantón se le había olvidado por completo. Para acabar de complicar las cosas, el suelo crujía, y el techo era todo un espejo, por lo cual nuestro hombre se veía cabeza abajo; además, en cada ventana había tres escribanos y un corregidor que tomaban nota de todo lo que se decía, para publicarlo enseguida en el periódico, que se vendía en todas las esquinas. Era para perder la cabeza. Y, por añadidura, habían encendido la estufa, que estaba candente.

—¡Qué calor hace aquí dentro! —fueron las primeras palabras del pretendiente.

—Es que hoy mi padre asa pollos —dijo la princesa.

—¡Ah! —y se quedó clavado; aquella respuesta no la había previsto; no le salía ni una palabra, con tantas cosas ingeniosas que tenía preparadas.

—¡No sirve! ¡Fuera! —ordenó la princesa. Y el mozo tuvo que retirarse, para que pasara su hermano.

—¡Qué calor más terrible! —dijo este.

—¡Sí, asamos pollos! —explicó la hija del rey.

—¿Cómo di... di, cómo di...? —tartamudeó él, y todos los escribanos anotaron: "¿Cómo di... di, cómo di...?".

—¡No sirve! ¡Fuera! —decretó la princesa.

Le tocó entonces el turno al bobo, quien entró en la sala cabalgando su macho cabrío.

—¡Demonios, qué calor! —observó.

—Es que estoy asando pollos —contestó la princesa.

—¡Perfecto! —dijo el bobo—. Así no le importará que ase también una corneja, ¿verdad?

—Con mucho gusto, no faltaba más —respondió la hija del rey—. Pero, ¿traes algo en que asarla? Pues no tengo ni puchero ni asador.

—Yo sí los tengo —exclamó alegremente el otro—. He aquí un excelente puchero, con mango de estaño.

Y, sacando el viejo zueco, metió en él la corneja.

—Pues, ¡vaya banquete! —dijo la princesa—. Pero, ¿y la salsa?

—La traigo en el bolsillo —replicó el bobo—. Tengo para eso y mucho más.

Y se sacó del bolsillo un puñado de barro.

—¡Esto me gusta! —exclamó la princesa—. Al menos tú eres capaz de responder y de hablar. ¡Tú serás mi marido! Pero, ¿sabes que cada palabra que digamos será escrita y mañana aparecerá en el periódico? Mira aquella ventana: tres escribanos y un corregidor. Este es el peor, pues no entiende nada.

Desde luego, esto sólo lo dijo para amedrentar al solicitante. Y todos los escribanos soltaron la carcajada e hicieron una mancha de tinta en el suelo.

—¿Aquellas señorías de allí? —preguntó el bobo—. ¡Ahí va esto para el corregidor!

Y, vaciándose los bolsillos, arrojó todo el barro a la cara del personaje.

—¡Magnífico! —exclamó la princesa—. Yo no habría podido. Pero aprenderé.

Y de este modo Juan, el bobo, fue rey. Obtuvo una esposa y una corona y se sentó en un trono.

Y todo esto lo hemos sacado del diario del corregidor, lo cual no quiere decir que debamos creerlo a pies juntillas.

LA AGUJA DE ZURCIR

Érase una vez una aguja de zurcir tan fina y puntiaguda, que se creía ser una aguja de coser.

—Fíjense en lo que hacen y manéjenme con cuidado —decía a los dedos que la manejaban—. No me dejen caer, que si voy al suelo, las pasarán negras para encontrarme. ¡Soy tan fina!

—¡Vamos, vamos, que no hay para tanto! —dijeron los dedos, sujetándola por el cuerpo.

—Miren, aquí llego yo con mi séquito —prosiguió la aguja, arrastrando tras de sí una larga hebra, pero sin nudo.

Los dedos apuntaron la aguja a la zapatilla de la cocinera; el cuero de la parte superior había reventado y se disponían a coserlo.

—¡Qué trabajo más ordinario! —exclamó la aguja—. No es para mí. ¡Me rompo, me rompo!

Y se rompió.

—¿No se los dije? —suspiró la víctima—. ¡Soy demasiado fina!

—Ya no sirve para nada —pensaron los dedos, pero tuvieron que seguir sujetándola mientras la cocinera le aplicaba una gota de lacre y luego la clavaba en la pechera de la blusa.

—¡Toma! ¡Ahora soy un prendedor! —dijo la vanidosa—. Bien sabía yo que, con el tiempo, haría carrera. Cuando una vale, un día u otro se lo reconocen.

Y se rió para sus adentros, pues por fuera es muy difícil ver cuándo se ríe una aguja de zurcir. Y se quedó allí, tan orgullosa como si fuese en coche, y paseaba la mirada a su alrededor.

—¿Puedo tomarme la libertad de preguntarle, con el debido respeto, si acaso es usted de oro? —inquirió el alfiler, vecino suyo—. Tiene usted un porte majestuoso, y cabeza propia, aunque pequeña. Debe procurar crecer, pues no siempre se pueden poner gotas de lacre en el cabo.

Al oír esto, la aguja se irguió con tanto orgullo, que se soltó de la tela y cayó en el vertedero, en el que la cocinera estaba lavando.

—Ahora me voy de viaje —dijo la aguja—. ¡Con tal que no me pierda!

Pero es el caso que se perdió.

—Este mundo no está hecho para mí —pensó, ya en el arroyo de la calle—. Soy demasiado fina. Pero tengo conciencia de mi valor, y esto siempre es una pequeña satisfacción.

Y mantuvo su actitud, sin perder el buen humor.

Por encima de ella pasaban flotando toda clase de objetos: virutas, pajas y pedazos de periódico.

—¡Cómo navegan! —decía la aguja—. ¡Poco se imaginan lo que hay en el fondo! Yo estoy en el fondo y aquí sigo clavada. ¡Toma! Ahora pasa una viruta que no piensa en nada del mundo como no sea en una "viruta", o sea, en ella misma; y ahora viene una paja: ¡qué manera de revolcarse y de girar! No pienses tanto en ti, que darás contra una piedra. ¡Y ahora un trozo de periódico! Nadie se acuerda de lo que pone, y, no obstante, ¡cómo se ahueca! Yo, en cambio, me estoy aquí paciente y quieta; sé lo que soy y seguiré siéndolo…

Un día fue a parar a su lado un objeto que brillaba tanto, que la aguja pensó que tal vez sería un diamante; pero en realidad era un casco de botella. Y como brillaba, la aguja se dirigió a él, presentándose como alfiler de pecho.

—¿Usted debe ser un diamante, verdad?

—Bueno… sí, algo por el estilo.

Y los dos quedaron convencidos de que eran joyas excepcionales, y se enzarzaron en una conversación acerca de lo presuntuosa que es la gente.

—¿Sabes? Yo viví en el estuche de una señorita —dijo la aguja de zurcir—; era cocinera; tenía cinco dedos en cada mano, pero nunca he visto nada tan engreído como aquellos cinco dedos; y, sin embargo, toda su misión consistía en sostenerme, sacarme del estuche y volverme a meter en él.

—¿Brillaban acaso? —preguntó el casco de botella.

—¿Brillar? —exclamó la aguja—. No; pero a orgullosos nadie los ganaba. Eran cinco hermanos, todos dedos de nacimiento. Iban siempre juntos, la mar de tiesos uno al lado del otro, a pesar de que ninguno era de la misma longitud. El de más afuera, se llamaba "Pulgar", era corto y gordo, estaba separado de la mano, y como sólo tenía una articulación en el dorso, sólo podía hacer una inclinación; pero afirmaba que si a un hombre se lo cortaban, quedaba inútil para el servicio militar. Luego venía el "Lameollas", que se metía en lo dulce y en lo amargo, señalaba el sol y la luna y era el que apretaba la pluma cuando escribían. El "Larguirucho" se miraba a los demás desde lo alto; el "Borde dorado" se paseaba con un aro de oro alrededor del cuerpo, y el menudo "Meñique" no hacía nada, de lo cual estaba muy ufano. Todo era jactarse y vanagloriarse. Por eso fui yo a dar en el vertedero.

—Ahora estamos aquí, brillando —dijo el casco de botella.

En el mismo momento llegó más agua al arroyo, lo desbordó y se llevó el casco.

—¡Vamos! A este lo han despachado —dijo la aguja—. Yo me quedo, soy demasiado fina, pero esto es mi orgullo, y vale la pena.

Y permaneció altiva, sumida en sus pensamientos.

—De tan fina que soy, casi creería que nací de un rayo de sol. Tengo la impresión de que el sol me busca siempre debajo del agua. Soy tan sutil, que ni mi padre me encuentra. Si no se me hubiese roto el ojo, creo que lloraría; pero no, no es distinguido llorar.

Un día se presentaron varios pilluelos y se pusieron a rebuscar en el arroyo, en pos de clavos viejos, monedas pequeñas y otras cosas por el estilo. Era una ocupación muy sucia, pero ellos se divertían de lo lindo.

—¡Ay! —exclamó uno; se había pinchado con la aguja de zurcir—. ¡Esta marrana!

—¡Yo no soy ninguna marrana, sino una señorita! —protestó la aguja; pero nadie la oyó. El lacre se había desprendido, y el metal estaba ennegrecido; pero el negro hace más esbelto, por lo que la aguja se creyó aún más fina que antes.

—¡Ahí viene flotando una cáscara de huevo! —gritaron los chiquillos, y clavaron en ella la aguja.

—Negra sobre fondo blanco —observó ésta—. ¡Qué bien me sienta! Soy bien visible. ¡Con tal que no me maree ni vomite!

Pero no se mareó ni vomitó.

—Es una gran cosa contra el mareo tener estómago de acero. En esto sí que estoy por encima del vulgo. Me siento como si nada. Cuánto más fina es una, más resiste.

—¡Crac! —exclamó la cáscara, al sentirse aplastada por la rueda de un carro.

—¡Uf, cómo pesa! —añadió la aguja—. Ahora sí que me mareo. ¡Me rompo, me rompo!

Pero no se rompió, pese a haber sido atropellada por un carro. Quedó en el suelo, y, lo que es por mí, puede seguir allí muchos años.

LA CAMPANA

A la caída de la tarde, cuando se pone el sol y las nubes brillan como si fueran de oro por entre las chimeneas, en las estrechas calles de la gran ciudad solía oírse un sonido singular, como el tañido de una campana; pero se percibía sólo por un momento, pues el estrépito del tránsito rodado y el griterío eran demasiado fuertes.

—Toca la campana de la tarde —decía la gente—, se está poniendo el sol.

Para quienes vivían fuera de la ciudad, donde las casas estaban separadas por jardines y pequeños huertos, el cielo crepuscular era aún más hermoso, y los sones de la campana llegaban más intensos; se habría dicho que procedían de algún templo situado en lo más hondo del bosque fragante y tranquilo, y la gente dirigía la mirada hacia él en actitud recogida.

Transcurrió bastante tiempo. La gente decía:

—¿No habrá una iglesia allá en el bosque? La campana suena con una rara solemnidad. ¿Vamos a verlo?

Los ricos se dirigieron al lugar en coche, y los pobres a pie, pero a todos se les hizo extraordinariamente largo el camino, y cuando llegaron a un grupo de sauces que crecían en la orilla del bosque, se detuvieron a acampar y, mirando las largas ramas desplegadas sobre sus cabezas, creyeron que estaban en plena selva. Salió el pastelero y plantó su tienda, y luego vino otro, que colgó una campana en la cima de la suya; por cierto que era una campana alquitranada para resistir la lluvia, pero le faltaba el badajo. De regreso a sus casas, las personas afirmaron que la excursión había sido muy romántica, muy distinta a una simple merienda. Tres aseguraron que se habían adentrado en el bosque, llegando hasta su extremo, sin dejar de percibir el extraño tañido de la campana; pero les daba la impresión de que venía de la ciudad. Una de ellas compuso sobre el caso todo un poema, en el que decía que la campana sonaba como la voz de una madre a los oídos de un hijo querido y listo. Ninguna melodía era comparable al son de la campana.

El emperador del país se sintió también intrigado y prometió conferir el título de "campanero universal" a quien descubriese la procedencia del sonido, incluso en el caso de que no se tratase de una campana.

Fueron muchos quienes salieron al bosque, pero uno solo trajo una explicación plausible. Nadie penetró muy adentro, y él tampoco; sin embargo, dijo que aquel sonido de campana venía de una viejísima lechuza que vivía en un árbol hueco; era una lechuza sabia que no cesaba de golpear con la cabeza contra el árbol. Lo que no podía precisar era si lo que producía el sonido era la cabeza o el tronco hueco. El hombre fue nombrado campanero universal, y en adelante, cada año, escribió un tratado sobre la lechuza; pero la gente se quedó tan enterada como antes.

Llegó la fiesta de la confirmación; el predicador había hablado con gran elocuencia y unción, y los niños quedaron muy enfervorizados. Para ellos era un día muy importante, ya que de golpe pasaban de niños a personas mayores; el alma infantil se transportaba a una personalidad dotada de mayor razón. Brillaba un sol delicioso; los niños salieron de la ciudad y no tardaron en oír, procedente del bosque, el tañido de la enigmática campana, más claro y recio que nunca. A todos, excepto a tres, les entraron ganas de ir en su busca: una niña prefirió volverse a casa a probarse el vestido de baile, pues el vestido y el baile habían sido precisamente la causa de que la confirmaran en aquella ocasión, ya que de otro modo no habría asistido; el segundo fue un pobre niño, a quien el hijo del fondista había prestado el traje y los zapatos, a condición de devolverlos a una hora determinada; el tercero manifestó que nunca iba a un lugar desconocido sin sus padres; siempre había sido un niño obediente y quería seguir siéndolo después de su confirmación. Y que nadie se burle de él, a pesar de que los demás lo hicieron.

Así, aparte de los tres mencionados, los restantes se pusieron en camino. Lucía el sol y gorjeaban los pájaros, y los niños que acababan de recibir el sacramento iban cantando, cogidos de las manos, pues todavía no tenían dignidades ni cargos, y eran todos iguales ante Dios. Dos de los más pequeños no tardaron en fatigarse y se volvieron a la ciudad; dos niñas se sentaron a trenzar guirnaldas de flores, y se quedaron también rezagadas; y cuando los demás llegaron a los sauces del pastelero, dijeron:

—¡Toma, ya estamos en el bosque! La campana no existe; todo son fantasías.

De pronto, la campana sonó en lo más profundo del bosque, tan magnífica y solemne, que cuatro o cinco de los muchachos decidieron adentrarse en la selva. El follaje era muy espeso, y resultaba en extremo difícil seguir adelante; las aspérulas y las anémonas eran demasiado altas, y las floridas enredaderas y las zarzamoras colgaban en largas guirnaldas de árbol a árbol, mientras trinaban los ruiseñores y jugueteaban los rayos del sol. ¡Qué espléndido! Pero las niñas no podían seguir por aquel terreno; se hubieran roto los vestidos. Había también enormes rocas cubiertas de musgos multicolores, y una límpida fuente manaba, dejando oír su maravillosa canción: ¡gluc, gluc!

—¿No será esta la campana? —preguntó uno de los confirmandos, echándose al suelo a escuchar—. Habría que estudiarlo bien, y se quedó, dejando que los demás se marchasen.

Llegaron a una casa hecha de corteza de árbol y ramas. Un gran manzano silvestre cargado de fruto se encaramaba por encima de ella, como dispuesto a sacudir sus manzanas sobre el tejado, en el que florecían rosas; las largas ramas se apoyaban precisamente en el hastial, del que colgaba una pequeña campana. ¿Sería la que habían oído? Todos convinieron en que sí, excepto uno, que afirmó que era demasiado pequeña y delicada para que pudiera oírse a tan gran distancia; eran distintos los sones capaces de conmover un corazón humano. El que así habló era un príncipe, y los otros dijeron: "Los de su especie siempre se las dan de más listos que los demás".

Prosiguió, pues, solo su camino, y a medida que avanzaba sentía cada vez más en su pecho la soledad del bosque; pero seguía oyendo la campanita junto a la que se habían quedado los demás, y a intervalos, cuando el viento traía los sones de la del pastelero, oía también los cantos que de allí procedían. Pero las campanadas graves seguían resonando más fuertes, y pronto pareció como si, además, tocase un órgano; sus notas venían del lado donde está el corazón.

Se produjo un rumor entre las zarzas y el príncipe vio ante sí a un muchacho calzado con zuecos y vestido con una chaqueta tan corta, que las mangas apenas le pasaban de los codos. Se conocieron enseguida, pues el mocito resultó ser aquel mismo confirmando que no había podido ir con sus compañeros por tener que devolver al hijo del posadero el traje y los zapatos. Una vez cumplido el compromiso, se había encaminado también al bosque en zuecos y pobremente vestido, atraído por los tañidos, tan graves y sonoros, de la campana.

—Podemos ir juntos —dijo el príncipe.

Mas el pobre chico estaba avergonzado de sus zuecos, y, tirando de las cortas mangas de su chaqueta, alegó que no podría alcanzarlo; creía además que la campana debía buscarse hacia la derecha, que es el lado de todo lo grande y magnífico.

—En este caso no volveremos a encontrarnos —respondió el príncipe; y se despidió con un gesto amistoso.

El otro se introdujo en la parte más espesa del bosque, donde los espinos no tardaron en desgarrarle los ya míseros vestidos y ensangrentarse cara, manos y pies. También el príncipe recibió algunos arañazos, pero el sol alumbraba su camino. Lo seguiremos, pues era un mocito avispado.

—¡He de encontrar la campana! —dijo—, aunque tenga que llegar al fin del mundo.

Los malcarados monos, desde las copas de los árboles, le enseñaban los dientes con sus risas burlonas.

—¿Y si le diésemos una paliza? —decían—. ¿Vamos a apedrearlo? ¡Es un príncipe!

Pero el mozo continuó infatigable bosque adentro, donde crecían las flores más maravillosas. Había allí blancos lirios estrellados con estambres rojos como la sangre, tulipanes de color azul celeste que centelleaban entre las enredaderas, y manzanos cuyos frutos parecían grandes y brillantes pompas de jabón. ¡Cómo refulgían los árboles a la luz del sol! En derredor, en torno a bellísimos prados verdes, donde el ciervo y la corza retozaban entre la alta hierba, crecían soberbios robles y hayas, y en los lugares donde se había desprendido la corteza de los troncos, hierbas y bejucos brotaban de las grietas. Había también vastos espacios de selva ocupados por plácidos lagos, en cuyas aguas flotaban blancos cisnes agitando las alas. El príncipe se detenía con frecuencia a escuchar; a veces le parecía que las graves notas de la campana salían de uno de aquellos lagos, pero muy pronto se percataba de que no venían de allí, sino de más adentro del bosque.

Se puso el sol, el aire tomó una tonalidad roja de fuego, mientras en la selva el silencio se hacía absoluto. El muchacho se hincó de rodillas y, después de cantar el salmo vespertino, dijo:

—Jamás encontraré lo que busco; ya se pone el sol y llega la noche, la noche oscura. Tal vez logre ver aún por última vez el sol, antes de que se oculte del todo bajo el horizonte. Voy a trepar a aquella roca; su cima es tan elevada como la de los árboles más altos.

Y agarrándose a los sarmientos y raíces, se puso a trepar por las húmedas piedras, donde se arrastraban las serpientes de agua y los sapos lo recibían croando; pero él llegó a la cumbre antes de que el astro, visto desde aquella altura, desapareciera totalmente.

¡Gran Dios, qué maravilla! El mar, inmenso y majestuoso, cuyas largas olas rodaban hasta la orilla, se extendía ante él, y el sol, semejante a un gran altar reluciente, aparecía en el punto en que se unían el mar y el cielo. Todo se disolvía en radiantes colores; el bosque cantaba, y cantaba el océano, y su corazón les hacía coro. La Naturaleza entera se había convertido en un enorme y sagrado templo, cuyos pilares eran los árboles y las nubes flotantes, cuya alfombra la formaban las flores y las hierbas, y la espléndida cúpula, el propio cielo. En lo alto se apagaron los rojos colores al desaparecer el sol, pero en su lugar se encendieron millones de estrellas como otras tantas lámparas diamantinas, y el príncipe extendió los brazos hacia el cielo, hacia el bosque y hacia el mar; y de pronto, viniendo del camino de la derecha, se presentó el muchacho pobre, con sus mangas cortas y sus zuecos; había llegado también a tiempo, recorrida su ruta. Los dos mozos corrieron al encuentro uno de otro y se cogieron de las manos en el gran templo de la Naturaleza y de la Poesía, mientras encima de ellos resonaba la santa campana invisible, y los espíritus bienaventurados la acompañaban en su vaivén cantando un venturoso aleluya.

LA CASA VIEJA

Había en una callejuela una casa muy vieja, muy vieja; tenía casi trescientos años, según podía leerse en las vigas, donde estaba escrito el año, en cifras talladas sobre una guirnalda de tulipanes y hojas de lúpulo. Había también versos escritos en el estilo de los tiempos pasados, y sobre cada una de las ventanas, en la viga, se veía esculpida una cara grotesca, a modo de caricatura. Cada piso sobresalía mucho del inferior, y bajo el tejado habían puesto una gotera con cabeza de dragón; el agua de lluvia salía por sus fauces, pero también por su barriga, pues la canal tenía un agujero.

Todas las otras casas de la calle eran nuevas y bonitas, con grandes cristales en las ventanas y paredes lisas; bien se notaba que no querían tener nada en común con la vieja, y seguramente pensaban:

"¿Hasta cuándo seguirá este viejo armatoste, para vergüenza de la calle? Además, el balcón sobresale de tal modo que desde nuestras ventanas nadie puede ver lo que pasa allí. La escalera es ancha como la de un palacio y alta como la de un campanario. La barandilla de hierro parece la puerta de un panteón, y además tiene pomos de latón. ¡Se habrá visto!"

Frente a ellas había también casas nuevas que pensaban lo mismo; pero en una de sus ventanas vivía un niño de mejillas sonrosadas y ojos claros y radiantes, al que le gustaba la vieja casa, tanto a la luz del sol como a la de la luna. Se entretenía mirando sus decrépitas paredes y se pasaba horas enteras imaginando los cuadros más singulares y el aspecto que años atrás debía de ofrecer la calle, con sus escaleras, balcones y puntiagudos hastiales; veía pasar soldados con sus alabardas y correr los canalones como dragones y vestiglos. Era realmente una casa notable. En el piso alto vivía un anciano que vestía calzón corto, casaca con grandes botones de latón y una majestuosa peluca. Todas las mañanas iba a su cuarto un viejo sirviente, que cuidaba de la limpieza y hacía los mandados; aparte de él, el anciano de los calzones cortos vivía completamente solo en la vetusta casona. A veces se asomaba a la ventana; el chiquillo lo saludaba entonces con la cabeza, y el anciano le correspondía de igual modo. Así se conocieron, y entre ellos nació la amistad, a pesar de no haberse hablado nunca; pero esto no era necesario.

El chiquillo oyó cómo sus padres decían:

—El viejo de enfrente parece vivir con desahogo, pero está terriblemente solo.

El domingo siguiente el niño cogió un objeto, lo envolvió en un pedazo de papel, salió a la puerta y dijo al sirviente del anciano:

—Oye, ¿quieres hacerme el favor de dar esto de mi parte al anciano señor que vive arriba? Tengo dos soldados de plomo y le doy uno, porque sé que está muy solo.

El viejo sirviente asintió con un gesto de agrado y llevó el soldado de plomo a la vieja casa. Luego volvió con el encargo de invitar al niño a visitar a su vecino, y el niño acudió, después de pedir permiso a sus padres.

Los pomos de latón de la barandilla de la escalera brillaban mucho más que de costumbre; se diría que los habían pulido con ocasión de aquella visita; y parecía que los trompeteros de talla, que estaban esculpidos en la puerta saliendo de tulipanes, soplaran con todas sus fuerzas y con los carrillos mucho más hinchados que lo normal. "¡Taratatrá! ¡Que viene el niño! ¡Taratatrá!", tocaban; y se abrió la puerta. Todas las paredes del vestíbulo estaban cubiertas de antiguos cuadros que representaban caballeros con sus armaduras y damas vestidas de seda; y las armas rechinaban, y las sedas crujían. Venía luego una escalera que, después de subir un buen trecho, volvía a bajar para conducir a una azotea muy decrépita, con grandes agujeros y largas grietas, de las que brotaban hierbas y hojas. Toda la azotea, el patio y las paredes estaban revestidas de verdor, y aun no siendo más que un terrado, parecía un jardín. Había allí viejas macetas con caras pintadas, y cuyas asas eran orejas de asno; pero las flores crecían a su antojo, como plantas silvestres. De uno de los tiestos se desparramaban en todos sentidos las ramas y retoños de una espesa clavellina, y los retoños hablaban en voz alta, diciendo: "¡He recibido la caricia del aire y un beso del sol, y éste me ha prometido una flor para el domingo, una florecita para el domingo!".

Pasó luego a una habitación cuyas paredes estaban revestidas de cuero de cerdo, estampado de flores doradas.

El dorado se desluce pero el cuero queda, decían las paredes.

Había sillones de altos respaldos, tallados de modo pintoresco y con brazos a ambos lados.

—¡Siéntese! ¡Tome asiento! —decían—. ¡Ay! ¡Cómo crujo! Seguramente tendré la gota, como el viejo armario. La gota en la espalda, ¡ay!

Finalmente, el niño entró en la habitación del mirador, en la cual estaba el anciano.

—Muchas gracias por el soldado de plomo, amiguito mío —dijo el viejo—. Y mil gracias también por tu visita.

"¡Gracias, gracias!", o bien "¡crrac, crrac!", se oía de todos los muebles. Eran tantos, que casi se estorbaban unos a otros, pues todos querían ver al niño.

En el centro de la pared colgaba el retrato de una hermosa dama, de aspecto alegre y juvenil, pero vestida a la antigua, con el pelo empolvado y las telas tiesas y holgadas; no dijo ni "gracias" ni "crrac", pero miraba al pequeño con ojos dulces. Este preguntó al viejo:

—¿De dónde lo has sacado?

—Del ropavejero de enfrente —respondió el hombre—. Tiene muchos retratos. Nadie los conoce ni se preocupa de ellos, pues todos están muertos y enterrados; pero a esta la conocí yo en tiempos; hace ya cosa de medio siglo que murió.

Bajo el cuadro colgaba, dentro de un marco y cubierto con cristal, un ramillete de flores marchitas; seguramente habrían sido cogidas también medio siglo atrás, tan viejas parecían. El péndulo del gran reloj marcaba su tictac, y las manecillas giraban, y todas las cosas de la habitación se iban volviendo aún más viejas; pero ellos no lo notaron.

—En casa dicen —observó el niño— que vives muy solo.

—¡Oh! —sonrió el anciano—, no tan solo como crees. A menudo vienen a visitarme los viejos pensamientos, con todo lo que traen consigo, y, además, ahora has venido tú. No tengo por qué quejarme.

Entonces sacó del armario un libro de estampas, entre las que figuraban largas comitivas, coches singularísimos como ya no se ven hoy día, soldados y ciudadanos con las banderas de las corporaciones: la de los sastres llevaba unas tijeras sostenidas por dos leones; la de los zapateros iba adornada con un águila, sin zapatos, es cierto, pero con dos cabezas, pues los zapateros lo quieren tener todo doble, para poder decir: es un par. ¡Qué hermoso libro de estampas!

El anciano pasó a otra habitación a buscar golosinas, manzanas y nueces; en verdad que la vieja casa no carecía de encantos.

—¡No lo puedo resistir! —exclamó de súbito el soldado de plomo desde su sitio encima de la cómoda—. Esta casa está sola y triste. No; quien ha conocido la vida de familia, no puede habituarse a esta soledad. ¡No lo resisto! El día se hace terriblemente largo, y la noche, más larga aún. Aquí no es como en tu casa, donde tu padre y tu madre charlan alegremente, y donde tú y los demás chiquillos están siempre alborotando. ¿Cómo puede el viejo vivir tan solo? ¿Imaginas lo que es no recibir nunca un beso, ni una mirada amistosa, o un árbol de Navidad? Una tumba es todo lo que espera. ¡No puedo resistirlo!

—No debes tomarlo tan a la tremenda —respondió el niño—. Yo me siento muy bien aquí. Vienen de visita los viejos pensamientos, con toda su compañía de recuerdos.

—Sí, pero yo no los veo ni los conozco —insistió el soldado de plomo—. No puedo soportarlo.

—Pues no tendrás más remedio —dijo el chiquillo.

Volvió el anciano con cara risueña y con riquísimas confituras, manzanas y nueces, y el pequeño ya no se acordó más del soldado.

Regresó a su casa contento y feliz; transcurrieron días y semanas; entre él y la vieja casa se cruzaron no pocas señas de simpatía, y un buen día el chiquillo repitió la visita.

Los trompeteros de talla tocaron: "¡Taratatrá! ¡Ahí llega el pequeño! ¡Taratatrá!"; entrechocaron los sables y las armaduras de los retratos de los viejos caballeros, crujieron las sedas, "habló" el cuero de cerdo, y los antiguos sillones que sufrían de gota en la espalda soltaron su "¡ay!". Todo ocurrió exactamente igual que la primera vez, pues allí todos los días eran iguales, y las horas no lo eran menos.

—¡No puedo resistirlo! —exclamó el soldado—. He llorado lágrimas de plomo. ¡Qué tristeza la de esta casa! Prefiero que me envíes a la guerra, aunque haya de perder brazos y piernas. Siquiera allí hay variación. ¡No lo resisto más! Ahora ya sé lo que es recibir la visita de sus viejos pensamientos, con todos los recuerdos que traen consigo. Los míos me han visitado también, y, créeme, a la larga no te dan ningún placer; he estado a punto de saltar de la cómoda. Los veía a todos allá enfrente, en casa, tan claramente como si estuviesen aquí; volvía a ser un domingo por la mañana, ya sabes lo que quiero decir. Todos los niños colocados delante de la mesa cantaban su canción, la de todas las mañanas, con las manitas juntas. Sus padres estaban también con aire serio y solemne, y entonces se abrió la puerta y trajeron a su hermanita María, que no ha cumplido aún los dos años y siempre se pone a bailar cuando oye música, de cualquier especie que sea. No estaba bien que lo hiciera, pero se puso a bailar; no podía seguir el compás, pues las notas eran muy largas; primero se sostenía sobre una pierna e inclinaba la cabeza hacia delante, luego sobre la otra y volvía a inclinarla, pero la cosa no marchaba. Todos estaban allí muy serios, lo cual no les costaba poco esfuerzo, pero yo me reía para mis adentros, y, al fin, me caí de la mesa y me hice un chichón que aún me dura; pero reconozco que no estuvo bien que me riera. Y ahora todo vuelve a desfilar por mi memoria, y estos son los viejos pensamientos, con lo que traen consigo. Dime, ¿cantan todavía los domingos? Cuéntame algo de Marita, y ¿qué tal le va a mi compañero, el otro soldado de plomo? De seguro que es feliz. ¡Vamos, que no puedo resistirlo!

—Lo siento, pero ya no me perteneces —dijo el niño—. Te he regalado, y tienes que quedarte. ¿No lo comprendes?

Entró el viejo con una caja que contenía muchas cosas maravillosas: una casita de yeso, un bote de bálsamo y naipes antiguos, grandes y dorados como hoy ya no se estilan. Abrió muchos cajones, y también el piano, cuya tapa tenía pintado un paisaje en la parte interior; dio un sonido ronco cuando el hombre lo tocó, y en voz queda, éste se puso a cantar una canción.

—¡Ella sí sabía cantarla! —dijo, indicando con un gesto de la cabeza el cuadro que había comprado al trapero; y en sus ojos apareció un brillo inusitado.

—¡Quiero ir a la guerra, quiero ir a la guerra! —gritó el soldado de plomo con todas sus fuerzas; y se precipitó al suelo.

—¿Dónde se habrá metido? Lo buscó el viejo y lo buscó el niño, pero no lograron dar con él.

—Ya lo encontraré —dijo el anciano; pero no hubo modo, el suelo estaba demasiado agujereado; el soldado había caído por una grieta y fue a parar a un foso abierto.

Pasó el día, y el niño se volvió a su casa. Transcurrió aquella semana y otras varias. Las ventanas estaban heladas; el pequeño, detrás de ellas, con su aliento, conseguía despejar una mirilla en el cristal para poder ver la casa de enfrente: la nieve llenaba todas las volutas e inscripciones y se acumulaba en las escaleras, como si no hubiese nadie en la casa. Y, en efecto, no había nadie: el viejo había muerto.

Al anochecer, un coche se paró frente a la puerta y lo bajaron en el féretro; reposaría en el campo, en el panteón familiar. A él se encaminó el carruaje, sin que nadie lo acompañara; todos sus amigos estaban ya muertos. Al pasar, el niño, con las manos, envió un beso al ataúd.

Algunos días después se celebró una subasta en la vieja casa, y el pequeño pudo ver desde su ventana cómo se lo llevaban todo: los viejos caballeros y las viejas damas, las macetas de largas orejas de asno, los viejos sillones y los viejos armarios. Unos objetos partían en una dirección y otros en la opuesta. El retrato encontrado en casa del ropavejero fue de nuevo al ropavejero, donde quedó colgando ya para siempre, pues nadie conocía a la mujer ni se interesaba ya por el cuadro.

En primavera derribaron la casa, pues era una ruina, según decía la gente. Desde la calle se veía el interior de la habitación tapizada de cuero de cerdo, roto y desgarrado; y las plantas de la azotea colgaban mustias en torno a las vigas decrépitas. Todo se lo llevaron.

—¡Ya era hora! —exclamaron las casas vecinas.

En el solar que había ocupado la casa vieja edificaron otra nueva y hermosa, con grandes ventanas y lisas paredes blancas; en la parte delantera dispusieron un jardincito, con parras silvestres que trepaban por las paredes del vecino. Delante del jardín pusieron una gran verja de hierro, con puerta también de hierro. Era de un efecto magnífico; la gente se detenía a mirarlo. Los gorriones se posaban por docenas en las parras, charloteando entre sí con toda la fuerza de sus pulmones, aunque no hablaban nunca de la casa vieja, de la cual no podían acordarse.

Pasaron muchos años, y el niño se había convertido en un hombre que era el orgullo de sus padres. Se había casado y, con su joven esposa, se mudó a la casa nueva del jardín. Estaba un día en el jardín junto a su esposa, mirando cómo plantaba una flor del campo que le había gustado. Lo hacía con su mano diminuta, apretando la tierra con los dedos.

—¡Ay! —exclamó—. ¿Qué es esto?

Se había pinchado y sacó del suelo un objeto cortante.

¡Era él! —imagínense—, ¡el soldado de plomo!, el mismo que se había perdido en el piso del anciano. Extraviado entre maderas y escombros, ¡cuántos años había permanecido enterrado!

La joven limpió al soldado, primero con una hoja verde, y luego con su fino pañuelo, del que se desprendía un perfume delicioso. Al soldado de plomo le hizo el efecto de que volvía en sí de un largo desmayo.

—Deja que lo vea —dijo el joven, riendo y meneando la cabeza—. Seguramente no es el mismo; pero me recuerda un episodio que viví con un soldado de plomo siendo aún muy niño.

Y contó a su esposa lo de la vieja casa, el anciano y el soldado que le había enviado porque vivía tan solo. Y se lo contó con tanta naturalidad, tal y como ocurriera, que las lágrimas acudieron a los ojos de la joven.

—Es muy posible que sea el mismo soldado —dijo—. Lo guardaré y pensaré en todo lo que me has contado. Pero quisiera que me llevases a la tumba del viejo.

—No sé dónde está —contestó él—, y no lo sabe nadie. Todos sus amigos habían ya muerto, nadie se preocupó de él, y yo era un chiquillo.

—¡Qué solo debió de sentirse! —dijo ella.

—¡Espantosamente solo! —exclamó el soldado de plomo—. Pero ¡qué bella cosa es no ser olvidado!

—¡Muy bien! —gritó algo muy cerca; pero, aparte del soldado, nadie vio que era un jirón del tapiz de cuero de cerdo. Le faltaba todo el dorado y se confundía con la tierra húmeda, pero tenía su opinión y la expresó:

> *El dorado se desluce*
> *pero el cuero queda.*

Sin embargo, el soldado de plomo no lo pensaba así.

LA DRÍADE

Estamos de camino hacia París, para ver la Exposición. Ya llegamos. ¡Vaya viaje! Fue volar sin arte de magia. Nos impulsó el vapor, lo mismo por mar que por tierra.

Sí, nos ha tocado vivir en la época de los cuentos de hadas.

Nos hallamos en el corazón de París, en un gran hotel. Flores adornan las paredes de la escalera; mullidas alfombras cubren los peldaños.

Nuestra habitación es cómoda. Por el balcón abierto se domina la perspectiva de una gran plaza. Allí está la primavera; ha llegado a París al mismo tiempo que nosotros. La vemos en figura de un joven y majestuoso castaño, con delicadas hojas recién brotadas. ¡Qué bello está, con sus galas primaverales, eclipsando todos los demás árboles de la plaza! Uno de ellos ha sido borrado del número de los vivos; yace tendido en el suelo, arrancado de raíz. En su lugar será trasplantado y prosperará el joven castaño.

Éste se encuentra todavía en el pesado carro que, de madrugada, lo transportó desde el campo, a varias millas de París. Durante varios años había crecido al lado de un fornido roble, a cuya sombra solía sentarse el anciano y venerable párroco para contar sus cuentos a los niños. El castaño escuchaba también: la dríade que moraba en él era aún una niña.

Se acordaba todavía del tiempo en que el diminuto árbol sobresalía apenas de las hierbas y los helechos. Éstos habían alcanzado ya el límite de su desarrollo, mas no el árbol, que seguía creciendo año tras año, gozando del aire y del sol, bebiendo el rocío y la lluvia, sacudido y agitado por los fuertes vientos. Todo esto forma parte de la educación.

La dríade gozaba de su existencia, del sol y del gorjear de los pájaros. Pero lo que más le gustaba era la voz humana; comprendía su lenguaje, lo mismo que el de los animales.

La visitaban mariposas, libélulas y moscas; en una palabra, todos los insectos voladores. Le contaban cosas del pueblo, de los viñedos y el bosque, del viejo palacio y del parque, con sus canales y el estanque, en el fondo de cuyas aguas moraban también seres vivos que, a su manera, volaban de un punto a otro por debajo de la superficie; seres pensantes y muy ilustrados, y que siempre estaban callados, de puro inteligentes.

Y la golondrina, que se había zambullido en el agua, explicaba cosas de los lindos peces dorados, los gordos sargos, las voluminosas tencas y las viejas y musgosas carpas. La golondrina lo describía con mucha gracia, pero añadía que uno tenía que verlo con los propios ojos para hacerse una idea. Mas ¿cómo podía esperar la dríade ver jamás aquellas maravillas? Tenía que contentarse con contemplar la hermosa campiña y observar el ajetreo de los seres humanos.

Todo era bello y espléndido, pero especialmente cuando el viejo sacerdote contaba cosas de Francia, de las hazañas de sus hijos e hijas, cuyos nombres son pronunciados con admiración en todos los tiempos.

Entonces supo la dríade los hechos de la pastora Juana de Arco, de Carlota Corday, y conoció tiempos antiquísimos, y los de Enrique IV y de Napoleón I, llegando hasta los actuales. Oyó hablar de grandes genios y talentos; oyó nombres cuyo eco resuena en el corazón del pueblo: Francia es un gran país, el suelo nutricio del genio, con el cráter de la libertad.

Los niños de la aldea escuchaban con atención, y la dríade también; era un escolar como ellos. En las formas cambiantes de las nubes que desfilaban por el cielo veía, una por una, todas las escenas que describía el párroco.

El cielo con sus nubes era su libro de estampas.

Se sentía feliz con su hermosa Francia, y, sin embargo, tenía la impresión de que el ave, como todos los animales voladores, era más favorecida que ella. Hasta la mosca podía darse una vueltecita por el mundo, volar lejos, mucho más lejos de lo que alcanzaba a ver la dríade.

Francia era grande y magnífica, pero ella veía solo un pedacito insignificante. El país se extendía indefinidamente con sus viñedos, sus bosques y sus populosas ciudades, entre las cuales era París la más grandiosa y soberbia. Las aves podían volar hasta París, pero a ella le estaba vedado.

Entre los niños de la aldea había una chiquilla muy pobre y vestida de andrajos, pero de agradable aspecto. Cantaba y reía sin parar y llevaba siempre flores rojas en el negro cabello.

—¡No vayas a París! —le decía el viejo señor cura—. Allí te perderías, pobrecilla.

Pero ella se fue a París.

La dríade pensaba a menudo en aquella niña. Las dos habían sentido el mismo embrujo de la gran ciudad.

Desfilaron la primavera, el verano, el otoño y el invierno; transcurrieron varios años.

El árbol de la dríade dio sus primeras flores, y los pájaros gorjearon a su alrededor bajo el tibio sol. Por el camino se vio venir un lujoso coche ocupado por una distinguida señora, que con su mano guiaba los ágiles caballos, mientras un pequeño jockey, muy arreglado, iba sentado en la parte posterior. La dríade la reconoció, y la reconoció también el anciano sacerdote, quien, sacudiendo la cabeza, dijo, afligido:

—¡Fuiste a buscar tu perdición, pobre María!

"¿Pobre? —pensó la dríade—. ¡Qué ha de ser! ¡Si va vestida como una duquesa! ¡Cómo ha cambiado, en la ciudad de los hechizos! ¡Ay, si yo pudiese estar allí, entre tanta magnificencia! Su esplendor llega por la noche hasta las nubes; basta mirar al cielo para saber dónde está la ciudad".

Noche tras noche, miraba la dríade en aquella dirección. Veía la luminosa niebla en el horizonte; en las claras noches de luna echaba de menos las nubes viajeras que le ofrecían imágenes de la ciudad y de la Historia.

De igual forma que el niño hojea su libro de estampas, así la dríade consultaba las nubes.

El cielo de verano, sereno y sin nubes, era para ella una hoja en blanco; y ya llevaba varios días sin haber visto más que páginas vacías.

Era la calurosa estación veraniega, con días ardorosos, sin un hálito de brisa. Cada hoja, cada flor, vivía como aletargada, y las personas también.

En esto se levantaron nubes en el punto donde la neblina luminosa anunciaba la presencia de París.

Las nubes se amontonaron, formaron como una cadena montañosa y se extendieron por toda la región, hasta donde alcanzaba la vista de la dríade.

Semejantes a enormes peñascos negruzcos, los nubarrones se acumulaban en las alturas, capa sobre capa. Empezaron a rasgarlas los relámpagos. "También ellos son servidores de Dios", había dicho el anciano sacerdote. Y de pronto brilló un rayo deslumbrante, vivísimo como el mismo sol, capaz de volar las rocas, y que al caer hirió el venerable roble, hendiéndolo hasta la raíz. Se partió la copa, se partió el tronco, que se desplomó en dos pedazos, como si extendiera los brazos para recibir al mensajero de la luz.

No hay cañones que, al nacer un príncipe real, puedan resonar con un fragor comparable al del trueno que acompañó la muerte del viejo roble. La lluvia caía a torrentes, empezó a soplar un viento fresco, y en un momento se calmó la tormenta; el aire quedó limpio y sereno, como en una tarde de domingo. Los aldeanos se congregaron en torno al roble abatido; el señor cura pronunció sentidas palabras de recuerdo, y un pintor dibujó el árbol para que quedase de él un testimonio duradero.

—Todo se va —dijo la dríade—, se va como la nube, para no volver jamás.

Tampoco volvió el anciano sacerdote. El tejado de su escuela se había hundido, y desaparecido la tarima desde la que él daba sus lecciones. Los niños no volvieron, pero vino el otoño, y el invierno, y luego también la primavera. Al cambiar la estación, la dríade dirigió la mirada hacia el punto del horizonte donde, todas las tardes y noches, París brillaba como una niebla luminosa. De allí salía locomotora tras locomotora. Los trenes se sucedían ininterrumpidamente, silbando, rugiendo, a todas las horas del día. Llegaban trenes al anochecer, a medianoche, por la mañana y en pleno día, y en cada uno de ellos viajaban personas de todos los países del mundo. Una nueva maravilla las llamaba a París.

¿En qué consistía tal maravilla?

—Una prodigiosa floración del Arte y de la Industria —decían— ha brotado en la desierta arena del Campo de Marte. Un girasol gigantesco, en cuyas hojas puede aprenderse Geografía y Estadística, hasta llegar a ser docto como un decano, elevarse a las alturas del Arte y la Poesía, y reconocerse en ellas la grandeza y el poderío de los países.

—Una flor de leyenda —decían otros—, una flor de loto multicolor que despliega sus verdes hojas sobre la arena, a modo de alfombra de terciopelo; la temprana primavera la ha hecho germinar, el verano la verá en todo su esplendor, las tormentas de otoño se la llevarán y no dejarán de ella hojas ni raíces.

Frente a la Escuela Militar se extiende, en tiempo de paz, la arena de la guerra, un campo sin hierba ni planta alguna, un trozo de estepa arenosa arrancada al desierto de África, donde el espejismo exhibe sus fantásticos castillos aéreos y jardines colgantes. Pero en el Campo de Marte se alzaban éstos aún más hermosos y maravillosos, pues la humana inteligencia ha sabido trocar en realidad las mentidas imágenes atmosféricas.

—Se ha construido el palacio de Aladino de la Era moderna —se decía—. Día tras día, hora tras hora, va desplegándose en toda su milagrosa magnificencia. Mármoles y colores realzan sus espaciosos salones. El "maestro sin sangre" mueve aquí sus miembros de hierro y acero en la gran sala circular de las máquinas. Verdaderas obras de arte, hechas en metal, en piedra, en fibras textiles, pregonan la vida del espíritu que anima todos los países del mundo. Salas de pinturas, el esplendor de las flores, todo cuanto el talento y la habilidad pueden crear en el taller del artesano, aparece aquí expuesto. Hasta los monumentos de la Antigüedad sacados de los viejos palacios y de las turberas se han dado cita en París.

El grandioso conjunto, abrumador en su riqueza, debe descomponerse en pequeños fragmentos, reducirse a un juguete, para que pueda ser abrazado y captado en su integridad.

Como una gran mesa navideña, el Campo de Marte albergaba un mágico palacio de la Industria y del Arte, y en torno a él se exponían envíos de todos los países; cada nación encontraba allí un recuerdo de la patria.

Aparecía aquí el palacio real de Egipto, y más allá la caravanera de las tierras desérticas. El beduino había abandonado su soleado país y paseaba por París montado en su camello. Las cuadras rusas cobijaban los fogosos y soberbios caballos de las estepas. La casita de campo danesa, con el techo de paja y la bandera de Danebrog, se alzaba junto a la casa de madera de Gustavo Wasa de Dalarna, con sus primorosas tallas.

Chozas americanas, cabañas inglesas, pabellones franceses, quioscos, iglesias y teatros estaban dispuestos en derredor con arte y gracia exquisitos, y entre ellos había frescos céspedes, claras aguas fluyentes, floridos setos, árboles raros, invernaderos en cuyo interior creía uno hallarse en plena selva tropical; grandes rosaledas traídas de Damasco florecían bajo un tejado. ¡Qué riqueza de colores y perfumes!

Grutas artificiales con columnas estalactíticas encerraban aguas dulces y salobres, ofreciendo una vista panorámica del reino de los peces; estaba uno como en el fondo del mar, entre peces y pólipos.

—Todo eso —decían— contiene y exhibe el Campo de Marte, y en torno a la inmensa mesa del banquete, opíparamente servida, se mueve el enorme gentío como laborioso hormiguero, a pie o en diminutos carruajes, pues no todas las piernas resisten la agotadora peregrinación.

Acude la gente desde las primeras horas de la mañana hasta la noche cerrada. Un vapor tras otro, abarrotados de público, bajan por el Sena, el número de vehículos aumenta por momentos, los tranvías y ómnibus van hasta los topes. Todas esas riadas de personas confluyen hacia un mismo punto: la Exposición de París. Las entradas del recinto están adornadas con banderas de Francia; alrededor del bazar de los países ondean los colores de todas las naciones; de la sala de maquinaria llega un fuerte zumbido, los campanarios envían las melodías de los carillones, el órgano suena en los templos, y a sus notas se mezclan, gangosos y enronquecidos, los cantos de los cafés orientales. Se diría un imperio babilónico, una lengua cosmopolita, una maravilla del universo.

Así era, en efecto, decían las noticias que llegaban de allí. ¿Quién no las oía? La dríade sabía todo lo que acabamos de contar acerca del nuevo milagro de la ciudad de las ciudades.

—¡Vuelen, aves! ¡Vuelen a verlo y vuelvan a contármelo! —suplicaba la dríade.

Su deseo se convirtió en un anhelo ardiente, y he aquí que en la noche clara y silenciosa, a la luz de la luna, la dríade vio cómo del luminoso astro de la noche salía una chispa, que descendió como una estrella fugaz y se detuvo delante del árbol, cuyas ramas se estremecieron como al embate de una brusca ventolera. Apareció entonces una figura imponente y luminosa, y habló con voz suave y recia a la vez, como las trompetas que, el día del Juicio Final, nos llamarán a escuchar nuestra sentencia.

—Irás a la ciudad hechizada, echarás raíces en ella, gozarás de su vida bulliciosa, de su aire y de su sol. Pero tu vida se acortará; la serie de años que aquí en el campo te estaban destinados se reducirá a una pequeña fracción. ¡Pobre dríade! ¡Ésta será tu perdición! Vivirás con el alma en un hilo; tus deseos se volverán tempestuosos. El árbol será para ti una cárcel, abandonarás tu envoltura, renunciarás a tu naturaleza, te escaparás para mezclarte con los humanos. Entonces tu vida se reducirá a la mitad de la de una efímera, pues vivirás una sola noche. Tu luz vital se extinguirá, las hojas del árbol se marchitarán y morirán, perdido el verdor para siempre.

Así dijo, y la luminosa aparición se esfumó, pero no el anhelo de la dríade, que quedó temblando de expectación, dominada por la fiebre de tantas emociones. "¡Iré a la ciudad de las ciudades! —exclamó—. La vida empieza, crece como la nube, nadie sabe adónde va".

Al amanecer, cuando palideció la luna y las nubes se tiñeron de grana, sonó la hora de la realización y se cumplieron las palabras de la promesa.

Se presentaron unos hombres provistos de palas y palancas. Cavaron hasta muy hondo en torno a las raíces del árbol; se adelantó un carro tirado por caballos, levantaron el árbol con sus raíces y la tierra que las sujetaba y, después de envolverlas con esteras de juncos a modo de caliente saco de viaje, lo cargaron en el vehículo. Lo ataron sólidamente y emprendieron el viaje a París, la noble capital de Francia, la ciudad de las ciudades, donde el árbol debía crecer y medrar.

Las ramas y las hojas del castaño temblaron al ponerse el carro en movimiento; la dríade tembló a su vez de ardiente impaciencia.

—¡Adelante, adelante! —decía a cada latido—. ¡Adelante, adelante! —sonaba en palabras aladas y vibrantes.

La dríade ni se acordó de decir adiós a la tierra natal, a las ondeantes hierbas y a las candorosas margaritas que la habían mirado desde el nivel del suelo como a una gran dama del jardín de Nuestro Señor, como a una princesita que jugaba a pastora en el campo.

El castaño yacía en el carro, saludando con las ramas. Si quería decir "adiós" o "adelante", la dríade lo ignoraba; soñaba tan solo en las maravillosas novedades, tan conocidas sin embargo, que iban a desplegarse ante ella. Ningún corazón infantil, inocente y alegre, ninguna sangre ansiosa de placeres había emprendido el viaje a París con tal exaltación.

Su "¡adiós!" fue un "¡adelante, adelante!".

Giraban las ruedas. La lejanía se aproximaba y pasaba, cambiaba el paisaje como las nubes; aparecían nuevos viñedos, bosques, pueblos, torres y jardines; se acercaban, desaparecían. El castaño seguía avanzando, y la dríade con él. Se sucedían las estruendosas locomotoras y se cruzaban, enviando al aire nubes de humo que hablaban de París, de dónde venían y adónde se dirigía la dríade.

En derredor todos sabían o adivinaban su punto de destino; cada árbol del camino parecía extender hacia ella sus ramas, rogándole: "¡Llévame contigo, llévame contigo!". En cada uno moraba también una dríade anhelante.

¡Qué cambio! ¡Qué viaje! Parecía como si del suelo brotaran las casas, cada vez más numerosas y más espesas. Se levantaban las chimeneas como tiestos de flores, superpuestas o alineadas en los tejados; grandes letreros con letras gigantescas y figuras multicolores, que cubrían las paredes desde el zócalo a la cornisa, destacaban brillantes y luminosas.

—¿Dónde empieza París? ¿Cuándo llegaré? —se preguntaba la dríade.

El hormiguero humano aumentaba, crecían el ruido y el ajetreo, se sucedían los carruajes, peatones seguían a jinetes, y en torno se alineaban las tiendas y todo era música, canto, griterío y discursos.

La dríade, en el interior de su árbol, se encontraba en el centro de París.

El grande y pesado carro se detuvo en una plaza plantada de otros árboles y rodeada de altas casas que tenían balcones en vez de ventanas. La gente miraba desde ellos al joven castaño verde que acababa de llegar y que iba a ser plantado en el lugar del árbol muerto y arrancado, yacente en el suelo. Los transeúntes se paraban en la plaza a mirar con gozosa sonrisa el hermoso presagio de la primavera. Los árboles de más edad, cubiertos aún de yemas, saludaban con el murmullo de sus ramas: "¡Bienvenido, bienvenido!". Y el surtidor proyectaba al aire sus chorros de agua, que, al caer en la ancha pila, enviaban sus gotas al árbol recién venido, como para saludar su llegada, invitándolo a un refresco.

La dríade sintió que descargaban su árbol del carro y lo colocaban en el hoyo que le tenían destinado. Las raíces fueron recubiertas con tierra, y encima plantaron fresco césped. Junto con el árbol fueron plantadas también matas y flores en macetas, quedando un jardincito en el centro de la plaza. El árbol muerto, víctima de las emanaciones del gas, de los vapores y del asfixiante aire ciudadano, fue cargado en el carro y retirado. Los transeúntes miraban; niños y ancianos se sentaban en el banco, entre el verdor, alzando la vista para contemplar las hojas del árbol. Y nosotros, que relatamos la historia, veíamos desde un balcón aquel joven emisario de la primavera, venido de los puros aires campestres, y repetíamos las palabras del anciano sacerdote: "¡Pobre dríade!".

—¡Qué feliz soy, qué feliz! —exclamaba ésta, jubilosa—. Pero no logro comprender ni expresar lo que siento. Todo es como me lo había imaginado y, al mismo tiempo, muy distinto.

Las casas estaban allí, tan altas, tan cercanas. El sol brillaba solamente en una de las paredes, la cual se hallaba cubierta de rótulos y carteles, ante los que la gente se detenía, apretujándose. Circulaban carruajes, pesados y ligeros. Los ómnibus, esas abarrotadas casas ambulantes, corrían a gran velocidad. Entre ellos se deslizaban jinetes, y lo mismo trataban de hacer los carros y coches. La dríade se preguntó si acaso aquellas altísimas casas tan apiñadas no se esfumarían pronto como las nubes del cielo, cambiando de forma, apartándose para dejarle ver mejor la ciudad de París. ¿Dónde estaba Notre Dame, la columna Vendôme y aquella maravilla que había atraído y seguía atrayendo a tantos extranjeros?

Pero las casas no se movían de su sitio.

Había aún luz de día cuando encendieron los faroles; los mecheros de gas enviaban su resplandor desde el interior de los comercios, alumbrando hasta las ramas de los árboles; parecía el sol de verano. En lo alto fueron asomando las estrellas, las mismas que la dríade conocía del campo.

Creyó sentir que venía de él una corriente de aire, puro y suave. Experimentó la sensación de ser levantada y fortalecida; veía por cada hoja del árbol, sentía por cada fibra de la raíz. En medio de aquel mundo de los humanos sentía que la miraban unos ojos dulces, mientras a su alrededor todo era confusión y ruido, colores y luz.

De las calles adyacentes llegaban sones de instrumentos musicales y las melodías del organillo que invitaban a la danza. ¡A bailar, a bailar! Convidaban a la alegría, a gozar de la vida. Era una música capaz de hacer danzar a los caballos, coches, árboles y casas, si hubiesen sabido bailar. El pecho de la dríade rebosaba de entusiasmo y de júbilo.

—¡Cuánta dicha y belleza! —exclamaba—. ¡Estoy en París!

El día y la noche que siguieron, y el otro día y la otra noche ofrecieron el mismo espectáculo: aquel movimiento, aquella animación, siempre distintos y, sin embargo, siempre iguales.

—Ya conozco a todos los árboles y a todas las flores de la plaza. Y conozco también las casas una por una, cada balcón y cada tienda de este retirado rincón donde me han plantado y que me oculta la enorme y populosa ciudad. ¿Dónde están los arcos de triunfo, los bulevares, la maravilla del mundo? No veo nada. Estoy como encerrada en una jaula en medio de las altas casas que conozco ya de memoria, con sus letreros, rótulos y carteles; ya no me gusta este abigarramiento. ¿Dónde está todo aquello que me contaron, que sé que existe, que tanto anhelaba ver y que encendió en mí el deseo de venir a la ciudad? ¿Qué he conseguido, qué he encontrado? Sigo sintiendo aquel ansia de antes, siento que hay una vida que quisiera captar y vivir. Es necesario que salga de aquí y me mezcle entre los vivos, que me mueva con ellos, vuele como las aves, vea y sienta, me convierta en un ser humano, goce de la mitad de un día, en vez de esta existencia que discurre durante años y años en un estado de embotamiento y abulia, en el que me consumo y hundo, caigo como el rocío del prado y desaparezco. Quiero brillar como la nube, brillar al sol de la vida, contemplar el mundo como la nube y, como ella, surcar el cielo sin rumbo conocido.

Así suspiraba la dríade:

—¡Quítame mis años de vida! —suplicó al fin—, concédeme la mitad de la existencia de la efímera. ¡Líbrame de mi prisión! Dame la vida humana, la dicha de los hombres, aunque sea por breve plazo, por esta única noche si no puede ser más, y castígame después por mi presunción, por mi anhelo de vivir. Extíngueme, seca mi envoltura, este árbol joven y lozano, conviértelo en cenizas que el viento disperse.

Un rumor llegó por entre las ramas del árbol, cuyas hojas temblaron como agitadas por una corriente de fuego. Una ráfaga de viento azotó la copa, y de su centro surgió una figura femenina: era la propia dríade. Apareció entre las frondosas ramas alumbradas por el gas, joven y hermosa como aquella pobre María a quien habían dicho: "La gran ciudad será tu perdición".

La dríade se sentó al pie del árbol, a la puerta de su casa, que había cerrado, y luego tiró la llave. ¡Tan joven y tan bella! Las estrellas la veían, centelleando; las lámparas de gas la veían, brillando y haciéndole señas. ¡Qué delicada y, al mismo tiempo, qué lozana era! Una niña y, sin embargo, ya una mujer. Su vestido era fino como la seda, verde como las hojas recién desplegadas de la copa del árbol. En su cabello castaño había una flor semiabierta; se habría dicho la diosa de la primavera.

Sólo un momento permaneció inmóvil. Enseguida se incorporó de un brinco, grácil y ligera como una gacela, echó a correr, volviendo la esquina. Corría y saltaba como el reflejo que el sol envía a un cristal y que a cada movimiento es proyectado en una dirección distinta. Quien la hubiera podido seguir fijamente con la mirada, habría gozado de un maravilloso espectáculo: en cada lugar donde se detenía, según fuera la luz y el ambiente, cambiaban su vestido y su figura.

Llegó al bulevar, bañado por el río de luz que enviaban los faroles de gas y los mecheros de tiendas y cafés. Se alineaban allí jóvenes y esbeltos árboles, cada uno protegiendo a su propia dríade de los rayos de aquel sol artificial. Toda la acera, interminable, era como una única y enorme sala de fiestas; había allí mesas puestas con toda clase de refrescos, desde el champán y los licores hasta el café y la cerveza. Había también una exposición de flores, estatuas, libros y telas de todos los colores.

Por entre la multitud congregada entre las altas casas, miró al otro lado de la pavorosa riada humana, más allá de las hileras de árboles. Avanzaba una oleada de coches, cabriolés, carrozas, ómnibus, caballeros montados y tropas formadas. Atravesar la calle suponía poner en peligro la vida. Ora lucían antorchas, ora dominaban las llamas del gas. De repente salió disparado un cohete. ¿De dónde salía? ¿Adónde iba?

Indudablemente, era la avenida principal de la gran urbe.

Resonaban aquí suaves melodías italianas, allá canciones españolas con repiqueteo de castañuelas; pero todo lo dominaba la música de moda, el excitante ritmo del cancán, que jamás conoció Orfeo ni fue escuchada por la bella Helena. Hasta la carretilla de mano habría bailado a su compás si la hubieran dejado. La dríade danzaba, flotaba, volaba, cambiando de colores como el colibrí a los rayos del sol; cada casa, cada grupo de gente le enviaba su reflejo.

Como la radiante flor de loto arrancada de su raíz es arrastrada por el remolino de la corriente, así también iba ella a la deriva, cambiando de figura cada vez que se paraba; por eso nadie podía seguirla, reconocerla ni contemplarla.

Tal como hicieran las visiones ofrecidas por las nubes, todo volaba ante ella, rostro tras rostro, pero no conocía ninguno, ni uno solo era de su tierra. En su pensamiento brillaban dos ojos radiantes: pensaba en María, la pobre María, aquella niña alegre y harapienta de la flor roja en el negro cabello. Allí estaba, en la gran urbe, rica y radiante como aquel día que había pasado en coche frente a la casa del señor cura y junto al árbol de la dríade y al viejo roble.

Seguramente estaba entre aquel ensordecedor bullicio; tal vez acababa de apearse de una magnífica carroza. Aparcaban en aquel lugar coches lujosísimos, de cocheros ricamente galoneados y criados con medias de seda. De los vehículos descendían damas brillantemente ataviadas. Entraban por la puerta de la verja y subían por la alta y ancha escalinata que conducía a un edificio de blancas columnas de mármol. ¿Sería aquello la maravilla universal? Seguramente allí estaba María.

"¡Santa María!", cantaban en el interior, mientras nubes de perfumado incienso salían por las altas arcadas, pintadas y doradas, debajo de las cuales reinaba la penumbra.

Era la iglesia de Santa Magdalena.

Las distinguidas damas vestidas con telas preciosas, confeccionadas a la última moda, avanzaban por el brillante pavimento. Los blasones lucían en los broches de plata de los devocionarios y en los finísimos pañuelos, perfumados y orlados con bellísimos encajes de Bruselas. Algunas se arrodillaban ante los altares y permanecían en silenciosa oración, mientras otras se encaminaban a los confesionarios.

La dríade sentía una especie de inquietud, una angustia, como si hubiese entrado en un lugar que le estaba vedado. Aquella era la mansión del silencio, el recinto de los misterios; no se hablaba sino en susurros, en voz queda.

La dríade se vio a sí misma vestida de seda y cubierta con un velo, semejante, por su exterior, a las demás señoras de alta cuna y opulenta familia. ¿Serían todas, como ella, hijas del deseo?

Se oyó un suspiro, hondo y doloroso. ¿Vino de un confesionario o del pecho de la dríade? Esta se cubrió mejor con el velo. Respiraba perfume de incienso y no aire puro. No era aquel el lugar de su anhelo.

¡Adelante, adelante sin descanso! La efímera no conoce la quietud; volar es su vida.

Volvió a encontrarse fuera, bajo los luminosos faroles de gas, junto a un surtidor magnífico.

—Toda el agua que brota no podrá nunca lavar la sangre inocente que aquí se vertió.

Alguien pronunció estas palabras.

Unos extranjeros hablaban en voz alta, como nadie habría osado hacer en aquella gran sala de los misterios de donde la dríade acababa de salir.

Una gran losa de piedra giró y fue levantada. Ella no lo comprendía; vio un pasadizo abierto que conducía a las profundidades. Bajaron, dejando a sus espaldas la vivísima luz, la llama refulgente del gas y la vida al aire libre.

—¡Tengo miedo! —exclamó una de las señoras que allí estaban—. No me atrevo a bajar. No me importan las maravillas que pueda haber allá abajo. ¡Quédate conmigo!

—¿Volvernos a casa? —protestó el marido—. ¿Marcharnos de París sin haber visto lo más notable de la ciudad, la gran maravilla de nuestra época, obra de la inteligencia y la voluntad de un solo hombre?

—¡Yo no bajo! —fue la respuesta.

—La maravilla de nuestra época —habían dicho. La dríade lo oyó y comprendió. Había alcanzado el objeto de su más ardiente deseo; por allí se iba a las regiones profundas, al subsuelo de París. Nunca se le habría ocurrido, pero viendo cómo los forasteros descendían, los siguió.

La escalera era de hierro fundido, de caracol, ancha y cómoda. Abajo brillaba una lámpara, y más al fondo, otra.

Se hallaron en un laberinto de salas y arcadas interminables que se cruzaban entre sí. Todas las calles y callejones de París se veían como en un espejo empañado; se leían los nombres, cada casa de la superficie tenía allá abajo su correspondiente número y extendía sus raíces por debajo de las aceras empedradas y desiertas, que se abrían a lo largo de un ancho canal por el que corría un agua fangosa.

Encima, el agua pura fluía por sobre unas arcadas, y en la parte más alta pendía la red de las cañerías de gas y de hilos telegráficos. De distancia en distancia ardían lámparas, como un reflejo de la urbe que quedaba allá arriba. A intervalos se oía un ruido sordo; eran los pesados carruajes que circulaban por los puentes de la entrada. ¿Dónde se había metido la dríade?

EL RUISEÑOR

En China, como sabes muy bien, el Emperador es chino, y chinos son todos los que lo rodean. Hace ya muchos años de lo que voy a contar, pero por eso precisamente vale la pena que lo oigan, antes de que la historia se haya olvidado.

El palacio del Emperador era el más espléndido del mundo entero, todo él de la más delicada porcelana. Todo en él era tan precioso y frágil, que había que ir con mucho cuidado antes de tocar algo. El jardín estaba lleno de flores maravillosas, y de las más bellas colgaban campanillas de plata que sonaban para que nadie pudiera pasar de largo sin fijarse en ellas. Sí, en el jardín imperial todo estaba muy bien pensado, y era tan extenso que ni el propio jardinero sabía dónde terminaba. Si seguías andando, te encontrabas en el bosque más espléndido que puedas imaginar, lleno de altos árboles y profundos lagos. Aquel bosque llegaba hasta el mar hondo y azul; grandes embarcaciones podían navegar por debajo de las ramas, y allí vivía un ruiseñor que cantaba tan primorosamente, que incluso el pobre pescador, a pesar de sus muchas ocupaciones, cuando por la noche salía a retirar las redes, se detenía a escuchar sus trinos.

—¡Dios santo, y qué hermoso! —exclamaba; pero luego tenía que atender sus redes y olvidarse del pájaro hasta la noche siguiente, en que, al llegar de nuevo al lugar, repetía—: ¡Dios santo, y qué hermoso!

De todos los países llegaban viajeros a la ciudad imperial, y admiraban el palacio y el jardín; pero en cuanto oían al ruiseñor, exclamaban:

—¡Esto es lo mejor de todo!

De regreso a sus tierras, los viajeros hablaban de él, y los sabios escribían libros y más libros acerca de la ciudad, del palacio y del jardín, pero sin olvidarse nunca del ruiseñor, al que ponían por las nubes; y los poetas componían inspiradísimos poemas sobre el pájaro que cantaba en el bosque, junto al profundo lago.

Aquellos libros se difundieron por el mundo, y algunos llegaron a manos del Emperador. Se hallaba sentado en su sillón de oro, leyendo y leyendo; de vez en cuando hacía con la cabeza un gesto de aprobación, pues le satisfacía leer aquellas magníficas descripciones de la ciudad, del palacio y del jardín. «Pero lo mejor de todo es el ruiseñor», decía el libro.

«¿Qué es esto? —pensó el Emperador—. ¿El ruiseñor? Jamás he oído hablar de él. ¿Es posible que haya un pájaro así en mi imperio, y precisamente en mi jardín? Nadie me ha informado. ¡Está bueno que uno tenga que enterarse de semejantes cosas por los libros!»

Y mandó llamar al mayordomo de palacio, un personaje tan importante que, cuando una persona de rango inferior se atrevía a dirigirle la palabra o hacerle una pregunta, se limitaba a contestarle: «¡P!». Y esto no significa nada.

—Según parece, hay aquí un pájaro de lo más notable, llamado ruiseñor —dijo el Emperador—. Se dice que es lo mejor que existe en mi imperio; ¿por qué no se me ha informado de este hecho?

—Es la primera vez que oigo hablar de él —se justificó el mayordomo—. Nunca ha sido presentado en la Corte.

—Pues ordeno que acuda esta noche a cantar en mi presencia —dijo el Emperador—. El mundo entero sabe lo que tengo, menos yo.

—Es la primera vez que oigo hablar de él —repitió entonces el mayordomo—. Lo buscaré y lo encontraré.

¿Encontrarlo? ¿Dónde? El dignatario se cansó de subir y bajar escaleras y de recorrer salas y pasillos. Nadie de cuantos preguntó había oído hablar del ruiseñor. Y el mayordomo, volviendo al Emperador, le dijo que se trataba de una de esas fábulas que suelen imprimirse en los libros.

—Vuestra Majestad Imperial no debe creer todo lo que se escribe; son fantasías y una cosa que llaman magia negra.

—Pero el libro en que lo he leído me lo ha enviado el poderoso Emperador del Japón —replicó el Soberano—; por tanto, no puede ser mentira. Quiero oír al ruiseñor. Que acuda esta noche a mi presencia para cantar bajo mi especial protección. Si no se presenta, mandaré que todos los cortesanos sean pateados en el estómago después de cenar.

—¡Tsing-pe! —dijo el mayordomo; y vuelta a subir y bajar escaleras y a recorrer salas y pasillos, y media Corte con él, pues a nadie le hacía gracia que le patearan el estómago. Y todo era preguntar por el notable ruiseñor, conocido por todo el mundo menos por la Corte.

Finalmente, dieron en la cocina con una pobre muchachita que exclamó:

—¡Dios mío! ¿El ruiseñor? ¡Claro que lo conozco! ¡Qué bien canta! Todas las noches me dan permiso para que lleve algunas sobras de comida a mi pobre madre, que está enferma. Vive allá en la playa, y cuando estoy de regreso me paro a descansar en el bosque y oigo cantar al ruiseñor. Y, oyéndolo, se me vienen las lágrimas a los ojos, como si mi madre me besara. Es un recuerdo que me estremece de emoción y dulzura.

—Pequeña fregaplatos —dijo el mayordomo—, te daré un empleo fijo en la cocina y permiso para presenciar la comida del Emperador, si puedes traernos al ruiseñor; está citado para esta noche.

Todos se dirigieron al bosque, al lugar donde el pájaro solía situarse; media Corte tomaba parte en la expedición. Avanzaban a toda prisa, cuando una vaca se puso a mugir.

—¡Oh! —exclamaron los cortesanos—. ¡Ya lo tenemos! ¡Qué fuerza para un animal tan pequeño! Ahora que caigo en ello, no es la primera vez que lo oigo.

—No, eso es una vaca que muge —dijo la fregona—. Aún tenemos que andar mucho.

Luego oyeron las ranas croando en una charca.

—¡Magnífico! —exclamó un cortesano—. Ya lo oigo, suena como las campanillas de la iglesia.

—No, eso son ranas —contestó la muchacha—. Pero creo que no tardaremos en oírlo.

Y enseguida el ruiseñor se puso a cantar.

—¡Es él! —dijo la niña—. ¡Escuchen, escuchen! ¡Allí está! —y señaló una avecilla gris posada en una rama.

—¿Es posible? —dijo el mayordomo—. Jamás lo habría imaginado así. ¡Qué vulgar! Seguramente habrá perdido el color, intimidado por unos visitantes tan distinguidos.

—Mi pequeño ruiseñor —dijo en voz alta la muchachita—, nuestro gracioso Soberano quiere que cantes en su presencia.

—¡Con mucho gusto! —respondió el pájaro, y reanudó su canto que daba gloria oírlo.

—¡Parecen campanitas de cristal! —observó el mayordomo.

—¡Miren cómo se mueve su garganta! Es raro que nunca lo hubiésemos visto. Causará sensación en la Corte.

—¿Quieren que vuelva a cantar para el Emperador? —preguntó el pájaro, pues creía que el Emperador estaba allí.

—Mi pequeño y excelente ruiseñor —dijo el mayordomo—, tengo el honor de invitarte a una gran fiesta en palacio esta noche, donde podrás deleitar con tu magnífico canto a Su Imperial Majestad.

—Suena mejor en el bosque —objetó el ruiseñor—, pero cuando le dijeron que era un deseo del Soberano, los acompañó gustoso.

En palacio todo había sido pulido y fregado. Las paredes y el suelo, que eran de porcelana, brillaban a la luz de millares de lámparas de oro; las flores más exquisitas, con sus campanillas, habían sido colocadas en los corredores; las idas y venidas de los cortesanos producían tales corrientes de aire que las campanillas no cesaban de sonar y uno no oía ni su propia voz.

En medio del gran salón donde estaba el Emperador, habían puesto una percha de oro para el ruiseñor. Toda la Corte estaba presente, y la pequeña fregona había recibido autorización para situarse detrás de la puerta, pues ya tenía el título de cocinera de la Corte. Todo el mundo llevaba sus vestidos de gala, y todos los ojos estaban fijos en la avecilla gris, a la que el Emperador hizo señal de que podía empezar.

El ruiseñor cantó tan deliciosamente que las lágrimas acudieron a los ojos del Soberano; y cuando el pájaro las vio rodar por sus mejillas, volvió a cantar mejor aún, hasta llegarle al alma. El Emperador quedó tan complacido que dijo que regalaría su chinela de oro al ruiseñor para que se la colgara al cuello. Pero el pájaro le dio las gracias, diciéndole que ya se consideraba suficientemente recompensado.

—He visto lágrimas en los ojos del Emperador; este es para mí el mejor premio. Las lágrimas de un rey poseen una virtud especial. Dios sabe que he quedado bien recompensado —y reanudó su canto con su dulce y melodiosa voz.

—¡Es la lisonja más amable y graciosa que he escuchado en mi vida! —exclamaron las damas presentes; y todas se fueron a llenarse la boca de agua para gargarizar cuando alguien hablara con ellas; pues creían que también ellas podían ser ruiseñores. Sí, hasta los lacayos y las camareras expresaron su aprobación, y eso es decir mucho, pues son siempre más difíciles de contentar. Realmente, el ruiseñor causó sensación.

Se quedaría en la Corte, en una jaula particular, con libertad para salir dos veces durante el día y una durante la noche. Pusieron a su servicio diez criados, a cada uno de los cuales estaba sujeto por medio de una cinta de seda que le ataron alrededor de la pierna. La verdad es que no eran precisamente de placer aquellas excursiones.

La ciudad entera hablaba del notabilísimo pájaro, y cuando dos se encontraban, se saludaban diciendo uno: «Rui» y respondiendo el otro: «Señor»; luego exhalaban un suspiro, indicando que se habían comprendido. Hubo incluso once verduleras que pusieron su nombre a sus hijos, pero ni uno de ellos resultó capaz de dar una nota.

Un buen día el Emperador recibió un gran paquete rotulado: «El ruiseñor».

—He aquí un nuevo libro acerca de nuestro famoso pájaro —exclamó el Emperador. Pero resultó que no era un libro, sino un pequeño ingenio puesto en una jaula, un ruiseñor artificial, imitación del vivo, pero cubierto materialmente de diamantes, rubíes y zafiros. Solo había que darle cuerda y se ponía a cantar una de las melodías que cantaba el de verdad, levantando y bajando la cola, todo él un ascua de plata y oro. Llevaba una cinta atada al cuello y en ella estaba escrito: «El ruiseñor del Emperador del Japón es pobre en comparación con el del Emperador de la China».

—¡Soberbio! —exclamaron todos, y el emisario que había traído el ave artificial recibió inmediatamente el título de Gran Portador Imperial de Ruiseñores.

—Ahora van a cantar juntos. ¡Qué dúo harán!

Y los hicieron cantar a dúo, pero la cosa no marchaba, pues el ruiseñor auténtico lo hacía a su manera y el artificial iba con cuerda.

—No se le puede reprochar —dijo el Director de la Orquesta Imperial—; mantiene el compás exactamente y sigue mi método al pie de la letra.

En adelante, el pájaro artificial tuvo que cantar solo. Obtuvo tanto éxito como el otro; además, era mucho más bonito, pues brillaba como un puñado de pulseras y broches.

Repitió treinta y tres veces la misma melodía, sin cansarse, y los cortesanos querían volver a oírla de nuevo, pero el Emperador opinó que también el ruiseñor verdadero debía cantar algo. Pero, ¿dónde se había metido? Nadie se había dado cuenta de que, saliendo por la ventana abierta, había vuelto a su verde bosque.

—¿Qué significa esto? —preguntó el Emperador.

Y todos los cortesanos se deshicieron en reproches e improperios, tachando al pájaro de desagradecido.

—Por suerte nos queda el mejor —dijeron, y el ave mecánica hubo de cantar de nuevo, repitiendo por trigésima cuarta vez la misma canción; pero como era muy difícil, no había modo de que los oyentes se la aprendieran. El Director de la Orquesta Imperial se hacía lenguas del arte del pájaro, asegurando que era muy superior al verdadero, no sólo en lo relativo al plumaje y la cantidad de diamantes, sino también interiormente.

—Pues fíjense sus señorías, y especialmente Su Majestad, que con el ruiseñor de carne y hueso nunca se puede saber qué es lo que va a cantar. En cambio, en el artificial todo está determinado de antemano. Se oirá tal cosa y tal otra, y nada más. En él todo tiene su explicación: se puede abrir y poner de manifiesto cómo obra la inteligencia humana, viendo cómo están dispuestas las ruedas, cómo se mueven, cómo una se engrana con la otra.

—Eso pensamos todos —dijeron los cortesanos, y el Director de la Orquesta Imperial fue autorizado para que el próximo domingo mostrara el pájaro al pueblo.

—Todos deben oírlo cantar —dijo el Emperador.

Y así se hizo, y quedó la gente tan satisfecha como si se hubieran emborrachado con té, pues así es como lo hacen los chinos; y todos gritaron: «¡Oh!», y levantando el dedo índice se inclinaron profundamente. Mas los pobres pescadores que habían oído al ruiseñor auténtico dijeron:

—No está mal; las melodías se parecen, pero le falta algo, no sé qué...

El ruiseñor de verdad fue desterrado del país.

El pájaro mecánico estuvo en adelante junto a la cama del Emperador, sobre una almohada de seda; todos los regalos con que había sido obsequiado —oro y piedras preciosas— estaban dispuestos a su alrededor, y se le había conferido el título de Primer Cantor de Cabecera Imperial, con categoría de número uno al lado izquierdo. Pues el Emperador consideraba que este lado era el más noble, por ser el del corazón, que hasta los emperadores tienen a la izquierda. Y el Director de la Orquesta Imperial escribió una obra de veinticinco tomos sobre el pájaro mecánico; tan larga y erudita, tan llena de las más difíciles palabras chinas, que todo el mundo afirmó haberla leído y entendido, pues de otro modo habrían pasado por tontos y recibido patadas en el estómago.

Así transcurrieron las cosas durante un año; el Emperador, la Corte y todos los demás chinos se sabían de memoria el trino de canto del ave mecánica, y precisamente por eso les gustaba más que nunca; podían imitarlo y lo hacían. Los muchachos de la calle cantaban: «¡tsitsii, cluclucluk!», y hasta el Emperador hacía coro. Era de veras divertido.

Pero he aquí que una noche, estando el pájaro en pleno canto, el Emperador, que estaba ya acostado, oyó de pronto un «¡crac!» en el interior del mecanismo; algo había saltado. «¡Schnurrrr!», se escapó la cuerda, y la música cesó.

El Emperador saltó de la cama y mandó llamar a su médico de cabecera; pero, ¿qué podía hacer el hombre? Entonces fue llamado el relojero, quien, tras largos discursos y manipulaciones, arregló un poco el ave; pero manifestó que debían andarse con mucho cuidado con ella y no hacerla trabajar demasiado, pues los pernos estaban gastados y no era posible sustituirlos por otros nuevos que asegurasen el funcionamiento de la música. ¡Qué desolación! Desde entonces sólo se pudo hacer cantar al pájaro una vez al año, y aun esto era una imprudencia; pero en tales ocasiones el Director de la Orquesta Imperial pronunciaba un breve discurso, empleando aquellas palabras tan intrincadas, diciendo que el ave cantaba tan bien como antes, y no hay que decir que todo el mundo se manifestaba de acuerdo.

Pasaron cinco años, cuando he aquí que una gran desgracia cayó sobre el país. Los chinos querían mucho a su Emperador, el cual estaba ahora enfermo de muerte. Ya había sido elegido su sucesor, y el pueblo, en la calle, no cesaba de preguntar al mayordomo de palacio por el estado del anciano monarca.

—¡P! —respondía éste, sacudiendo la cabeza.

Frío y pálido yacía el Emperador en su grande y suntuosa cama. Toda la Corte lo creía ya muerto y cada cual se apresuraba a ofrecer sus respetos al nuevo soberano. Los camareros de palacio salían precipitadamente para hablar del suceso, y las camareras se reunieron en un té muy concurrido. En todos los salones y corredores habían tendido paños para que no se oyera el paso de nadie, y así reinaba un gran silencio.

Pero el Emperador no había expirado aún; permanecía rígido y pálido en la lujosa cama, con sus largas cortinas de terciopelo y macizas borlas de oro. Por una ventana que se abría en lo alto de la pared, la luna enviaba sus rayos que iluminaban al Emperador y al pájaro mecánico.

El pobre Emperador jadeaba con gran dificultad; era como si alguien se le hubiera sentado sobre el pecho. Abrió los ojos y vio que era la Muerte, que se había puesto su corona de oro en la cabeza y sostenía en una mano el dorado sable imperial, y en la otra, su magnífico estandarte. En torno, por los pliegues de los cortinajes asomaban extrañas cabezas, algunas horriblemente feas, otras de expresión dulce y apacible: eran las obras buenas y malas del Emperador, que lo miraban en aquellos momentos en que la muerte se había sentado sobre su corazón.

—¿Te acuerdas de tal cosa? —murmuraban una tras otra—. ¿Y de tal otra? —Y le recordaban tantas, que al pobre le manaba el sudor de la frente.

—¡Yo no lo sabía! —se excusaba el Emperador—. ¡Música, música! ¡Que suene el gran tambor chino —gritó— para no oír todo eso que dicen!

Pero las cabezas seguían hablando y la Muerte asentía con la cabeza, al modo chino, a todo lo que decían.

—¡Música, música! —gritaba el Emperador—. ¡Oh tú, pajarillo de oro, canta, canta! Te di oro y objetos preciosos, con mi mano te colgué del cuello mi chinela dorada. ¡Canta, canta ya!

Mas el pájaro seguía mudo, pues no había nadie para darle cuerda, y la Muerte seguía mirando al Emperador con sus grandes órbitas vacías; y el silencio era lúgubre.

De pronto resonó, procedente de la ventana, un canto maravilloso. Era el pequeño ruiseñor vivo, posado en una rama. Enterado de la desesperada situación del Emperador, había acudido a traerle consuelo y esperanza; y cuanto más cantaba, más palidecían y se esfumaban aquellos fantasmas, la sangre afluía con más fuerza a los debilitados miembros del enfermo, e incluso la Muerte prestó oídos y dijo:

—Sigue, lindo ruiseñor, sigue.

—Sí, pero, ¿me darás el magnífico sable de oro? ¿Me darás la rica bandera? ¿Me darás la corona imperial?

Y la Muerte le fue dando aquellos tesoros a cambio de otras tantas canciones, y el ruiseñor siguió cantando, cantando del silencioso camposanto donde crecen las rosas blancas, donde las lilas exhalan su aroma y donde la hierba lozana es humedecida por las lágrimas de los supervivientes. La Muerte sintió entonces nostalgia de su jardín y salió por la ventana, flotando como una niebla blanca y fría.

—¡Gracias, gracias! —dijo el Emperador—. ¡Bien te conozco, avecilla celestial! Te desterré de mi reino; sin embargo, con tus cantos has alejado de mi lecho los malos espíritus, has ahuyentado de mi corazón la Muerte. ¿Cómo podré recompensarte?

—Ya me has recompensado —dijo el ruiseñor—. Arranqué lágrimas a tus ojos la primera vez que canté para ti; esto no lo olvidaré nunca, pues son las joyas que contentan al corazón de un cantor. Pero ahora duerme y recupera las fuerzas, que yo seguiré cantando.

Así lo hizo, y el Soberano quedó sumido en un dulce sueño; ¡qué sueño tan dulce y tan reparador!

El sol entraba por la ventana cuando el Emperador se despertó, sano y fuerte. Ninguno de sus criados había vuelto aún, pues todos lo creían muerto. Sólo el ruiseñor seguía cantando en la rama.

—¡Nunca te separarás de mi lado! —le dijo el Emperador—. Cantarás cuando te apetezca; y en cuanto al pájaro mecánico, lo romperé en mil pedazos.

—No lo hagas —suplicó el ruiseñor—. Él cumplió su misión mientras pudo; guárdalo como hasta ahora. Yo no puedo anidar ni vivir en palacio, pero permíteme que venga cuando se me ocurra; entonces me posaré junto a la ventana y te cantaré para que estés contento y reflexiones. Te cantaré de los felices y también de los que sufren; y del mal y del bien que se hace a tu alrededor sin tú saberlo. Tu pajarillo cantor debe volar a lo lejos, hasta la cabaña del pobre pescador, hasta el tejado del campesino, hacia todos los que residen apartados de ti y de tu Corte. Prefiero tu corazón a tu corona… aunque la corona exhala cierto olor a cosa santa. Volveré a cantar para ti. Pero debes prometerme una cosa.

—¡Lo que quieras! —dijo el Emperador, incorporándose en su ropaje imperial, que ya se había puesto, y oprimiendo contra su corazón el pesado sable de oro.

—Una cosa te pido: que no digas a nadie que tienes un pajarito que te cuenta todas las cosas. ¡Saldrás ganando!

Y se echó a volar.

Entraron los criados a ver a su difunto Emperador. Entraron, sí, y el Emperador les dijo:

—¡Buenos días!

LA SOMBRA

En los países cálidos, ¡allí sí que calienta el sol! La gente llega a parecer de caoba; tanto, que en los países tórridos se convierten en negros. Y precisamente a los países cálidos fue donde marchó un sabio de los países fríos, creyendo que en ellos podía vagabundear, como hacía en su tierra, aunque pronto se acostumbró a lo contrario. Él y toda la gente sensata debían quedarse puertas adentro. Celosías y puertas se mantenían cerradas todo el día; parecía como si toda la casa durmiera o que no hubiera nadie en ella. Además, la callejuela con altas casas donde vivía estaba construida de tal forma que el sol no se movía de ella de la mañana a la noche; era, en realidad, algo inaguantable. Al sabio de los países fríos, que era joven e inteligente, le pareció que vivía en un horno candente, y le afectó tanto, que empezó a adelgazar. Incluso su sombra menguó y se hizo más pequeña que en su país; el sol también la debilitaba. Tanto uno como otra no comenzaban a vivir hasta la noche, cuando el sol se había puesto.

Era digno de verse. En cuanto entraba luz en el cuarto, la sombra se estiraba por toda la pared, incluso hasta el techo, tenía que hacerlo para recuperar su fuerza. El sabio salía al balcón para desperezarse, y así que las estrellas asomaban en el maravilloso aire puro, era para él como volver a vivir. En todos los balcones de la calle —y en los países cálidos todos los huecos tienen balcones— había gente asomada, porque uno tiene que respirar, por muy acostumbrado que esté a ser de caoba. Había gran animación, arriba y abajo. Los zapateros, los sastres, todo el mundo estaba en la calle; afuera estaban las mesas y las sillas, y brillaban las luces —sí, más de mil había encendidas—. Uno hablaba y otro cantaba, la gente paseaba y rodaban los coches; los asnos pasaban —¡tilín, tilín, tilín!— sonando los cascabeles. Había entierros y cantos fúnebres, los chicos disparaban cohetes y las campanas volteaban —sí, había una vida tremenda en la calle—. Sólo la casa frente a la del sabio extranjero estaba en completo silencio. Y, sin embargo, alguien vivía en ella, porque había flores en el balcón que crecían espléndidamente al calor del sol, para lo que necesitaban ser regadas; luego, alguien debía haber allí.

La puerta del balcón aparecía también abierta por la tarde, pero el interior estaba en sombra, por lo menos en la habitación delantera. De dentro llegaba sonido de música. Al sabio extranjero le pareció extraordinaria la música, pero bien podía ser pura imaginación suya, porque todo lo encontraba extraordinario en los países cálidos —excepto lo referente al sol—. Su casero dijo que no sabía quién había alquilado la casa, no se veía a nadie, y en cuanto a la música se refería, creía que era horriblemente aburrida.

—Es como si alguien tratara de ensayar una pieza que no puede dominar, siempre la misma. "¡Pues lo tengo que sacar!", dice, pero no lo consigue por mucho que toque.

Una noche el extranjero despertó; dormía con la puerta del balcón abierta. La cortina se levantó con el viento, y le pareció que venía una luz fantástica del balcón de enfrente. Todas las flores resplandecían como llamas de los colores más espléndidos y, en medio de las flores, se encontraba una esbelta y atractiva doncella, que parecía también resplandecer. De tal forma lo deslumbró, que abrió los ojos desmesuradamente y se despertó del todo. De un salto estuvo en el suelo, muy despacio se acercó a la cortina, pero la doncella había desaparecido, el resplandor se había apagado; las flores no brillaban, pero seguían siendo tan bonitas como siempre; la puerta estaba entornada y de las profundidades venía una música tan suave y encantadora, que inspiraba los más dulces pensamientos. Era, sin embargo, como cosa de magia — y ¿quién vivía allí? ¿Dónde estaba la verdadera entrada? Todo el piso bajo era una tienda tras otra y no era posible que la gente pasara por ellas.

Una noche el extranjero estaba sentado en su balcón, con una luz encendida en el cuarto a sus espaldas, por lo que, como es natural, su sombra estaba en la pared de enfrente. Sí, allí estaba sentada exactamente enfrente, entre las flores del balcón, y cuando el extranjero se movía, también se movía la sombra, porque así es como hacen las sombras.

—Parece como si mi sombra fuera el único ser vivo que se viera enfrente —dijo el sabio—. Con qué delicadeza se sienta entre las flores. La puerta está entreabierta, ¡si la sombra fuera tan lista como para entrar, mirar en torno suyo y venir después a contarme lo que hubiera visto! Sí, haz algo útil —dijo en broma—. ¡Vamos, entra! ¡Vamos, ahora!

Y le hizo gestos con la cabeza a la sombra, y la sombra le correspondió:

—¡Anda, pero no te pierdas!

Y el extranjero se levantó, y su sombra allá en el balcón de enfrente se levantó también; y el extranjero se volvió y la sombra se volvió también; si por acaso alguien hubiera estado observando, hubiera visto claramente que la sombra se colaba por la puerta entornada en la casa de enfrente, al tiempo que el extranjero entraba en su cuarto y corría la larga cortina tras de sí.

A la mañana siguiente salió el sabio a tomar café y leer los periódicos.

—¿Qué pasa? —dijo, cuando salió al sol—. ¡Me he quedado sin sombra! Se marchó anoche de verdad y no ha vuelto aún. ¡Qué fastidio!

Y eso lo enojó, no tanto porque la sombra se hubiera ido, sino porque sabía la existencia de una historia sobre el hombre sin sombra, conocida por todos en su patria allá en los países fríos, y en cuanto el sabio regresara y contara la suya, dirían que la había copiado, y eso no le hacía maldita gracia. Por tanto, no diría una palabra, lo cual estaba muy bien pensado.

Por la noche salió de nuevo al balcón. Había colocado la luz detrás de sí, en la debida posición, porque sabía que la sombra gusta de tener siempre a su dueño por pantalla, pero no pudo atraerla. Se encogió, se estiró, pero no había sombra alguna que volviera. Dijo:

—¡Ejem! ¡Ejem! —pero sin resultado.

Era un fastidio, pero en los países cálidos todo crece tan rápidamente que al cabo de ocho días observó, con gran satisfacción, que le crecía una sombra de las piernas cuando salía el sol —quizá la raíz había quedado dentro—. A las tres semanas, tenía una sombra de considerables dimensiones que, cuando regresó a su patria en los países nórdicos, creció más y más durante el viaje, hasta que al final era tan larga y tan grande que la mitad hubiera bastado.

De esta forma regresó el sabio a su casa y escribió libros sobre cuanto había de verdadero en el mundo, lo que había de bueno y de hermoso, y pasaron días y pasaron años; pasaron muchos años.

Una noche estaba sentado en su cuarto cuando llamaron muy quedamente a la puerta.

—¡Adelante! —contestó, pero nadie entró. Así que fue a abrir y vio ante él a un hombre tan sumamente delgado que quedó atónito. Por lo demás, el hombre iba espléndidamente vestido, debía ser una persona distinguida.

—¿Con quién tengo el honor de hablar? —preguntó el sabio.

—¡Ah!, ya pensé que no me reconocería —respondió el hombre elegante—. Me he hecho tan corpóreo que hasta tengo carne y ropas. Seguro que nunca había pensado usted en verme en tal prosperidad. ¿No me reconoce? No creía que volvería, ¿verdad? Me ha ido espléndidamente desde que estuve con usted. ¡He sido, en todos los sentidos, muy afortunado! Si tuviera que rescatar mi libertad, podría hacerlo —y repiqueteó un manojo de preciosos dijes que colgaban del reloj y pasó la mano por la gruesa cadena de oro que llevaba al cuello. ¡Uy!, todos los dedos fulguraban con anillos de diamantes, todos auténticos.

—No, no puedo hacerme una idea de lo que significa esto —dijo el sabio.

—Ya, no es nada corriente —dijo la sombra—, pero usted tampoco es nada corriente y yo, bien lo sabe, desde que era así de chiquita he seguido sus huellas. En cuanto usted descubrió que yo estaba lista para ir sola por el mundo, seguí mi camino. Me encuentro en una situación excepcionalmente afortunada, pero me ha acometido cierto deseo de volverlo a ver antes de que usted muera —porque usted ha de morir—. También me gustaría visitar este país, porque la patria siempre tira. Veo que tiene usted otra sombra. ¿Le debo algo a ella, o bien a usted? Hágame el favor de decírmelo.

—¡Bueno! ¿Pero eres tú? —dijo el sabio—. ¡Es extraordinario! ¡Nunca habría creído que la vieja sombra de uno pudiera regresar como persona!

—Dígame cuánto le debo —dijo la sombra—, porque no me gustaría deberle nada.

—¿Cómo puedes hablar así? —dijo el sabio—. ¿De qué deuda hablas? No me debes nada. Me alegra extraordinariamente tu suerte. Siéntate, querido amigo, y cuéntame cómo te ha ido y lo que viste en la casa de enfrente, allá en los países cálidos.

—Sí que le contaré —dijo la sombra, y se sentó—, pero antes me tiene usted que prometer que no ha de decirle a nadie en la ciudad, caso de que nos encontremos, que yo he sido su sombra. Pienso casarme; puedo de sobra mantener una familia.

—Estate tranquilo —dijo el sabio—. No le diré a nadie quién eres en realidad. Esta es mi mano. ¡Palabra de hombre!

—¡Palabra de sombra! —dijo la sombra, que era lo que le correspondía decir.

Era, por otra parte, de veras notable lo humana que se había vuelto la sombra. Vestía de riguroso negro y del paño más selecto, botas de charol y sombrero que podía cerrarse hasta quedar reducido a corona y alas —sin hablar de lo ya mencionado: dijes, cadenas de oro y anillos de diamantes. Ya lo creo: la sombra iba extraordinariamente bien vestida, y era precisamente esto lo que la hacía tan humana.

—Ahora voy a contarle —dijo la sombra, y plantó sus botas de charol lo más fuerte que pudo sobre el brazo de la nueva sombra del sabio, que yacía como un perro faldero a sus pies. Y esto lo hizo bien por orgullo, bien con la intención de que se le quedase pegada. Y la sombra del suelo permaneció quieta y en silencio, resuelta a no perder detalle; deseaba, sobre todo, enterarse de cómo puede uno manumitirse y llegar a convertirse en su propio señor.

—¿Sabe usted quién vivía en la casa de enfrente? —dijo la sombra—. ¡La más bella de todas, la Poesía! Estuve allí tres semanas y su efecto ha sido como si hubiera vivido tres mil años y hubiera leído cuanto se ha cantado y se ha escrito. Lo digo y es cierto. ¡Lo he visto todo y lo sé todo!

—¡La Poesía! —gritó el sabio—. Sí, sí, vive con frecuencia en las grandes ciudades, en soledad. ¡La Poesía! ¡Sí, la vi tan sólo un instante, pero el sueño pesaba en mis ojos! Estaba en el balcón y brillaba como brilla la aurora boreal. ¡Cuenta, cuenta! Estabas en el balcón, entraste por la puerta, ¿y después?

—Me encontré en la antesala —dijo la sombra—. Lo que usted siempre veía era la antesala. No había luz alguna, sólo una especie de crepúsculo, pero las puertas daban unas a otras en una larga serie de salas y salones; y estaba tan iluminado, que la luz me hubiera matado de haber ido directamente ante la doncella; pero fui prudente, y tomé tiempo —como debe hacerse.

—¿Y entonces qué viste? —preguntó el sabio.

—Lo vi todo, y se lo contaré, pero… no es orgullo por mi parte; pero… como ser libre que soy y con los conocimientos que tengo, para no hablar de mi buena posición, mis excelentes relaciones… desearía que me llamara de usted.

—¡Dispense usted! —dijo el sabio—. Son los viejos hábitos los que más cuesta abandonar. Tiene usted toda la razón y lo tendré presente. Pero cuénteme ahora lo que vio.

—¡Todo! —dijo la sombra—. Lo vi todo y lo sé todo.

—¿Qué aspecto tenían los cuartos interiores? —preguntó el sabio—. ¿Eran como el fresco bosque? ¿Eran como un templo? ¿Eran los cuartos como el cielo estrellado, cuando se está en las altas montañas?

—¡Todo estaba allí! —dijo la sombra—. No entré hasta el final, me quedé en el cuarto delantero, a media luz, pero era un puesto excelente, ¡lo vi todo y lo supe todo! He estado en la corte de la Poesía, en la antesala.

—¿Pero qué es lo que vio? ¿Estaban en el gran salón todos los dioses de la Antigüedad? ¿Luchaban allí los viejos héroes? ¿Jugaban niños encantadores y contaban sus sueños?

—Le digo que estuve allí y debe comprender que vi todo lo que había que ver. Si usted hubiera estado allí, no se habría convertido en ser humano, pero yo sí. Además, aprendí a conocer lo íntimo de mi naturaleza, lo congénito, el parentesco que tengo con la Poesía. Sí, cuando estaba con usted no pensaba en ello, pero siempre, sabe usted, al salir y al ponerse el sol, me hacía extrañamente largo; a la luz de la luna me recortaba casi con mayor precisión que usted. Yo no entendía entonces mi naturaleza, en la antesala se me reveló. Me volví ser humano. Al salir había completado mi madurez, pero usted ya no estaba en los países cálidos. Me avergoncé como hombre de ir como iba; necesitaba botas, trajes, todo este barniz humano, que hace reconocible al hombre. Me refugié —sí, puedo decírselo, usted no lo contará en ningún libro—, me refugié en las faldas de una vendedora de pasteles; bajo ellas me escondí. La mujer no tenía idea de lo que ocultaba. No salí hasta que llegó la noche; corrí por la calle a la luz de la luna. Me estiré sobre la pared —¡qué deliciosas cosquillas produce en la espalda! Corrí arriba y abajo, curioseé por las ventanas más altas, tanto en el salón como en la buhardilla. Miré donde nadie puede mirar, y vi lo que ningún otro ve, lo que nadie debe ver.

Conitnuó diciendo:

—Si bien se considera, este es un cochino mundo. No querría ser hombre, si no fuera porque está bien considerado el serlo. Vi las cosas más inimaginables en las mujeres, los hombres, los padres y los encantadores e incomparables niños; vi —dijo la sombra— lo que ningún hombre debe conocer, pero lo que todos se morirían por saber: lo malo del prójimo. Si hubiera publicado un periódico, ¡lo que se hubiera leído! Pero yo escribía directamente a la persona en cuestión y se producía el pánico en todas las ciudades adonde iba. Llegaron a tenerme terror y grandísima consideración. Los profesores me nombraron profesor, los sastres me hacían trajes nuevos —no me faltaba de nada. El tesorero del reino acuñaba monedas para mí y las mujeres decían que yo era muy guapo —y así llegué a ser el hombre que soy. Y ahora me despido. Esta es mi tarjeta. Vivo en la acera del sol y estoy siempre en casa cuando llueve.

Y la sombra se marchó.

—¡Qué extraordinario! —dijo el sabio.

Pasó tiempo y la sombra volvió.

—¿Cómo le va? —preguntó.

—¡Ay! —dijo el sabio—. Escribo acerca de lo verdadero, lo bueno y lo bello, pero nadie se interesa por mi obra. Estoy desesperado, porque son cosas a las que concedo gran importancia.

—Pues a mí no me ocurre igual —dijo la sombra—. Yo, mientras tanto, engordando, que es lo que hay que procurar. Usted no entiende el mundo y terminará por caer enfermo. Tiene que viajar. Me iré de viaje este verano. Venga conmigo. Me gustaría llevar un compañero. ¿Quiere venir conmigo, como mi sombra? Será para mí un gran placer llevarlo, ¡le pago el viaje!

—¡Qué disparate! —dijo el sabio.

—¡Según como se mire! —dijo la sombra—. El viajar le sentará de maravilla. Si consiente en ser mi sombra, todo correrá de mi cuenta.

—¡Esto ya es el colmo! —protestó el sabio.

—Pero así va el mundo —dijo la sombra—, y así seguirá —y se marchó.

Las cosas no le iban nada bien al sabio. La pena y la preocupación seguían haciendo presa en él, y sus opiniones sobre lo verdadero, lo bueno y lo bello interesaban tanto al público como las rosas a una vaca, hasta que al final cayó enfermo de consideración.

—¡Parece usted totalmente una sombra! —le decía la gente, y esto le produjo un escalofrío, porque le hizo pensar en ella.

—Lo que debe hacer es tomar las aguas —dijo la sombra, que vino de visita—. No hay nada igual. Lo llevaré conmigo, por aquello de nuestra vieja amistad. Yo pago el viaje y usted se encarga de llevar un diario, con lo que me resultará el camino más divertido. Quiero ir a un balneario; mi barba no crece como debiera —eso es también una enfermedad— y una barba es algo indispensable. Sea razonable y acepte la invitación, viajaremos como amigos, por supuesto.

Y así viajaron; la sombra hacía de señor y el señor hacía de sombra. Fueron juntos en coche, a caballo, a pie —al lado uno de otro, delante o detrás, según la posición del sol.

La sombra sabía ponerse siempre en el lugar del señor, mientras el sabio no prestaba atención a semejante cosa. Tenía un corazón excelente y era sumamente cortés y afectuoso, así que un día le dijo a la sombra:

—Puesto que nos hemos convertido en compañeros de viaje y, además, hemos crecido juntos desde la infancia, ¿por qué no nos tuteamos? Sería más íntimo.

—En eso que dice —contestó la sombra, que ahora era el verdadero señor— hay mucha franqueza y buena intención, por lo que seré igualmente bienintencionado y franco. Usted, como sabio que es, sabe sin duda lo especial que es la naturaleza. Hay quien no aguanta el roce del papel gris, lo pone enfermo. A otros se les eriza la piel si se rasca un clavo contra un vidrio. Lo mismo siento yo cuando lo oigo tutearme, es como si me empujaran de nuevo a mi primer empleo con usted. No se trata de orgullo, sino, como verá, de una sensación. Pero si no puedo permitirle que me trate de tú, con mucho gusto lo tutearé a usted, como fórmula de compromiso.

Y así la sombra tuteó a su antiguo señor.

—¡Qué absurdo! —pensó éste— que yo le hable de usted y él me tutee. Pero no tuvo más remedio que aguantarlo.

Al fin llegaron a un balneario, donde había muchos extranjeros, y entre ellos una encantadora princesa que padecía la enfermedad de tener una vista agudísima, lo que era en extremo alarmante.

Al instante observó que el recién llegado era por completo diferente a los otros.

—Dicen que ha venido para hacer crecer su barba, pero yo veo la verdadera causa: no tiene sombra.

Llena de curiosidad, entabló inmediatamente conversación con el caballero extranjero durante el paseo. Como princesa que era, no se andaba con muchos miramientos, por lo que le dijo:

—A usted lo que le ocurre es que no tiene sombra.

—Vuestra Alteza Real debe haber mejorado notablemente —dijo la sombra—. Sé que su dolencia consiste en que ve demasiado bien, pero debe haber desaparecido; está curada. Precisamente yo tengo una sombra muy extraña. ¿No ha visto a la persona que siempre me acompaña? Otros tienen una sombra vulgar, pero yo detesto lo corriente. Igual que se viste al criado con librea de mejor paño que el que uno usa, he ataviado a mi sombra como si fuera una persona. Vea que hasta le he proporcionado una sombra. Es muy costoso, pero me gusta tener algo excepcional.

—¿Cómo? ¿Será posible que me haya curado de verdad? —pensó la Princesa—. ¡Este balneario es único! El agua tiene en nuestros días propiedades asombrosas. Pero no me marcho, porque ahora comienza a estar esto divertido. El extranjero me gusta extraordinariamente. Con tal de que no le crezca la barba y se marche.

Por la noche, en el gran salón, bailaron la princesa y la sombra. Ella era ligera, pero más aún lo era él. Nunca había tenido la Princesa pareja semejante. Ella le dijo qué país era el suyo y él lo conocía. Lo había visitado en ocasión en que ella estaba ausente. Había curioseado por las ventanas aquí y allá y visto de todo, por lo que pudo contestar a la Princesa y hacer alusiones que la dejaron estupefacta.

—Debe ser el hombre más sabio del mundo —pensó, tal era su admiración por lo que sabía.

Y cuando bailaron de nuevo, la Princesa quedó enamoradísima, de lo que la sombra se dio cuenta, porque ella lo atravesaba con su mirada. A esto siguió otro baile y ella estuvo a punto de decírselo, pero mantuvo su serenidad y pensó en su país y en su reino, y en las muchas personas sobre las que reinaría.

—Es un sabio —se dijo—, lo cual es algo bueno. Y baila espléndidamente, lo cual es también bueno. Pero me pregunto si tendrá conocimientos profundos, y eso es importante. Intentaré examinarlo.

Y entonces comenzó poco a poco a hacerle las preguntas más difíciles, que ni ella misma hubiera podido contestar; y la sombra puso una cara sumamente extraña.

—¡No sabe usted la respuesta! —dijo la Princesa.

—Lo aprendí de párvulo —dijo la sombra—. Creo que hasta mi sombra, allí junto a la puerta, sabrá contestar.

—¡Su sombra! —dijo la Princesa—. Sería en verdad extraordinario.

—Bueno, no digo que lo sepa —dijo la sombra—, pero creo que sí. Me ha seguido y oído durante tantos años, que creo que sí. Pero Vuestra Alteza Real permitirá que le advierta que pone tanto empeño en hacerse pasar por una persona, que para tenerlo de buen humor —y debe estarlo para contestar bien— ha de ser tratado precisamente como una persona.

—Me complacerá hacerlo —dijo la Princesa.

Y se acercó al sabio que estaba junto a la puerta y habló con él del sol y de la luna, de unos y de otros, y él contestó con todo acierto y cordura.

—¿Cómo será este hombre, cuando tiene una sombra tan sabia? —pensó ella—. Será una auténtica bendición para mi pueblo y mi reino, si lo elijo como esposo.

Y ambos estuvieron de acuerdo, la Princesa y la sombra, pero nadie debía saberlo antes de que ella regresara a su reino.

—¡Nadie, ni siquiera mi sombra! —dijo la sombra, y tenía sus particulares razones para ello.

Tras esto, fueron al país donde reinaba la Princesa, una vez que ella había regresado.

—Escucha, amigo mío —dijo la sombra al sabio—. He llegado a ser cuan afortunado y poderoso puede ser un hombre. Ahora haré algo extraordinario por ti. Vivirás siempre conmigo en Palacio, irás conmigo en mi carroza real y tendrás cien mil escudos al año. Pero permitirás que todos te llamen sombra; no deberás decir nunca que fuiste hombre, y una vez al año, cuando me siente al sol en el balcón para mostrarme al pueblo, tendrás que tenderte a mis pies, como debe hacerlo una sombra. Has de saber que me caso con la Princesa. Esta noche será la boda.

—¡No, eso es monstruoso! —dijo el sabio—. ¡No quiero, no lo haré! ¡Sería defraudar al país y a la Princesa! ¡Lo diré todo! Que yo soy el hombre y tú la sombra. ¡Que apenas eres un disfraz!

—No lo creerá nadie —dijo la sombra—. ¡Sé razonable o llamo a la guardia!

—¡Iré a ver a la Princesa! —dijo el sabio.

—Pero yo iré primero —dijo la sombra—, y tú irás al calabozo.

Y así fue, porque los centinelas lo obedecieron al saber que iba a casarse con la Princesa.

—¡Estás temblando! —dijo la Princesa, cuando la sombra fue a visitarla—. ¿Ha ocurrido algo? No irás a ponerte enfermo esta noche, en que vamos a casarnos.

—Me ha sucedido la cosa más terrible que pueda ocurrir —dijo la sombra—. ¡Imagínate —claro, una pobre cabeza de sombra como esa es incapaz de resistir mucho—; imagínate, mi sombra se ha vuelto loca, cree que ella es el hombre y que yo —imagínate, si puedes—, que yo soy su sombra!

—¡Qué horror! —dijo la Princesa—. ¿Lo habrán encerrado, supongo?

—Sí. Me temo que nunca recupere la razón.

—¡Pobre sombra! —dijo la Princesa—. Qué desdicha para él. Sería una verdadera obra de caridad liberarlo de la mezquina vida que lleva y cuando pienso en ello, creo que se hace preciso el quitársela con toda discreción.

—Resulta cruel —dijo la sombra— porque era un buen sirviente — y pareció dar un suspiro.

—¡Qué nobles sentimientos! —dijo la Princesa.

Por la noche, toda la ciudad estaba iluminada y los cañones hicieron ¡pum! y los soldados presentaron armas. ¡Qué boda aquella! La Princesa y la sombra se asomaron al balcón para mostrarse y recibir una vez más las aclamaciones.

El sabio no se enteró de nada, porque le habían quitado la vida.

EL VIEJO FAROL

¿Has oído la historia del viejo farol de la calle? No es muy alegre, por cierto; sin embargo, vale la pena oírla.

Era un buen farol que había estado alumbrando la calle durante muchos años. Lo dieron de baja, y aquella era la última noche que, desde lo alto de su poste, debía enviar su luz a la calle. Por eso su estado de ánimo era algo parecido al de una vieja bailarina que da su última representación, sabiendo que al día siguiente habrá de encerrarse, olvidada, en su buhardilla. El farol tenía miedo del día siguiente, pues no ignoraba que sería llevado por primera vez a las casas consistoriales, donde el "ilustre Concejo Municipal" dictaminaría si era aún útil o inútil. Decidirían entonces si lo enviarían a iluminar uno de los puentes o una fábrica en el campo; tal vez iría a parar a una fundición, como chatarra, y entonces podría convertirse en mil cosas diferentes; pero lo atormentaba la duda de si, en su nueva condición, conservaría el recuerdo de su existencia como farol. Lo que sí era seguro es que debería separarse del vigilante y su esposa, a quienes consideraba como su familia: se convirtió en farol el día en que el hombre fue nombrado vigilante. Por aquel entonces la mujer era muy pulcra; sólo al anochecer, cuando pasaba por allí, levantaba los ojos para mirarlo; pero de día no lo hacía jamás.

En cambio, en el transcurso de los últimos años, cuando ya los tres —el vigilante, su esposa y el farol— habían envejecido, ella lo había cuidado, limpiado la lámpara y echado aceite. Era un matrimonio honrado, y al farol no le habían escatimado ni una gota. Y he aquí que aquella era su última noche de calle; al día siguiente lo llevarían al ayuntamiento. Estos pensamientos tenían muy perturbado al farol; imagínense, pues, cómo ardería. Pero por su cabeza pasaron también otros recuerdos; había visto muchas cosas e iluminado otras tantas, acaso tantas como el "ilustre Concejo Municipal"; pero se lo callaba, porque era un farol viejo y honrado y no quería despotricar contra nadie, y menos contra una autoridad. Pensó en muchas cosas, mientras oscilaba su llama; era como si un presentimiento le dijera: "Sí, también se acordarán de ti. Allí estaba aquel apuesto joven —¡ay, cuántos años habían pasado!— que llegó con una carta escrita en elegante papel color de rosa, con canto dorado y fina escritura femenina. La leyó dos veces y, besándola, levantó hasta mí la mirada, que decía: '¡Soy el más feliz de los hombres!' Sólo él y yo supimos lo que decía aquella primera carta de la amada. Recuerdo también otro par de ojos; ¡es curioso, los saltos que pueden darse con el pensamiento!

En nuestra calle hubo un día un magnífico entierro; la mujer, joven y bonita, yacía en el féretro, en el coche fúnebre tapizado de terciopelo. Lucían tantas flores y coronas, y brillaban tantos blandones, que yo quedé casi eclipsado. Toda la acera estaba llena de personas que acompañaban al cadáver; pero cuando todos los cirios se hubieron alejado y yo miré a mi alrededor, quedaba solamente un hombre junto al poste, llorando, y nunca olvidaré aquellos ojos llenos de tristeza que me miraban". Muchos pensamientos pasaron así por la mente del viejo farol, que alumbraba la calle por vez postrera. El centinela que es relevado conoce por lo menos a su sucesor y puede decirle unas palabras; pero el farol no conocía al suyo, y, sin embargo, le habría proporcionado algunas informaciones acerca de la lluvia y la niebla, de hasta dónde llegaba la luz de la luna en la acera y de qué lado soplaba el viento.

En el arroyo había tres personajes que se habían presentado al farol, creyendo que él tenía atribuciones para designar a su sucesor. Uno de ellos era una cabeza de arenque, que en la oscuridad es fosforescente, por lo cual pensaba que representaría un notable ahorro de aceite si lo colocaban en la cima del poste de alumbrado. El segundo aspirante era un pedazo de madera podrida, el cual luce también, y aun más que un bacalao, según afirmaba él, diciendo, además, que era el último resto de un árbol, que antaño había sido la gloria del bosque. El tercero era una luciérnaga. De dónde procedía, el farol lo ignoraba, pero lo cierto era que se había presentado y que era capaz de dar luz; sin embargo, la cabeza de arenque y la madera podrida aseguraban que sólo podía brillar a determinadas horas, por lo que no merecía ser tomada en consideración.

El viejo farol objetó que ninguno de los tres poseía la intensidad luminosa suficiente para ser elevado a la categoría de lámpara callejera, pero ninguno se lo creyó, y cuando se enteraron de que el farol no estaba facultado para otorgar el puesto, manifestaron que la medida era muy acertada, pues realmente estaba demasiado decrépito para poder elegir con justicia.

Entonces llegó el viento, que venía de la esquina y sopló por el tubo de ventilación del viejo farol.

—¡Qué oigo! —dijo—. ¿Que mañana te marchas? ¿Ésta es la última noche que nos encontramos? En ese caso voy a hacerte un regalo; voy a airearte la cabeza de tal modo que no sólo recordarás clara y perfectamente todo lo que has oído y visto, sino que además verás con la mayor lucidez cuanto se lea o se cuente en tu presencia.

—¡Bueno es esto! —dijo el viejo farol—. Muchas gracias. ¡Con tal que no me fundan!

—No lo harán todavía —dijo el viento—, y ahora voy a soplar en tu memoria. Si consigues más regalos de esta clase, disfrutarás de una vejez dichosa.

—¡Con tal que no me fundan! —repitió el farol—. ¿Podrías también, en este caso, asegurarme la memoria?

—Viejo farol, sé razonable —dijo el viento soplando. En aquel mismo momento salió la luna—. ¿Y usted qué regalo trae? —preguntó el viento.

—Yo no regalo nada —respondió la luna—. Estoy en menguante, y los faroles nunca me han iluminado, sino al contrario; soy yo quien he dado luz a los faroles.

Y así diciendo, la luna se ocultó de nuevo detrás de las nubes, pues no quería que la importunaran.

Cayó entonces una gota de agua, como de una gotera, y fue a dar en el tubo de ventilación; pero dijo que procedía de las grises nubes, y era también un regalo, acaso el mejor de todos.

—Te penetro de tal manera que tendrás la propiedad de transformarte, en una noche, si lo deseas, en herrumbre, desmoronándote y convirtiéndote en polvo.

Al farol le pareció aquél un regalo muy poco envidiable, y el viento estuvo de acuerdo con él.

—¿No tiene nada mejor? ¿No tiene nada mejor? —sopló con toda su fuerza. En esto cayó una brillante estrella fugaz, que dibujó una larga estela luminosa.

—¿Qué ha sido esto? —exclamó la cabeza de arenque—. ¿No acaba de caer una estrella? Me parece que se metió en el farol. ¡Caramba!, si personajes tan encumbrados solicitan también el cargo, ya podemos nosotros retirarnos a casa.

Y así lo hizo, junto con sus compañeros. Pero el farol brilló de pronto con una intensidad asombrosa.

—¡Éste sí que ha sido un magnífico regalo! —dijo—. Las estrellas rutilantes, que tanto me gustaron siempre y que brillan tan maravillosamente, mucho más de lo que yo haya podido hacerlo nunca a pesar de todos mis deseos y esfuerzos, han reparado en mí, pobre viejo farol, y me han enviado un regalo por una de ellas. Y este regalo consiste en que todo lo que yo pienso y veo tan claramente, también puede ser visto por todos aquellos a quienes quiero. Y este sí que es un verdadero placer, pues la alegría compartida es doble alegría.

—Es un pensamiento muy digno —dijo el viento—, pero, ¿no sabes que también las velas pertenecen a esta clase? Si no encienden dentro de ti una vela, no puedes ayudar a nadie a ver nada. En esto no han pensado las estrellas; creen que todo lo que brilla tiene en sí, por lo menos, una vela. Pero estoy cansado —añadió el viento— voy a echarme un rato. Y se calmó.

Al día siguiente —bueno, el día podemos saltarlo—, a la noche siguiente, estaba el farol en la butaca. ¿Y dónde? Pues en casa del vigilante, el cual había rogado al ilustre Concejo Municipal que le permitiera guardarlo, en pago de sus muchos y buenos servicios. Se rieron de él, pero se lo dieron, y ahí tienen a nuestro farol en la butaca, al lado de la estufa encendida; y parecía como si hubiera crecido, tanto, que ocupaba casi todo el sillón. Los viejos estaban cenando, y dirigían de vez en cuando afectuosas miradas al farol, al que gustosos habrían asignado un puesto en la mesa. Su vivienda estaba en el sótano, a dos buenas varas bajo tierra. Para llegar a su habitación había que atravesar un corredor enlosado, pero dentro la temperatura era agradable, pues habían puesto burlete en la puerta. El cuarto tenía un aspecto limpio y aseado, con cortinas en torno a las camas y en las ventanitas, sobre las cuales se veían dos singulares macetas, que el marinero Christian había traído de las Indias Orientales o Occidentales. Eran dos elefantes de arcilla, a los que faltaba el dorso; en el lugar de éste brotaban, de la tierra que llenaba el cuerpo de los elefantes, un magnífico puerro y un gran geranio florido: la primera maceta era el huerto del matrimonio; la segunda, su jardín. De la pared colgaba un gran cuadro de vistosos colores: "El Congreso de Viena". De este modo tenían reunidos a todos los emperadores y reyes. Un reloj de Bornholm, con sus pesas de plomo, cantaba su eterno tic-tac, adelantándose siempre; pero mejor es un reloj que adelanta que uno que atrasa, pensaban los viejos.

Estaban, pues, comiendo su cena, según ya dijimos, con el farol depositado en el sillón, cerca de la estufa. Al farol le parecía que aquello era el mundo al revés. Pero cuando el vigilante, mirándolo, empezó a hablar de lo que habían pasado juntos, bajo la lluvia y la niebla, en las claras y breves noches de verano y en la época de las nieves, en que tanto había deseado él regresar a su sótano, el farol sintió que todo volvía a estar en su sitio, pues veía todo lo que el otro contaba, como si estuviese allí mismo. Realmente el viento lo había iluminado por dentro.

Eran diligentes y despiertos los dos viejos; ni una hora permanecían ociosos. En la tarde del domingo sacaban del armario algún libro, generalmente un relato de viajes, y el viejo leía en voz alta acerca de África, con sus grandes selvas y elefantes salvajes, y la anciana escuchaba atentamente, dirigiendo miradas de reojo a las macetas de arcilla en forma de elefantes.

—¡Me parece casi que los veo! —decía. Entonces, el farol experimentaba vivísimos deseos de tener allí una vela, para que la encendieran en su interior; así, la mujer vería las cosas con la misma claridad que él: los corpulentos árboles, las entrelazadas ramas, los negros a caballo y grandes manadas de elefantes aplastando con sus anchos pies los cañaverales y los arbustos.

—¿De qué me sirven todas mis aptitudes, si no hay aquí ninguna vela? —suspiraba el farol—. Sólo tienen aceite y luces de sebo, pero eso no es suficiente.

Un día apareció en el sótano todo un paquete de cabos de vela; los mayores fueron encendidos, y los más pequeños los utilizó la vieja para encerar el hilo cuando cosía. Ya tenían luz de vela, pero a ninguno de los ancianos se le ocurría poner un cabo en el farol.

—Y yo aquí quieto, con mis raras aptitudes —decía éste—. Lo poseo todo y no puedo compartirlo con ellos. No saben que podría transformar las blancas paredes en hermosísimos tapices, en ricos bosques, en todo cuanto pudieran apetecer. ¡No lo saben!

Por lo demás, el farol descansaba muy limpio y aseado en un rincón, bien visible a todas horas; y aunque la gente decía que era un trasto viejo, el vigilante y su esposa lo seguían guardando; le tenían afecto.

Un día —era el cumpleaños del vigilante—, la vieja se acercó al farol y dijo:

—Voy a iluminar la casa en tu obsequio.

El farol hizo crujir el tubo de ventilación, pensando: "¡Ahora verán lo que es luz!". Pero en lugar de una vela le pusieron aceite. Ardió toda la noche, pero sabiendo que el don que le concedieran las estrellas, el mejor don de todos, sería un tesoro muerto para esta vida. Y soñó —cuando se poseen semejantes facultades, bien se puede soñar— que los viejos habían muerto, y que él había ido a parar al fundidor e iba a ser fundido; temía también que lo llevaran al ayuntamiento, y el ilustre Concejo Municipal lo condenara; pero, aunque poseía la propiedad de convertirse en herrumbre y polvo a su antojo, no lo hizo. Así pasó al horno de fundición y fue transformado en un hermosísimo candelabro de hierro, destinado a sostener un cirio. Le dieron forma de ángel, un ángel que sostenía un ramo de flores; en el centro del ramo pusieron la vela, y el candelabro fue colocado sobre una mesa escritorio cubierta de un paño verde. La habitación era acogedora; había muchos libros y colgaban hermosos cuadros —era la morada de un poeta—, y todo lo que decía y escribía se reflejaba en derredor. La habitación evocaba espesos bosques oscuros, prados bañados de sol donde se paseaba orgullosa la cigüeña, cubiertas de naves mecidas por las olas…

—¡Qué aptitudes tengo! —dijo el farol al despertarse—. Casi debería desear que me fundieran. Pero no, no mientras vivan estos viejos. Me quieren por mí mismo. Vengo a ser un poco como su hijo, pues me cuidaron y me dieron aceite, y lo paso tan bien como "El Congreso", con todo y ser él tan noble.

Desde aquel día menguó su agitación interior; y bien se lo merecía el viejo y honrado farol.

LA FAMILIA FELIZ

La hoja verde más grande de nuestra tierra es, seguramente, la del lampazo. Si te la pones delante de la barriga, parece todo un delantal, y si en tiempo lluvioso te la colocas sobre la cabeza, es casi tan útil como un paraguas; ya ves si es enorme. Un lampazo nunca crece solo. Donde hay uno, seguro que hay muchos más. Es un goce para los ojos, y toda esta magnificencia es pasto de los caracoles, los grandes caracoles blancos, que en tiempos pasados la gente distinguida hacía cocer en estofado y, al comérselos, exclamaba: "¡Ajá, qué bien sabe!", persuadida de que realmente era apetitoso; pues, como digo, aquellos caracoles se nutrían de hojas de lampazo, y por eso se sembraba la planta.

Pues bien, había una vieja casa solariega en la que ya no se comían caracoles.

Estos animales se habían extinguido, aunque no los lampazos, que crecían en todos los caminos y bancales; una verdadera invasión. Era un auténtico bosque de lampazos, con algún que otro manzano o ciruelo; por lo demás, nadie habría podido suponer que aquello había sido antaño un jardín. Todo eran lampazos, y entre ellos vivían los dos últimos y matusalémicos caracoles.

Ni ellos mismos sabían lo viejos que eran, pero se acordaban perfectamente de que habían sido muchos más, de que descendían de una familia oriunda de países extranjeros, y de que todo aquel bosque había sido plantado para ellos y los suyos. Nunca habían salido de sus lindes, pero no ignoraban que más allá había otras cosas en el mundo, una, sobre todo, que se llamaba la "casa señorial", donde ellos eran cocidos y, vueltos de color negro, colocados en una fuente de plata; pero no tenían idea de lo que ocurría después. Por otra parte, no podían imaginarse qué impresión debía causar el ser cocido y colocado en una fuente de plata; pero seguramente sería delicioso y distinguido por demás. Ni los abejorros, ni los sapos, ni la lombriz de tierra, a quienes habían preguntado, pudieron informarles; ninguno había sido cocido ni puesto en una fuente de plata.

Los viejos caracoles blancos eran los más nobles del mundo, de eso sí estaban seguros. El bosque estaba allí para ellos, y la casa señorial, para que pudieran ser cocidos y depositados en una fuente de plata.

Vivían muy solos y felices, y como no tenían descendencia, habían adoptado un caracolillo ordinario, al que educaban como si hubiese sido su propio hijo; pero el pequeño no crecía, pues no pasaba de ser un caracol ordinario. Los viejos, particularmente la madre, la Madre Caracola, creyó observar que se desarrollaba, y pidió al padre que se fijara también; si no podía verlo, al menos que palpara la pequeña cáscara; y él la palpó y vio que la madre tenía razón.

Un día se puso a llover fuertemente.

—Escucha el rampataplán de la lluvia sobre los lampazos —dijo el viejo.

—Sí, y las gotas llegan hasta aquí —observó la madre—. Bajan por el tallo. Verás cómo esto se moja. Suerte que tenemos nuestra buena casa, y que el pequeño tiene también la suya. Salta a la vista que nos han tratado mejor que a todos los restantes seres vivos; que somos los reyes de la creación, en una palabra. Poseemos una casa desde la hora en que nacemos, y para nuestro uso exclusivo plantaron un bosque de lampazos. Me gustaría saber hasta dónde se extiende, y qué hay ahí afuera.

—No hay nada fuera de aquí —respondió el padre—. Mejor que esto no puede haber nada, y yo no tengo nada que desear.

—Pues a mí —dijo la vieja— me gustaría llegar a la casa señorial, que me cocieran y me pusieran en una fuente de plata. Todos nuestros antepasados pasaron por ello y, créeme, debe de ser algo excepcional.

—Tal vez la casa esté destruida —objetó el caracol padre—, o quizás el bosque de lampazos la ha cubierto, y los hombres no pueden salir. Por lo demás, no corre prisa; tú siempre te precipitas, y el pequeño sigue tu ejemplo. En tres días se ha subido a lo alto del tallo; realmente me da vértigo cuando levanto la cabeza para mirarlo.

—No seas tan regañón —dijo la madre—. El chiquillo trepa con mucho cuidado, y estoy segura de que aún nos dará muchas alegrías; al fin y al cabo, no tenemos más que a él en la vida. ¿Has pensado alguna vez en encontrarle esposa? ¿No crees que si nos adentrásemos en la selva de lampazos, tal vez encontraríamos a alguno de nuestra especie?

—Seguramente habrá por allí caracoles negros —dijo el viejo—, caracoles negros sin cáscara; pero ¡son tan ordinarios! Y, sin embargo, son orgullosos. Pero podríamos encargárselo a las hormigas, que siempre corren de un lado para otro, como si tuvieran mucho que hacer. Seguramente encontrarían una esposa para nuestro pequeño.

—Yo conozco a la más hermosa de todas —dijo una de las hormigas—, pero me temo que no haya nada que hacer, pues se trata de una reina.

—¿Y eso qué importa? —dijeron los viejos—. ¿Tiene una casa?

—¡Tiene un palacio! —exclamó la hormiga—, un bellísimo palacio hormiguero, con setecientos corredores.

—Muchas gracias —dijo la madre—. Nuestro hijo no va a ir a un nido de hormigas. Si no saben otra cosa mejor, lo encargaremos a los mosquitos blancos, que vuelan a mucho mayor distancia, tanto si llueve como si hace sol, y conocen el bosque de lampazos por dentro y por fuera.

—¡Tenemos esposa para él! —exclamaron los mosquitos—. A cien pasos de hombre, en un zarzal, vive un caracolito con casa; es muy pequeñín, pero tiene la edad suficiente para casarse. Está a no más de cien pasos de hombre de aquí.

—Muy bien, pues que venga —dijeron los viejos—. Él posee un bosque de lampazos, y ella, solo un zarzal.

Y enviaron recado a la señorita caracola. Invirtió ocho días en el viaje, pero ahí estuvo precisamente la distinción; por ello pudo verse que pertenecía a la especie apropiada.

Y se celebró la boda. Seis luciérnagas alumbraron lo mejor que supieron; por lo demás, todo discurrió sin alboroto, pues los viejos no soportaban francachelas ni bullicio. Pero Madre Caracola pronunció un hermoso discurso; el padre no pudo hablar por causa de la emoción. Luego les dieron en herencia todo el bosque de lampazos y dijeron lo que habían dicho siempre, que era lo mejor del mundo, y que si vivían honradamente y como Dios manda, y se multiplicaban, ellos y sus hijos entrarían algún día en la casa señorial, serían cocidos hasta quedar negros y los pondrían en una fuente de plata.

Terminado el discurso, los viejos se metieron en sus casas, de las cuales no volvieron ya a salir; se durmieron definitivamente. La joven pareja reinó en el bosque y tuvo una numerosa descendencia; pero nadie los coció ni los puso en una fuente de plata, de lo cual dedujeron que la mansión señorial se había hundido y que en el mundo se había extinguido el género humano; y como nadie los contradijo, la cosa debía de ser verdad. La lluvia caía solo para ellos sobre las hojas de lampazo, con su rampataplán, y el sol brillaba únicamente para alumbrarles el bosque, y fueron muy felices. Toda la familia fue muy feliz, de veras.

LA GRAN SERPIENTE DE MAR

Érase un pececillo marino de buena familia, cuyo nombre no recuerdo; pero esto te lo dirán los sabios. El pez tenía mil ochocientos hermanos, todos de la misma edad. No conocían a su padre ni a su madre, y desde un principio tuvieron que gobernarse solos, nadando de un lado para otro, lo cual era muy divertido. Agua para beber no les faltaba: todo el océano, y en la comida no tenían que pensar, pues venía sola. Cada uno seguía sus gustos, y cada uno estaba destinado a tener su propia historia, pero nadie pensaba en ello.

La luz del sol penetraba muy al fondo del agua, clara y luminosa, e iluminaba un mundo de maravillosas criaturas, algunas enormes y horribles, con bocas espantosas, capaces de tragarse de un solo bocado a los mil ochocientos hermanos; pero a ellos no se les ocurría pensarlo, ya que hasta el momento ninguno había sido engullido.

Los pequeños nadaban en grupo apretado, como es costumbre de los arenques y caballas. Y he aquí que, cuando más a gusto nadaban en las aguas límpidas y transparentes, sin pensar en nada, de pronto se precipitó desde lo alto, con un ruido pavoroso, una cosa larga y pesada, que parecía no tener fin. Aquella cosa iba alargándose y alargándose cada vez más, y todo pececito que tocaba quedaba descalabrado o tan mal parado que se acordaría de ello toda la vida. Todos los peces, grandes y pequeños, tanto los que habitaban en la superficie como los del fondo del mar, se apartaban espantados, mientras el pesado y larguísimo objeto se hundía progresivamente, en una longitud de millas y millas a través del océano.

Peces y caracoles, todos los seres vivientes que nadan, se arrastran o son llevados por la corriente, se dieron cuenta de aquella cosa horrible, aquella anguila de mar monstruosa y desconocida que de repente descendía de las alturas.

¿Qué era, pues? Nosotros lo sabemos. Era el gran cable submarino, de millas y millas de longitud, que los hombres tendían entre Europa y América.

Dondequiera que cayó se produjo un pánico, un desconcierto y agitación entre los moradores del mar. Los peces voladores saltaban por encima de la superficie marina a tanta altura como podían; el salmonete salía disparado como un tiro de escopeta, mientras otros peces se refugiaban en las profundidades marinas, echándose hacia abajo con tanta prisa que llegaban al fondo antes que allí hubieran visto el cable telegráfico, espantando al bacalao y a la platija, que merodeaban apaciblemente por aquellas regiones, zampándose a sus semejantes.

Unos cohombros de mar se asustaron tanto que vomitaron sus propios estómagos, a pesar de lo cual siguieron vivos, pues para ellos esto no es un grave trastorno. Muchas langostas y cangrejos, a fuerza de revolverse, se salieron de su buena coraza, dejándose en ella sus patas.

Con todo aquel espanto y barullo, los mil ochocientos hermanos se dispersaron y ya no volvieron a encontrarse nunca; en todo caso, no se reconocieron. Solo media docena se quedó en un mismo lugar y, al cabo de unas horas de estarse quietecitos, pasado ya el primer susto, empezaron a sentir el cosquilleo de la curiosidad.

Miraron a su alrededor, arriba y abajo, y en las honduras creyeron entrever el horrible monstruo, espanto de grandes y chicos. La cosa estaba tendida sobre el suelo del mar, hasta más lejos de lo que alcanzaba su vista; era muy delgada, pero no sabían hasta qué punto podría hincharse ni cuán fuerte era. Se estaba muy quieta, pero temían ellos que, a lo mejor, fuera un ardid.

—Déjenlo donde está. No nos preocupemos por él —dijeron los pececillos más prudentes; pero el más pequeño estaba empeñado en saber qué diablos era aquello. Puesto que había venido de arriba, arriba le informarían seguramente, y así el grupo se remontó nadando hacia la superficie. El mar estaba encalmado, sin un soplo de viento. Allí se encontraron con un delfín; es un gran saltarín, una especie de payaso que sabe dar volteretas sobre el mar. Tenía buenos ojos, debió de haberlo visto todo y estaría enterado. Lo interrogaron, pero resultó que solo había estado atento a sí mismo y a sus cabriolas, sin ver nada; no supo contestar y permaneció callado con aire orgulloso.

Se dirigieron entonces a la foca, que en aquel preciso momento se sumergía. Esta fue más cortés, a pesar de que se come a los peces pequeños; pero aquel día estaba harta. Sabía algo más que el saltarín.

—Me he pasado varias noches echada sobre una piedra húmeda, desde donde veía la tierra a varias millas de distancia. Allí hay unos seres muy taimados que en su lengua se llaman hombres. Andan siempre detrás de nosotros, pero generalmente nos escapamos de sus manos. Eso es lo que yo he hecho, y de seguro que lo mismo hizo la anguila marina por quien preguntan. Estuvo en su poder, en la tierra firme, Dios sabe cuánto tiempo. Los hombres la cargaron en un barco para transportarla a otra tierra, situada al otro lado del mar. Yo vi cómo se esforzaban y lo que les costó dominarla, pero al fin lo consiguieron, pues ella estaba muy débil fuera del agua. La arrollaron y dispusieron en círculos; oí el ruido que hacían para sujetarla, pero, con todo, ella se les escapó, deslizándose por la borda. La tenían agarrada con todas sus fuerzas, muchas manos la sujetaban, pero se escabulló y pudo llegar al fondo. Y supongo que allí se quedará hasta nueva orden.

—Está algo delgada —dijeron los pececillos.

—La han matado de hambre —respondió la foca—, pero se repondrá pronto y recobrará su antigua gordura y corpulencia. Supongo que es la gran serpiente de mar, que tanto temen los hombres y de la que tanto hablan. Yo no la había visto nunca, ni creía en ella; ahora pienso que es ésta.

Y así diciendo, se zambulló.

—¡Lo que sabe esa! ¡Y cómo se explica! —dijeron los peces—. Nunca supimos nosotros tantas cosas. ¡Con tal que no sean mentiras!

—Vámonos abajo a averiguarlo —dijo el más pequeñín—. En camino oiremos las opiniones de otros peces.

—No daremos ni un coletazo por saber nada —replicaron los otros, dando la vuelta.

—Pues yo, allá me voy —afirmó el pequeño, y puso rumbo al fondo del mar. Pero estaba muy lejos del lugar donde yacía "el gran objeto sumergido". El pececillo todo era mirar y buscar a uno y otro lado, a medida que se hundía en el agua.

Nunca hasta entonces le había parecido tan grande el mundo. Los arenques circulaban en grandes bandadas, brillando como una gigantesca embarcación de plata, seguidos de las caballas, todavía más vistosas. Pasaban peces de mil formas, con dibujos de todos los colores; medusas semejantes a flores semitransparentes se dejaban arrastrar, perezosas, por la corriente. Grandes plantas crecían en el fondo del mar, hierbas altas como el brazo y árboles parecidos a palmeras, con las hojas cubiertas de luminosos crustáceos.

Por fin, el pececillo distinguió allá abajo una faja oscura y larga, y a ella se dirigió; pero no era ni un pez ni el cable, sino la borda de un gran barco naufragado, partido en dos por la presión del agua. El pececillo estuvo nadando por las cámaras y bodegas. La corriente se había llevado todas las víctimas del naufragio, menos dos: una mujer joven yacía extendida, con un niño en brazos. El agua los levantaba y mecía; parecían dormidos. El pececillo se llevó un gran susto; ignoraba que ya no podían despertarse. Las algas y plantas marinas colgaban a modo de follaje sobre la borda y sobre los hermosos cuerpos de la madre y el hijo. El silencio y la soledad eran absolutos. El pececillo se alejó con toda la ligereza que le permitieron sus aletas, en busca de unas aguas más luminosas y donde hubiera otros peces. No había llegado muy lejos cuando se topó con un ballenato enorme.

—¡No me tragues! —le rogó el pececillo—. Soy tan pequeño que no tienes ni para un diente, y me siento muy a gusto en la vida.

—¿Qué buscas aquí abajo, donde no vienen los de tu especie? —le preguntó el ballenato.

Y el pez le contó lo de la anguila maravillosa o lo que fuera, que se había sumergido desde la superficie, asustando incluso a los más valientes del mar.

—¡Oh, oh! —exclamó la ballena, tragando tanta agua que hubo de disparar un chorro enorme para remontarse a respirar—. Entonces eso fue lo que me cosquilleó en el lomo cuando me volví. Lo tomé por el mástil de un barco que hubiera podido usar como estaca.

Pero eso no pasó aquí; fue mucho más lejos. Voy a enterarme. Así como así, no tengo otra cosa que hacer.

Y se puso a nadar, y el pececito lo siguió, aunque a cierta distancia, pues por donde pasaba el ballenato se producía una corriente impetuosa.

Se encontraron con un tiburón y un viejo pez sierra; uno y otro tenían noticias de la extraña anguila de mar, tan larga y delgaducha; como verla, no la habían visto, y a eso iban.

Se acercó entonces un gato marino.

—Voy con ustedes —dijo; y se unió a la partida.

—Como esa gran serpiente marina no sea más gruesa que una soga de ancla, la partiré de un mordisco. —Y, abriendo la boca, exhibió seis hileras de dientes—. Si dejo señales en un ancla de barco, bien puedo partir la cuerda.

—¡Ahí está! —exclamó el ballenato—. Ya la veo.

Creía tener mejor vista que los demás.

—¡Miren cómo se levanta, miren cómo se dobla y retuerce!

Pero no era sino una enorme anguila de mar, de varias varas de longitud, que se acercaba.

—Ésa la vimos ya antes —dijo el pez sierra—. Nunca ha provocado alboroto en el mar, ni asustado a un pez gordo.

Y, dirigiéndose a ella, le hablaron de la nueva anguila, preguntándole si quería participar en la expedición de descubrimiento.

—Si la anguila es más larga que yo, habrá una desgracia —dijo la recién llegada.

—La habrá —contestaron los otros—. Somos bastantes para no tolerarlo.

Y prosiguieron la ruta.

Al poco rato se interpuso en su camino algo enorme, un verdadero monstruo, mayor que todos ellos juntos. Parecía una isla flotante que no pudiera mantenerse a flor de agua. Era una ballena matusalénica; tenía la cabeza invadida de plantas marinas y el lomo tan cubierto de animales reptadores, ostras y moluscos, que toda su negra piel parecía moteada de blanco.

—Vente con nosotros, vieja —le dijeron—. Ha aparecido un nuevo pez que no podemos tolerar.

—Prefiero seguir echada —contestó la vieja ballena—. Déjenme en paz, déjenme descansar. ¡Uf! Tengo una enfermedad grave; solo me alivio cuando subo a la superficie y saco la espalda del agua. Entonces acuden las hermosas aves marinas y me limpian el lomo. ¡Da un gusto cuando no hunden demasiado el pico! Pero a veces lo hincan hasta la grasa. ¡Miren! Todavía tengo en la espalda el esqueleto de un ave. Clavó las garras demasiado hondo y no pudo soltarse cuando me sumergí. Los peces pequeños la han mondado. ¡Buenas estamos las dos! Estoy enferma.

—Pura aprensión —dijo el ballenato—. Yo no estoy nunca enfermo. Ningún pez lo está jamás.

—Dispensa —dijo la vieja—. Las anguilas enferman de la piel, la carpa sufre de viruelas, y todos padecemos de lombrices intestinales.

—¡Tonterías! —exclamó el tiburón, y se marcharon sin querer oír más; tenían otra cosa que hacer.

Finalmente, llegaron al lugar donde había quedado tendido el cable telegráfico. Era una cuerda extendida en el fondo del mar, desde Europa a América, sobre bancos de arena y fango marino, rocas y selvas enteras de coral. Allí cambiaba la corriente, se formaban remolinos y había un hervidero de peces, en bancos más numerosos que las incontables bandadas de aves que los hombres ven desfilar en la época de la migración. Todo era bullir, chapotear, zumbar y rumorear. Algo de este ruido queda en las grandes caracolas, y lo podemos percibir cuando les aplicamos el oído.

—¡Allí está el bicho! —dijeron los peces grandes, y el pequeño también. Y estuvieron un rato mirando el cable, cuyo principio y fin se perdían en el horizonte.

Del fondo se elevaban esponjas, pólipos y medusas, y volvían a descender, doblándose a veces encima de él, por lo que a trechos quedaba visible y a trechos oculto. Alrededor rebullían erizos de mar, caracoles y gusanos. Gigantescas arañas, cargadas con toda una tripulación de crustáceos, se pavoneaban cerca del cable. Cohombros de mar —de color azul oscuro—, o como se llamen estos bichos que comen con todo el cuerpo, yacían oliendo el nuevo animal que se había instalado en el suelo marino. La platija y el bacalao se revolvían en el agua, escuchando en todas direcciones. La estrella de mar, que se excava un hoyo en el fango y saca solo al exterior los dos largos tentáculos con los ojos, permanecía con la mirada fija, atenta a lo que saliera de todo aquel barullo.

El cable telegráfico seguía inmóvil en su sitio y, sin embargo, había en él vida y pensamientos; los pensamientos humanos circulaban a su través.

—Este objeto lleva mala intención —dijo el ballenato—. Es capaz de pegarme en el estómago, que es mi punto sensible.

—Vamos a explorarlo —propuso el pólipo—. Yo tengo largos brazos y dedos flexibles; ya lo he tocado, y voy a cogerlo un poco más fuerte.

Y alargó los más largos de sus elásticos dedos para sujetar el cable.

—No tiene escamas —dijo—, ni piel. Me parece que no dará crías vivas.

La anguila se tendió junto al cable, estirándose cuanto pudo.

—¡Pues es más largo que yo! —dijo—. Pero no se trata solo de la longitud. Hay que tener piel, cuerpo y agilidad.

El ballenato, joven y fuerte, descendió a mayor profundidad de la que jamás alcanzara.

—¿Eres pez o planta? —preguntó—. ¿O serás solamente una de esas obras de allá arriba, que no pueden medrar entre nosotros?

Mas el cable no respondió; no lo hace nunca en aquel punto. Los pensamientos pasaban de largo; en un segundo recorrían centenares de millas, de un país a otro.

—¿Quieres contestar, o prefieres que te partamos a mordiscos? —preguntó el fiero tiburón, al que hicieron coro los demás peces.

El cable siguió inmóvil, entregado a sus propios pensamientos, cosa natural, puesto que está lleno de ideas.

—Si me muerden, ¿a mí qué? Me volverán arriba y me repararán. Ya les ocurrió a otros miembros de mi familia, en mares más pequeños.

Por eso continuó sin contestar; otros cuidados tenía. Estaba telegrafiando, cumpliendo su misión en el fondo del mar.

Arriba, se ponía el sol, como dicen los hombres. Se volvió el astro como de vivísimo fuego, y todas las nubes del cielo adquirieron un color rojo, a cual más hermoso.

—Ahora llega la luz roja —dijeron los pólipos—. Así veremos mejor la cosa, si es que vale la pena.

—¡A ella, a ella! —gritó el gato marino, mostrando los dientes.

—¡A ella, a ella! —repitieron el pez espada, el ballenato y la anguila.

Y se lanzaron al ataque, con el gato marino a la cabeza; pero al disponerse a morder el cable, el pez sierra, de puro entusiasmo, clavó la sierra en el trasero del gato. Fue una gran equivocación, pues el otro no tuvo ya fuerzas para hincar los dientes.

Aquello produjo un gran revuelo en la región del fango: peces grandes y chicos, cohombros de mar y caracoles se arrojaron unos contra otros, devorándose mutuamente, aplastándose y despedazándose, mientras el cable permanecía tranquilo, realizando su servicio, que es lo que ha de hacer.

Arriba reinaba la noche oscura, pero brillaban las miríadas de animalitos fosforescentes que pueblan el mar. Entre ellos brillaba un cangrejo no mayor que una cabeza de alfiler. Parece mentira, pero así es.

Todos los peces y animales marinos miraban el cable.

—¿Qué será, qué no será?

Ahí estaba el problema.

En esto llegó una vaca marina, a la que los hombres llaman sirena. Era hembra, tenía cola y dos cortos brazos para chapotear, y un pecho colgante; en la cabeza llevaba algas y parásitos, de lo cual estaba muy orgullosa.

—Si desean adquirir ciencia y conocimientos —dijo—, yo soy la única que les puede dar; pero a cambio reclamo pastos exentos de peligro en el fondo marino para mí y los míos. Soy un pez como ustedes, y, además, terrestre, a fuerza de ejercicio. En el mar soy la más inteligente; conozco todo lo que se mueve acá abajo y todo lo que hay allá arriba. Este objeto que los trae de cabeza procede de arriba, y todo lo que de allí cae, está muerto, o se muere y queda impotente. Déjenlo como lo que es, una invención humana y nada más.

—Pues yo creo que es algo más —dijo el pececito.

—¡Cállate la boca, caballa! —gritó la gorda vaca marina.

—¡Perca! —la increparon los demás, lo cual era aún más insultante.

Y la vaca marina les explicó que aquel animal que tanto les había alarmado y que, por lo demás, no había dicho esta boca es mía, no era otra cosa sino una invención de la tierra seca. Y pronunció una breve conferencia sobre la astucia de los humanos.

—Quieren cogernos —dijo—; solo viven para esto. Tienden redes y vienen con cebo en el anzuelo para atraernos. Este de ahí es una especie de larga cuerda, y creyeron que la morderíamos, los tontos. Pero a nosotros no nos la pegan. Nada de tocarla, ya verán cómo ella sola se pudre y se deshace. Todo lo que viene de arriba no vale para nada.

—¡No vale para nada! —asintieron todos, y para tener una opinión adoptaron la de la vaca marina.

Mas el pececillo se quedó con su primera idea.

—Esta serpiente tan delgada y tan larga es, quizás, el más maravilloso de todos los peces del mar. Lo presiento.

—El más maravilloso —decimos también los hombres, y lo decimos con conocimiento de causa.

Es la gran serpiente marina, que desde hace tiempo anda en canciones y leyendas.

Fue gestada como hija de la inteligencia humana y bajada al fondo del mar desde las tierras orientales hasta las occidentales, para llevar las noticias y mensajes con la misma rapidez con que los rayos del sol llegan a nuestro planeta. Crece en poder y extensión, año tras año, a través de todos los mares, alrededor de toda la Tierra, por debajo de las aguas tempestuosas y de las límpidas y claras, cuyo fondo ve el navegante como si surcara el aire transparente, descubriendo el inmenso tropel de peces que constituyen un milagroso castillo de fuegos artificiales.

Allá, en los abismos marinos, yace la serpiente, el bendito monstruo marino que se muerde la cola al rodear todo el globo. Peces y reptiles arremeten de cabeza contra él; no comprenden esta creación venida de lo alto: la serpiente de la ciencia del bien y del mal, repleta de pensamientos humanos, silenciosa y que, no obstante, habla en todas las lenguas, la más maravillosa de las maravillas del mar de nuestra época: la gran serpiente marina.

PEDRO, PERICO Y PEDRÍN

¡Es asombroso lo que saben los niños hoy en día! Uno ya casi no sabe qué es lo que ellos no saben. Eso de que la cigüeña los sacó muy pequeños del pozo o de la balsa del molino y los llevó a sus padres es una historia tan anticuada que ya ninguno la cree, a pesar de que es la verdad pura.

Pero, ¿cómo van a parar los pequeñuelos a la balsa o al pozo? Eso no lo saben todos, pero algunos sí. Si en una noche estrellada te has entretenido en contemplar el cielo, habrás visto caer estrellas fugaces. Parece exactamente como si una estrella cayera y desapareciera. Ni los hombres más sabios son capaces de explicar lo que no saben; pero cuando uno lo sabe, puede explicarlo. Es como si una velilla del árbol de Navidad cayera del cielo y se apagara; es un alma fulgurante de Dios Nuestro Señor que baja a la Tierra, y al llegar a nuestra atmósfera, pesada y densa, se extingue su brillo, quedando solamente lo que nuestros ojos no pueden ver, pues es mucho más sutil que nuestro aire. Es una criatura del cielo enviada acá abajo, un angelito, aunque sin alas, pues está destinado a ser un hombre; se desliza por el espacio, y el viento lo lleva a una flor, a un dondiego de noche, a una margarita, a una rosa o a una luciérnaga; allí se queda y se recoge.

Es vaporoso y ligero, una mosca podría llevarlo, y mucho más una abeja; y estas acuden por turno en busca del néctar de las flores. Si el "bebé" les estorba, no lo arrojan al suelo, no tienen tan mal corazón, sino que lo depositan al sol sobre un pétalo de nenúfar, y en él es mecido suavemente en el agua, durmiendo y creciendo hasta que la cigüeña lo ve y puede llevarlo a una familia humana de las muchas que están suspirando por un dulce pequeñuelo como él. Pero que sea o no dulce depende de que haya bebido en la clara fuente o se le haya atragantado barro y alguna lenteja de agua, que esas son cosas que agrian el humor. La cigüeña carga con el primero que ve, sin hacer distingos. Un día irá a una casa buena, donde moran padres excelentes; otro, dejará al pequeño en el hogar de gente dura que vive en plena miseria, y entonces más le hubiera valido al chiquitín seguir en la balsa del molino.

Los pequeños no se acuerdan de lo que soñaron bajo el pétalo del nenúfar, donde al anochecer les cantaban las ranas su "croac, croac", lo cual, en lengua humana, significa: "¡Duerman y tengan dulces sueños!". Ni pueden tampoco acordarse de la flor en que estuvieron, ni de cómo olía; pero cuando ya son mayores hay algo en su interior que les dice: "¡Esta es la flor que más me gusta!". Pues es aquella que les sirvió de cuna cuando eran criaturas del aire.

La cigüeña tiene una vida muy larga y siempre se preocupa de saber qué tal les va a los niños que llevó y cómo se despabilan en el mundo. Claro que nada puede hacer por ellos, ni cambiar sus circunstancias, pues bastante tiene con cuidar de su propia familia; pero sus pensamientos los acompañan siempre.

Yo conozco a una anciana cigüeña, muy respetable y sabihonda. Ha traído unos cuantos niños y conoce sus historias, en las cuales hay invariablemente un poquitín de fango y una que otra lenteja de la balsa del molino. Le pedí que me diera una pequeña biografía de uno de ellos, y he aquí que se ofreció a contarme no una, sino tres vidas de la casa Peitersen.

Era una familia simpatiquísima la de los Peitersen. El marido figuraba entre los treinta y dos prohombres de la ciudad, lo cual no dejaba de ser una distinción. En estas llegó la cigüeña y les trajo un hijo, al que llamaron Pedro. Al año siguiente volvió el ave con otro niño, y le pusieron por nombre Perico; y al presentarse con el tercero, lo bautizaron Pedrín, pues en esos tres nombres, Pedro, Perico y Pedrín está el nombre de Peitersen.

Fueron, pues, tres hermanos, tres estrellas fugaces, cada uno mecido en su flor, depositados en la balsa del molino bajo la hoja de nenúfar y recogidos por la cigüeña y por ella llevados a la familia Peitersen, aquellos que viven en la esquina, como bien sabes.

Crecieron de cuerpo y de alma, y por eso quisieron ser algo más que los treinta y dos prohombres.

Pedro dijo que quería ser bandido. Había visto "Fra Diavolo" y sacó en consecuencia que la profesión de bandolero era la más hermosa del mundo. Perico quiso ser basurero, y Pedrín, que era un muchacho cariñoso y formal, mofletudo y regordete, y cuyo único defecto era el de comerse las uñas, pensó en ser "padre". Claro que esto es lo que dicen todos cuando se les pregunta qué quieren ser.

Fueron a la escuela; uno fue el primero, otro el último y uno quedó en medio, pero los tres venían a ser iguales de buenos y listos, y, efectivamente, lo eran, según sus perspicaces y juiciosos padres.

Asistieron a bailes infantiles, fumaban cigarros cuando nadie los veía, y crecían en ciencia y experiencia.

Desde chiquillo, Pedro era ya muy pendenciero, como debe ser todo bandido. Era muy travieso, lo cual, según su madre, era debido a que padecía de lombrices. Los chicos traviesos tienen siempre lombrices: barro en el estómago. Su testarudez y mal carácter se manifestaron un día en el vestido de seda nuevo de la madre.

—¡No des contra la mesa del café, corderillo mío! —le había dicho la mujer—. Podrías tirar la mantequera y mancharme el vestido de seda.

El "corderillo", agarrando con mano firme la mantequera, vertió toda la crema en el regazo de mamá. Esta dijo, por todo comentario:

—Corderillo, corderillo, ¡qué atolondrado eres, corderillo mío!

Pero lo que es voluntad, el niño la tenía, y su madre lo reconocía. Voluntad demuestra carácter, y para una madre esto es muy prometedor.

Indudablemente hubiera podido ser bandolero, pero todo quedó en palabras. Solo por su exterior lo parecía, pues usaba un sombrero abollado, cuello abierto y largo pelo suelto. Quería ser artista, pero no tenía de ello más que el traje, y encima parecía un malvavisco. Todas las figuras que dibujaba parecían otros tantos malvaviscos, de puro larguiruchas. Le gustaba mucho aquella flor; según la cigüeña, había yacido en ella.

A Perico le había tocado por lecho un botón de oro. Tenía tan pringosas las comisuras de la boca y tan amarilla la piel, que se hubiera dicho que haciéndole un corte en la mejilla, saldría mantequilla. Parecía nacido para mantequera, y habría podido ser su propio anuncio; pero en el fondo, en lo más íntimo de su ser, era basurero; era también el talento musical de la familia Peitersen, "y se bastaba por todos los demás juntos", decían los vecinos. En una semana compuso diecisiete polcas, y luego las reunió en una ópera para trompeta y carraca. ¡Señores, qué hermosura!

Pedrín era blanco y rojo, menudo y ordinario; procedía de una margarita. Nunca se defendía cuando los demás chicos le zurraban; decía que era el más juicioso, y el juicioso siempre cede. Primero coleccionó pizarrines, luego sellos y, finalmente, organizó un pequeño gabinete de naturalista que contenía el esqueleto de un gasterósteo, tres ratones ciegos de nacimiento guardados en alcohol, y un topo disecado. Pedrín tenía aptitudes para la ciencia y ojo para la naturaleza, lo cual era muy satisfactorio para sus padres y para él. Prefería ir al bosque antes que a la escuela. Sus hermanos estaban ya prometidos, cuando él no vivía sino por completar su colección de huevos de aves acuáticas. Pronto supo más de los animales que de las personas, y sostenía que nosotros no podemos alcanzar al animal en lo que consideramos más noble y elevado: el amor. Veía que el ruiseñor macho, cuando la hembra incubaba, permanecía toda la noche a su lado, cantándole: "¡cluc, cluc si, lo, lo, li!". Nunca Pedrín habría sido capaz de tamaña abnegación. Cuando la madre cigüeña estaba en el nido con sus pequeños, el padre permanecía de pie sobre una pata en la parhilera del tejado, sin moverse en toda la noche. Pedrín no lo habría resistido ni una hora.

Y un día que examinó una tela de araña con lo que había en ella, decidió renunciar para siempre al matrimonio. El señor araña vive única y exclusivamente para atrapar moscas descuidadas, ya sean jóvenes o viejas, hinchadas de sangre o secas como un huso; atento solo a tejer y a nutrir a su familia, mientras la señora vive nada más que para el padre. Lo devora de puro enamorada, se zampa su corazón, su cabeza y abdomen; solo sus largas y delgadas patas quedan en la tela, en aquella tela en que él vivió sin más preocupación que la de alimentar a la familia. Es la pura verdad, extraída directamente de la historia natural. Pedrín lo vio, y la cosa le dio que pensar: "¡Ser amado hasta tal extremo por su esposa, ser por ella devorado, víctima de una pasión tan ardiente! ¡No! Hasta eso no llega ningún ser humano. Por lo demás, ¿sería de veras deseable?".

Pedrín resolvió no casarse nunca, nunca dar ni recibir un beso, pues ello habría podido tomarse por el primer paso conducente al matrimonio. Y, sin embargo, recibió un beso, el que recibimos todos, el fuerte ósculo de la muerte. Cuando hemos vivido el tiempo asignado, la muerte recibe la orden: "¡Llévatelo de un beso!". Y ¡adiós el hombre! De Dios Nuestro Señor nos baja un rayo de sol tan intenso, que nos ciega los ojos. El alma humana, que llegó en forma de estrella fugaz, emprende el vuelo en la misma forma, pero no para ir a descansar en una flor o a soñar bajo un pétalo de nenúfar. Cosas más importantes tiene que hacer. Vuela al gran país de la Eternidad. Cómo es aquel país y qué aspecto tiene, nadie sabría decirlo, pues nadie lo ha visto, ni siquiera la cigüeña, por muy lejos que alcance su vista y por muchas cosas que sepa. Así, nada más podía decir de Pedro, Perico y Pedrín; bien es verdad que ya tenía bastante de ellos, y tú seguramente también. De modo que por esta vez le daremos muchas gracias a la cigüeña. Pero ella, en pago de esta historieta, que nada tiene de particular, pide tres ranas y una culebrina. Por lo visto, cobra en especies. ¿Quieres pagarle tú? Yo no, pues no tengo ni ranas ni culebras.

PSIQUIS

En el rosado horizonte del crepúsculo matutino brilla una gran estrella, la más clara de la mañana. Sus rayos tiemblan sobre el blanco muro, como si en él quisieran escribir lo que en miles de años ha visto en las diversas latitudes de nuestra inquieta Tierra.

Escucha una de sus historias:

—No hace mucho —para una estrella, "no hace mucho" significa lo mismo que "varios siglos" para nosotros, los hombres—, mis rayos acompañaban a un joven artista. Ocurría la cosa en los Estados Pontificios, en la ciudad de Roma. Al correr de los tiempos han cambiado allí muchas cosas, aunque no tan de prisa como pasa el hombre de la infancia a la vejez. El palacio de los Césares era, como hoy, una ruina; la higuera y el laurel crecían entre las derrumbadas columnas de mármol y por encima de las destruidas termas, cuyas paredes conservaban aún sus estucos dorados. El Coliseo era otra ruina. Sonaban las campanas de las iglesias y, entre nubes de incienso, recorrían las calles procesiones con cirios y ricos palios. Era la ciudad de la Religión y del Arte.

Vivía entonces en Roma el más grande de los pintores del mundo: Rafael, y vivía también allí el primero de los escultores de su época: Miguel Ángel. El Papa los admiraba a los dos y los honraba con su visita; el Arte era reconocido, honrado y premiado. Sin embargo, no todo lo grande y valioso era visto y estimado.

En un angosto callejón se levantaba una casa muy vieja, edificada sobre un antiguo templo, y en ella vivía un joven artista, pobre y desconocido. Tenía, sí, bastantes amigos, jóvenes artistas como él, jóvenes de ánimo, de esperanzas y de ideas. Le decían que era rico en talento y aptitudes, y que hacía mal en no creer en ellas. Continuamente rompía lo que había moldeado en arcilla. Nunca se mostraba satisfecho, nunca terminaba sus obras; y es necesario hacerlo si se quiere adquirir estima, prestigio y ganar dinero. Es algo de toda evidencia.

—¡Eres un soñador —le decían—, esa es tu desgracia! Todo porque aún no has entrado en la vida, no la has gozado en lo que tiene de grande y de sana, como corresponde a la juventud. Cuando se es joven, hay que abrazar la vida, fundirse con ella de modo que vida y persona se vuelvan una sola y misma cosa. Mira al gran maestro Rafael, a quien el Papa honra y el mundo admira. Ese no desprecia el vino y el pan.

—¡Qué va a despreciar! Dígalo la panadera, la linda Fornarina —interpuso Angelo, uno de los amigos más alegres.

Todos hablaban, cada cual según su edad y juicio. Pretendían arrastrar al artista a que compartiera su existencia regocijada y bulliciosa, a la vida loca, como podía llamársele; y, por un momento, él se sintió inclinado a ceder. Tenía la sangre ardiente y la imaginación viva; le gustaba tomar parte en las regocijadas charlas, reír sonoramente con los demás. Y, no obstante, los atractivos de lo que los demás llamaban "la vida alegre de Rafael" se le desvanecían como la niebla matinal cuando contemplaba el resplandor divino que brillaba en las obras del excelso maestro. Y cuando en el Vaticano estaba en presencia de aquellas bellezas que los grandes artistas habían plasmado milenios atrás en el bloque de mármol, se henchía su pecho, sentía bullir en su interior algo de sublime, santo, noble, grande y bueno, y deseaba poder, a su vez, crear y tallar en mármol otras figuras dignas de aquellas. Buscaba la forma de aquel ardor que de su corazón se elevaba al infinito; pero, ¿cómo encontrarla y bajo qué rasgos? La blanca arcilla se moldeaba en sus dedos en bellas formas, pero cada día destruía lo que hiciera la víspera.

En cierta ocasión pasó por delante de uno de los ricos palacios que tanto abundan en Roma. Se detuvo frente a la gran puerta principal, que estaba abierta, y vio en el interior un jardincito rodeado de arcadas adornadas con pinturas. El jardín estaba lleno de bellísimas rosas; grandes calas blancas, de verdes hojas jugosas, surgían de la fuente de mármol, en la que chapoteaba el agua límpida. Y delante parecía flotar una figura, una muchacha, hija de la familia patricia, indeciblemente exquisita, vaporosa y bella. Jamás había visto el artista una forma de mujer como aquella; pero sí, la había visto, pintada por Rafael, en la figura de Psiquis, en uno de los palacios de Roma. Sí, allí estaba pintada, mas aquí aparecía animada y viva.

Con la figura de la joven grabada en sus pensamientos y en su corazón, regresó a su casa, y en su mísera habitación moldeó una estatua de arcilla: una Psiquis. Era la rica joven romana, la noble doncella, y por primera vez se sintió el artista satisfecho de su obra. Para él tenía una especial significación: era ella. Los amigos, cuando la vieron, estallaron en gritos de admiración: allí se revelaba por fin el talento que desde hacía tanto tiempo pregonaban. El mundo entero se percataría ahora de él.

La arcilla es plástica y viva, ciertamente, pero no tiene la blancura y firmeza del mármol. En mármol iba a hacer su Psiquis. Piedra no le faltaba: en el patio tenía un bloque ennegrecido por el tiempo, que había sido ya de sus padres, sucio y abandonado bajo un montón de cascotes y basura. Mas por dentro era como la nieve de las cumbres. De ella saldría Psiquis.

Un día —esto no lo vio la clara estrella, pero nosotros bien lo sabemos—, un grupo de personas de la alta sociedad romana se presentó en la estrecha y humilde calleja. El coche se detuvo a cierta distancia, y sus ocupantes se acercaron para ver el trabajo del joven artista, del que oyeron hablar por casualidad. ¿Quiénes eran los nobles visitantes? ¡Pobre muchacho! O feliz muchacho, como se quiera. Era ella, la propia joven, la que estaba en su humilde estudio; y qué expresión se reflejó en su mirada cuando su padre dijo:

—¡Eres verdaderamente tú, en cuerpo y vida!

¡Ay! No era posible cincelar la sonrisa ni reproducir la mirada que la muchacha dirigió al artista: una mirada que trastornaba, que daba vida… y mataba a la vez.

—Hay que llevar al mármol esta Psiquis —dijo el opulento caballero.

Y aquellas fueron palabras de vida para la inerte arcilla y para el pesado bloque de mármol, como lo fueron también para el joven artista.

—Cuando tenga la obra terminada, se la compraré —dijo el noble señor.

Fue como si en el mísero taller empezara una nueva época. En la casa todo era vida, alegría y actividad. El fulgurante lucero de la mañana vio cómo avanzaba el trabajo. La propia arcilla parecía haberse animado desde el día en que "ella" entró en la casa. Bajo los dedos del artista, los conocidos rasgos se hacían aún más hermosos.

"¡Ahora sé lo que es vivir! —pensaba el artista alborozado—. ¡Es amor! Es elevación a lo sublime, entrega a la Belleza. Lo que los amigos llaman vida y placer es caducidad, son burbujas de las heces en fermentación, no el vino puro del altar celestial que inicia a la vida."

Trajeron el bloque de mármol al taller; el cincel hizo saltar grandes pedazos. Después se tomaron medidas, se trazaron puntos y signos, se procedió a la labor mecánica, hasta que poco a poco la piedra fue transformándose en un cuerpo, en la estatua de la Belleza, en Psiquis, hermosa y majestuosa como la imagen de Dios en la doncella. La pesada piedra se hizo vaporosa, ligera, casi aérea: una Psiquis con su celestial sonrisa de inocencia, tal como estaba grabada en el corazón del joven escultor.

La estrella de la rosada aurora lo vio, y sin duda comprendió lo que se agitaba en el joven; comprendió el cambio de color de sus mejillas, la centelleante luz de su mirada, mientras creaba y reproducía lo que Dios había formado.

—¡Es una obra digna de los griegos! —exclamaban sus arrobados amigos—. Pronto el mundo entero admirará tu Psiquis.

—¡Mi Psiquis! —repetía él—. Mía… mía será. También yo soy un artista, como aquellos grandes que ya murieron. Dios me ha concedido su gracia, me ha elevado entre los grandes.

Y, postrándose de rodillas, elevó a Dios, llorando, una plegaria de acción de gracias, y volvió a olvidarse de Él para absorberse en ella, en su estatua de mármol, aquella figura de Psiquis que parecía plasmada con nieve, teñida por los rayos encendidos del sol de la mañana.

Por fin pudo ir a verla, en su persona real, su Psiquis viva, aquella cuyas palabras sonaban como música. Podía ya llevar al rico palacio la noticia de que la Psiquis de mármol estaba terminada. Cruzó el patio abierto, donde el agua que proyectaban los delfines caía rumoreante en la marmórea concha, cuajada de calas y de frescas rosas. Penetró en el espacioso y alto vestíbulo, cuyas paredes y techo se hallaban decorados con escudos de armas y cuadros multicolores. Criados con lujosas libreas se pavoneaban, orgullosos como caballos de trineo con sus cascabeles, paseando arriba y abajo del vestíbulo; algunos incluso estaban tendidos, cómodos e insolentes, en los tallados bancos de madera, como si fuesen los dueños de la casa.

Les dio su recado y fue conducido al piso superior por la reluciente escalera de mármol, cubierta de mullidas alfombras. A uno y otro lado se levantaban estatuas. Nuestro amigo atravesó lujosas salas, adornadas con cuadros y brillantes pavimentos de mosaico. Toda aquella magnificencia y suntuosidad le hacía contener la respiración; pero no tardó en volver a sentirse aligerado. El anciano príncipe lo recibió amablemente, casi con cordialidad, y, terminada la conversación, lo invitó, antes de despedirse, a que pasara a saludar a la joven "signora", que deseaba verlo también. Los criados lo condujeron, a través de nuevos aposentos y salones, tan suntuosos como los anteriores, a las habitaciones de la joven, de las cuales era ella el máximo adorno y belleza.

Ella le habló. Ninguna armonía, ningún canto religioso habría podido conmover su corazón tanto como el discurso de la joven. Él le cogió la mano y se la llevó a los labios. Ninguna rosa podía tener aquella suavidad, y, sin embargo, irradiaba fuego. Un noble sentimiento recorrió todo su ser, y de su lengua brotaron palabras, él mismo no sabía cuáles. ¿Acaso sabe el cráter que lanza lava ardiente? Le confesó su amor. Ella se irguió, ofendida, altiva, con expresión de escarnio y de repugnancia, como si acabase de tocarla un sapo frío y viscoso. Se enrojecieron sus mejillas, sus labios palidecieron; sus ojos despedían fuego, aun siendo negros como las tinieblas de la noche.

—¡Insensato! —exclamó—. ¡Fuera de aquí!

Y le volvió la espalda. El rostro de la beldad había adquirido una expresión comparable a la de la cabeza de piedra con serpientes por cabellos.

El artista salió a la calle como un objeto desmoronado e inerte; como un sonámbulo llegó a su casa, donde despertó presa de furia y dolor, y, empuñando un martillo y blandiéndolo en el aire, se lanzó contra la hermosa estatua de mármol. Pero en su estado no había advertido la presencia de su amigo Angelo, quien, con gesto vigoroso, le detuvo el brazo.

—¿Te has vuelto loco? ¿Qué te propones?

Se entabló una lucha. Angelo era el más fuerte, y el joven artista se desplomó jadeando en una silla.

—¿Qué ha ocurrido? —preguntó Angelo—. Explícate, habla.

Pero, ¿qué podía decir el artista? Angelo, al ver que no obtendría nada de él, no insistió.

—Te pondrás enfermo con tus fantasías. Sé de una vez un hombre como los demás y deja de vivir en las nubes. Acabarás chiflado. Emborráchate un poquitín y verás lo bien que duermes. Búscate una chica guapa que te haga de médico. Las muchachas de la Campagna son tan hermosas como la princesa del palacio de mármol; todas son hijas de Eva, y no se distinguirán entre sí en el paraíso. Sigue a tu Angelo, a tu ángel, que soy yo, un ángel de la vida. Día vendrá en que serás viejo, y tu cuerpo se desmoronará, y un bello día soleado, cuando todos rían y gocen, tú serás como un tallo marchito que ha dejado de crecer. No creo en la otra vida que nos prometen los curas; es una hermosa fantasía, un cuento para niños, muy agradable para quien es capaz de imaginarlo. Pero yo no vivo de imaginaciones, sino de realidades. ¡Vente conmigo y sé un hombre!

El joven escultor se fue con él; no se sentía con ánimos para resistir. En su sangre ardía un fuego extraño; algo había cambiado en su alma. Sentía la necesidad de evadirse de la existencia antigua, de la costumbre de su propio y viejo yo; y siguió a Angelo.

En las afueras de Roma había una hostería, entre las ruinas de unas termas antiguas, muy frecuentada por artistas. Los grandes limones dorados colgaban entre el oscuro y brillante follaje, cubriendo parte de los viejos y rojizos muros. La hostería era una bóveda profunda, casi una cueva excavada en la ruina. En el interior lucía una lámpara ante la imagen de la Madonna; un gran fuego ardía en el hogar, que servía de cocina. Fuera, bajo los limoneros y laureles, había algunas mesas.

Los amigos los recibieron con regocijo y jolgorio. Se comió poco y se bebió mucho, lo cual aumentó el júbilo. Cantaron al son de la guitarra, resonó el "saltarello" y empezó el baile. Unas jóvenes romanas, modelos de los artistas, se mezclaron con los bailadores, participando en el animado bullicio. Dos deliciosas bacantes. No tenían figura de Psiquis, ni eran rosas delicadas y lozanas, sino frescos claveles, robustos y ardientes.

¡Qué calor hacía, incluso después de ponerse el sol! Fuego en la sangre, fuego en el aire, fuego en las miradas. El aire fluctuaba entre oro y rosas, toda la vida era rosas y oro.

—¡Por fin te decidiste! Déjate llevar por la corriente que te rodea y que hay en ti.

—Nunca me había sentido tan sano y alegre —intervino el joven artista—. Tienes razón, todos tienen razón. Era un loco, un soñador. El hombre se debe a la realidad y no a la fantasía.

Al son de cantos y guitarras, salieron los jóvenes de la hostería al anochecer claro y estrellado, desfilando por los callejones en compañía de los dos ardientes claveles, las hijas de la Campagna.

En la morada de Angelo, entre esbozos dispersos, estudios tirados y cuadros lascivos y ardientes, resonaban las voces más apagadas pero no menos fogosas. En el suelo se veían algunas hojas muy parecidas a las hijas de la Campagna, de belleza robusta y cambiante, y, sin embargo, ellas eran mucho más hermosas. El candelabro de seis brazos tenía las seis velas encendidas, y de su seno se proyectaba, luminosa y flameante, la figura humana representando a una divinidad.

—¡Apolo! ¡Júpiter! ¡Me siento elevado a su cielo y a su grandeza! Me parece como si en este momento se abriera en mi corazón la flor de la vida.

Sí, se abrió —se dobló y se desplomó—, y un vaho repugnante y estupefaciente se arremolinó, cegando la vista y turbando el pensamiento; se extinguieron los fuegos artificiales de los sentidos, y todo quedó en tinieblas.

Llegó a su casa y, sentándose sobre la cama, trató de concentrar sus pensamientos. Del fondo de su pecho salió una voz que le gritaba: "¡Qué asco!". Y luego: "¡Insensato! ¡Fuera!". Y exhaló un profundo y doloroso suspiro.

—¡Fuera de aquí!

Estas palabras, las palabras de la Psiquis viviente, resonaron en su alma y asomaron a sus labios. Oprimió la cabeza contra la almohada, se extraviaron sus pensamientos y se quedó dormido.

Se despertó sobresaltado al amanecer y volvió a concentrarse. ¿Qué había pasado? ¿Sería un sueño? ¿Un sueño las palabras de la muchacha, la visita a la hostería, la noche con los purpúreos claveles de la Campagna? No, todo era real, una realidad que hasta entonces no conocía.

En el aire rojo brillaba la clara estrella; uno de sus rayos cayó sobre él y sobre la Psiquis de mármol. El joven sintió un estremecimiento al contemplar la imagen de la inmortalidad; le pareció que sus ojos eran demasiado impuros para mirarla. Cubrió la estatua con un lienzo, la tocó otra vez para descubrirla, pero ya no pudo mirar su obra.

Permaneció todo el día inmóvil, sombrío, ensimismado; no se dio cuenta de nada de lo que se movía en el exterior; nadie supo lo que ocurría en el alma de aquel hombre.

Transcurrieron días y semanas; las noches se hacían interminables. La rutilante estrella lo vio una mañana levantarse del lecho, pálido, calenturiento. Acercándose a la estatua de mármol, le quitó la envoltura, contempló su obra con mirada dolorosa y ferviente, y luego, cediendo casi bajo la carga, la arrastró hasta el jardín. Había allí un pozo seco y decaído, que mejor podía llamarse un hoyo; a él echó la Psiquis, cubriéndola después con tierra y esparciendo por encima de la tumba ramillas y ortigas.

—¡Fuera de aquí! —ésta fue la oración fúnebre de la estatua.

La estrella lo presenció desde los espacios rosados, y su rayo tembló en dos gruesas lágrimas que rodaron por las mejillas lívidas del joven devorado por la fiebre (enfermo de muerte, dijeron, cuando yacía en su lecho).

El hermano Ignacio acudió a su vera, como amigo y médico, aportándole las consoladoras palabras de la religión. Le habló de la serenidad y la dicha de la Iglesia, del pecado de los hombres, de la gracia y la paz de Dios.

Sus palabras cayeron como cálidos rayos de sol sobre un suelo húmedo; igual que de éste, de su alma se levantaban caudales de nieblas, imágenes mentales, imágenes que tenían su realidad; y desde aquellas islas flotantes contempló la existencia humana: errores, engaños, desilusión, eso era la vida, eso había sido para él. El arte era una sirena que nos arrastra a la vanidad y a las concupiscencias de la carne. Somos falsos con nosotros mismos, con nuestros amigos, con Dios. La serpiente habla siempre en nosotros: "¡Come y serás como Dios!".

Solo entonces le pareció que se comprendía a sí mismo, que acababa de descubrir el camino que lleva a la verdad y a la paz. En la Iglesia había la luz y la claridad de Dios; en la celda monacal, la paz necesaria al árbol humano para crecer en la eternidad.

El hermano Ignacio fortaleció su propósito, y el artista adoptó una resolución firme. Un hijo del mundo pasó a ser criado de la Iglesia; el joven escultor renunció al mundo e ingresó en el convento.

Sus hermanos de religión lo recibieron amorosamente, y su ordenación fue una verdadera fiesta. Le parecía que Dios se le revelaba en los rayos de sol que inundaban el templo, reflejándose en las santas imágenes y en la reluciente cruz. Y cuando, a la hora del crepúsculo vespertino, se encontró en su diminuta celda y, abriendo la ventana, se asomó a contemplar la vieja Roma, con sus destruidos templos, el Coliseo, poderoso y muerto, el aire primaveral con las acacias floridas, la fresca siempreviva, las rosas recién abiertas, los dorados limones y naranjas y los abanicos de las palmeras, sintió una emoción como nunca había experimentado. La vasta y apacible Campagna se extendía ante sus ojos hasta las montañas azules y coronadas de nieve, que parecían pintadas sobre el horizonte; todo fusionándose, respirando paz y belleza, todo tan flotante, tan fantástico… todo como un sueño.

Sí, un sueño es el mundo de aquí abajo; pero el sueño dura solo unas horas, mientras la vida del claustro dura muchos y largos años.

Muchas de las cosas que hacen impuro al hombre surgen de su propia alma, tenía que confesárselo. ¿Qué llama era aquella que a veces se encendía en él? ¿Qué poder oculto rebullía en su interior y, aunque rechazado, volvía a brotar constantemente? Castigaba su cuerpo, pero el mal venía de adentro. ¿Qué parte de su espíritu, escurridizo como la serpiente, se enroscaba bajo el manto del amor universal y lo consolaba diciendo: "los santos rezan por nosotros, la Madre ruega por nosotros, el mismo Jesús dio su sangre por nosotros"? ¿Era un sentimiento infantil o la ligereza de la juventud lo que hacía que se entregase a la gracia y se sintiera elevado por encima de muchos? ¿Y por qué no? ¿No había arrojado de sí la vanidad del mundo? ¿No era hijo de la Iglesia?

Un día, al cabo de muchos años, se encontró con Angelo, que lo reconoció al instante.

—¡Hombre! —exclamó éste—. ¡Con que eres tú! ¿Eres feliz ahora? Pecaste contra Dios al despreciar su don y renunciar a tu misión en el mundo. Lee la parábola del dinero prestado. El Maestro que la contó dijo la verdad. ¿Qué has ganado y hallado? ¿No te has forjado tú mismo una vida de ensueño, una religión a tu gusto, como hacen todos? Como si todo no fuera más que un sueño, una fantasía, bellos pensamientos y nada más.

—¡Aléjate de mí, Satanás! —dijo el monje, volviendo la espalda a Angelo.

—¡Existe un demonio, un demonio de carne y hueso! Hoy lo he visto —murmuró—. Una vez le alargué un dedo y me cogió toda la mano. Pero no —suspiró—, el maligno vive en mí, y vive también en aquel hombre, pero a él no lo doblega; va con la frente alta y disfruta de sus comodidades, mientras yo busco mi bienestar en los consuelos de la religión. ¡Si al menos fuese un consuelo! ¿Y si todo lo de aquí no fuera más que bellas imaginaciones, como en el mundo que abandoné? Ilusión, como la belleza de las rojas nubes del ocaso, como el ondeante azul de las montañas lejanas. ¡Qué distintas son de cerca! Eternidad, eres como el océano inmenso y encalmado, que nos hace señas y nos llama y nos llena de presentimientos; y cuando nos adentramos en él es para hundirnos, desaparecer, morir, dejar de ser. ¡Ilusión! ¡Fuera!

Y sin lágrimas, absorto en sí mismo, se sentó en su duro lecho y luego se postró de rodillas. ¿Ante quién? ¿Ante la cruz de piedra de la pared? No; la costumbre hacía que el cuerpo tomara aquella postura.

Cuanto más penetraba en las honduras de su alma, más tenebrosa le parecía ésta. —¡Nada dentro, nada fuera! Una vida desperdiciada y vacía—. Y este pensamiento creció, como una bola de nieve, hasta anonadarle.

—No puedo confiarme a nadie, a nadie puedo hablar de este gusano interior que me corroe. Mi secreto es mi prisionero; si lo dejo escapar, yo seré el suyo.

Y la fuerza divina que había en él sufría y luchaba.

—¡Señor, Dios mío! —gritaba en su desesperación—. Apiádate de mí, dame la fe. Arrojé de mí el don de tu gracia, dejé incumplida mi misión. Me faltaron las fuerzas. ¿Por qué no me las diste? La inmortalidad, la Psiquis que había en mi pecho… ¡fuera de aquí! Sea sepultada como aquella otra Psiquis, el mejor rayo de mi vida. Nunca saldrá de su tumba.

La estrella brillaba en el aire rosado, la estrella que con toda certidumbre se extinguirá y consumirá mientras las almas vivirán y brillarán. Su rayo tembloroso se posó sobre la blanca pared, pero ningún signo dejó en ella de la grandeza de Dios, de la gracia, del amor universal que resuena en el pecho del creyente.

—La Psiquis que mora aquí dentro ¡nunca morirá! ¿Vivirá en la conciencia? ¿Puede suceder lo incomprensible? ¡Sí, sí! Incomprensible es mi yo. Incomprensible Tú, Señor. Todo tu universo es incomprensible; una obra milagrosa de poder, magnificencia, amor.

Sus ojos se iluminaron y se tornaron vidriosos. El son de las campanas del templo fue el último que percibieron sus oídos. Murió, y depositaron su cuerpo en tierra, en tierra traída de Jerusalén y mezclada con polvo de reliquias.

Años después exhumaron el esqueleto, igual que hicieran con los monjes muertos antes que él. Lo vistieron con un hábito de color pardo, le pusieron un rosario en la mano y lo depositaron en un nicho que contenía otros huesos humanos, tal y como fue encontrado en la cripta del convento. Afuera brillaba el sol, adentro olía a incienso; se rezaron misas.

Pasaron más años.

Los huesos se desprendieron y cayeron confundidos. Las calaveras fueron recogidas, y con ellas se revistió toda una pared exterior de la iglesia; entre ellas estaba también la suya, al sol abrasador —eran tantos y tantos muertos cuyos nombres nadie conocía—. Ni tampoco el suyo. Y he aquí que, bajo la luz del sol, algo de vivo se movió en las cuencas de los ojos. ¿Qué podía ser? Un lagarto de vivos colores saltó al cráneo hueco y se deslizó rápidamente por las grandes órbitas. Era la vida de aquella cabeza que en otros tiempos albergara altos pensamientos, luminosos sueños, el amor del arte y de la grandeza; de aquellos ojos habían fluido ardientes lágrimas, y en ellos se había reflejado la esperanza en la eternidad. El lagarto pegó un salto y desapareció; el cráneo se desmenuzó, se hizo polvo en el polvo.

Han pasado siglos. La clara estrella seguía brillando como siempre, como lo hará por espacio de milenios y milenios; el aire tenía un tinte carmesí, fresco como rosas y ardiente como sangre.

Donde antes había un callejón con los restos de un antiguo templo, había ahora un convento de monjas. En su jardín excavaron una sepultura, destinada a una joven religiosa fallecida, que iba a ser enterrada aquella mañana. La pala chocó contra una piedra de un blanco deslumbrante; apareció el mármol, el cual adquirió la forma de un hombro, que fue saliendo a la luz poco a poco. Con gran cuidado manejaban el azadón. Miren… una cabeza de mujer… alas de mariposa… y de la fosa destinada a sepultura de la monja, extrajeron, a los rayos rosados de la mañana, una maravillosa estatua de Psiquis, cincelada en mármol blanco.

—¡Qué hermosa, qué perfecta! Una verdadera obra maestra de la mejor época —decía la gente.

¿Quién pudo ser su autor? Nadie lo sabía, nadie lo conocía, excepto la clara estrella que lleva milenios brillando. Solo ella conoció el curso de su vida terrena, su prueba, sus flaquezas; supo que había sido "solo un hombre". Pero estaba muerto, había pasado, como es ley y condición de todo polvo. Mas el fruto de su mayor afán, lo más sublime que la divinidad puso en él, la Psiquis que jamás morirá, que perpetuará su gloria póstuma, su reflejo acá en la Tierra, ése quedó y fue reconocido, admirado y amado.

La rutilante estrella matutina, desde el rosado horizonte, envió su rayo purísimo a la Psiquis y a los labios y los ojos de cuantos la contemplaban arrobados y veían el alma tallada en el bloque de mármol.

Lo terreno se consume y es olvidado; solo la estrella de la inmensidad guarda recuerdo de ello. Lo que es celestial irradia incluso en la gloria póstuma, y cuando ésta se apaga, Psiquis continúa viviendo.

LA HIJA DEL REY DEL PANTANO

Las cigüeñas cuentan muchísimas leyendas a sus pequeños, y todas ellas suceden en el pantano o en el cenagal. Generalmente son historias adaptadas a su edad y a la capacidad de su inteligencia. Las crías más pequeñas se extasían cuando se les dice: "¡Cribel, crabel, plurremurre!". Lo encuentran divertidísimo, pero las que son algo mayores reclaman cuentos más enjundiosos, y sobre todo les gusta oír historias de la familia. De las dos leyendas más largas y antiguas que se han conservado en el reino de las cigüeñas, todos conocemos una, la de Moisés, que, abandonado en las aguas del Nilo por su madre, fue encontrado por la hija del faraón. Se le dio una buena educación y llegó a ser un gran personaje, aunque nadie conoce el lugar de su sepultura. Pero esta historia la sabe todo el mundo.

La otra apenas se ha difundido hasta la fecha, acaso por tener un carácter más local. Durante miles de años, las cigüeñas se la han venido transmitiendo de generación en generación, cada una contándola mejor que la anterior, y así nosotros damos ahora la versión más perfecta.

La primera pareja de cigüeñas que la narró, y que había desempeñado personalmente cierto papel en ella, tenía su residencia veraniega en la casa de madera del vikingo, en el pantano de Vendsyssel. Está en el departamento de Hjörring, cerca de Skagen, en Jutlandia, para expresarnos científicamente. Todavía hoy existe allí un pantano enorme, según puede comprobarse leyendo la geografía de la región. Dicen los libros que en tiempos muy remotos aquello era el fondo del mar, que luego se levantó. Se extiende millas y millas en todas direcciones, rodeado de prados húmedos y de suelo movedizo, con turberas, zarzales y árboles raquíticos. Casi siempre flota sobre él una densa niebla, y setenta años atrás se encontraban aún lobos en aquellos parajes. Tiene bien merecido el nombre de "Pantano salvaje", y es fácil imaginar lo inaccesible que debió de ser hace mil años, todo él lleno de ciénagas y lagunas. Cierto que, mirado en conjunto, ya entonces ofrecía el aspecto actual: los cañaverales tenían la misma altura, con las mismas largas hojas y las flores de color pardomorado. Crecía, lo mismo que hoy, el abedul de blanca corteza y finas hojas sueltas y colgantes. Y en cuanto a los animales que moraban en la región, diremos que la mosca llevaba su vestido de tul de idéntico corte que ahora, y que el color de la cigüeña era blanco y negro, con medias rojas.

En cambio, el atuendo de los hombres era de distinto modelo que el nuestro. Eso sí, los que se aventuraban en aquel suelo pantanoso, ya fuesen siervos o cazadores libres, acababan hace mil años tan miserablemente como en nuestros días: quedaban presos en el fango y se hundían en la mansión del rey del pantano, como era llamado el personaje que reinaba en el fondo de aquel gran imperio. Aunque lo llamaban Rey del Pantano, a nosotros nos parece más apropiado decir Rey de la Ciénaga, que era el título que le daban las cigüeñas. De su modo de gobernar muy poco se sabía, y tal vez sea mejor así.

En las proximidades del pantano, junto al fiordo de Lim, se alzaba la casa de madera del vikingo, con bodega de mampostería, torre y tres pisos. En el tejado, la cigüeña había establecido su nido, donde la madre empollaba tranquilamente sus huevos, segura de que los pequeños saldrían con toda felicidad.

Un anochecer, el padre llegó a casa más tarde que de costumbre, desgreñado y con las plumas erizadas. Venía muy excitado.

—Tengo que contarte algo espantoso —dijo a su esposa.

—¡No me lo cuentes! —replicó ella—. Piensa que estoy incubando. A lo mejor recibo un susto, y los huevos lo pagarían.

—Pues tienes que saberlo —insistió el padre—. Ha llegado la hija de aquel rey de Egipto que nos da hospedaje. Se ha arriesgado a emprender este largo viaje, y ahora está perdida.

—¿Cómo? ¿La de la familia de las hadas? ¡Cuéntame, deprisa! Ya sabes que no puedo sufrir que me hagan esperar cuando estoy empollando.

—Pues la niña ha dado fe a lo que dijo el doctor y que tú misma me explicaste. Que la flor de este pantano podía curar a su padre enfermo, y por eso se vino volando en vestido de plumas, acompañada de las otras dos princesas, vestidas igual, que todos los años vienen al norte para bañarse y rejuvenecerse. Ha llegado y está perdida.

—Cuentas con tanta parsimonia —dijo la madre cigüeña—, que los huevos se enfriarán. Estoy impaciente y no puedo soportarlo.

—He aquí lo que he visto —prosiguió el padre—. Cuando me hallaba esta tarde en el cañaveral, donde el suelo es bastante firme para sostenerme, llegaron de pronto tres cisnes. En su aleteo había algo que me hizo pensar: "Cuidado, ésos no son cisnes de verdad; de cisnes sólo tienen las plumas". En estas cosas, a nosotros no nos la pegan. Tú lo sabes tan bien como yo.

—Desde luego —respondió ella—. Pero háblame de una vez de la princesa. ¡Dale que dale con los cisnes y sus plumas!

—Como sabes muy bien, en el centro del cenagal hay una especie de lago —prosiguió la cigüeña padre—. Si te levantas un poco, podrás ver un rincón de él. Allí, en el suelo pantanoso y junto al cañaveral, crece un aliso. Los tres cisnes se posaron en él y miraron a su alrededor aleteando. Uno de ellos se quitó la piel que lo cubría, y entonces reconocí a la princesa de nuestra casa de Egipto. Se sentó, sin más vestido que su larga y negra cabellera. La oí decir a sus dos compañeros que le guardasen el plumaje, mientras ella se sumergía en el agua para coger la flor que creía ver desde arriba. Los otros asintieron con un gesto de la cabeza y se elevaron por los aires, llevándose el vestido de plumas. "¿Qué se llevan entre manos?", pensé yo, y probablemente la princesa pensaría lo mismo. La respuesta me la dieron los ojos, y no los oídos: se remontaron llevándose el vestido de plumas mientras gritaban: "¡Échate al agua! Nunca más volarás disfrazada de cisne, ni volverás a ver Egipto. ¡Quédate en el pantano!". Y diciendo esto, hicieron mil pedazos el vestido de plumas y lo dispersaron por el aire como si fueran copos de nieve. Luego, las dos perversas princesas se alejaron volando.

—¡Es horrible! —exclamó la cigüeña madre—. ¡No puedo oírlo...! Pero sigue, ¿qué sucedió después?

—La princesa se deshacía en llanto y lamentos. Sus lágrimas caían sobre el aliso, el cual de pronto empezó a moverse, pues era el rey del cenagal en persona, el que vive en el pantano. Vi cómo el tronco giraba y desaparecía, y unas ramas largas cubiertas de lodo se levantaban al cielo como si fuesen brazos. La pobre niña, asustada, saltó sobre la movediza tierra del pantano. Pero si a mí no puede sostenerme, ¡imagina si podía soportarla a ella! Se hundió inmediatamente, y con ella el aliso; fue él quien la arrastró. En la superficie aparecieron grandes burbujas negras, y luego desapareció todo rastro. Ha quedado sepultada en el pantano, y jamás volverá a Egipto con la flor. ¡Se te hubiera partido el corazón, mujercita mía!

—¿Por qué vienes a contarme esas cosas en estos momentos? Los huevos pueden salir mal parados. Sea como fuere, la princesa se salvará; alguien saldrá en su ayuda. Si se tratase de ti o de mí, la cosa no tendría remedio, desde luego.

—Sin embargo, iré todos los días a echar un vistazo —dijo el padre, y así lo hizo.

Durante mucho tiempo no observó nada de particular. Mas un buen día vio que salía del fondo un tallo verde, del cual, al llegar a la superficie del agua, brotó una hoja, que se fue ensanchando a ojos vistas. Junto a ella se formó una yema, y una mañana en que la cigüeña pasaba volando por encima, vio que, por efecto de los cálidos rayos del sol, se abría el capullo y mostraba en su cáliz una lindísima niña, rosada y tierna como si saliera del baño.

Era tan idéntica a la princesa egipcia, que la cigüeña creyó al principio que era ella misma vuelta a la infancia. Mas pensándolo bien, llegó a la conclusión de que debía ser hija de ella y del rey del pantano. Por eso estaba depositada en un lirio de agua.

—Aquí no puede quedarse —pensó la cigüeña—. En mi nido somos ya demasiados, pero se me ocurre una idea. La mujer del vikingo no tiene hijos, y ¡cuántas veces ha suspirado por tener uno! Dicen de mí que traigo los niños pequeños; pues esta vez voy a hacerlo en serio. Llevaré la niña a la esposa del vikingo. ¡Qué alegría tendrá!

Y la cigüeña cogió la criatura y se echó a volar hacia la casa de madera. Con el pico abrió un agujero en el hueco de la ventana y depositó la pequeñuela en el regazo de la mujer del vikingo. Seguidamente, regresó a su nido, donde explicó a madre cigüeña lo sucedido. Las crías escucharon también el relato, pues eran ya lo bastante crecidas para comprenderlo.

—¿Sabes? La princesa no está muerta. Ha enviado arriba a su hijita, y ella habita allá abajo.

—¿No te lo dije yo? —exclamó mamá cigüeña—. Pero ahora piensa en ocuparte un poco de tus propios hijos. Se acerca el día de la marcha. Siento ya una especie de cosquilleo debajo de las alas. El cuclillo y el ruiseñor han partido ya, y por lo que oigo, las codornices pronostican un viento favorable. O mucho me engaño, o mis hijos están en disposición de comportarse bravamente durante el viaje.

¡Qué alegría la de la mujer del vikingo cuando, al despertarse por la mañana, encontró a la hermosa niña sobre su pecho! La besó y la acarició, pero ella no cesaba de gritar con todas sus fuerzas y de agitar manos y piernas. Parecía estar de un pésimo humor. Finalmente, a fuerza de llorar, se quedó dormida, y estaba lindísima en su sueño. La mujer estaba loca de contenta. Solo deseaba que regresara su marido, que había salido a una expedición con sus hombres.

Creyendo próximo su retorno, tanto ella como todos los criados andaban atareados poniendo orden en la casa.

Los largos tapices de colores que ella misma tejiera con ayuda de sus doncellas, y que representaban a sus divinidades principales —Odín, Thor y Freia—, fueron colgados de las paredes. Los siervos pulieron bien los escudos que adornaban las estancias. Sobre los bancos se colocaron almohadones; en el hogar del centro del salón se amontonó leña seca para encender fuego al primer aviso. El ama tomó parte activa en los preparativos, por lo que al llegar la noche se sentía muy cansada y durmió profundamente. Al despertarse, hacia la madrugada, experimentó un terrible sobresalto: la niña había desaparecido. Saltó de la cama, encendió una tea y buscó por todas partes. Y he aquí que al pie del lecho encontró, en vez de la niña, una fea y gorda rana. Su visión le produjo tanto enojo, que, cogiendo un palo, se dispuso a aplastarla. Pero el animal la miró con ojos tan tristes, que la mujer no se sintió con fuerzas para darle muerte. Siguió mirando por la habitación, mientras la rana croaba angustiosamente, como tratando de estimular su compasión.

Sobresaltada, la mujer se fue a la ventana y abrió el postigo. En el mismo momento salió el sol y lanzó sus rayos sobre la gorda rana. De repente pareció como si la bocaza del animal se contrajese, volviéndose pequeña y roja, los miembros se estirasen y tomasen formas delicadas. Y la mujer vio de nuevo en el lecho a su linda pequeñuela, en vez de la fea rana.

—¿Qué es esto? —dijo—. ¿Acaso he soñado? Sea lo que sea, el hecho es que he recuperado a mi querida y preciosa hijita.

Y la besó y estrechó contra su corazón, pero ella le arañaba y mordía como si fuese un gatito salvaje.

El vikingo no llegó aquel día ni al siguiente, aunque estaba en camino. Pero tenía el viento contrario, pues soplaba a favor del vuelo de las cigüeñas, que emigraban hacia el sur. Buen viento para unos, es mal viento para otros.

Al cabo de varios días con sus noches, la mujer del vikingo había comprendido lo que ocurría con su niña. Un terrible hechizo pesaba sobre ella. De día era hermosa como un hada de luz, aunque su carácter era reacio y salvaje. En cambio, de noche era una fea rana, plácida y lastimera, de mirada triste. Se conjugaban en ella dos naturalezas totalmente opuestas, que se manifestaban alternativamente, tanto en el aspecto físico como en el espiritual. Durante el día, la chiquilla que trajera la cigüeña tenía la figura de su madre y el temperamento de su padre; de noche, en cambio, su cuerpo recordaba al rey de la ciénaga, su padre, mientras el corazón y el sentir eran los de la madre. ¿Quién podría deshacer aquel embrujo, causado por un poder maléfico? Tal pensamiento obsesionaba a la mujer del vikingo, que, a pesar de todo, seguía encariñada con la pobre criatura. Lo más prudente sería no decir nada a su marido cuando llegase, pues este, siguiendo la costumbre del país, no vacilaría en abandonar en el camino a la pobre niña, para que la recogiera quien se sintiese con ánimos. La bondadosa mujer no podía resignarse a ello. Era necesario que su esposo solo viese a la criaturita a la luz del día.

Una mañana pasaron las cigüeñas zumbando por encima del tejado. Durante la noche se habían posado en él más de cien parejas, para descansar después de la gran maniobra. Ahora emprendían el vuelo rumbo al mediodía.

—¡Preparados todos los machos! —sonó la orden—. ¡Mujeres y niños también!

—¡Qué ligeras nos sentimos! —decían las cigüeñas jóvenes—. Las patas nos pican y cosquillean, como si tuviésemos ranas vivas en el cuerpo. ¡Qué suerte poder viajar al extranjero!

—Manténganse dentro de la bandada —dijeron el padre y la madre— y no estén moviendo continuamente el pico, que eso les afecta el pecho.

Y se echaron a volar.

En el mismo momento se oyó un sonido de cuernos en el erial; era el vikingo, que desembarcaba con sus hombres. Volvía con un rico botín de las costas de Galia, donde las aterrorizadas gentes cantaban, como en Britania: "¡Líbranos, Señor, de los salvajes normandos!".

¡Qué vida y qué bullicio empezó entonces en el pueblo vikingo del pantano! Llevaron el barril de hidromiel a la gran sala, encendieron fuego y sacrificaron caballos. Se preparaba un gran festín. El sacrificador purificó a los esclavos, rociándolos con sangre caliente de caballo. Chisporroteaba el fuego, se esparcía el humo por debajo del techo, y el hollín caía de las vigas, pero todos estaban acostumbrados. Los invitados fueron obsequiados con un opíparo banquete. Olvidando intrigas y rencillas, se bebió copiosamente, y en señal de franca amistad se arrojaban mutuamente a la cabeza los huesos roídos. El bardo —una especie de juglar que también era guerrero y había tomado parte en la campaña en la que había presenciado los acontecimientos que ahora narraba— entonó una canción en la que ensalzó los hechos heroicos llevados a cabo por cada uno. Todas las estrofas terminaban con el estribillo: "La hacienda se pierde; los linajes se extinguen; los hombres perecen también, pero un nombre famoso no muere jamás".

Entonces todos golpeaban los escudos y martilleaban con un cuchillo o con un hueso sobre la mesa, provocando un ruido infernal.

La esposa del vikingo permanecía sentada en el banco transversal de la gran sala de fiestas; llevaba vestido de seda, brazaletes de oro y perlas de ámbar. Se había puesto sus mejores galas, y el bardo no dejó de mencionarla en su canto. Habló del tesoro que había aportado a su opulento marido, el cual estaba encantado con la hermosa niña que había visto a la luz del día, en toda su belleza. Le había gustado el carácter salvaje que se manifestaba en la criatura. Pensaba que la pequeña sería, andando el tiempo, una magnífica walkiria, capaz de competir con cualquier héroe; no parpadearía cuando una mano diestra le afeitara en broma las cejas con su espada.

Se vació el primer barril de hidromiel y trajeron otro. Se bebía de firme, y los comensales eran gentes de gran resistencia. Sin embargo, ya entonces corría el refrán: "Los animales saben cuándo deben salir del prado; pero un hombre insensato nunca conoce la medida de su estómago". No es que no la conocieran, pero del dicho al hecho hay un gran trecho. También conocían este otro proverbio: "La amistad se enfría cuando el invitado tarda demasiado en marcharse". Y, sin embargo, no se movían; eran demasiado apetitosos la carne y el hidromiel. La fiesta discurrió con gran bullicio. Por la noche, los siervos durmieron en las cenizas calientes; untaron los dedos en la grasa mezclada con hollín y se relamieron muy a gusto. Fue una fiesta espléndida.

Aquel año, el vikingo se hizo otra vez a la vela, pese a que se levantaban ya las tormentas otoñales. Se dirigió con sus hombres a las costas británicas, lo cual, según él, era solo "atravesar el charco". Su mujer quedó en casa con la niña. Ahora la madre adoptiva quería ya más a la pobre rana de dulce mirada y hondos suspiros que a la belleza que arañaba y mordía.

Bosques y eriales fueron invadidos por las espesas y húmedas nieblas de otoño, que provocan la caída de las hojas. El "pájaro sin plumas", como llaman allí a la nieve, llegó volando en nutridas bandadas; se acercaba el invierno. Los gorriones se incautaron del nido de las cigüeñas, burlándose, a su manera, de las propietarias ausentes. ¿Dónde pararían estas, con su prole?

Pues a la sazón estaban en Egipto, donde el sol calienta tanto en invierno como lo hace en nuestro país en los más hermosos días del verano. Tamarindos y acacias florecían por doquier. La media luna de Mahoma brillaba radiante en las cúpulas de las mezquitas. Numerosas parejas de cigüeñas descansaban en las esbeltas torres después de su largo viaje. Grandes bandadas habían alineado sus nidos sobre las poderosas columnas, las derruidas bóvedas de los templos y otros lugares abandonados. La palma datilera proyectaba a gran altura su copa protectora, como formando un parasol. Las grises pirámides se dibujaban como siluetas en el aire diáfano sobre el fondo del desierto, donde el avestruz hacía gala de la ligereza de sus patas, y el león contemplaba con sus grandes y despiertos ojos la esfinge marmórea, medio enterrada en la arena. El agua del Nilo se había retirado; en el lecho del río pululaban las ranas, las cuales ofrecían al pueblo de las cigüeñas el más sublime espectáculo que aquella tierra pudiera depararles. Los pequeños creían que se trataba de un engañoso espejismo, de tan hermoso que lo encontraban.

—Así van las cosas, aquí. Ya les dije yo que en nuestra tierra cálida se está como en Jauja —dijo la madre cigüeña; y los pequeños sintieron un cosquilleo en el estómago.

—¿Queda aún mucho por ver? —preguntaron—. ¿Tenemos que ir más lejos todavía?

—No, ya no hay más que ver —respondió la vieja—. Después de esta bella tierra viene una selva impenetrable, donde los árboles crecen en confusión, enlazados por espinosos bejucos. Es una espesura inaccesible, a cuyo través solo el elefante puede abrirse camino con sus pesadas patas. Las serpientes son allí demasiado gordas para nosotras, y las ardillas, demasiado rápidas y vivarachas. Por otra parte, si se adentran en el desierto, se les meterá arena en los ojos; y esto en el mejor de los casos, es decir, si el tiempo es bueno; que si se pone tempestuoso, serán engullidos por una tromba de arena. No, aquí es donde se está mejor. Hay ranas y langostas. Aquí nos quedaremos.

Y se quedaron. Los viejos se instalaron en su nido, construido en la cúspide del esbelto minarete, y se entregaron al descanso, aunque bastante tenían que hacer con alisarse las plumas y rascarse las rojas medias con el pico. De vez en cuando extendían el cuello, y, saludando gravemente, levantaban la cabeza, de frente elevada y finas plumas. En sus ojos pardos brillaba la inteligencia. Las jovencitas paseaban con aire grave por entre los jugosos juncos, mirando de reojo a sus congéneres. De este modo se trababan amistades, y a cada tres pasos se detenían para zamparse una rana. Luego cogían una culebrina con el pico, la balanceaban de un lado a otro, con movimientos de la cabeza que ellas creían graciosos; en todo caso, el botín les sabía a gloria. Los jóvenes petimetres armaban mil pendencias, golpeándose con las alas, atacándose unos a otros con el pico hasta hacerse sangre. Y así se iban enamorando y prometiendo los señoritos y las damitas. Al fin y al cabo, ese era el objetivo de su vida. Entonces cada pareja pensaba en construir su nido, lo cual daba pie a nuevas contiendas, pues en aquellas tierras cálidas todo el mundo es de temperamento fogoso. Pero, con todo, reinaba la alegría, y los viejos, sobre todo, estaban muy satisfechos. A los ojos de los padres está bien cuanto hacen los hijos. Salía el sol todos los días, abundaba la comida, solo había que pensar en divertirse y pasarlo bien. Pero al rico palacio, al que las cigüeñas llamaban su anfitrión, no había vuelto la alegría.

El poderoso y opulento señor, con todos los miembros paralizados, yacía cual una momia en un diván de la espaciosa sala de paredes policromadas. Se habría dicho que reposaba en el cáliz de un tulipán. Lo rodeaban parientes y amigos. No estaba muerto, pero tampoco podía decirse que estuviera vivo. Seguía sin llegar la salvadora flor del pantano nórdico, en cuya busca había partido aquella que más lo quería. Su joven y hermosa hija, que había emprendido el vuelo hacia el Norte disfrazada de cisne, cruzando tierras y mares, no regresaría nunca. "Ha muerto", habían comunicado a su vuelta las doncellas-cisnes. He aquí la historia que se habían inventado:

Íbamos las tres volando a gran altura, cuando nos descubrió un cazador y nos disparó una flecha, que hirió a nuestra amiguita. Esta, entonando su canción de despedida, cayó lentamente como un cisne moribundo al lago del bosque. La enterramos en la orilla, bajo un aromático abedul. Pero la hemos vengado. Pusimos fuego bajo el ala de la golondrina que construía su nido en el techo de cañas del cazador. El fuego prendió, y toda la casa fue pasto de las llamas. El cazador murió abrasado, y la hoguera brilló por encima del lago, hasta el abedul a cuyo pie habíamos sepultado a nuestra amiga. Allí reposa la princesa, tierra que ha vuelto a la tierra. ¡Jamás regresará a Egipto!

Y las dos se echaron a llorar.

La cigüeña padre, a quien contaron aquella fábula, castañeteó con el pico con tanta fuerza, que el eco resonó a lo lejos.

—¡Mentira y perfidia! —exclamó—. Me dan ganas de traspasarles el pecho con el pico.

—¡Sí, para rompértelo! —replicó la madre—. ¡Lo guapo que quedarías! Mejor será que pienses en ti y después en tu familia. ¿Qué te importan los demás?

—Sin embargo, mañana me pondré al borde del tragaluz de la cúpula, cuando se reúnan los sabios y eruditos para tratar del estado del enfermo. Tal vez de este modo se acerquen algo a la verdad.

Y los sabios y eruditos se congregaron. Hubo muchos y elocuentes discursos. Se extendieron en mil detalles; pero la cigüeña no sacó nada en limpio, ni tampoco salió de la asamblea nada que pudiera aprovechar al enfermo ni a la hija perdida en el pantano. Sin embargo, bueno será que oigamos algo. ¡Tantas cosas hay que oír en este mundo!

Para entender lo ocurrido, conviene ahora que nos remontemos a los principios de esta historia. Así la podremos comprender bien, o al menos tanto como papá cigüeña.

"El amor engendra la vida. El amor más alto engendra la vida más alta", había dicho alguien. Y era una idea muy inteligente y muy bien expresada, al decir de los sabios.

—Es un hermoso pensamiento —afirmó enseguida papá cigüeña.

—No acabo de entenderlo bien —replicó la madre—, y la culpa no es mía, sino del pensamiento. Pero me importa un comino, otras cosas tengo en qué pensar.

Los sabios se extendieron luego en largas disquisiciones sobre las distintas clases de amor. Hay que distinguir el amor que los novios sienten uno hacia el otro, del amor entre padres e hijos; y también es distinto el amor de la luz por las plantas —y los sabios describieron cómo el rayo del sol besa el cieno y cómo de este beso brota el germen—. Todo ello fue expuesto con grandes alardes de erudición, hasta el extremo de que la cigüeña padre fue incapaz de seguir el hilo del discurso, y no digamos ya de repetirlo. Quedó muy pensativo y, entornando los ojos, se pasó todo el día siguiente de pie sobre una pata. Aquello era demasiado para su inteligencia.

Pero una cosa entendió papá cigüeña, una cosa que había oído tanto de labios de los ciudadanos más humildes como de los más encopetados: que para miles de habitantes y para la totalidad del país era una gran calamidad el hecho de que aquel hombre estuviese enfermo sin esperanzas de restablecerse. Sería una suerte y una bendición que recuperase la salud. "Pero, ¿dónde crece la flor que posee virtud para devolvérsela?". Todos lo habían preguntado, consultado los libros eruditos, las brillantes constelaciones, los vientos y las intemperies.

Habían echado mano de todos los medios posibles, y finalmente la asamblea de eminencias había llegado, según ya se dijo, a aquella conclusión: "El amor engendra vida, vida para el padre", con lo cual dijeron más de lo que ellos mismos comprendían. Y lo repitieron por escrito, en forma de receta: "El amor engendra vida". Ahora bien, ¿cómo preparar aquella receta? Ahí estaba el problema. Por fin convinieron unánimemente en que el auxilio debía partir de la princesa, que amaba a su padre con todo el corazón y toda el alma. Tras muchas discusiones, encontraron también el medio de llevar a cabo la empresa. Hacía ahora exactamente un año que la princesa, una noche de luna creciente, a la hora en que ya el astro declinaba, se dirigió a la esfinge de mármol del desierto. Llegada frente a ella, hubo de quitar la arena que cubría la puerta que había a su pie, y seguir el largo corredor que llevaba al centro de la enorme pirámide, en que reposaba la momia de uno de los poderosos faraones de la Antigüedad, rodeada de pompa y magnificencia. Debería apoyar la cabeza sobre el muerto, y entonces le sería revelada la manera de salvar la vida de su padre.

Todo lo había cumplido la princesa, y en sueños se le había comunicado que debía partir hacia el Norte en busca de un profundo pantano situado en tierra danesa. Le habían marcado exactamente el lugar, y debía traer a su país la flor de loto que tocara su pecho en lo más hondo de sus aguas. Así es como se salvaría su padre.

Por eso había emprendido ella el viaje al pantano salvaje, en figura de cisne. De todo esto se enteraron la pareja de cigüeñas, y ahora también nosotros estamos mucho mejor enterados que antes. Sabemos que el rey del pantano la había atraído hacia sí, y que los suyos la tenían por muerta y desaparecida. Sólo el más sabio de los reunidos añadió, como dijera ya la madre cigüeña: "Ella encontrará la manera de salvarse", y todos decidieron esperar a que se confirmara esta esperanza, a falta de otra cosa mejor.

—Ya sé lo que voy a hacer —dijo cigüeña padre—. Quitaré a las dos malas princesas su vestido de cisnes. Así no podrán volver al pantano y cometer nuevas tropelías. Guardaré los plumajes allá arriba, hasta que les encuentre alguna aplicación.

—¿Dónde los vas a esconder? —preguntó la madre.

—En nuestro nido del pantano —respondió él—. Yo y nuestros pequeños podemos ayudarnos mutuamente para su transporte, y si resultasen demasiado pesados, siempre habrá algún lugar en ruta donde ocultarlos hasta el próximo viaje. Un plumaje de cisne sería suficiente para la princesa, pero si hay dos, mejor que mejor. Para viajar por el Norte hay que ir bien equipado.

—Nadie te lo agradecerá —dijo la madre—. Pero tú eres el que mandas. Yo sólo cuento durante la incubación.

En el pueblo del vikingo, a orillas del pantano salvaje, donde en primavera vivían las cigüeñas, habían dado nombre a la niña. La llamaron Helga, pero aquel nombre era demasiado dulce para el temperamento que se albergaba en su hermosa figura. Mes tras mes iba la niña creciendo, y así pasaron varios años, en el curso de los cuales las cigüeñas repitieron regularmente su viaje: en otoño rumbo al Nilo, y en primavera, de vuelta al pantano. La pequeña se había convertido en una muchacha, y, antes de que nadie se diese cuenta, en una hermosísima doncella de dieciséis años. Pero bajo la bella envoltura se ocultaba un alma dura e implacable. Era más salvaje que la mayoría de las gentes de aquellos rudos y oscuros tiempos. Su mayor placer era bañar las blancas manos en la sangre humeante del caballo sacrificado. En sus accesos de furor mordía el cuello del gallo negro que el sacerdote se disponía a inmolar, y a su padre adoptivo le decía muy en serio:

—Si viniese tu enemigo y atase una soga a las vigas de nuestro tejado, y lo levantase justamente encima de la habitación donde duermes, yo no te despertaría aunque pudiera hacerlo. No oiría nada, pues aún zumba en mi oído la sangre desde aquel día en que me pegaste una bofetada. ¡Tengo buena memoria!

Pero el vikingo no prestaba crédito a sus palabras; como todos los demás estaba trastornado por su hermosura, y tampoco conocía la transformación interior y exterior que la pequeña Helga sufría todos los días. Montaba a caballo sin silla, como formando una sola pieza con su montura, y partía al galope tendido. No se apeaba cuando el animal se batía con otros de igual fiereza. Completamente vestida se arrojaba a la violenta corriente de la bahía y salía nadando al encuentro del vikingo, cuando el bote de este avanzaba hacia la orilla. De su largo y hermoso cabello se cortó el rizo más largo, para trenzar con él una cuerda de arco.

—Lo mejor es lo que se hace uno mismo —decía.

La mujer del vikingo, que, como correspondía a la época y a las costumbres, era de voluntad firme y carácter recio, en comparación con su hija adoptiva era un ser dulce y tímido. Por otra parte, sabía que aquella criatura terrible era víctima de un embrujo.

Cuando la madre estaba en la azotea o salía al patio, muchas veces Helga se sentía acometida del perverso capricho de sentarse sobre el borde del pozo y, agitando brazos y piernas, precipitarse por el angosto y profundo agujero. Impelida por su naturaleza de rana, se zambullía hasta el fondo. Luego volvía a la superficie, trepaba como un gato hasta la boca del pozo y, chorreando agua, entraba en la sala, donde las hojas verdes que cubrían el suelo eran arrastradas por el arroyuelo.

Pero había un momento en que Helga aceptaba el freno: el crepúsculo vespertino, durante el cual se volvía apacible y pensativa, dejándose guiar y conducir. Entonces, un sentimiento íntimo la acercaba a su madre, y cuando el sol se ponía y se producía su transformación interior y exterior, se quedaba quieta y triste, contraída en su figura de rana. Su cuerpo era entonces mucho más voluminoso que el de este animal, y precisamente esta circunstancia aumentaba su fealdad. Parecía una enana repugnante, con cabeza de rana y manos palmeadas. Una infinita tristeza se reflejaba en sus ojos, cuya mirada paseaba en derredor; en vez de voz emitía un croar apagado, como un niño que solloza en sueños. La mujer del vikingo la tomaba entonces en su regazo, olvidándose de su horrible figura, y mirando únicamente a sus tristes ojos. Y muchas veces le decía:

—Casi preferiría que fueses siempre mi ranita muda. Peor es tu aspecto cuando por fuera pareces tan bella.

Y escribía runas contra los hechizos y las enfermedades, y las echaba sobre la infeliz, pero no lograba ninguna mejoría.

—¡Quién creería que fue tan pequeña y que reposó en el cáliz de un lirio de agua! —dijo un día la cigüeña padre—. Ahora es toda una moza, fiel retrato de su madre egipcia. Nunca hemos vuelto a verla desde aquel día. No ha conseguido salvarse, como creyeron tú y el sabio. Año tras año he volado sobre el pantano, pero jamás ha dado señal de vida. Te lo voy a confesar: aquellos años en que llegaba unos días antes que tú, para arreglar el nido y poner en orden las cosas, me pasé cada vez una noche entera volando, como una lechuza o un murciélago por encima del pantano, y siempre sin resultado. Hasta ahora los dos plumajes de cisne que traje del Nilo con ayuda de mis pequeños, siguen allí sin servir para nada. Y tanto como costó el transporte: tres viajes completos hubimos de invertir. Ahora llevan ya años en el fondo del nido, y si un día hay un incendio y la casa se quema, se consumirán ellos también.

—Y también nuestro buen nido —suspiró la cigüeña madre—. Tú piensas menos en él que en los plumajes y en tu princesa egipcia. ¿Por qué no bajas al pantano y te quedas a su lado? Para tu propia familia eres un mal padre; te lo tengo dicho varias veces, desde que empollé por primera vez. ¡Con tal que esa salvaje chiquilla del vikingo no nos largue una flecha a las alas! No sabe lo que hace. Y, sin embargo, esta casa fue nuestra mucho antes que suya, debería tenerlo en cuenta. Nosotros no nos olvidamos nunca de pagar nuestra deuda; cada año traemos nuestra contribución: una pluma, un huevo y una cría, como es justo y equitativo. ¿Crees acaso que cuando la chica ronda por ahí me atrevo a salir como antes y como acostumbro hacer en Egipto, donde estoy en trato de igualdad con las personas, sin privarme de nada, metiendo el pico en escudillas y pucheros? No, aquí me estoy muy quietecita, rabiando por aquella mocosa.

Y rabiando también por su causa. ¿Por qué no la dejaste en el lirio de agua? No nos veríamos ahora en estos apuros.

—Bueno, bueno; eres mejor de lo que harían creer tus discursos —respondió papá cigüeña—. Te conozco mejor de lo que tú misma puedes conocerte.

Y pegando un salto y un par de aletazos y estirando las patas hacia atrás, se puso a volar, o, mejor diríamos, a nadar, sin mover siquiera las alas. Cuando estuvo alejado un buen trecho dio otro vigoroso aletazo, el sol brilló en sus blancas plumas, y cuello y cabeza se alargaron hacia delante. ¡Qué fuerza y qué brío!

—Es el más guapo de todos, esto no hay quien lo niegue —dijo mamá cigüeña—. Pero me guardaré bien de decírselo.

Aquella vez el vikingo llegó antes que de costumbre, en el tiempo de la cosecha, con botín y prisioneros. Entre estos venía un joven sacerdote cristiano, uno de esos que perseguían a los antiguos dioses de los países nórdicos. En los últimos años se había hablado a menudo en la hacienda y en el aposento de las mujeres, de aquella nueva fe que se había difundido en todas las tierras del Mediodía, y que San Ansgario había llevado ya incluso hasta Hedeby, en el Schlei. Hasta la pequeña Helga había oído hablar de la religión del Cristo blanco, que, por amor a los hombres, había venido a redimirlos. Verdad es que la noticia, como suele decirse, le había entrado por un oído y salido por el otro. La palabra amor solo parecía tener sentido para ella cuando, en el cerrado aposento, se contraía para transformarse en la mísera rana. Pero la mujer del vikingo no había echado la nueva en saco roto, y los informes y relatos que circulaban sobre aquel Hijo del único Dios verdadero la habían impresionado profundamente.

Los hombres, al volver de la expedición, habían hablado de los magníficos templos, construidos con ricas piedras labradas, en honor de aquel dios cuyo mandamiento era el amor. Habían traído varios vasos de oro macizo, artísticamente trabajados, y que despedían un singular aroma. Eran incensarios, de aquellos que los sacerdotes cristianos agitaban ante el altar, en el que nunca manaba la sangre, sino que el pan y el vino consagrados se transformaban en el cuerpo y la sangre de Aquel que se había ofrecido en holocausto para generaciones aún no nacidas.

El joven sacerdote cautivo fue encerrado en la bodega de piedra de la casa, con manos y pies atados con cuerdas de fibra. Era hermoso, "hermoso como el dios Baldur", había dicho la esposa del vikingo, la cual se compadecía de su suerte, mientras Helga pedía que le pasasen una cuerda a través de las corvas y lo atasen a los rabos de toros salvajes.

—Entonces yo soltaría los perros, y ¡a correr por el pantano y el erial! ¡Qué espectáculo, entonces, y aún sería más divertido seguirlo a la carrera!

Pero el vikingo se negó a someterlo a aquella clase de muerte, y lo condenó a ser sacrificado al día siguiente sobre la piedra sagrada del soto, como embaucador y perseguidor de los altos dioses. No sería la primera vez que se inmolaba allí a un hombre.

La joven Helga pidió que se le permitiese rociar con su sangre las imágenes de los dioses y al pueblo. Afiló su bruñido cuchillo, y al pasar sobre sus pies uno de los grandes y fieros perros, muy numerosos en la hacienda, le clavó el arma en el flanco.

—Esto es solo un ensayo —dijo.

La mujer del vikingo observó con gran pena la conducta de la salvaje y perversa muchacha. Cuando llegó la noche y se produjo la transformación en el cuerpo y el alma de la hermosa doncella, expresó, con el corazón compungido y ardientes palabras, todo el dolor que la embargaba.

La fea rana permanecía inmóvil, con el cuerpo contraído, clavados en la mujer los tristes ojos pardos, escuchándola y pareciendo comprender sus reproches con humana inteligencia.

—Nunca, ni siquiera a mi marido, dijo mi lengua una palabra de lo que por tu causa estoy sufriendo —exclamaba la esposa del vikingo—. Nunca hubiera creído que en mi alma cupiera tanto dolor. Grande es el amor de una madre, pero tu corazón ha sido siempre insensible a él. Tu corazón es como un frío trozo de barro. ¿Por qué viniste a parar a nuestra casa?

Un temblor extraño recorrió el cuerpo de la repugnante criatura, como si aquellas palabras hubiesen tocado un lazo invisible entre el cuerpo y el alma. Gruesas lágrimas asomaron a sus ojos.

—¡Ya vendrán para ti tiempos duros! —prosiguió la mujer—. Pero también mi vida se hará espantosa. Mejor hubiera sido exponerte en el camino, recién nacida, para que te meciera la helada hasta hacerte morir.

Y la esposa del vikingo lloró amargas lágrimas y se retiró, airada y afligida, detrás de la cortina de pieles que, colgando de la viga, dividía en dos la habitación.

La arrugada rana quedó sola en una esquina. Aun siendo muda, al cabo de un rato exhaló un suspiro ahogado. Era como si, sumida en profundo dolor, naciera una vida nueva en lo más íntimo de su pecho.

El feo animal avanzó un paso, aguzó el oído, dio luego un segundo paso y, con sus manos torpes, cogió la pesada barra colocada delante de la puerta. La sacó sin hacer ruido y quitó luego la clavija de debajo de la aldaba. Después cogió la lámpara encendida que había en la parte delantera de la habitación; se hubiera dicho que una voluntad férrea le daba energías. Descorriendo el perno de hierro del escotillón, se deslizó escaleras abajo hasta el prisionero, que estaba dormido. Le tocó la rana con su mano fría y húmeda, y al despertar él y ver ante sí la repelente figura, se estremeció como ante una aparición infernal. El animal se sacó el cuchillo, cortó las ligaduras del cautivo y le hizo señas de que lo siguiera.

Él invocó nombres sagrados, trazó la señal de la cruz y, viendo que aquella figura seguía invariable, dijo:

—Bienaventurado el que tiene compasión del desgraciado. El Señor lo amparará en el día de la tribulación. ¿Quién eres? ¿Cómo tienes el exterior de un animal y, sin embargo, realizas obras de misericordia?

La rana le hizo una seña y lo guió, entre corredores cerrados solo por pieles de animales, hasta el establo, donde le señaló un caballo. Montó él de un salto, pero la rana se subió delante, agarrándose a las crines. El prisionero comprendió su intención y, emprendiendo un trote ligero, pronto se encontraron, por un camino que él no habría descubierto nunca, en el campo libre.

El hombre se olvidó de la repugnante figura de su compañera, sintiendo solo la gracia y la misericordia del Señor, que obraba a través de aquel monstruo; y rezó piadosas oraciones y entonó canciones santas. La rana empezó a temblar: ¿se manifestaba en ella el poder de la oración y del canto, o era acaso el fresco de la mañana, que no estaba ya muy lejos? ¿Qué era lo que sentía? Se incorporó y trató de detener el caballo y saltar a tierra, pero el sacerdote la sujetó con todas sus fuerzas y entonó un canto para deshacer el hechizo que mantenía a aquel ser en su repugnante figura de rana. El caballo se lanzó a todo galope, el cielo se tiñó de rojo, el primer rayo de sol rasgó las nubes, y el manantial de luz provocó la transformación cotidiana: nuevamente apareció la joven belleza con su alma demoníaca. Él, que tenía fuertemente asida a la hermosa doncella, se espantó y, saltando del caballo, lo detuvo, creyendo que tenía ante los ojos un nuevo y siniestro hechizo. Pero la joven Helga se había apeado también de un brinco; la breve falda solo le llegaba hasta las rodillas. Sacando el afilado cuchillo del cinturón, se arrojó sobre su sorprendido compañero.

—¡Deja que te alcance! —gritaba—. ¡Deja que te alcance y te hundiré el cuchillo en el corazón! ¡Estás pálido como la cera! ¡Esclavo! ¡Mujerzuela!

Y se arrojó sobre él. Se entabló una ruda lucha. Parecía como si un poder invisible diese fuerzas al cristiano; sujetó a la doncella, y un viejo roble que allí crecía vino en su ayuda, trabando los pies de su enemiga con las raíces que estaban en parte al descubierto. Allí cerca manaba una fuente; el hombre roció con sus aguas cristalinas el pecho y el rostro de la muchacha, según costumbre cristiana; pero el bautismo no tiene virtud cuando del interior no brota al mismo tiempo el manantial de la fe.

Y, no obstante, este gesto surtió su efecto. En sus brazos obraban fuerzas sobrehumanas en lucha contra el poder del mal; y el cristiano pudo dominarla. Dejó ella caer los brazos, y se quedó contemplando con mirada de asombro las pálidas mejillas de aquel hombre que le parecía un poderoso mago, fuerte en sus artes misteriosas. Leía él en alta voz oscuras y funestas runas, trazando en el aire signos indescifrables. Ni ante el hacha centelleante ni ante un afilado cuchillo blandido ante sus ojos habría ella parpadeado; y, en cambio, lo hizo cuando él trazó la señal de la cruz sobre su frente. Permaneció quieta cual un ave amansada, reclinada la cabeza sobre el pecho.

Él le habló con dulzura de la caritativa acción que había realizado aquella noche cuando, presentándose en su prisión en figura de feísima rana, lo había desatado y vuelto a la luz y a la vida. También ella estaba atada, atada con lazos más duros que los de él, dijo, pero también llegaría, por su mediación, a la luz y la vida. La conduciría a Hedeby, a presencia del santo hombre Ansgario; en aquella ciudad cristiana se desharía el embrujo. Pero no debía llevarla montada delante de él, aunque se comportara con apacibilidad y mansedumbre.

—Montarás a la grupa, no delante. Tu beldad hechicera tiene un poder que procede del demonio, y lo temo. ¡Pero venceré, en el nombre de Cristo!

Se hincó de rodillas y rezó con piedad y fervor. Y fue como si la silenciosa naturaleza se trocase en un templo santo; los pájaros se pusieron a cantar, como si fueran el coro de los fieles, mientras la menta silvestre exhalaba un intenso aroma, como para reemplazar el de ámbar y el incienso. Él anunciaba en voz alta la palabra de las Escrituras: "La luz de lo alto nos ha visitado para iluminar a aquellos que se hallan sumidos en las sombras de la muerte, para guiar nuestros pasos por el camino de la paz".

Y habló del anhelo de la criatura, y mientras hablaba, el caballo, que en veloz carrera lo había llevado hasta allí, permanecía inmóvil, pataleando en los largos zarcillos de la zarzamora, de modo que los jugosos frutos caían en la mano de Helga, ofreciéndole algo con que calmar el hambre.

Dócilmente se dejó subir a las ancas del caballo y quedó sentada como una sonámbula, que se está quieta pero no despierta. El cristiano ató dos ramas en forma de cruz, que sostuvo en la mano, y emprendieron la ruta a través del bosque, cada vez más espeso e impenetrable, por un camino que se iba estrechando progresivamente, hasta que se perdió en la maleza. Cada zarzal era una barrera que les cerraba el paso y había que rodear; las fuentes no se convertían en arroyuelos, sino en verdaderos pantanos, que obligaban a nuevos rodeos. Mas el aire puro del bosque proporcionaba a los caminantes fuerza y alivio, y un vigor no menos intenso brotaba de las dulces palabras del jinete, en las que resonaban la fe y la caridad cristianas, animadas por el afán de llevar a la embrujada doncella hacia la luz y la vida.

La gota de lluvia perfora, dicen, la dura piedra. Con el paso del tiempo, las olas del mar pulimentan y redondean la quebrada roca esquinada; el rocío de la gracia, que por vez primera caía sobre la pequeña Helga, reblandecía la dureza, redondeaba la arista. Ninguna conciencia tenía ella de lo que en sí misma ocurría. ¡Qué sabe la semilla, hundida en la tierra, de la planta y la flor que hay encerradas en ella y que germinarán con ayuda de la humedad y de los rayos del sol!

Semejante al canto de la madre, que se va insinuando imperceptiblemente en el alma del niño, de manera que este va imitando poco a poco las palabras sin comprenderlas, así también obraba allí el Verbo, esa fuerza divina que santifica a cuantos en ella creen.

Salieron del bosque, cruzaron el erial y se adentraron nuevamente por selvas intransitables. Hacia el anochecer, se toparon con unos bandoleros.

—¿Dónde raptaste a esta preciosa muchacha? —le preguntaron los bandidos.

Cogieron el caballo por la brida y obligaron a apearse a los dos jinetes; formaban un grupo muy numeroso. El sacerdote no disponía de más arma que el cuchillo que había arrancado a Helga, y con él se defendió valerosamente. Uno de los salteadores blandió su hacha, pero el cristiano saltó de lado, esquivando la herida. El filo del hacha fue a clavarse en el cuello del caballo; brotó un chorro de sangre y el animal se desplomó. Entonces, Helga, como arrancada de un profundo ensimismamiento, se precipitó contra el gimiente caballo. El sacerdote se colocó delante de ella para protegerla, pero uno de los bandidos le asestó un mazazo en la frente con tal violencia que la sangre y los sesos fueron proyectados al aire, y el cristiano cayó muerto.

Los bandoleros sujetaron a Helga por los blancos brazos, pero en el mismo momento se puso el sol, y la muchacha se transformó en una fea rana. La boca, de un verde blanquecino, se ensanchó hasta cubrir la mitad de su cara, los brazos se le volvieron delgados y viscosos, una ancha mano palmeada se extendió en abanico... Los bandoleros la soltaron, espantados. Ella, convertida en un monstruo repulsivo, empezó a dar saltos, como era propio de su nueva naturaleza, más altos que ella misma, y desapareció entre la maleza. Los bandoleros creyeron que se las habían con las malas artes de Loki o con algún misterioso hechizo, y se apresuraron a alejarse del siniestro lugar.

Salió la luna llena e inundó las tierras con su luz. Entre la maleza apareció Helga en su horrible figura de rana. Se acercó al cadáver del sacerdote cristiano, que yacía junto al caballo, y lo contempló con ojos que parecían verter lágrimas. Su boca emitió un sonido singular, semejante al de un niño que prorrumpe en llanto. Se arrojaba ya sobre uno, ya sobre el otro, y, recogiendo agua en su ancha mano, la vertía sobre los cuerpos. Muertos estaban y muertos debían quedar; bien lo comprendió ella. No tardarían en acudir los animales de la selva, que devorarían los cadáveres. ¡No, no debía permitirlo! Se puso a excavar un hoyo, lo más hondo posible. Quería prepararles una sepultura, pero no disponía de más instrumentos que sus manos y una fuerte rama de árbol.

Con el trabajo se le distendía tanto la membrana que le unía los dedos de batracio, que se desgarró y empezó a manar sangre. Comprendiendo que no lograría dar fin a su tarea, fue a buscar agua, lavó el rostro del muerto, cubrió el cuerpo con hojas verdes y, reuniendo grandes ramas, las extendió encima, tapando con follaje los intersticios. Luego cogió las piedras más voluminosas que pudo encontrar, las acumuló sobre los cuerpos y rellenó con musgo las aberturas. Hecho todo esto, consideró que el túmulo era lo bastante fuerte y protegido. Pero entretanto había llegado la madrugada, salió el sol y Helga recobró su belleza, aunque tenía las manos sangrantes, y por primera vez las lágrimas bañaban sus mejillas virginales.

En el proceso de su transformación, pareció como si sus dos naturalezas luchasen por conquistar la supremacía; la muchacha temblaba, dirigía miradas a su alrededor como si acabara de despertar de un sueño de pesadilla. Corrió a la esbelta haya para apoyarse en su tronco, y un momento después trepaba como un gato a la cima del árbol, agarrándose fuertemente a él. Allí se quedó semejante a una ardilla asustada, casi todo el día, en la profunda soledad del bosque, donde todo parece muerto y silencioso. ¡Muerto! Verdad es que revoloteaban unas mariposas jugando o peleándose, y que a poca distancia se destacaban varios nidos de hormigas, habitados cada uno por algunos centenares de laboriosos insectos, que iban y venían sin cesar. En el aire danzaban enjambres de innúmeros mosquitos; nubes de zumbadoras moscas pasaban volando, así como libélulas y otros animalillos alados; la lombriz de tierra se arrastraba por el húmedo suelo, los topos construían sus galerías... pero todo lo demás estaba silencioso y muerto. Nadie se fijaba en Helga, a excepción de los grajos, que revoloteaban en torno a la cima del árbol donde ella se hallaba; curiosos, saltaban de rama en rama, hasta llegar a muy poca distancia de la muchacha. Una mirada de sus ojos los ahuyentaba, y ni ellos sacaban nada en claro de la doncella, ni esta sabía qué pensar de su situación.

Al acercarse la noche y comenzar la puesta del sol, la metamorfosis la movió a dejar su actitud pasiva. Se deslizó del tronco, y no bien se hubo extinguido el último rayo, volvió ella a contraerse y a convertirse en rana, con la piel de las manos desgarrada. Pero esta vez sus ojos tenían un brillo maravilloso, mayor casi que en los de la hermosa doncella. En aquella cabeza de rana brillaban los ojos de muchacha más dulces y piadosos que pueda imaginarse. Eran un testimonio de los sentimientos humanos que albergaba en su pecho. Y aquellos hermosos ojos rompieron a llorar, dando suelta a gruesas lágrimas que aligeraban el corazón.

Junto al túmulo que había levantado estaba aún la cruz hecha con dos ramas, la última labor del que ahora reposaba en el seno de la muerte. La recogió Helga y, cediendo a un impulso repentino, la clavó entre las piedras, sobre el sacerdote y el caballo muertos. Ante el melancólico recuerdo volvieron a fluir sus lágrimas, y trazó el mismo signo en el suelo, todo alrededor de la tumba, como si quisiera cercarla con una santa valla. Y he aquí que mientras trazaba con ambas manos la señal de la cruz, se le desprendió la membrana que le unía los dedos, como si fuese un guante, y cuando se inclinó sobre la fuente para lavarse, vio, admirada, sus finas y blancas manos, y volvió a dibujar en el aire la señal de la cruz. Y he aquí que temblaron sus labios, se movió su lengua y salió, sonoro, de su boca, el nombre que con tanta frecuencia oyera pronunciar y cantar en el curso de su carrera por el bosque: el nombre de Jesucristo.

Le cayó la envoltura de rana y volvió a ser una joven y espléndida doncella. Pero su cabeza, fatigada, se inclinó; sus miembros pedían descanso, y se quedó dormida.

Su sueño fue breve, pues se despertó a medianoche. Ante ella estaba el caballo muerto, radiante y lleno de vida; de sus ojos y del cuello herido irradiaba un brillo singular. A su lado estaba el sacerdote cristiano. "¡Más hermoso que Baldur!", habría dicho la mujer del vikingo, y, sin embargo, venía como rodeado de llamas.

El sacerdote la miraba con ojos graves, en los que la dulzura templaba la justicia. El alma de Helga quedó como iluminada por la luz de aquella mirada. Los repliegues más recónditos de su corazón quedaron al descubierto. Helga se estremeció, y su recuerdo se despertó con una intensidad como solo se dará en el día del juicio. Su memoria revivió todas las bondades recibidas, todas las palabras amorosas que le habían dirigido. Comprendió que era el amor lo que la había sostenido en los días de prueba, en los que la criatura hecha de alma y cieno fermenta y lucha. Se dio cuenta de que no había hecho más que seguir los impulsos de sus instintos, sin hacer nada para dominarlos. Todo le había sido dado, todo lo había dirigido un poder superior. Se inclinó profundamente, llena de humildad y de vergüenza, ante Aquel que sabía leer en cada repliegue de su corazón. Y entonces sintió como una chispa de la llama purificadora, un destello del Espíritu Santo.

—¡Hija del cenagal! —exclamó el sacerdote cristiano—. Saliste del cieno, de la tierra; de la tierra volverás a nacer. El rayo de sol encerrado en tu cuerpo te devolverá a su manantial primero. No el rayo procedente del cuerpo del sol, sino el rayo de Dios. Ningún alma se perderá, pero el camino a través del tiempo es largo, es el vuelo de la vida hacia la eternidad. Yo vengo de la mansión de los muertos; también tú habrás de cruzar los sombríos valles para alcanzar la luminosa región de las montañas, donde moran la gracia y la perfección. No te conduciré a Hedeby a que recibas el bautismo cristiano; antes debes romper el escudo de agua que cubre el fondo profundo del pantano, debes sacar a la superficie la viva raíz de tu vida y de tu cuna. Has de cumplir esta empresa antes de que descienda sobre ti la bendición.

Montó a Helga sobre el resplandeciente caballo. Puso en sus manos un incensario de oro igual al que había visto en casa del vikingo. Despedía un olor suave e intenso. La abierta herida de la frente del muerto brillaba como una radiante diadema. Él cogió la cruz de la tumba y, levantándola, emprendieron el vuelo por los aires, por encima del rumoroso bosque de las colinas. Cuando volaban sobre los montículos, llamados tumbas de gigantes, los antiguos héroes que en ellos reposaban salían de la tierra, vestidos de hierro, montados en sus corceles de batalla. Su casco dorado brillaba a la luz de la luna, y su largo manto flotaba al viento como una negra humareda.

Los dragones que guardaban los tesoros levantaban la cabeza para mirarlos. Los enanos se asomaban en las elevaciones del terreno y en los surcos de los campos, formando un revoltijo de luces rojas, azules y verdes; parecían las chispas de las cenizas de un papel quemado.

Por bosques y eriales, a través de torrentes y pantanos, avanzaron volando hasta el cenagal, sobre cuya superficie comenzaron a describir grandes círculos. El sacerdote sostenía la cruz en alto, de la que irradiaba un dorado resplandor, mientras de sus labios salía el canto de la misa. Helga lo acompañaba, a la manera de un niño que imita el cantar de su madre, y seguía agitando el incensario, del que se desprendía un perfume tan fuerte y milagroso que los juncos y las cañas echaban flores. Todos los gérmenes brotaban del profundo suelo, todo lo que tenía vida subía hacia arriba. Sobre las aguas se extendió un velo de lirios, como una alfombra de flores, y sobre él descansaba dormida una mujer joven y bella. Helga creyó ver su propio reflejo en la superficie del agua; pero era su madre la que veía, la esposa del rey del pantano, la princesa de las aguas del Nilo.

El sacerdote mandó a Helga que montara a la durmiente sobre el caballo. Este cedió bajo la nueva carga como si su cuerpo no fuese otra cosa que una mortaja que ondeaba al viento. Pero la señal de la cruz dio nuevas fuerzas al fantasma aéreo, y los tres siguieron cabalgando hasta llegar a tierra firme.

Cantó el gallo en el castillo del vikingo. Sacerdote y caballo se disolvieron en niebla que arrastró el viento. La madre y la hija quedaron solas, frente a frente.

—¿Es mi imagen la que veo reflejada en estas aguas profundas? —preguntó la madre.

—¿Es mi imagen la que veo reflejada en esta brillante superficie? —exclamó la hija.

Y se acercaron, pecho contra pecho, brazo contra brazo. El corazón de la madre latía violentamente, y comprendió la verdad.

—¡Hija mía, flor de mi alma! ¡Mi loto del fondo de las aguas!

Y abrazó a la doncella, llorando. Aquellas lágrimas fueron un nuevo bautismo de vida y de amor para Helga.

—Llegué aquí con plumaje de cisne y me despojé de él —dijo la madre—. Me hundí en el movedizo suelo del cenagal, hasta lo más profundo del pantano, que me rodeaba como un muro. Pronto noté la presencia de una corriente más fresca; una fuerza misteriosa me atraía hacia el fondo. Mis párpados experimentaban la opresión del sueño; me dormí y soñé. Me pareció como si estuviese dentro de la pirámide de Egipto, pero ante mí se alzaba aún el cimbreante aliso que tanto me había aterrorizado en la superficie del pantano. Miré las grietas de corteza, que resaltaban en brillantes colores y formaban jeroglíficos. Era la envoltura de la momia que yo buscaba. Se desgarró, y de su interior salió el rey milenario, la momia, negra como pez, reluciente como el caracol de bosque o como el suelo negro de la ciénaga. Era el rey del pantano o la momia de la pirámide, no podía decirlo. Me cogió en sus brazos y tuve la sensación de que iba a morir. No volví a sentir la vida hasta que me vino una especie de calor en el pecho, y un pajarillo me golpeó en él con las alas, piando y cantando. Desde mi pecho remontó el vuelo hacia el oscuro y pesado techo, pero seguía atado a mí por una larga cinta verde. Oí y comprendí las notas de su anhelo: "¡Libertad, sol, ir a mi padre!". Pensé entonces en el mío, allá en la soleada patria. Pensé en mi vida, en mi amor. Y solté el lazo, lo dejé flotar para que fuese a reunirse con el padre. Desde aquella hora no he vuelto a soñar; quedé sumida en un sueño largo y profundo, hasta este momento, en que me despertaron y redimieron unos cánticos y perfumes.

Aquella cinta verde que unía el corazón de la madre a las alas del pajarillo, ¿dónde estaba ahora? ¿Qué había sido de ella? Solo la cigüeña lo había visto; la cinta era el tallo verde, el nudo, la brillante flor, la cuna de la niña que había crecido y que ahora volvía a descansar sobre el corazón de su madre.

Y mientras estaban así cogidas del brazo, papá cigüeña describía en el aire círculos a su alrededor y, volviendo a su nido, regresó con los plumajes de cisne que guardaba desde hacía tantos años. Los arrojó a las dos mujeres, las cuales se revistieron con las envolturas de plumas, y poco después se elevaban por los aires en figura de cisnes blancos.

—Hablemos ahora —dijo papá cigüeña—. Podremos entendernos, aunque tengamos los picos cortados de modo distinto. Ha sido una gran suerte que hayan llegado esta noche, pues nos marchamos mañana mismo: la madre, yo y los pequeños. Nos vamos hacia el sur. Sí, mírenme. Soy un viejo amigo de las tierras del Nilo y la vieja lo es también, solo que ella tiene el corazón mejor que el pico. Siempre creyó que la princesa se salvaría. Yo y los pequeños trajimos a cuestas los plumajes de cisne. ¡Ah, qué contento estoy y qué suerte que no me haya marchado aún! Partiremos al rayar el alba. Hay una gran concentración de cigüeñas. Nosotros vamos en vanguardia. Sígannos y no se extravíen. Los pequeños y yo cuidaremos de no perderlas de vista.

—Y la flor de loto que debía llevar —dijo la princesa egipcia— va conmigo entre las plumas del cisne; llevo la flor de mi corazón, y así todo se ha salvado. ¡A casa, a casa!

Pero Helga declaró que no podía abandonar la tierra danesa sin ver a su madre adoptiva, la amorosa mujer del vikingo. Cada bello recuerdo, cada palabra cariñosa, cada lágrima que había vertido aquella mujer se presentaba ahora claramente al alma de la muchacha, y en aquel momento le pareció que esa era la madre a quien más quería.

—Sí, pasaremos por la casa del vikingo —dijo la cigüeña padre—. Allí nos aguardan la vieja y los pequeños. ¡Cómo abrirán los ojos y soltarán el pico! Mi mujer no habla mucho, es verdad; es taciturna y callada, pero sus sentimientos son buenos. Haré un poco de ruido para que se enteren de nuestra llegada.

Y la cigüeña padre castañeteó con el pico, siguiendo luego el vuelo hacia la mansión de los vikingos, acompañado de los cisnes.

En la hacienda todo el mundo estaba sumido en profundo sueño. La mujer no se había acostado hasta muy avanzada la noche, inquieta por la suerte de Helga, que había desaparecido tres días antes junto con el sacerdote cristiano. Seguramente lo habría ayudado a huir, pues era su caballo el que faltaba en el establo. ¿Qué poder habría dictado su acción? La mujer del vikingo pensó en los milagros que se atribuían al Cristo blanco y a quienes creían en Él y lo seguían. Extrañas ideas cobraron forma en su sueño. Le pareció que estaba aún despierta y pensativa en el lecho, mientras en el exterior una profunda oscuridad envolvía la tierra.

Llegó la tempestad, oyó el rugir de las olas a levante y a poniente, viniendo del Mar del Norte y del Kattegat. La monstruosa serpiente que rodeaba toda la Tierra en el fondo del océano se agitaba convulsivamente. Se acercaba la noche de los dioses, el Ragnarök, como llamaban los paganos al juicio final, donde todo perecería, incluso las altas divinidades. Resonaba el cuerno de Gjallar, y los dioses avanzaban montados en el arco iris, vestidos de acero, para trabar la última batalla. Ante ellos volaban las aladas valquirias, y cerraban la comitiva las figuras de los héroes caídos. Todo el aire brillaba a la luz de la aurora boreal, pero vencieron las tinieblas; fue un momento espantoso.

Y he aquí que junto a la angustiada mujer del vikingo estaba, sentada en el suelo, la pequeña Helga en su figura de fea rana. También ella temblaba y se apretaba contra su madre adoptiva. Esta la subió a su regazo y la abrazó amorosamente, a pesar de lo repulsiva que era en su envoltura de animal. Atronaba el aire el golpear de espadas y porras y el zumbar de las flechas, que pasaban como una granizada. Había sonado la hora en que iban a estallar el cielo y la tierra y caer las estrellas en el fuego de Surtur, donde todo se consumiría. Pero sabía también que surgirían un nuevo cielo y una nueva tierra, que las mieses ondearían donde ahora el mar enfurecido se estrellaba contra las estériles arenas de la costa; sabía que el Dios misterioso reinaría, y que Baldur, compasivo y amoroso, redimido del reino de los muertos, subiría a Él. Y vino; la mujer del vikingo lo vio y reconoció su faz: era el sacerdote cristiano que habían hecho prisionero.

—¡Cristo blanco! —exclamó; y al pronunciar el nombre estampó un beso en la frente de la rana.

Cayó entonces la piel del animal y apareció Helga en toda su belleza, dulce como nunca y con mirada radiante. Besó las manos de su madre adoptiva, la bendijo por todos sus cuidados y por el amor que le mostrara en sus días de miseria y de prueba; le dio las gracias por las ideas que había imbuido en ella y por haber pronunciado el nombre que ahora repetía ella: Cristo blanco. Entonces Helga se elevó en figura de un magnífico cisne blanco, y, desplegando majestuosamente las alas, emprendió el vuelo con un rumor parecido al que hacen las bandadas de aves migratorias.

Se despertó entonces la mujer y percibió en el exterior aquel mismo ruido de fuerte aleteo. Era —bien lo sabía— el tiempo en que las cigüeñas se marchaban; las había oído. Quiso verlas otra vez antes de su partida y gritarles adiós. Se levantó del lecho, salió a la azotea y vio las aves alineadas en el remate del tejado del edificio contiguo. Rodeando la hacienda y volando por encima de los altos árboles, se alejaban las bandadas en amplios círculos. Pero justamente delante de ella, en el borde del pozo donde Helga solía posarse y donde tantos sustos le diera, se habían posado ahora dos cisnes que la miraban con ojos inteligentes. Se acordó entonces de su sueño, que seguía viendo en su imaginación como si hubiese sido realidad. Pensó en Helga en figura de cisne, pensó en el sacerdote cristiano y, de pronto, sintió que una maravillosa alegría le embargaba el corazón. Era algo tan verdaderamente hermoso que costaba trabajo creerlo.

Los cisnes agitaron las alas e inclinaron el cuello, como saludándola, y la mujer del vikingo les tendió los brazos, como si lo entendiese, sonriéndoles entre las lágrimas y agitada por mil encontrados pensamientos.

Entonces todas las cigüeñas levantaron el vuelo con gran ruido de alas y picos, para iniciar el viaje hacia el sur.

—No aguardaremos a los cisnes —dijo la cigüeña madre—. Que vengan si quieren, pero no vamos a seguir aquí esperando la comodidad de esos chorlitos. Lo agradable es viajar en familia, y no como hacen los pinzones y los gallos de pelea, que machos y hembras van cada uno por su lado. Dicho sea entre nosotros, eso no es decente. ¡Toma! ¡Qué manera más rara de aletear la de los cisnes!

—Cada cual vuela como sabe —observó el padre—. Los cisnes lo hacen en línea oblicua; las grullas, en triángulo, y los chorlitos, en línea serpenteante.

—No hables de serpientes mientras estemos arriba —interrumpió la madre—. A los pequeños se les hará la boca agua, y como no podemos satisfacerlos, se pondrán de mal humor.

—¿Son aquellas las altas montañas de que oí hablar? —preguntó Helga, en su ropaje de cisne.

—Son nubes de tormenta que avanzan por debajo de nosotras —le respondió la madre.

—¡Qué nubes más blancas las que se levantan allí! —exclamó Helga.

—Son montañas cubiertas de nieve —dijo la madre, y poco después pasaban por encima de los Alpes y entraban en el azul Mediterráneo.

—¡África, la costa de África! —gritó alborozada la hija del Nilo en su figura de cisne cuando, desde las alturas, vislumbró una faja ondulada, de color blanco-amarillento: su patria.

También las aves descubrieron el objetivo de su peregrinación y apresuraron el vuelo.

—¡Huelo barro del Nilo y húmedas ranas! —señaló la cigüeña madre—. ¡Siento un cosquilleo y una comezón! Pronto podrán hartarse. Van a ver también al marabú, al ibis y a la grulla. Todos son de la familia, pero no tan guapos como nosotros, ni mucho menos. Se dan mucha importancia, especialmente el ibis. Los egipcios lo malcriaron; incluso lo rellenaban de hierbas aromáticas, a lo cual llaman embalsamar. Yo prefiero llenarme de ranas vivas, y pienso que también ustedes lo prefieren; no tarden en hacerlo. Vale más tener algo en el buche mientras se está vivo que servir al Estado una vez muerto. Tal es mi opinión, y no suelo equivocarme.

—¡Han llegado las cigüeñas! —decían en la opulenta casa de la orilla del Nilo, donde, en la gran sala abierta, yacía, sobre mullidos almohadones y cubierto con una piel de leopardo, el soberano, ni vivo ni muerto, siempre en espera de la flor de loto que crecía en el profundo pantano del Norte. Lo acompañaban parientes y criados.

Y he aquí que entraron volando en la sala los dos magníficos cisnes llegados con las cigüeñas. Se despojaron de los deslumbrantes plumajes y aparecieron dos hermosas figuras femeninas, parecidas como dos gotas de rocío. Apartándose los largos cabellos se inclinaron sobre el lívido y desfallecido anciano. Helga besó a su abuelo, y entonces se encendieron las mejillas de este, y en sus ojos se reflejó un nuevo brillo, y nueva vida corrió por sus miembros paralizados. El anciano se incorporó, sano y rejuvenecido. Su hija y su nieta lo sostenían en sus brazos, como en un saludo matinal de alegría tras un largo y fatigoso sueño.

El alborozo se extendió por todo el palacio, y también en el nido de las cigüeñas, aunque en este era provocado sobre todo por la buena comida y la abundancia de ranas. Y mientras los sabios se apresuraban a escribir a grandes rasgos la historia de las dos princesas y de la flor milagrosa —todo lo cual constituía un gran acontecimiento y una bendición para la casa y el país—, las cigüeñas padres la contaban a su familia a su manera. Naturalmente que esperaron a que todo el mundo estuviese harto, pues en otro caso no habrían estado para historias.

—Ahora vas a ser un personaje —dijo en voz baja la cigüeña madre.

—Es más que probable.

—¡Bah! ¿Qué quieres que sea? —respondió el padre—. Además, ¿qué he hecho? Nada.

—Hiciste más que todos los demás. Sin ti y sin nuestros pequeños, las dos princesas no habrían vuelto a ver Egipto, y seguramente no habrían podido devolver la salud al viejo. No pueden dejarte sin recompensa. Te otorgarán el título de doctor, y nuestros futuros hijos nacerán doctores, y los suyos aún llegarán más lejos. Siempre has tenido aire de doctor egipcio, al menos a mis ojos.

Los sabios y eruditos se reunieron y expusieron la idea fundamental, como ellos decían, que estaba en el fondo de todo lo sucedido: "El amor engendra la vida", y lo explicaron como sigue:

"El cálido rayo de sol era la princesa egipcia, la cual descendió al pantano, y de la unión con su rey habría nacido la flor..."

—No sé repetir exactamente sus palabras —dijo la cigüeña padre, que había asistido a la asamblea desde el tejado y ahora estaba informando en el nido—. Lo que dijeron era tan alambicado y complicado, tan enormemente talentudo, que en el acto se les concedieron dignidades y regalos. Hasta el cocinero de palacio obtuvo una gran condecoración; es de suponer que sería por la buena sopa.

—¿Y qué te dieron a ti? —preguntó la cigüeña madre—. No podían dejar de lado al principal, y ese eres tú. A fin de cuentas, los sabios no han hecho sino charlar. Pero tu premio vendrá seguramente.

Ya entrada la noche, cuando la paz del sueño reinaba sobre la dichosa casa, había alguien que velaba aún, y no era precisamente la cigüeña padre, a pesar de que permanecía de pie sobre una pata en su nido y montaba la guardia durmiendo. No; quien velaba era Helga, que, desde la azotea, dirigía la mirada, a través de la diáfana atmósfera, a las grandes estrellas centelleantes, que brillaban con luz más límpida y más pura que en el norte, a pesar de ser las mismas. Pensaba en la mujer del vikingo, allá en el pantano salvaje, en los dulces ojos de su madre adoptiva, en las lágrimas que había derramado por la pobre niña-rana, que ahora estaba, rodeada de magnificencia y bajo el resplandor de las estrellas, a orillas del Nilo, respirando el delicioso y primaveral aire africano. Pensaba en el amor contenido en el pecho de aquella mujer pagana, aquel amor que había demostrado a la mísera criatura, que en su figura humana era como un animal salvaje, y en su forma de animal era repugnante y repulsiva. Contemplaba las rutilantes estrellas, y entonces le vino a la memoria el brillo que irradiaba de la frente del muerto cuando cabalgaban por encima de bosques y pantanos. En su memoria resonaron notas y palabras que había oído pronunciar mientras avanzaban juntos, y que la habían impresionado hondamente, palabras de la fuente primaria del amor, del amor más sublime, que comprendía a todos los seres.

Sí, todo se lo habían dado, todo lo había alcanzado. Los pensamientos de Helga abarcaban de día y de noche la suma de su felicidad, en cuya contemplación se perdía como un niño que se vuelve presuroso del dador a la dádiva, a todos los magníficos regalos. Se abría al mismo tiempo su alma a la creciente bienaventuranza que podía venir, que vendría. Verdaderos milagros la habían ido elevando a un gozo cada vez mayor, a una felicidad cada vez más intensa. Y en estos pensamientos se absorbió tan completamente, que se olvidó del autor de su dicha. Era la audacia de su ánimo juvenil, a la que se abandonaban sus ambiciosos sueños. Se reflejó en su mirada un brillo inusitado, pero en el mismo momento un fuerte ruido, procedente del patio, la arrancó a sus imaginaciones. Vio dos enormes avestruces que describían rápidamente estrechos círculos. Nunca hasta entonces había visto aquel animal, aquella ave tan torpe y pesada. Parecía tener las alas recortadas, como si alguien le hubiera hecho algún daño. Preguntó qué le había sucedido.

Por primera vez oyó la leyenda que los egipcios cuentan acerca del avestruz.

En otros tiempos, su especie había sido hermosa y de vuelo grandioso y potente. Un anochecer, las poderosas aves del bosque le preguntaron:

—Hermano, mañana, si Dios quiere, podríamos ir a beber al río.

El avestruz respondió:

—Yo lo quiero.

Al amanecer emprendieron el vuelo. Al principio se remontaron mucho, hacia el sol, que es el ojo de Dios. El avestruz iba en cabeza de las demás, dirigiéndose orgullosa hacia la luz en línea recta, fiando en su propia fuerza y no en quien se la diera. No dijo "si Dios quiere". He aquí que el ángel de la justicia descorrió el velo que cubre el flamígero astro, y en el mismo momento se quemaron las alas del ave, la cual se desplomó miserablemente. Jamás ha recuperado la facultad de elevarse. Aterrorizada, emprende la fuga, describiendo estrechos círculos en un radio limitado, lo cual es una advertencia para nosotros, los humanos, que en todos nuestros pensamientos y en todos nuestros proyectos, nunca debemos olvidarnos de decir: "Si Dios quiere".

Helga agachó la cabeza, pensativa. Consideró al avestruz, vio su angustia y su estúpida alegría al distinguir su propia y enorme sombra proyectada por el sol sobre la blanca pared. El fervor arraigó profundamente en su corazón y en su alma. Había alcanzado una vida plena y feliz: ¿qué sucedería ahora? ¿Qué le esperaba? Lo mejor: si Dios quiere.

En los primeros días de primavera, cuando las cigüeñas reemprendían nuevamente el vuelo hacia el norte, Helga se sacó el brazalete de oro, grabó en él su nombre y, haciendo seña a la cigüeña padre, le puso el precioso aro alrededor del cuello y le rogó que lo llevase a la mujer del vikingo, la cual vería de este modo que su hija adoptiva vivía, era feliz y la recordaba con afecto.

"Es muy pesado", pensó la cigüeña al sentir en el cuello la carga del anillo. "Pero el oro y el honor son cosas que no deben tirarse a la carretera. Allá arriba no tendrán más remedio que reconocer que la cigüeña trae la suerte."

—Tú pones oro y yo pongo huevos —dijo la madre—; solo que tú lo haces una sola vez y yo todos los años. Pero ni a ti ni a mí se nos agradece. Y esto mortifica.

—Uno tiene la conciencia de sus buenas obras, madrecita —observó papá cigüeña.

—Pero no puedes hacer gala de ellas —replicó la madre—. Ni te dan vientos favorables ni comida.

Y emprendieron el vuelo.

El pequeño ruiseñor que cantaba en el tamarindo no tardaría tampoco en dirigirse a las tierras septentrionales. Helga lo había oído con frecuencia en el pantano salvaje, y quiso confiarle un mensaje; comprendía el lenguaje de los pájaros desde los tiempos en que viajara en figura de cisne. Desde entonces había hablado a menudo con cigüeñas y golondrinas; sin duda entendería también al ruiseñor. Le rogó que volase hasta el bosque de hayas de la península jutlandesa, donde ella había erigido la tumba de piedras y ramas. Y le pidió que solicitase de todas las avecillas que protegieran aquella tumba y cantaran sobre ella sus canciones.

Y partió el ruiseñor, y transcurrió el tiempo.

En la época de la cosecha, el águila, desde la cúspide de la pirámide, vio una magnífica caravana de cargados camellos y hombres armados y ricamente vestidos, que cabalgaban sobre resoplantes caballos árabes. Eran corceles soberbios, con los ollares en perpetuo movimiento, y cuyas espesas melenas les colgaban sobre las esbeltas patas.

Ricos huéspedes, un príncipe real de Arabia, hermoso como debe serlo todo príncipe, hacían su entrada en la soberbia casa donde la cigüeña tenía su nido, ahora vacío. Sus ocupantes se hallaban en un país del norte, pero no tardarían en regresar. Y regresaron justamente el día en que mayor era el regocijo y la alegría. Se celebraba una boda: Helga era la novia, vestida de seda y radiante de pedrería. El novio era el joven príncipe árabe; los dos ocupaban los sitios de honor en la mesa, sentados entre la madre y el abuelo.

Pero ella no miraba las mejillas morenas y viriles del prometido, enmarcadas por rizada barba negra, ni sus oscuros ojos llenos de fuego, que permanecían clavados en ella. Miraba fuera, hacia la centelleante estrella que le enviaba sus rayos desde el cielo.

Llegó del exterior un intenso ruido de alas; las cigüeñas regresaban. La vieja pareja, aunque rendida por el viaje y ávida de descanso, fue a posarse en la balaustrada de la terraza, pues se habían enterado ya de la fiesta que se estaba celebrando. En la frontera del país, alguien las había informado de que la princesa las había mandado pintar en la pared, y que las dos formaban parte integrante de su historia.

—Es una gran distinción —exclamó la cigüeña padre.

—Eso no es nada —replicó la madre—. Es el honor más pequeño que podían hacernos.

Al verlas, Helga se levantó de la mesa y salió a la terraza a su encuentro, deseosa de acariciarles el dorso. La pareja bajó el cuello, mientras los pequeños asistían a la escena, muy halagados.

Helga levantó los ojos a la resplandeciente estrella, cuyo brillo se intensificaba por momentos. Y entre las dos se movía una figura más sutil aún que el aire, y, sin embargo, más perceptible. Se acercó a ella flotando: era el sacerdote cristiano. También él acudía a su boda; venía desde el reino celestial.

—El esplendor y la magnificencia de allá arriba superan a cuanto la Tierra conoce —dijo.

Helga rogó con mayor fervor que nunca, pidiendo que se le permitiese contemplar aquella gloria siquiera un minuto, y ver por un solo instante al Padre Celestial.

Y se sintió elevada a la eterna gloria, a la bienaventuranza, arrastrada por un torrente de cantos y de pensamientos. Aquel resplandor y aquella música celeste no la rodeaban solo por fuera, sino también interiormente. No sería posible explicarlo con palabras.

—Debemos volvernos, te echarán de menos —dijo el sacerdote.

—¡Otra mirada! —suplicó ella—. ¡Solo otro instante!

—Tenemos que bajar a la Tierra, todos los invitados se marchan.

—Una mirada, la última.

Y Helga se encontró de nuevo en la terraza... pero todas las antorchas del exterior estaban apagadas, las luces de la cámara nupcial habían desaparecido, así como las cigüeñas. No se veían invitados, ni el novio... todo se había desvanecido en aquellos tres breves instantes.

Helga sintió una gran angustia y, atravesando la enorme sala desierta, entró en el aposento contiguo. Dormían en él soldados forasteros. Abrió la puerta lateral que conducía a su habitación y, cuando creía estar en ella, se encontró en el jardín. Toda la casa había cambiado. En el cielo había un brillo rojizo; faltaba poco para que despertara el alba.

Solo tres minutos en el cielo, y en la Tierra había pasado toda una noche.

Entonces descubrió a las cigüeñas y, llamándolas, les habló en su lengua. La cigüeña padre, volviendo la cabeza, prestó el oído y se acercó.

—¡Hablas nuestra lengua! —dijo—. ¿Qué quieres? ¿Qué te trae, mujer desconocida?

—Soy yo, Helga. ¿No me conoces? Hace tres minutos estuvimos hablando allá afuera en la terraza.

—Te equivocas —repuso la cigüeña—. Todo eso lo has soñado.

—¡No, no! —exclamó ella, y le recordó el castillo del vikingo, el pantano salvaje, el viaje...

La cigüeña padre parpadeó.

—Es una vieja historia que oí en tiempos de mi bisabuela. Es verdad que hubo en Egipto una princesa oriunda de las tierras danesas, pero hace ya muchos siglos que desapareció, en la noche de su boda, y jamás se supo de ella. Tú misma puedes leerlo en este monumento del jardín. En él hay esculpidos cisnes y cigüeñas, y en la cúspide estás tú misma, tallada en mármol blanco.

Y así era. Helga lo vio y, comprendiendo, cayó de rodillas.

Salió el sol, y, como en otra ocasión se desprendiera bajo sus rayos la envoltura de rana dejando al descubierto a la bella figura, así ahora se elevó al Padre, por la acción del bautismo de luz, una figura bellísima, más clara y más pura que el aire: un rayo luminoso.

El cuerpo se convirtió en polvo, y donde había estado apareció una marchita flor de loto.

—Es un nuevo epílogo de la historia —dijo la cigüeña padre—. Jamás lo habría esperado. Pero me gusta.

—¿Qué dirán de él los pequeños? —preguntó la madre.

—Sí, claro, esto es lo principal —respondió el padre.

CONTENIDO